한국가족법의 개변맥락

― 가족생활의 법적 안정을 찾는 시론적 탐구 ―

정 동 호

세창출판사

이 도서의 국립중앙도서관 출판시도서목록(CIP)은 서지정보유통지원시스템 홈페이지
(http://seoji.nl.go.kr)와 국가자료공동목록시스템(http://www.nl.go.kr/kolisnet)에서
이용하실 수 있습니다.(CIP제어번호: CIP2014023860)

▌머 리 말▐

서먹한 제목의 책을 펴내며_

흔히 쓰는 말 가운데 가족(家族)이라는 말보다 더 자주 쓰이는 말이나 용어도 그렇게 많지 않을 것이다. 그러면서도 이 말이 생겨난 토착적 연혁이나 지역은 어느 곳이고 얼마나 되었는지 정확히 모르고 알려고도 하지 않는다. 우리의 생활상 이 말이 차지하는 중요성은 너무 크고 그 맥락은 더욱 복잡하다. 그렇기 때문에 가족생활의 이모저모에 관한 법, 이 가족법(家族法)의 개정(改正)이나 변동(變動)을 일목요연하게 간추려 논술하기는 결코 쉽지 않다.

그럼에도 불구하고 이번에 민법 제정 이래의 가족법의 개정과 변동을 『한국가족법의 개변맥락』이라고 제목을 붙여서 간략하게 한 권의 책으로 펴낸 것은 필자 개인으로서는 너무도 소중한 결실이라 할 수 있다.

책 읽기를 좋아하여 옛적 문헌까지 읽다 보니 대학 강단에까지 서게 되고 가르치는 일을 싫지 않게 해오기는 하면서도 눈살을 찌푸리게 한 것은 가족법 개정의 논의였다. 자기가 평소에 하는 일이 그렇게 뚜렷하지 않은데도 가족법 개정요구에는 거침없이 앞장서고 그에 대한 응답까지도 자작 언설로 막음하고 넘어가는 것이 되풀이되다 보니 정작 개정의 기회를 맞고서는 가족생활과 사회발전으로 이어지는 내실 있는 작업의 결실을 따 내리지 못한 채 그야말로 시세에 맞춘 가족법의 근대화를 위한 개정이 적지 않았음은 못내 아쉬움으로 기억될 수밖에 없는 일이 되고 말았다.

일본의 지배를 벗어나 그렇게 달갑지 않은 미군정(美軍政) 통치 아래 자주적 사회안정이 쉽지 않았던 정세 속에서도 각고의 어려움을 딛고 1958년 2월 22일 공포, 1960년 1월 1일부터 시행된 민법(民法)은 그야말로 개인과 가족생활의 규율을 담보해 주어야 할 안전판이요, 그만큼 잘 짜여 만들어낸 공로의 작품이었다. 그 편·장·절(編章節)의 짜임새나 규정의 내용 모두 "흠잡을 데 없다"는 평을 듣기에 부족함이 없었다. 다만 가족법에 관하여는 헌법정신을 살리는 규정이 제대로 반영되지 못했다고 하여 바로 개정요구가 뒤따르기도 하였다. 그런 차에 이게 웬 일인가?

경사스럽기만 해야 할 민법의 시행은, 건국 신화의 일화를 뿌리며 수립된 초기 정권의 노쇠한 병약(病弱) 증상을 떨쳐 버리지 못하고 4·19 학생의거와 5·16 군부 쿠데타에 따른 사회혼잡, 이에 편승한 정치야욕, 그 정치세력화 속에 어두운 출발을 해야 했다. 그러한 상황에 농어촌고리채정리사업(1961년 6월 10일), 법정분가(1962년 12월 29일)에 따른 살림나기, 군부실세의 집정세력화는 이전의 사회구조를 일그러뜨리기에 족한 징표였다 할 수 있다. 농촌생활의 기반을 무너뜨리고 신분의식을 뒤바꾸게 한 농지개혁(1949년 6월 21일)의 여운도 남아 있었던 터라 그 진운은 만만치 않았다.

이러한 속에 우리의 가족생활은 많은 사람이 모여 사는 전래의 결집형태를 벗어나지 못하였고, 경제생활은 "잘 살아보세"의 구호 아래 이어지는 곤궁 그대로였고 그 상징은 보릿고개였다. 이렇게 달라질 듯 달라지지 않은 사회상황을 휘감고 구민법(舊民法)과의 구별이 뚜렷하지 못한 채 실시·적용의 어려움을 겪으며 우리의 생활에 자리한 것이 민법이다. 그리고 종래의 호적법과 민법이 정하는 바에 따라 그대로 존치되어 온 가(家), 이를 뒷받침하는 호주제도가 그대로 상존하는 가운데, 생활의 편익에 맞추어 하는 임의분가(任意分家)나 혼인에 따른 법정분가(法定分家)가 함께 어우러져 점차 각 단위가족이 새 세대를 이루어감이 명백해 보였다. 이것은 곧 종래 오랫동안에 걸쳐 지켜온 대가족적인 결속을 중심으로 하는 생활에서 벗어나 각 세대마다 독자적인 생활기반을 다져가는 변모이기도 했다.

이와 같은 전국에 걸친 가족생활구조의 변모는 가족법개정이 필요함을 일깨워주는 것이요, 개정요구의 타당근거를 굳건히 해주는 것이기도 했다.

한편 1970년대 우리 사회의 특징 중의 하나인 정치적인 동요는 독특한 면이 있다. 한 사람의 정치적인 야망을 채워주는 독선이 명분상으로나마 경제발전과 국가안보를 다짐해주는 듯한 양상을 띠었기 때문이다. 그러나 이것조차 쉽지 않았던 것은 지난날의 자적이 잘 말해준다. 이른바 유신체제의 한계가 그것이다. 군부의 다각적 지원, 기술 관료의 등용으로 일단의 사회발전은 기대해 볼 만했지만 고갈적인 자원의 부족, 자체 내부의 세력 다툼, 아슬아슬한 국민의 동요, 미국과의 미묘한 갈등은 실로 풀어나가기 어려운 문제가 아닐 수 없고, 이에 따른 미지의 사회불안감은 누구에게나 끝장의 벼랑으로 몰리는 느낌을 떨칠 수 없게 만들었다. 지나친 욕심이 부른 난해의 혼미 그대로였다고 해도 과언이 아니다. 다방면으로 찾아보는 구제묘책은 남의 손에 달려 있음이 분명했다. 이쯤에 걸려든 것이 가족법개정이다. 국민의 구겨진 얼굴을 잠시나마 잊게 하는 데 이보다 좋은 명약이 어디 또 있겠는가? 그러나 가족법학이나 연구, 법조실무 쪽에서는 이게 과연 법을 사회적 필요에 맞추는

길인가 되묻지 않을 수 없는 일이다. 1977년 말 시기적으로 암울의 끄나풀을 어디에서도 찾지 못하던 그 즈음이었다. 이때의 개정사항은 개정의 논란이 거듭되던 것 중 혼인성년의제(婚姻成年擬制)의 채택, 부모의 친권공동행사(親權共同行使), 법정상속분(法定相續分)의 조정, 유류분제(遺留分制)의 신설 등 찬반의 갈림이 적었던 사항으로 그 보완적 실효성도 매우 컸다고 할 수 있다.

이렇게 하여 살아 있는 전통의 보고처럼 여겨졌던 가족법도 끈질긴 개정요구와 시의에 적절히 부합하게 되면 개정될 수 있음이 사실로 되고 말았으며, 그것은 개정 이후 바로 개정의 미진, 새로운 제도의 도입을 위한 개정요구로 이어졌다. 이후 얼마 되지 않아 대통령의 횡급서거(橫急逝去)는 우리 사회를 다른 국면으로 끌고 가는 곡절을 이루게 되니 가족법 적용의 상황전개가 아주 미묘함을 감지케 한다.

어려운 상황수습을 꿰차고 1980년 벽두에 들어선 신군부 정치세력의 작태는 이전 대통령의 처참한 죽음을 이은 끝이라 "물불을 가리지 않는 저돌적인 강압책(强壓策)"의 시현 그대로였다. 정치, 경제, 사회 어느 분야든 무불통지(無不通知)로 "통치 아닌 통치"를 펼쳤고 군부까지도 다소의 우대 속에 꺼릴 게 없었다. 사회정화라는 이름 아래 끌고 가서 죽이다시피 한 참혹상, 원인 모를 대형사고, 뜬구름 같은 올림픽바람 등 이 모두 아슬아슬한 곡예와 같은 사회존립의 국면이었다. 다행히 끈끈한 인내 속에 얻어낸 엉성한 경제회생의 축복이 있었다. 그리고 어려움을 딛고 치러낸 올림픽도 꽤나 성공적이었다. 이렇게 이어진 1980년대의 말기는 "이제 어떻게 되는 거지" 하는 가운데 군부세력 정치의 종결이 조심스럽게 점쳐졌다.

여기에 다시 끼어든 것이 가족법 개정의 요구다. 얼마나 많은 연구의 결과를 바탕으로 짜낸 것인지는 확실치 않으나 각 부면에 걸친 여러 사항에 관한 것이었다. 친족범위의 조정, 호주상속의 승계제도화, 계모자관계와 적모서자관계의 폐지, 협의에 의한 부부동거 장소 결정, 부부공동생활비용의 공동부담, 이혼배우자의 재산분할청구권의 신설, 가(家)를 위한 양자제도의 폐지, 혼외자의 친권행사자의 조정, 상속제도의 조정 등 그야말로 가족법의 전반에 걸친 심도 있는 개정이 문민시대를 맞는 서막이 되기라도 하는 양 차분히 이뤄지고 말았다. 이렇게 되고 나니 가족법의 골격이 바뀐 셈이고, 다음 차례는 동성동본불혼(同姓同本不婚)의 원칙과 호주제도(戶主制度)의 폐지라는 것이 공공연한 숙제로 되어 버렸다. 수십 년에 걸친 군부독재의 종식에는 이쯤의 변혁이 따라붙어야 하는구나 하는 감회를 금할 수 없음이 새롭다.

1990년대는 지난번의 개정이 워낙 폭넓은 사항에 걸친 것이었기 때문에 가족법 사항에 관하여는 잠자코 지나가는 듯하였으나, 1997년 개별 사건과 관련하여 동성동본불혼의 원칙의 위헌 여부가 제기되었고 이에 대하여 헌법재판소가 헌법불합치결정(憲法不合致決定)을 내림에 따라 민법 제809조 제1항은 1998년 12월 31일까지 개정해야 되었다. 이에 맞추어 다른 몇 규정과 함께 공청회까지 거쳐 이 규정을 개정하려 하였지만 심사·의결을 거치지 못해 개정이 좌절되었다. 이후 다른 몇 규정은 2002년 내용 정비를 위한 것임을 이유로 개정되어 실시를 보게 되었다.

이때의 사회실정은 수년에 걸쳐 우연이라고만 하기에는 너무 끔찍한 대형사고(大型事故), 집권세력의 불안정, 내외신용을 위협할 정도의 금융위기(金融危機)가 뒤얽혀 터져 불안을 금할 수 없었고, 그에 대한 수습책도 뚜렷하지 못했다. 그런가 하면 가족생활은 나닐 만큼 나뉘어 그야말로 핵가족이라고 할 수밖에 없는 "끼리끼리 가족"이 압도적 다수를 점하게 되었음을 실감할 정도였다. 이렇게 되는 데는 산업구조의 변모, 도시정착 인구의 급증, 외국식생활풍조, 맞벌이 추세의 영향이 컸음을 지적하지 않을 수 없다.

이렇게 되고 나니 정작 동성동본불혼(同姓同本不婚)의 원칙과 호주제도(戶主制度)의 폐지를 성사시키지 못하고 21세기를 맞은 세계적으로 드문 국가, 아니면 사회로 남게 되었다. 먼 훗날 그 이유를 캐물으려고 할 것에 대비하여 그저 "우리 민족이 뒤늦게까지 지킬 것을 지키며 살아온 사람들이었다"는 답을 미리 해 두고 싶다.

이후 이어지는 남북협력 내지 통일을 내세워 사회 각 분야의 난제도 거침없이 건드리는 정치세력의 눈길에 포착된 가족법 개정은 그다지 어려운 문제가 아니었다. 지금까지 가족법 개정이나 동성동본불혼의 원칙이나 호주제도의 폐지를 거론한 인사를 총망라시켜 개정 추진세력으로 삼아 정부 주도하에 개정안을 짜 맞추고 이를 그대로 국회에 제출하니 그저 대세에 밀려 반대의 말 한마디 제대로 못하고 통과된 것이 2005년의 가족법 개정이었고, 그 속에 우리 전래의 생활모습의 일단이 그대로 담겨 있는 동성동본불혼의 원칙과 호주제도의 기틀은 고이 묻히고 말았다. 참으로 애석한 일이 아닐 수 없다. 이때의 법무부 장관은 여자였다. 개정되고 난 다음의 민법 중 가족법 각 편은 그저 엉성하다고 할 수밖에 없는 그대로였다. 사회생활로 이어지는 살아 있는 가족생활의 모습은 찾아볼 수 없고 젊은 맞벌이 부부들의 종종 걸음이 이웃 동정을 알리는 표징이 된 듯하다.

이와 같이 민법전(民法典)의 제정 이래 지난 수십 년에 걸친 가족법의 개정은 우리 사회의 발전변모를 그대로 실감케 하는 것이라 해도 결코 지나친 말이 아니다. 어느 때는 그렇게까지 되지는 말았어야 했는데 하는 것도 있고, 때로는 우리 사회가 그만큼 진전했구나 하는 점을 느끼게 한 적도 없지 않았다. 다만 개정의 어려움이 그만큼 컸었다고 하겠지만, 개정의 편익을 도모하기 위해 정치실세와 영합하는 모습은 아무리 변명해도 좋은 꼴이었다고 할 수 없다. 연구의 순수성은 아무리 강조해도 지나친 것이 아님에 비추어 가족법과 같은 경우에는 이러한 작태는 가족생활의 규범질서를 깨뜨리거나 굴절시키는 잘못이 뒤따른다. 이는 곧 큰 죄악이다. 참으로 안타까워하기에는 뒤늦은 점이다.

이 책은 앞에 짚어 말한 민법 제정 이래의 가족법의 개정 변모를 좀 더 자세하게 규명한 논문과, 1970년 초 이래 상당한 기간, 수차에 걸쳐 조사·분석된 가족법의식을 함께 묶어 펴낸 것이다. 특히 민법의 제정 이후 점차로 바뀐 가족생활의 모습을 대가족제도(大家族制度)의 퇴조, 소가족제도(小家族制度)에로의 전환, 핵가족제(核家族制)의 확산으로 하고, 이를 각 편의 골간으로 삼아 관계 논문과 의식분석을 함께 실어 변모의 실제를 한꺼번에 감지·확인할 수 있게 하였다. 각각 따로 쓴 글들이기 때문에 이음새가 조금씩 어색한 곳이 있기는 하지만 그대로 꾸밈없는 속뜻을 이어낸 것이라는 점에서 "그대로 괜찮지" 하며 말 깃을 접어 본다. 앞으로의 살아 있는 가족법연구에 조금이라고 보탬이 되었으면 하는 마음 간절할 따름이다.

새로이 펴낸 낯선 이 책을 받아보시고 "이렇게 하니 또 한 권이 되는구나, 하하" 하고 빙긋이 웃으셨을 최달곤 선생님을 뵙지 못하는 것이 너무도 안타깝고 서운하다. 자상하고 꼼꼼한 지도를 해 주셨던 선생님께 다시 한 번 고개 숙여 감사를 드린다.

　　끝으로 이 책을 펴내는 데 소중한 시간을 할애하여 편집에
서 자구수정까지 꼼꼼히 하느라 애쓴 강승묵 박사, 김상진 박사
그리고 요즈음의 출판사정을 조금은 알 만한 필자가 부탁드리
기 어려워하는 심정까지 양지해 그저 흔쾌히 출판을 허락해 주
신 이방원 사장님, 임길남 상무님, 누가 봐도 깜찍한 책이 되
어 나오게 애써 준 출판사 직원 여러분께 깊은 감사를 드리는
바이다.

2014년 8월

정동호 씀

<차 례>

 대가족제도의 퇴조와 가족법

제1장 조선조 말기의 가족법 동향
― 사조변혁(思潮變革)과의 연계분석 ―

Ⅰ. 서   설 ·· 3
Ⅱ. 가족법 기조 변모의 일단 ······································· 4
  1. 사조 일반 ·· 4
  2. 신분계급제도의 폐지 ··· 7
Ⅲ. 경장조치(更張措置)로서의 개혁 ···························· 10
  1. 조혼의 폐지 ·· 10
  2. 재혼금지의 폐지 ·· 13
  3. 양자제도의 개혁 ·· 15
Ⅳ. 형법대전의 규정 검토 ·· 17
  1. 친족의 범위 ·· 17
  2. 정   혼 ·· 20
  3. 금혼원인(禁婚原因) ··· 23
  4. 이혼원인 ·· 31
  5. 입양과 파양 ·· 33
Ⅴ. 결   어 ·· 36

제2장 민법의 제정과 가족법

Ⅰ. 서 설 ……………………………………………………… 38
Ⅱ. 민법의 제정 ……………………………………………… 40
Ⅲ. 가족법의 입법방침논쟁 ………………………………… 45
Ⅳ. 가족법의 복합적 구조 …………………………………… 51
  1. 다원적 계보 …………………………………………… 51
  2. 구관의 성문화와 신규가족규범 …………………… 60
Ⅴ. 가족관계에 관한 특별법의 제정 ……………………… 74

제3장 가족생활상의 부계혈연적 특성

Ⅰ. 서 설 ……………………………………………………… 80
Ⅱ. 의식조사와 분석 ………………………………………… 81
  1. 설문사항 ………………………………………………… 81
  2. 조사지역과 대상 ……………………………………… 83
  3. 조사결과의 분석 ……………………………………… 83
Ⅲ. 부계혈연의식의 실태 …………………………………… 84
  1. 처의 부가입적 ………………………………………… 84
  2. 입부혼의 가적 ………………………………………… 90
  3. 부부의 성 ……………………………………………… 96
  4. 서자의 부가입적 …………………………………… 103
  5. 계 모 관 ……………………………………………… 110
Ⅳ. 결 론 …………………………………………………… 116

제2편 소가족제도로의 전환과 가족법

제1장 가족법의 개정논의와 그 한계

Ⅰ. 서 설 ··· 123

Ⅱ. 개정요구의 실마리 ··· 124

Ⅲ. 수차의 개정에 의한 보완 ································· 130

  1. 법정분가제의 채택 ·· 130

  2. 1977년의 가족법개정 ···································· 133

  3. 혼인에 관한 특례법 ······································ 144

Ⅳ. 호주제도의 존폐에 관한 견해 대립 ················ 145

  1. 폐 지 론 ··· 145

  2. 존 치 론 ··· 147

  3. 양론의 비판과 한계의 모색 ·························· 150

Ⅴ. 결 어 ··· 154

제2장 가족법개정의 추이와 그 특색

Ⅰ. 서 설 ··· 156

Ⅱ. 민법제정 당시의 입법방침에서의 친족인식 ········ 157

  1. 점진적 개혁론에서의 친족 ···························· 158

  2. 급진적 개혁론에 있어서의 친족 ···················· 158

  3. 절충적 원안 및 그 친족인식 ························· 159

Ⅲ. 각 개정과정에서의 사항과 특색 ·················· 160
  1. 1962년의 개정 ······························· 160
  2. 1977년의 개정 ······························· 161
  3. 1990년의 개정 ······························· 164
  4. 2005년의 개정 ······························· 166
Ⅳ. 개정법규의 현실적합성과 발전적 과제 ·········· 168
  1. 개정규정의 적합적 한계성 ··················· 168
  2. 아직도 남아 있는 과제 ····················· 171
Ⅴ. 결   어 ······································· 175

제3장   이혼원인의 다양성과 법적용의 문제점

Ⅰ. 머 리 말 ······································· 177
Ⅱ. 이혼의 불가피성 ······························· 178
Ⅲ. 유책적 이혼사유 ······························· 182
  1. 배우자의 부정행위 ························· 182
  2. 악의의 유기 ······························· 185
  3. 배우자 또는 그 직계존속에 의한 부당한 대우 ·········· 188
  4. 자기의 직계존속에 대한 심히 부당한 대우 ·············· 190
  5. 3년 이상의 생사불명 ······················· 191
Ⅳ. 파탄과 그 촉발원인 ····························· 192
  1. 파탄의 뜻 ································· 192
  2. 개별적 요인 ······························· 194
Ⅴ. 유책주의의 적용과 한계 ························· 199
Ⅵ. 맺 음 말 ······································· 203

제4장　대학생의 친족적 혈연의식

Ⅰ. 머 리 말 ……………………………………………………… 206
Ⅱ. 의식조사와 분석 …………………………………………… 208
　1. 설문사항 ………………………………………………… 208
　2. 조사대상과 지역 ……………………………………… 209
　3. 조사결과의 분석 ……………………………………… 209
Ⅲ. 혈연의식 일반 ……………………………………………… 210
　1. 혈연의 중요성 ………………………………………… 210
　2. 생활수준의 향상과 혈연의식 ……………………… 214
　3. 부계혈연과 모계혈연의 비교 ……………………… 217
Ⅳ. 성과 본 ……………………………………………………… 220
　1. 친생자녀의 성과 본 ………………………………… 220
　2. 양자의 성 ……………………………………………… 225
　3. 성의 변경 ……………………………………………… 227
Ⅴ. 친족범위 …………………………………………………… 232
　1. 부계혈족 ……………………………………………… 232
　2. 모계혈족 ……………………………………………… 235
　3. 부계혈족과 모계혈족의 비교 ……………………… 238
Ⅵ. 부　　양 …………………………………………………… 242
　1. 부계혈족으로서의 피부양자 ……………………… 242
　2. 모계혈족으로서의 피부양자 ……………………… 245
Ⅶ. 맺 음 말 …………………………………………………… 248

제5장   대학생의 재산상속에 관한 의식성향

Ⅰ. 머 리 말 ·· 250
Ⅱ. 재산상속인의 범위 ·· 252
　1. 의식성향 일반 ··· 252
　2. 배경별 고찰 ·· 253
Ⅲ. 자녀의 상속분 ·· 257
　1. 의식성향 일반 ··· 257
　2. 배경별 고찰 ·· 259
Ⅳ. 미혼녀와 기혼녀의 상속분 ·· 262
　1. 의식성향 일반 ··· 262
　2. 배경별 고찰 ·· 264
Ⅴ. 유증액과 상속분 ·· 267
　1. 의식성향 일반 ··· 267
　2. 배경별 고찰 ·· 269
Ⅵ. 맺 음 말 ··· 272

 핵가족제도의 확산과 가족법

제1장   호주권의 변화를 통해 본 가족법

Ⅰ. 머 리 말 ·· 277

Ⅱ. 구관(舊慣)에서의 호주의 법적 지위 ·················· 278

 1. 호주제 일반 ······································· 278

 2. 관습조사에 나타난 호주의 법적 지위 ·················· 280

 3. 일제하에서의 호주제의 추이 ······················ 282

Ⅲ. 민법 제정 당시의 호주의 법적 지위 ················· 285

 1. 가족법의 입법방침과 호주권 ······················ 285

 2. 호주의 법적 지위 ······························· 287

Ⅳ. 가족법의 개정과 호주의 법적 지위 ················· 291

 1. 법정분가제의 채택과 호주제 ······················ 291

 2. 1977년의 민법개정과 호주권 ····················· 293

 3. 1989년 민법 개정과 호주의 법적 지위 ················ 298

 4. 2005년의 민법개정에 의한 호주제도의 폐지 ············· 302

Ⅴ. 맺 음 말 ····································· 303

제2장 상속분의 개변추이와 그 특성

Ⅰ. 서   설 ······································ 305

Ⅱ. 경국대전에서의 상속분 ···························· 306

Ⅲ. 일제점령기에 밝혀진 관습상의 상속분 ·················· 311

Ⅳ. 민법의 제정과 상속법 ····························· 314

Ⅴ. 민법의 개정과 상속분 ····························· 319

 1. 1977년의 개정과 상속분 ························· 319

 2. 1990년의 민법 개정과 상속분 ····················· 322

Ⅵ. 결   어 ······································ 325

제3장   호주제도 폐지 이후의 가족생활의 변모와 그 점검

I. 머 리 말 ··· 328
II. 민법 제정 당시의 호주제도 채택에 관한 의론 ············ 330
III. 가족법 개정론에서의 호주제도의 폐지까지 ·················· 334
   1. 1977년 가족법 개정과 호주제도 ························ 335
   2. 1990년의 가족법 개정 ································· 338
   3. 2002년 1월 14일의 개정 ······························· 340
   4. 2005년 3월 31일의 개정 ······························· 341
IV. 현행 민법에서의 가족 및 그 효과 ······················· 343
V. 호주제도 폐지 이후 드러나는 가족생활의 문제점 ········ 347
   1. 부부의 개체상 ··· 347
   2. 친자의 한계적 연결성 ································· 349
   3. 친족관계의 소원·이완상 ····························· 351
   4. 안정적 가족생활에 대한 기대 ······················· 352
   5. 너와 나로서 웃으며 만나는 가족생활상 ·············· 354
VI. 맺 음 말 ··· 356

제4장   대학생의 혈연에 관한 의식성향
- 혈족의 법률효과를 평가하기 위한 자료로서 -

Ⅰ. 머 리 말 ··· 360
Ⅱ. 의식조사와 분석 ··· 362
   1. 설문사항 ··· 362
   2. 조사대상과 지역 ······································· 363

   3. 조사결과의 분석 ································ 364
Ⅲ. 혈연의식 일반 ······································· 365
   1. 의식성향 일반 ································· 365
   2. 배경별 고찰 ··································· 367
Ⅳ. 성과 본 ··· 370
   1. 의식성향 일반 ································· 370
   2. 배경별 고찰 ··································· 372
Ⅴ. 친족범위 ·· 375
   1. 부계혈족의 범위 ······························ 375
   2. 모계혈족의 범위 ······························ 379
Ⅵ. 혈족 간의 혼인 ···································· 382
   1. 의식성향 일반 ································· 382
   2. 배경별 고찰 ··································· 385
Ⅶ. 부 양 ··· 387
   1. 부계혈족 간의 부양 ·························· 387
   2. 모계혈족 간의 부양 ·························· 391
Ⅷ. 재산상속 ·· 394
   1. 의식성향 일반 ································· 394
   2. 배경별 고찰 ··································· 396
Ⅸ. 맺음말 ·· 398

제5장 경인지역 대학생의 재산상속에 관한 의식성향
- 상속법제의 현실적합성 검증을 위한 서론 -

Ⅰ. 서 설 ··· 401
Ⅱ. 의식조사와 분석 ··································· 403

1. 설문사항 ……………………………………………… 403

2. 조사대상과 지역 ……………………………………… 404

3. 조사결과의 분석 ……………………………………… 405

Ⅲ. 현행 민법상의 재산상속법제 특성 ……………………… 405

Ⅳ. 사항별 고찰 ……………………………………………… 409

1. 상속의 근거 …………………………………………… 409

2. 상속인의 범위 ………………………………………… 413

3. 상속재산의 상대적 중요성 ………………………… 416

4. 특별기여자의 상속분 ………………………………… 420

5. 유증의 영향 …………………………………………… 423

Ⅴ. 결 어 …………………………………………………… 426

● 참고문헌 …………………………………………………… 429

● 찾아보기 …………………………………………………… 437

제1편
대가족제도의 퇴조와 가족법

제1장 / 조선조 말기의 가족법 동향

제2장 / 민법의 제정과 가족법

제3장 / 가족생활상의 부계혈연적 특성

조선조 말기의 가족법 동향
- 사조변혁(思潮變革)과의 연계분석 -

Ⅰ. 서 설

어느 법이거나를 물론하고 그 정도의 차이는 있을지 모르
지만, 사회현실의 변모에 따라 그 모습을 달리하기 마련이다.
그 법이 역사성을 짙게 반영하고 있는 경우에는 더욱 그러하
다. 민법의 일부로 되어 있는 가족법에는 어느 법보다도 역사
적 배경이 짙게 깔려 있다.

조선조 말기 우리사회의 변모는 어느 시기보다도 급격한
것이었고 정치, 경제, 사회, 문화의 여러 부면에 걸쳐서 일어났
다. 특히 전래 가족제도를 뒷받침해 주던 사조의 변화는 혁신
적인 것이었다고 할 수 있다.

이렇게 보면 조선조 말기 가족법의 기조 내지 기본원리의 변
화는 어느 법 분야에서보다도 심하고, 그 현실적인 중요성도 큰 것

이었다. 그러나 지금까지의 연구는 주로 외국법과의 형식적인 비교 고찰(比較考察) 내지 법의 개정론(改正論)에 치우쳐 우리사회 자체의 변화는 소홀히 취급되었거나 도외시된 느낌도 없지 않았다.

이 장에서는 조선조 말기 이른바 '개화기(開化期)'라고 통칭되는 시대의 가족법규범(家族法規範)을 고찰하고자 한다. 우리나라 전래의 가족법규범이 대부분 관습적인 것이므로, 그 정확한 모습을 파악하기는 어렵지만, 문헌적 자료가 존재하는 한에서는, 이 자료를 통한 연구 또한 중요한 것이 되지 않을 수 없다. 가족법에 영향을 줄 수 있는 일반 사조의 변모 일단, 그리고 이를 기초로 하여 내려진 몇몇 개혁조치(改革措置) 및 직접 또는 간접적인 규정을 체계적으로 정리하기로 한다.

II. 가족법 기조 변모의 일단

1. 사조 일반

조선조 말기에는 전래의 통치제제 내지는 지배원리가 그대로 지켜질 수 없는 여러 요인이 발로되었음은 주지의 사실이다. 그러한 요인은 내적인 것도 있고, 외적인 것도 있다. 그 가운데서 가족법의 기조에 크나큰 영향을 미칠 수 있는 것을 꼽는다면 기독교사상의 보급, 개화・독립의 자강책(自强策),[1] 임오군란(壬午軍亂) 이후의 수차에 걸친 정변 등을 들 수 있고, 이러한 큼직한 요인에 밀려 수구적인 집권층은 물러나고, 그와 함께

---

1) 국사편찬위원회 편, 『수신사기록』, 1958, 155-159면; 이선근, 『대한국사 6』, 신태양사, 1973, 304-305면.

사회 전반은 문명개화를 요구하는 정세로 바뀌었다. 이러한 사정은 종래 남계혈통우선주의(男系血統優先主義)와 족외혼제(族外婚制), 그리고 이에 기초한 여러 가지 가족법원칙에 간접적으로나마 적지 않게 영향을 미칠 수밖에 없는 것이다. 그만큼 조선사회의 지배원리는 가족법의 기조와 밀접하게 연결되어 있다고 할 수 있다. 그것은 결국 가장권(家長權)의 권위를 중심으로 짜여진 전근대적인 가족제도를 탈피하여 자유로운 인간상의 구현을 지향하는 가족제도의 등장을 예고하는 것이라고도 할 수 있다.

수구적인 지배원리를 극복하고 새로운 지배원리를 구축하려고 하였던 것이 개화파 지도자들이었던 것과 마찬가지로, 새로운 가족법사상의 변모 일단은 이들의 개혁의지에 그대로 반영되고 있다. 갑신정변 당시 지도자의 한 사람이었던 박영효(朴泳孝)는 1888년 1월 13일 망명지 일본에서 집필한 상소문(上疏文)[2]에서 민주주의적 개화독립을 천명함과 동시에 가족법과 관련된 여러 가지 개혁사항도 피력하고 있다.[3] 그 중요한 것은 ① 「사사색파구혐상혼인(使四色罷舊嫌相婚姻)」(각 당파로서 가지는 혐오감을 떨구고 서로 혼인하게 할 것), ② 「금유년가취이의고속정가취지연한사(禁幼年嫁娶而依古俗定嫁娶之年限事)」(어린 나이에 혼인하는 것을 금하고 옛 풍속에 의거 혼인할 수 있는 나이를 정할 것), ③ 「금부지행강폭어기처(禁夫之行强暴於其妻)」(남편으로 하여금 그 처에게 포악스럽게 하지 못하게 할 것), ④ 「금남자취첩이허상부임의개가사(禁男子娶妾而許霜婦任意改嫁事)」(남자가 첩을 얻는 것을 금하고, 과부가 그 의사대로 개가하는 것을 허할 것), ⑤ 「금양자손이

---

2) 일본외교문서 제21권, 292면.

3) 靑木功一, "朴泳孝の民本主義 ― 新民論・民族革命論(-)," 「朝鮮學報」 第八十輯, 1976, 87頁.

강폭사(禁養子孫以强暴事)」(양자손에게 포악하게 하는 것을 금할 것) 등이다. 이에는 봉건적 신분 및 제도의 철폐, 남녀평등 내지 부부평등, 더 나아가 자녀의 인권확립의 실현에 관한 개혁요구로서, 이전의 가족생활구조 내지 윤리체제를 변경시켜야 하겠다는 의지가 짙게 반영되어 있다.

이 밖에 민간의 왕래, 상품의 교역에 의한 직접 또는 간접적인 서양문물의 소개[4]에 의해 각 분야의 계몽 내지 개혁의 조짐이 적지 않게 생겨났다. 문예 분야에서의 신조류, 새로운 교육지표, 여권의식 등은 그 대표적인 예라 할 수 있다. 이들 여러 가지 변화요인은 종래의 가족관념체계(家族觀念體系)를 본질적으로 재고하게 하는 데 크게 이바지하였다.[5]

이와 같이 갑오경장(甲午更張)을 전후하여 조성된 사조 일반 내지 가족법에 관련된 사조흐름의 변모는 자못 큰 것이었다. 이를 간추려 보면, 첫째 당사자의 합의에 기초한 혼인, 둘째로 남녀 내지 부부의 평등, 셋째로 자녀의 인권확립이 진작될 수 있는 변모의 일단이라고 보아 틀림없다. 이러한 변모는 조선조 수백 년에 걸쳐 지켜졌던 남계혈통우선주의(男系血統優先主義)를

---

4) 유길준(兪吉濬)이 『서유견문(西遊見聞)』에서 남녀가 혼인할 때 심사숙고해야 할 것으로 적시하고 있는 사항은 다음과 같다.
   1. 남자와 여자가 서로 혼인하기를 좋아할 것.
   2. 남자와 여자가 서로 진실된 성의를 가질 것.
   3. 남자와 여자가 혼인할 수 있는 나이에 이르렀을 것.
   4. 남자와 여자가 지금까지 다른 사람과 결혼한 일이 없을 것. 만약 있다면 이혼하였을 것.
   5. 남자와 여자가 가까운 혈족이 아닐 것(채훈〈蔡壎〉 역 『서유견문』, 대양서적, 1975, 252-257면).
5) 1896년 7월 2일 창립된 독립협회의 설립취지에도 국민평등권론(國民平等權論)에 입각한 신분제도의 폐지론과 남녀평등권론(男女平等權論)이 포함되어 있다.

바탕으로 하는 가부장적 가족제도(家父長的 家族制度)와 그 윤리
적 기반인 유교의 도덕적 관념으로부터의 탈피와 새로운 인간
상(人間像)에 입각한 가족법적 사상의 구축을 지향하는 조류라고
할 수 있다.6) 이것은 실로 가족생활 더 나아가 사회생활의 변
모까지를 최촉할 수 있는 꼬투리가 될지도 모를 조짐이었다.
그러나 이러한 가족법 사상의 변모 내지 개혁의지가 뒤이어 밀
어닥친 일본의 침략으로 말미암아 구체적인 입법이나 부수적인
제도개혁에 의하여 생활 자체에 그대로 반영되지 못한 것은 매
우 안타까운 일이다. 여기에도 우리사회의 자주근대화가 단절되
는 일면이 깃들어 있음을 주목할 만하다.

2. 신분계급제도의 폐지

개화기에 들어와 사회제도 내지 가족제도의 변화 가운데
가장 큰 것은 신분계급제도의 폐지이다. 전제왕국으로서의 조선
왕조는 그 유지·존속을 위한 갖가지 치정체제를 갖춤과 동시
에 이를 뒷받침하기 위하여 신분제도 또한 엄격하게 지켜 왔
다.7) 즉 양반(兩班)·중인(中人)·양인(良人)·천인(賤人)의 엄격
한 사대등급(四大等級)으로 구성된 신분체계는 유교사상에 입각
한 관료적 지배체제의 확립에 크게 이바지하였음은 물론 이 속
에서 그 소임을 해내고 지내면서 벗어날 수 없는 지경으로 더

---

6) 1919년 4월 1일에 선포된 대한민국임시헌장(大韓民國臨時憲章) 제3조에
　는 「대한민국의 인민은 남녀귀천(男女貴賤) 및 빈부(貧富)의 계급이 무하
　고, 일절 평등임」이라고 되어 있어, 종래 일정한 변화 속에 조성된 사조
　(思潮)의 일단을 그대로 보여주고 있다(국사편찬위원회 편, 『한국독립운
　동사 자료 2』, 국사편찬위원회, 1971, 1면).
7) 이희봉, "한국법제사," 『한국문화사대계Ⅱ(정치·경제사〈하〉)』, 고려
　대학교 민족문화연구소, 1970, 127면.

욱 강화되었던 것이다.

신분계급은 일정한 필요에 맞춘 사회적 소산물이다. 그것이 지배의 필요이건 경제적 요구이건 또는 종족적 차등이건 그 생성요인은 각각 다르겠지만 사회 속에서 만들어진 제도임에 틀림없다. 그리고 그 등차(等差)의 원리가 어떠한 것이든지 인간평등, 자주인권의 사조 내지 생활과는 들어맞지 않는 제도이다. 여기에 신분계급제의 한계가 있고, 그 폐지가 이른바 개인의 인격성(人格性)을 기초로 하는 근대적 사회구축의 중요한 일이 되는 것임은 두말할 필요도 없다.

조선조 말기 지배체제의 해이, 사회변동 요인의 격증으로 말미암아 당해 신분계급의 유지·존속에 일정한 변화의 조짐이 생겨난 것은 당연한 귀결이다. 그러나 이러한 일말의 조짐만으로 수백 년 이래의 제도가 한꺼번에 무너지리라고 생각할 수는 없다. 그만큼 신분사항에 관련된 사항은 변화의 속도나 폭이 느리고 좁을 수밖에 없다.

가족법의 근대적 변모를 위한 기반은 전근대적인 신분제도의 타파를 전제로 하여서만 가능하다고 하여도 결코 지나친 말이 아닐 것이다. 우리나라 전래의 실정에 비추어 보아도 이러한 신분제도에서 비롯하는 갖가지 폐단은 필연적으로 사회 각층에서의 직접 또는 간접적인 부조리 더 나아가 굴종현상(屈從現象)을 빚어냈던 것이 사실이다.[8] 그러나 이를 적극적으로 바로잡기는 매우 어렵고, 그것은 그 주도세력의 출현 자체가 어렵다는 점만으로도 명백하다.

이러한 점에서 조선조 말기 조성된 개화의 정국은, 다소의 파행적인 국면을 수반하기는 하였지만, 실로 의미 있는 일이라

---

8) 법제처 편, 『추관지(秋官誌)』 제1권, 법제자료 제75집, 법제처, 1975, 229-230면.

하지 않을 수 없다. 자유롭고 평등한 인간의 구현이 제창된 것은 이미 오래전의 일이지만, 이렇게 뒤늦게 우리사회에 파급된 것은 저간의 실정을 그대로 말하여 주는 것이라 할 수 있다.

　비록 일시적이기는 하였지만 수구적인 세력을 물리치고 개화정국(開化政局)을 수립하였던 독립당(獨立黨)의 시정요강(施政要綱)의 하나인 「문벌(門閥)을 폐지하고, 인간평등의 권(權)을 세워 인재를 등용할 것」은 이러한 점에서 그 중요성이 한층 더하다.9) 이와 동일한 내용이 갑오경장의 개혁조치에 포함되어 있고 또한 홍범십사조(洪範十四條)에도 「용인(用人)에 있어서 문지(門地)에 불구하고 인사를 두루 조야(朝野)에 구하여서 널리 인재를 등용한다」로 포함되어 있다.10) 이렇게 보면 신분계급제의 폐지는 어느 다른 조목보다도 일관성 있는 개혁요구사항이었고 또한 그만큼 절실한 것이었음을 알 수 있다.

　이와 같은 개혁조치에 의하여 종래 인습적으로 지켜온 차별 관념까지 없어지게 되었으리라고는 생각하기 어렵다. 그것은 오늘날까지도 일정한 경우에 문벌을 따지는 유풍(遺風)을 보아도 알 수 있다. 다만 이러한 조치에 의하여 이전의 신분제도가 본래의 모습 그대로 유지되어 나갈 수 없게 된 것만은 명백하다.

　신분계급제가 가족법의 여러 사항에 관련된 사항을 보면, 이 제도의 타파는 그대로 가족법의 여러 분야에 영향을 미치게 된다. 첫째, 「양천불혼(良賤不婚)」11)과 같은 금혼률(禁婚律)이 그대로 지켜질 수는 없을 것이며, 둘째, 입양도 제도적 요구보다 어느 정도 당사자의 의사를 반영하여 이루어져야 할 것이며, 셋

---

9) 진단학회 편, 『한국사(최근세편)』, 을유문화사, 1961, 169면.
10) 이기백, 『한국사신론』, 일조각, 1971, 328면.
11) 조선사회에서는 계급제가 실시된 결과 양민과 천민은 서로 혼인할 수 없게 되어 있었다(經國大典 刑典 賤妾條. 賤妻妾子女條).

째, 적서차별(嫡庶差別)의 폭도 그만큼 줄어들 것이고, 넷째, 이 와 관련된 세부사항도 그 내용을 달리하여 적응되거나 해석되 어야 하는 일로 귀결된다.

Ⅲ. 경장조치(更張措置)로서의 개혁

1. 조혼의 폐지

개화기에 들어와 맞게 된 변화 중 가장 두드러진 것은 조 혼(早婚)의 폐지이다. 무릇 성적 본능을 바탕으로 하여 부부로서 살아가려는 남녀의 결합인 혼인은 당사자의 욕구충족에 그치지 아니하고, 사회의 유지·발전에도 적지 않게 영향을 미친다.[12] 그리하여 일찍이 각국은 그 사회의 특수성에 맞추어 법률이나 관습 또는 사회윤리나 일정한 종교의 교리(敎理) 등에 의하여 남녀의 결합관계를 규율하였고, 그 일환으로 혼인할 수 있는 연 령을 규제하고 있다.[13]

혼인연령을 제한하는 것은 단순히 일정한 연령에 달하지 않은 사람의 혼인을 금지하는 이외에, 진정한 의사의 합치에 의 한 혼인을 조장한다는 뜻을 지닌다.[14] 사실 조혼(早婚)의 풍습 은 당사자들이 그렇게 하는 것이라기보다는 부모의 의사 또는 사회적 요구에 의하여 생겨난 것이라고 보아야 할 것이다.

---

12) 김주수, 『친족상속법』, 법문사, 1972, 72면.
13) 로마법에서도 남자 14세, 여자 12세로 혼인연령을 정한 바 있고, 오늘 날 대부분의 국가에서도 15세 내지 20세에 걸쳐 그 연령 한계를 설정 하고 있다.
14) 김두헌, 『한국가족제도연구』, 서울대학교 출판부, 1969, 446면.

　　우리나라의 경우 고려(高麗) 이전의 혼인연령에 관한 법제
는 확실하지 않으나, 종법제(宗法制)가 들어오고 난 다음, 고려
말기・조선 초기 이래로는 문공가례(文公家禮) 등에 의하면서도
우리의 현실을 참작하여 특유의 법령을 제정한 바 있다.

　　경국대전(經國大典)에서는 남자 15세, 여자 14세에 달해야
혼인할 수 있도록 하고, 특수한 사정이 있는 경우에 한하여 이
의 예외를 인정하였다. 그 예외는 양가의 부모 중 1인이 숙환
(宿患)이거나 나이가 50세에 달하고, 자녀의 나이가 12세에 달
한 자는 관에 신고하고 혼인할 수 있도록 한 것이다. 자녀의
나이 13세에 달하면 혼사를 논의할 수 있도록 하고 있는 점에
비추어 보아도 혼인연령이 지니는 제도적 뜻은 명백하다.[15]

　　이후 사회 전반에 유교적인 생활방식이 보편화됨에 따라
될 수 있는 대로 혼례를 중국식 예제(禮制)에 맞추어 실시하려
는 경향이 짙어져, 영조(英祖) 22년(1746)에 간행된 속대전(續大
典)에서는 혼인은 모두 가례(家禮)에 의한다고 규정함으로써, 경
국대전에 규정되었던 혼인연령과 의혼연령(議婚年齡)은 가례의
그것과 동일하게 변경되어, 결국 남자 16세, 여자 14세로 바뀌
었다.[16]

　　이와 같이 조선시대의 혼인 연령은 오늘날의 그것보다 다
소 낮다고 하겠으나, 조혼을 조장시킬 만큼 낮은 정도는 아니
었다. 그럼에도 불구하고 조선사회에서는 조혼의 풍조가 재상
가(宰相家)나 명문양반(名門兩班)에서만이 아니라 지방 소민(小
民)에까지 번져 실시되었다. 그 보급의 정도 또는 사회적 필요

---

15)「男年十五, 女年十四 方許婚嫁〈子・女 年滿十三歲 許議婚〉, 若兩家父母中
　　一人者 宿患 或五十而子女年十二以上者 告官婚嫁」(經國大典 禮典 婚嫁條).
16)「……婚姻一依家禮 前期納幣之後 雖有兩家父母喪 亦待三年 違者家長杖一百」
　　(大典會通 禮典 婚嫁條).

성이야 별도로 논의될 수도 있겠으나 좋지 않은 폐습으로 지적되었으며,[17] 또한 그것을 금지시키기 위한 갖가지 조치가 강구되기도 하였다.[18] 그렇지만 조혼의 풍조는 쉽게 근절되지 않았으며, 도리어 후대로 내려올수록 그 폐해가 더욱 심하게 되었다.[19]

조혼이 성행하는 사회에서는 그 혼인성립의 기초에서 보거나 이후의 생활 자체에 즉응하여 보더라도 자녀의 인격 내지 의사 존중은 처음부터 도외시될 수밖에 없다. 그리고 성혼(成婚) 이후에도 부모에게 무조건 복종하면서 생활해 나가야 하는 것이 중요한 덕목(德目)으로 되어 있다. 이러한 혼인관 내지 부부관은 전근대적인 사회체제의 유지에는 절대적으로 필요한 것이라 하겠으나, 이른바 인격성 내지 자유·평등을 기초로 하는 사회원리 또는 제도와는 병행되어 나가기 어려운 한계성이 있게 마련이다. 앞에서 본 바와 같이 조선조 말기의 사조의 변화 또는 사회실정은 조혼이 지니는 제도적 한계성을 드러내기에 충분하였다고 생각된다.

그리하여 개국(開國) 503년 6월의 의안(議案)인 「허혼연령(許婚年齡)을 정하는 건」에서는 이에 관한 일단의 조치를 내리게 된 것이다. 즉 「남녀 조혼은 함선엄금(函宣嚴禁)하니, 남자 이십 세, 여자 십육 세 이후에 시허가취사(始許嫁娶事)」라고 한 것이 그것이다. 그리고 융희(隆熙) 원년(元年) 8월의 조칙(詔勅)에서는 「인생삼십이유실이십이가(人生三十而有室二十而嫁)라 함은

---

17) 정동유, 주영편(畫永編) 제2권.
18) 이능화, 『조선여속고』, 대양서적, 1973, 147-148면.
19) 조선사회에서 조혼의 풍속이 지속된 원인으로 지적되는 것은 다음과 같다: ① 완고한 가부장제의 존속, ② 중매혼제, ③ 왕가간택(王家揀擇)의 필요에 의한 민가의 처녀금혼(處女禁婚)의 제재, ④ 혼인범위가 좁은 것 등(김두헌, 전게서, 446-466면).

옛날 옛적 삼대(三代)의 성법(盛法)인데, 최근 조혼의 폐가 백성의 병원(病源)으로 됨이 심하며, 이미 금령(禁令)이 있었음에도 불구하고 아직 실시되지 않으니, 어찌 유사(有司)의 과(過)이리요. 이제 유신(維新)의 때에 풍속을 개량함은 바야흐로 최대 급무이라. 고래의 법제를 참작하여 남연만십칠(男年滿十七) 여연만십오(女年滿十五) 이상으로써 가취(嫁娶)를 허하니 엄준하여 어김이 없게 하라」고 한 바 있다. 조혼을 하나의 크나큰 폐습으로 인정한 것은 이전의 조치와 동일하고, 다만 이전의 의안(議案)에서 다소 높이 책정된 감이 없지 않았던 혼인연령을 인하시킨 점은 주목할 만하다.

이와 같은 혼인연령에 관한 조치는 조혼의 병폐를 혼인의 제도적 본지에 비추어, 그리고 전래의 유풍을 되살린다는 뜻에서 내려진 것이다. 이것은 당시 서구의 여러 나라의 법제에서 혼인연령의 분한으로 되어 있던 남자 18세, 여자 16세를 그대로 받아들여 내려진 조치가 아님에도 불구하고 이른바 근대적인 요구에 그대로 들어맞는 것임을 주의할 필요가 있다.

2. 재혼금지의 폐지

조혼의 폐지와 함께 혼인법 분야에 있어서의 또 하나의 변화는 재혼금지를 폐지한 것이다. 혼인의 자유가 인정되고 이혼이 허용되는 사회에서는 혼인의 횟수가 별다른 뜻을 가지지 못한다. 그러나 혼인의 윤리성이 강조되고 이혼이 자유롭지 못한 경우에는, 재혼이라는 것도 당사자의 의사와는 관계없이 도덕성 또는 정조관(貞操觀)과 같은 사회적 요구에 따라 평가되는 것이 보통이다.

당사자의 의사에 의거한 혼인관(婚姻觀)에 기초하여 오늘날 대부분의 국가에서는 이혼과 함께 재혼의 자유를 인정한다.[20] 그러나 동양 고래의 풍습으로는 남자의 경우에는 그렇지 않다 하겠으나, 특히 여자의 경우에는 재혼은 그 자체를 악덕시하는 경향이 일반이었다.[21] 이를 뒷받침하는 공적인 제도도 적지 않았다.

우리나라도 동양사회의 일반의 재혼천시경향(再婚賤視傾向)의 예외가 아니었다. 일찍이 고려(高麗)에 들어와서부터 점차적으로 재혼을 금제하는 조치가 있었고, 종법제(宗法制)의 계수 이후에는 유교윤리의 보편화와 남존여비풍조(男尊女卑風潮)의 보급으로 말미암아 한층 더 엄격하게 금지시켰다.[22] 남편이 사망한 경우, 그 자녀의 유무 등도 묻지 않고 수절(守節)하는 것만이 미덕으로 여겨졌고, 이와 함께 재혼소생자녀(再婚所生子女)에게 일정한 불이익을 주는 공적 조치도 적지 않게 내려졌다. 실로 그다지 값없는 명분 아래 여자의 인종(忍從)만이 강요되었던 대표적인 예라 하겠다.

여자의 굴종을 전제로 하여서만 지켜질 수 있는 재혼금지의 원칙은 그 성질상 개인주의 및 자유·평등의 이념을 바탕으로 하는 사회에서는 도저히 용납될 수 없는 것이다. 이러한 뜻에서 조선조 말기에 개화의 일환으로 조성된 자유·평등의 사

---

20) 프랑스 민법 제228조, 독일 민법 제1586조, 스위스 민법 제101조, 우리나라 민법 제811조 등. 이 중 스위스 민법의 규정을 참조하면, 「재혼하려는 자는 전 혼인이 무효임이 선고되었거나 사망 또는 이혼에 의하여 해소되었음을 증명하여야 한다」로 되어 있다.

21) 중국에서는 예교상 「여불사이군(女不事二君)」이 열녀정부(烈女貞婦)의 지덕으로 되어 있었고, 후대에 와서는 「범거부모급상이자신가취자장일백 약명부부망재가자 죄역여지 추탈병이이(凡居父母及喪而自身嫁娶者杖一百 若命婦夫亡再嫁者 罪亦如之 追奪並離異)」(명률 호률 거상가취조〈明律 戶律 居喪嫁娶條〉)라고 하여 재혼을 금하기도 하였다.

22) 太宗實錄 卷 第十一 太宗 六年 乙未.

조는 재혼을 금지하는 종래의 관행과 정면으로 저촉하는 것일 수밖에 없다. 이러한 상황 아래에서는 가장 억제되었던 부면이 반사적으로 표면에 두드러지게 부각되기 마련이다.

그리하여 공식적으로 재혼금제(再婚禁制)를 푸는 조치를 내리게 되었으니, 「과녀(寡女)의 재가(再嫁)를 자유케 하는 건」이라는 개국(開國) 503년 6월의 의안(議案)이 그것이다. 이 의안에서는 「과녀재가무론귀천 임기자유사(寡女再嫁無論貴賤 任其自由事)」라고 하여 종래 수절로만 강요하던 과녀의 재가를 자유롭게 할 수 있도록 해주었다.

과녀(寡女)의 재가를 당사자의 의사에 따라 할 수 있도록 한 것은 단순히 금지되어 온 한 사항을 풀어주었다는 데 그치는 것이 아니라, 혼인법 전반에 크나큰 변화를 가져오는 것이다. 혼인의 성립, 부부생활 및 자녀와의 관계가 적어도 당사자 본위로 이루어질 수 있는 계기를 심어준 조치였다. 그만큼 가문적인 요인이 배제되는 국면임을 주목할 필요가 있다.

이 법안의 실시로 수백 년에 걸쳐 인습적으로 굳어버린 과녀의 재가금제의 풍속이 한꺼번에 타파될 것이라고 생각할 수는 없다. 실제로 이 제도가 지니는 의미는 여러 방면에 관련되고 또한 심오하다고 할 수 있다. 오늘날까지도 완고한 가문의 여성은 재가하기를 꺼려하는 것을 보아도 알 수 있는 일이다. 다만 공적 제도상으로는 재가를 금지시키는 근원이 없어진 셈이고, 이 자체만으로도 크나큰 중요성이 있다고 할 수 있다.

3. 양자제도의 개혁

개화기에 들어와 가족법분야에 있어서 또 다른 변혁이 있었다면 그것은 입양제도의 개혁이다. 무릇 양자제도(養子制度)는 어느 시대나 사회를 막론하고 그 근저에 자녀를 보유·양육하고자 하는 인간의 자연적인 본능을 바탕으로 하여 생리적 혈연관계가 없는 자를 법률상 혈연관계가 있는 것으로 의제함으로써 친자관계를 인정하는 제도이다. 그러므로 양자제도에는 친(親)의 권익뿐만 아니라 자(子)의 권익도 함께 도모되어야 할 필요성이 깃들어 있다 할 것이다. 그러나 그 정도의 차이는 있다 하겠으나, 가계(家系)의 존속이 가장 중요한 가치 관념으로 인정되는 사회에 있어서는, 절사(絶嗣)는 곧 조상에 대한 최대의 죄악으로 여겨진다.23) 그렇기 때문에 직계의 계승자가 될 적자 또는 서자가 없을 때에는 양자를 정하여 입후(立後)함으로써 종가(宗家)의 대통을 이어나가도록 하는 것이 보통이었다.

우리나라의 경우, 중국에서 종법제(宗法制)가 들어오기 이전에는 이성(異姓)을 양자로 삼든가 외손(外孫)으로써 계후(繼後)를 삼는 등의 사실이 법적 제재를 받지 아니하고 행하여졌지만, 종법제의 계수 이후에는 이성(異姓)의 양자 및 외손봉사(外孫奉祀)가 금지되면서, 소목지서(昭穆之序)에 따른 사양자(嗣養子)가 일반적인 입양의 형태로 되었음은 전절에서 밝힌 바와 같다. 사실상 종법적 양자제(宗法的 養子制)는 「가(家)를 위한 입양」의 필요에서 조성된 것이고, 동성(同姓)의 지자(支子)로써 가계를 이어나갈 수 있다는 점에서 전근대적 양자제의 전형적인 것임에 틀림없다. 그러나 위가적 양자제도(爲家的 養子制度)라 하는 것은 영속적인 가(家)의 존재 및 이에 관한 관념적 뒷받침이 있어야하는 것이기 때문에 사회구조, 가족제도 또는 가(家)에 관한 의식이 변함에 따라 달라질 수밖에 없는 것이다.24) 일찍이 서구 사회에서 사회경제의 발달, 핵가족화 및 개인주의적 의식의 보

---

23) 仁井田 陸, 『中國法制史』, 岩波書店, 1975, 241頁.
24) 中川善之助, 『親族法』, 青林書院, 1967, 408頁.

급 등으로 말미암아 「가를 위한 양자제도(養子制度)」가 「위인적 양자제도(爲人的 養子制度)」로 바뀐 것은 그것을 예증하는 것이기도 하다. 우리나라에서도 근대의 문턱이라고 할 수 있는 이른바 개화기에 들어와서는 각 부면에 있어서의 제도개혁 및 자유·평등사상의 고취 등 실로 가(家)에 관한 관념의 변화를 불러일으킬 만한 충분한 여건의 조성이 있었기 때문에, 양자제도에 관하여 일정한 변혁이 있게 된 것은 어느 점에서는 당연한 귀결이기도 하다.

1894년 6월의 「솔양(率養)하는 구전(舊典)을 신명(申明)하는 건」에는 「적실(嫡室)과 첩(妾)에 모두 무자(無子)한 경우에 한하여 양자(養子)함을 허한다」라고 함으로써, 서자(庶子)의 지위를 보장함과 동시에 양자제도를 인정하는 종래의 입장, 즉 위가적(爲家的)인 성격을 다소나마 불식하기에 이르렀다. 그렇지만 전절에서 설명한 여러 제도에 있어서와 마찬가지로 양자제도의 개혁도 이 자체만으로 어느 정도의 효과를 거둘 수 있었는지는 의문이 아닐 수 없다. 그러나 적어도 종래의 양자제도에 "위인적(爲人的)인 요소"를 보다 적극적으로 함입시킨 것만은 틀림없는 사실이다. 이것도 기존의 신분질서가 마멸되는 한 단면이라 할 수 있다.

IV. 형법대전의 규정 검토

1. 친족의 범위

형법대전(刑法大全)에는 친족의 범위에 관한 구체적인 규정이 들어 있다. 형사상의 금지사항을 그 규정 내용으로 하고 있는 형법대전에 친족의 범위에 관한 규정이 포함되어 있는 것은 오늘날의 법안 착상의 구성으로는 도저히 이해될 수 없는 일이다. 더욱이 조선조 전래의 경국대전 이하 여러 법전에서는 친족에 관한 사항이 예전(禮典) 오복조(五服條)에 규정되어 있었는데, 형법대전에서는 당해 법전의 형전상(刑典上)의 규정뿐만 아니라, 친족에 관한 규정까지도 그대로 답습하여 채용하고 있다. 이것은 친족의 범위가 형사상의 금지규정과 상당히 밀접한 관련이 있음에도 불구하고 당시로서는 명확한 민법상의 규정이 없었으므로, 그에 관한 정확한 한정을 알 수 없음을 고려하여 채용한 것이라고 보아야 할 것이다. 친족의 범위에 관한 사항이 아무리 중요시되었다 하더라도 친족의 친소(親疎)에 따라서 상복(喪服)을 달리한다든지, 복을 입는 기간을 다르게 한다든지 하는 것이 형사상의 금률(禁律)로 파악되어야 한다고는 할 수 없을 것이며, 이러한 점은 당해 규정이 동 대전의 「명칭분석(名稱分析)」 즉 정의규정(定義規定)의 절에 포함되어 있는 사실만으로도 명백하게 알 수 있는 것이다. 결국 형법대전상의 친족의 범위에 관한 규정은 어디까지나 동 대전에 규정되어 있는 갖가지의 가부장제의 침해에 관한 범죄[25]와 관련하여 친족의 범위에 관한 준거규범(準據規範)이 되는 것이라고 보아야 할 것이다. 이와 같이 형법대전에 규정되어 있는 친족의 범위에 관한 사항은 어디까지나 형사상의 목적을 위한 것이라고 보아야 할 것이지만, 당시까지만 하더라도 가부장제의 가족질서는 엄격하게 지켜지고 있던 터이므로, 당해 규정에 의한 친족의 범위를 민사상

---

25) 가부장제의 침해에 관한 범죄로는 친족상고죄(親族相告罪), 친족살사죄(親族殺死罪), 구상친족죄(毆傷親族罪), 간친속급가장혹고공죄(姦親屬及家長或雇工罪), 친족급고공투절죄(親族及雇工偷竊罪) 등이 있다.

의 법률효과가 미치는 친족범위와 일치하는 것이라고 보아도 괜찮을 것이다.

형법대전에서는 현행 민법에서 사용되고 있는 용어인 친족(親族)이라는 표현을 사용하지 않고, 친속(親屬)이라는 용어를 사용함으로써 그에 관한 통속관념(通俗觀念)을 짙게 반영하고 있다. 그러나 친족의 범위를 한정함에 있어서는 「친속(親屬)이라 함은 본종(本宗)과 이성(異姓)의 유복(有服)과 단면친(袒免親)을 말한다」(제62조)고 함으로써 총괄적 한정주의(總括的 限定主義)에 따라서 규정하고 있다. 이 총괄적 한정주의에 따라서 친족에 포함되는 자는 부계(父系) 10촌(예컨대 본종동오세조단면친 〈本宗同五世祖祖免親〉),26) 부족(夫族) 7촌 예컨대 부 〈夫〉의 재종질 〈再從姪〉), 모계(母系) 6촌(예컨대 외재종형제자매 〈外再從兄弟姉妹〉), 그리고 처족(妻族) 3촌(예컨대 처백숙부모 〈妻伯叔父母〉, 처질 〈妻姪〉) 등이다. 그리고 서모(庶母)와 유모(乳母)가 시마친(緦麻親)으로서 친족에 포함되어 있고, 계모(繼母)도 친족으로 되어 있다(제62조 제7호).

이와 같은 친족의 한정은 대체로 경국대전(經國大典)의 오복조(五服條) 및 문공가례(文公家禮)에 명시되어 있는 상복제도(喪服制度) 상의 친속범위 한정인 「유복친급무복친(有服親及無服親)」을 친족으로 간주한 조항을 함께 받아들여 채용한 것이다. 이로 미루어 보면 경국대전(經國大典)이 제정된 이후에도 친족에는 당해 법전 소정의 유복친(有服親) 이외에 무복친(無服親)까지 포함

---

26) 본종동오세조단면친(本宗同五世祖祖免親)이라 함은 오세조(五世祖)를 같이하는 본종의 친족으로서 종고조부(從高祖父), 고대고(高大姑), 재종증조부(再從曾祖父), 재종증대고(再從曾大姑), 삼종조부(三從祖父), 삼종대고(三從大姑), 삼종백숙부(三從伯叔父), 삼종고(三從姑), 사종형제부매(四從兄弟婦妹)를 말한다.

시켜 관념하여 왔음을 알 수 있다.[27] 친족의 범위가 지나치게
넓음은 물론 친족의 분한을 정함에 있어서 남계와 여계, 부족
(夫族)과 처족(妻族) 사이에 아주 심한 친소(親疎)의 차별을 두고
있으며, 같은 친족 중에서는 적장자손(嫡長子孫)의 등급 내지 지
위를 한층 높이고 있는 것을 보면, 아직도 전근대적인 종족 관
념이 강고하게 남아 있고 남녀차별적임을 알 수 있다.[28] 그리
고 친족의 범위 속에 서모(庶母)와 유모(乳母) 및 자모(慈母)를
포함시키고 있는 것은, 친족을 단순히 혼인과 혈연을 중심으로
맺어진 자연인의 연결로만 보지 않았던 점도 현행 민법과는 다
른 점임을 주의할 필요가 있다. 또한 배우자는 친족에 포함시
키고 있지 아니하다. 이것은 아마도 당시까지의 친속(親屬)이 어
느 사람의 사거(死去)에 관한 애도의 정을 함유하게 되는 일련
의 사람들을 총체적으로 파악하였던 상복제(喪服制)를 기반으로
하여 그 분한을 정하였던 사실에서 비롯하는 것이라고 보아야
할 것이다.

2. 정 혼

형법대전에는 오늘날의 입법형식으로는 순수하게 민사상의
법률행위에 지나지 않는 정혼(定婚)에 관한 규정이 포함되어 있
다. 정혼이라 함은 일정한 조건을 갖춘 남녀를 혼인시키려는
주혼자(主婚者)들의 합의 아래 일정한 절차에 좇아서 행하여지는

---

27) 명률(明律)에는 명예률 친족상위용은조(名例律 親族相爲容隱條), 호률 혼
   인취친속처첩조(戶律 婚姻娶親屬妻妾條), 형률 천도·친족상도·범간·친
   족상간조(刑律 賤盜·親族相盜·犯姦·親族相姦條) 등에 유복친(有服親) 이
   외에 동종의 무복친(無服親)까지 친족에 포함시키고 있다.
28) 이병수, "우리나라의 근대화와 형법대전의 반시,"「법사학연구」제5호,
   한국법사학회, 1975, 61-62면.

민사행위(民事行爲)이다.[29] 그러므로 혼인을 어떻게 정하거나 그에 관하여 어떠한 법률효과를 부여할 것인가는 어디까지나 당사자가 정하고 그것을 위반하였을 때에는 민사적 과책원리에 따라서 일정한 책임을 지도록 하는 것이 근대 이래의 법리로는 당연한 규정태도이다. 그런데 가부장제(家父長制)의 가족질서가 강고하게 지켜지던 사회에서는 그렇지 않을 수도 있는 것이니, 개화기의 우리나라의 실정도 그러하였던 것이다. 즉 혼인이라는 것이 단순히 부부가 되려는 당사자의 결합에 그치지 아니하고, 당사자가 소속되어 있는 양가(兩家)의 대사(大事)로 여겨지는 사회로서 혼인에 당사자의 결합 이외에 가(家) 또는 가문(家門)의 유지·존립·체면에 관계있는 명분적 가치가 따라붙게 되어 있었다. 따라서 정혼을 함에 있어서도 일정한 준칙이 있어서 거기에 따라야 함은 물론, 이를 위반하는 것은 범죄로까지 파악되었던 것이다. 이것도 어디까지나 형사법전이 담당하고 있던 가부장제(家父長制) 사회질서유지의 한 표현으로 보아야 할 것이며, 또한 민사책임과 형사책임이 엄격하게 분화되지 않았던 것을 그대로 보여 주는 점이라 하겠다.

정혼은 주혼자(主婚者)의 합의가 있는 것을 전제로 하여 납채(納采), 문명(問名), 납길(納吉) 및 납폐(納幣)의 사례(四禮)에 좇아서 행하여지는 것이 보통이었다.[30] 그리하여 이들의 각 절차가 어떻게 지켜지는지의 여부는 각각의 경우에 다를 것이고 이를 모두 법으로 강행할 수도 없으며 또한 그렇게까지 할 필요

---

29) 정혼이 앞으로 혼인할 약정이라는 점에서는 약혼과 비슷하지만, 후자의 경우에는 당사자의 진정한 의사의 합치가 그 본질요소로 되어 있음에 반하여, 전자의 경우에는 주혼자(主婚者)의 의사로써 결정되는 점에서 본질적으로 다르다.
30) 김완섭, 『한국혼인고(韓國婚姻考)』, 고려대학교 출판부, 1975, 91면.

도 없는 사적인 일이었다. 그렇기는 하지만 예로부터 주혼자
간의 허혼식약(許婚識約)과 빙재(聘財)의 접수가 있어야 비로소
정혼의 성립이 있는 것으로 인정되었으며, 법으로 이를 보장하
여 주는 것은 정혼이 지니는 당시의 사회적 의미에 견주어 보
더라도 타당한 것이라 하겠다. 이에 형법대전에서도 혼인을 정
함에 있어서 빙재(聘財)를 받거나 뇌약(牢約)이 있어서 외형적으
로도 정혼을 한 것이 확실한 경우에는 다시 다른 사람에게 허
혼할 수 없도록 하고, 그 위반에 대하여는 태형(笞刑)까지 가하
는 것으로 하고 있다(제559조). 그리고 나중에 정혼한 혼인이 아
직 성혼되지 아니한 경우에는 당사자의 의사에 불구하고, 먼저
정혼한 가(家)와 혼인하여야 하는 것으로 되어 있어서(제559조
후단) 혼인의 가(家)에의 예종성(隸從性)을 짙게 반영하고 있다.

또한 형법대전에서는 혼인하게 되는 남녀에게 잔폐질(殘廢
疾) 등이 있어서 정혼할 수 없음에도 불구하고, 자매 또는 다른
사람을 거짓으로 꾸며서 내보이지 못하게 함으로써 간접적이나
마 혼인을 정함에 있어서 마땅히 보장되어야 할 점으로 당사자
의 동일성 내지 진실성의 확보를 꾀하고 있다(제560조).

이와 같은 형법대전의 정혼에 관한 규정방식은 대체로 경
국대전(經國大典)이나 명률(明律)과 같은 것이다.[31] 다만 경국대
전이 그 형전 금제조(禁制條)에 「이수혼서이재허타인성혼자 기주
혼자 논죄 이이(己受婚書而再許他人成婚者 其主婚者 論罪 離異)」라
하여, 개략적으로 규정하고 있었음에 반하여, 형법대전에서는
보다 구체적으로 나누어 규정하였다. 즉 이미 혼서(婚書)를 받고
도 다른 사람에게도 허혼하여 성혼하는 것을 금할 뿐만 아니라,
재허를 한 경우의 정혼문제 및 그에 따르는 배상까지도 규정하

---

31) 明律 戶律 婚姻 男女婚姻條; 經國大典 刑典 禁制條.

고 있으며, 당사자를 가모(假冒)한 경우의 성혼문제를 함께 규정하고 있는 것이다. 이러한 점에서 정혼에 관한 형법대전의 규정은 명률의 당해 규정과 한층 더 흡사하게 규정된 셈이다. 경국대전의 제정 이후에도 정혼이 명률의 의용(依用)에 의하여 당해 법전의 소정(所定)과 마찬가지로 규율되어 왔으며, 형법대전의 제정 당시까지도 그에 관한 규율의 필요성이 거의 변화되지 않았었음을 알 수 있다.

3. 금혼원인(禁婚原因)

(1) 중혼 금지

형법대전은 당시의 사회에서 혼인이 대단히 큰 비중을 차지하고 있던 것과 관련하여, 중혼을 엄격하게 금지하였다. 즉 처(妻)가 있는 경우에는 다시 처를 얻지 못하도록 하고 이를 위반한 때에는 형벌을 가하고 있다(제566조). 일부일처제(一夫一妻制)를 실현하는 것은 근대적 혼인질서를 유지하기 위한 최소한의 요구에 상응하는 당연한 법률조치라 하겠다.[32] 그런데 당시까지만 하더라도 우리사회에서의 혼인이 법률상의 절차에 따른 신고 또는 등록에 의하여 성립하지 않고, 사실혼(事實婚)만으로 성립하는 것으로 보았기 때문에 중혼의 발생 여부를 확인하기가 어려웠으며, 아울러 중혼은 마땅히 금지되어야 하였음에도 불구하고, 이것을 현실적으로 금지시키기는 그렇게 쉽지 않았던 것이다. 이 경우 첩을 거느리는 것은 별도의 문제이다. 그 결과 처가 있으면서도 다른 여자를 맞아서 중혼을 하게 되고, 그와 함께 전처(前妻)가 쫓겨나게 되는 경우도 생겨나게 되기도 한다.

---

32) Edward Westermarck, A Short History of Marriage, Humanities Press, New York, 1968, pp.247-248.

형사법으로 중혼을 엄격하게 금지한 형법대전의 규정은 실로 이러한 사회 실정에서 연유한 것이다.

형법대전상의 중혼금지 규정은 처(妻)가 있는 부(夫), 즉 남자에 대한 것임을 주의할 필요가 있다. 이러한 것은 전래 우리 사회에서 중혼을 하게 되는 것은 주로 남자뿐이라는 데도 그 원인이 있다고 하겠으나, 처가 부(夫)를 버리고 개가(改嫁)하는 자는 극히 엄형(嚴刑)에 처하여 더욱 엄격하게 금지함으로써(제567조) 다른 차원에서 규율하였던 것이다. 이러한 규정태도는 남자를 중심으로 한 당시의 사회성격에 비추어 보면 지극히 당연한 것이라 하겠다.

중혼을 형사법인 형법대전에서까지 금지하고 있는 것은 어디까지나 사회존립을 위한 혼인질서의 유지 및 일부일처제(一夫一妻制)의 실현에 있는 것이다. 그러나 당시까지만 하더라도 전래의 축첩제(蓄妾制)가 그대로 공인되고 있었으므로, 이상에서 설명한 바와 같은 중혼금지의 실익은 반감되는 것이라고 밖에 볼 수 없다. 다만 종래 처의 지위와 첩의 그것에는 상당한 차이가 있었던 것이고,[33] 또한 처를 첩으로 하거나, 첩을 처로 삼는 것을 금하고 있는 점(제577조)에 비추어 보면, 중혼금지의 규정은 다소 그 실익의 범위가 한정적인 것이기는 하지만, 일부일처제의 혼인질서를 위한 지침이 된다 할 것이다. 이러한 중혼금지 규정은 명률(明律)의 당해 사항에 관한 규정[34]을 답습한 것이다. 경국대전이나 그 이후의 여러 법전에서는 중혼의 금지에 관한 다른 규정을 두고 있지 않은 점을 보면 이 규정이 그대로 지켜졌던 것이라 할 수 있다. 이것은 곧 이후의 사회에서도 명률(明律)의 의용에 위반되지 않고 처와 첩을 거느리고 지

---

33) 김완섭, 전게서, 187-190면.
34) 明律 戶律 婚姻 妻妾秩序條.

낼 수 있는 생활양상을 보여주는 것이기도 하다.

(2) 동성동본불혼

형법대전에서는 동성동본불혼의 원칙을 성문화함으로써(제 572조), 종래 성(姓)을 같이하는 이른바 동족끼리 혼인을 하지 못하도록 하는 혼인율속(婚姻律俗)[35]을 답습하고 있다. 그런데 형법대전에서 채택하고 있는 이 원칙은 「씨관(氏貫)이 모두 같은 자」를 대상으로 함으로써, 당해 원칙이 명률(明律)에서 단순히 「동성자(同姓者)」[36]를 대상으로 하는 것과 크게 다르다. 이 것은 우리나라에서의 성(姓)과 중국에서의 그것이 다른 점을 제대로 파악하여 우리사회에서 인정되어야 할 동성불혼(同姓不婚) 의 규범성을 채용한 것이라 하겠다. 즉 우리나라에서는 동일시 조(同一始祖)가 아닌 동족도 같은 한자(漢字)로 그 성을 표시하는 경우가 대단히 많으나, 중국에서의 「동성(同姓)인 자」는 그 형식은 다르지만 우리의 「동성동본(同姓同本)인 자」에 해당하는 것이다.[37] 따라서 형법대전에서 규정하고 있는 동성동본불혼률 (同姓同本不婚律)은 「鄕貫雖異姓字若同則無得婚娶(향관수이성자약 동즉무득혼취)」라고 되어 있던 속대전(續大典)의 규정을 바로잡아 우리의 현실에 맞춘 것이고, 당해 율속(律俗)의 본지에 비추어 적절한 것이라 하지 않을 수 없다. 이러한 입법의 추이에 비추 어 보면, 동성불혼률(同姓不婚律)은 본래 우리나라에서는 문자(文 字)대로는 실시될 수 없는 것이고, 동성불혼으로 성문화된 이후에 도 그대로 지켜져 오지 않았거나 지키기 어려웠던 것임을 알 수 있다.[38] 그러나 우리의 전래 풍속으로는 같은 혈통의 자손끼리는

---

35) 愛敎輯錄 禮典 婚禮條; 續大典 禮典 婚嫁條.
36) 明律 戶律 婚姻 同姓爲婚條.
37) 이광신,『우리나라 민법상의 성씨제도연구』, 법문사, 1973, 42-43면.

혼인하지 않는다는 금혼률이 있었음을 주의할 필요가 있다.

(3) 근친혼금지

형법대전에서는, 근친자끼리의 혼인과 관련하여, 우선 동성무복친(同姓無服親) 또는 무복친(無服親)의 처(妻)를 얻지 못하도록 함으로써(제573조 전단) 종래의 종처불혼(宗妻不婚)의 원칙을 답습하고, 이보다 더 가까운 경우의 취처를 금지함은 물론 그에 관한 형벌을 훨씬 더 강화하고 있다(동조 후단). 그리고 내외친족(內外親族)과의 혼인에 관하여는, 동모이부자매(同母異父姉妹), 외숙(外叔)의 처첩(妻妾), 생질(甥姪)의 처첩(妻妾), 처첩전부(妻妾前父)의 여(女), 내외종이종자매(內外從姨從姉妹), 부모의 내외종이종자매(內外從姨從姉妹), 조모(祖母)와 외조모(外祖母)의 본종종자매(本宗從姉妹), 모(母)의 본종종자매(本宗從姉妹), 자기의 종자매(從姉妹)의 여(女), 여서(女婿)의 자매(姉妹) 또는 자손부(子孫婦)의 자매와의 혼인은 이를 모두 금지하고 있다(제574조). 혼인을 함에 있어서 일정한 족적(族的) 한계를 지키도록 하는 것은 근친자끼리의 혼인을 방지함으로써 혼인질서 내지 성질서(性秩序)의 문란을 방지하고, 한걸음 더 나아가 근친혼에서 생겨날 수 있는 육체적 질환을 없애기 위한 것이라고 한다면,[39] 상기의 각 금혼친(禁婚親)도 모두 이러한 목적을 위하여 설정된 것이라고 하겠다.

형법대전에서 채택되고 있는 근친혼금지규정은 대체로 명률(明律)의 당해 규정[40]과 동일한 것으로서, 근친혼금지에 관한 고려시대의 율속(律俗)[41]과 달리 조선조에는 후기로 내려오

---

38) 이광신, 전게서, 40-41면.
39) 김완섭, 전게서, 70-71면; 이광신, 전게서, 36-37면.
40) 明律 婚姻 尊卑爲婚條・娶親屬妻妾條.

면서 점차적으로 명률의 규정과 같은 원칙의 확립을 보게 되었음을 알 수 있다. 다만 명률에는 「兄亡收嫂 弟亡收弟婦(형망수수 제망수제부)」는 금지하는 것으로 되어 있는 데 반하며, 형법대전에서는 특별히 이에 관한 규정을 두고 있지는 않다. 그렇다고 하여 형이 사망한 경우에 그 동생이 형수를 얻을 수 있거나 동생이 사망한 경우에 그 형이 제부(弟婦)를 얻을 수 있었던 것이 아니고, 일반적으로 종처불혼(宗妻不婚)의 원칙에 따라서 혼인을 하지 못하도록 되어 있었던 것으로 보아야 할 것이다. 또한 형법대전에서는 처족(妻族)과의 금혼규정을 두고 있지 않은데,42) 이 점은 망부(亡夫)의 사종형제(四從兄弟) 이내의 본종친(本宗親)과 혼인을 하지 못하는 유처(遺妻)의 지위와 비교하여 매우 대조적이다. 결국 재혼을 하여야 하는 유처로서는 그 범위에 상당한 제약을 받게 되는 셈인데, 이것은 혼인을 하면 여자는 남자가(男子家)의 일원으로 파악되었던 당시의 사회 실정으로는 불가피한 일이었던 것으로 생각된다.

(4) 상간자 혼인금지

형법대전에서는 혼인관계에 있는 부녀의 정조를 중요시하여 간부(姦婦)는 종부가출(從夫嫁出)하는 것으로 하고, 그 부(夫)가 가출(嫁出)의 보류를 원하는 경우에는 이를 들어 주는 것으로 하고 있다(제558조 전단). 그러나 간음(姦淫)을 하게 된 사정

---

41) 고려시대의 근친혼금지의 범위를 알 수 있게 하는 혼속으로는 다음과 같은 것이 있다. ① 功親相婚, ② 當姑·從姉妹·堂姪 및 女兄孫女相婚, ③ 外家四寸通婚, ④ 人妻死繼娶之姉妹·異父從姉妹 등(송두용, 『한국법제사고』, 진명문화사, 1985, 114-115면).

42) 처족(妻族)과의 일반적인 금혼규정은 없다 하더라도(처의 계모와 간음하지 못하도록 하는 규정은 있다 〈제550조〉), 처의 모 즉 장모(丈母)와의 혼인 또는 간음은 불륜의 일종으로 다루어졌다.

에 있어서는 각각의 경우에 크게 다를 것이니, 예컨대 수재(受財)하여 감춘 것이 중한 경우에는 그 처벌을 엄하게 하고 간부(姦夫)와 혼인하는 것도 금하였다(동조 후단). 이러한 규정은 명률의 당해 규정[43]을 그대로 답습한 것이기는 하지만, 당시까지만 하더라도 여자의 정조는 다른 어느 덕목보다도 중요하게 여겼던 것이므로, 이러한 규정은 도리어 당연하다 할 것이다. 이경우 상간자(相姦者)끼리의 혼인을 원칙적으로 금지하면서도, 본부(本夫)가 동거를 원하지 않는 경우에는 그대로 종부가출(從夫嫁出) 하도록 하고 있는 것은 어디까지나 예외적인 결합이라고는 하겠으나, 상간(相姦)이라는 범죄적 행동을 금지하는 것을 뛰어넘어 보다 깊은 뜻을 지니는 남녀결합의 길을 터놓은 것이라고 보아야 할 것이다.

상간자의 혼인을 금지하는 것은 간음을 꺼려하는 사회 전체의 요구와도 부합하는 것이라 하겠으나, 상간자 사이에서 자녀가 출생한 경우에 이들을 어떻게 할 것인가는 자녀 자체의 생장(生長) 및 이익에 영향을 미치게 될 뿐만 아니라, 경우에 따라서는 중요한 사회문제가 되기도 한다. 형법대전에서는 간생자녀(姦生子女)를 간부(姦夫)에게 맡겨서 기르도록 함으로써(제540조), 간생자녀의 보호를 꾀하고 있다. 자녀의 양육에 모(母)가 차지하는 막중한 영향을 생각하면 다소의 문제점이 없는 것이 아니지만, 이러한 규정은 남자본위(男子本位)라는 당시의 사회구조에 비추어 불가피한 조치라 하지 않을 수 없으며, 이것도 명률의 규정을 그대로 답습한 것이다.

---

43) 明律 刑律 犯奸 犯奸條.

(5) 상중혼금지(喪中婚禁止)

형법대전에서는 부모의 상중(喪中)에는 원칙적으로 가취(嫁娶)를 하지 못하도록 하고 있으며(제568조 전단), 처의 경우에는 부(夫)의 상중에도 개가하지 못하는 것으로 규정하고 있다(제568조 후단). 이것은 부조(父祖)의 사망 시에는 그 슬픔을 극진히 하고 검약과 절제를 통하여 다하지 못한 효(孝)를 갚으려 하였던 유교윤리의 원리에 상응하는 법률조치라 하겠다. 이 규정도 대체로 명률의 규정44)을 답습한 것이다. 그런데 주의할 것은 형법대전의 제정 이전에는 처의 부상(夫喪) 중의 개가금지에 상응하는 것으로 경국대전에 「士大夫妻亡者 二年後改娶(사대부처망자 이년후개취) …」45)라 되어 있어서, 부부는 그 어느 쪽이 사망하더라도 가취를 함에 있어서는 비교적 대등한 제약을 받는 것으로 되어 있었으나, 형법대전의 규정은 처의 경우에만 국한시키고 있다.46) 이러한 규정태도는 아마도 경국대전에 규정되어 있는 규정이 제대로 지켜져 오지 못한 데 그 까닭이 있지 않은가 생각된다.

(6) 개가금지(改嫁禁止)

형법대전에서는 남편이 사망하고 수지(守志)하는 부인을 부(夫)의 조부모, 부모나 외조부모 또는 부인의 기친(期親)이 억지

---

44) 明律 戶律 婚姻 居喪嫁娶條.
45) 經國大典 禮典 婚嫁條.
46) 상중혼금지(喪中婚禁止)의 규정을 위반한 법률효과는 다른 금혼사유에 관한 그것에 비하여 다른 바가 있으니, 이 규정을 위반하고 혼인을 한 경우에 일정한 처벌을 하는 것은 마찬가지지만 그 혼인의 파기까지는 규정하고 있지 않다. 즉 상중혼은 단순처벌로만 규정하고 있다. 이러한 금혼사유는 상중혼금지(喪中婚禁止)와 조부모·부모 수금(囚禁) 중의 혼취금지(嫁娶禁止)(제569조)의 두 경우밖에 없다.

로 재가(再嫁)시키는 것을 금하고 있다(제564조). 이것은 종래 처
는 자기의 부(夫)가 사망하여도 그 가(家)에서 수지(守志)하면서
살아가는 것이 높은 미덕으로 되어 있던 통속과 관련 있는 것
으로서, 과부(寡婦)의 수절을 미풍(美風)으로 존속시켜 나가고자
하는 사회의지의 한 표현이다. 이것도 명률의 규정[47]을 그대로
답습한 것이다. 그런데 형법대전에서는 본래 본인의 의사에 따
른 재가를 금지하는 규정을 두고 있지는 않으므로, 절개를 지켜
나가는 부인의 개가(改嫁)를 금지하는 규정의 뜻도 훨씬 축소되
는 것이라고 보지 않을 수 없다. 따라서 수지하던 부인이 자기
의 의사로 결정하여 개가하는 경우에는 제564조의 적용이 없는
것으로 보아야 한다.

(7) 자매사칭혼금지(姉妹詐稱婚禁止)

형법대전에서는 자기의 처첩(妻妾)을 자매(姉妹)라 칭하고
남에게 시집보내는 것을 금하고 있으며(제561조), 이러한 사정을
알고서 취처한 자도 벌함으로써 그러한 혼인이 생겨날 수 있는
가능성을 철저히 막고 있다. 처첩을 자매라 하여 출가시키는
경우에는 혼인의 순결성이 처음부터 결여될 것임은 물론, 때로
는 부(夫)에 의한 처첩의 강매혼(强賣婚)까지 이루어질 수도 있
는 것이다.

이 규정은 경국대전을 비롯한 조선조의 각 법전(法典)에는
없었으나 명률의 규정[48]을 답습하여 채용된 것으로, 진실을 중
요시하는 혼인질서의 확립을 위한 것이라 하겠다.

---

47) 明律 戶律 婚姻 居喪嫁娶條.
48) 明律 戶律 婚姻 典雇妻妾條.

4. 이혼원인

(1) 부의 이혼원인

부(夫)가 이혼할 수 있는 경우는 다시 일정한 제한 아래 한 정적으로 이혼할 수 있는 경우와 아무런 제한도 없이 당연히 이혼하여야 하는 경우로 나누어진다. 전자의 경우로는 ① 부 (夫)의 조부모·부모에 불순(不順)한 경우, ② 다언(多言)하여 족 척(族戚)에게 실화(失和)한 경우, ③ 음행(淫行)을 저지른 경우, ④ 절도(竊盗)한 경우, ⑤ 전염하는 악질(惡疾)이 있는 경우 등 이다. 그런데 이러한 경우라 하더라도 다음과 같은 경우, 즉 ① 부모의 상(喪)을 함께 치른 경우, ② 자녀(子女)가 있는 경 우, ③ 혼인 시에 가난하였으나 나중에 부귀하게 된 경우, ④ 돌 아갈 곳이 없는 경우에는 이혼할 수 없도록 되어 있다(제578조). 여기에서 주의할 것은 종래 칠출(七出)의 한 사유[49]로 되어 있 던 투(妬)는 그 사유에서 제외되는 반면에, 자녀가 있는 경우에 는 이혼을 하지 못하도록 그 규정방식이 달라졌다. 투(妬), 즉 질투의 경우를 제외시킨 것은 그러한 마음이 있고 없고를 정하 는 것은 너무나 편의적이어서 공정성을 도모할 수 없다는 데 그 원인이 있을 것이며, 자녀가 있는 경우에 이혼을 하지 못하 도록 한 것은 남자손(男子孫)으로써 가계를 이어나가는 것이 주 된 목적이었던 종래의 자녀관념(子女觀念)에서 적어도 자녀는 부 모의 보호대상이 되어야 한다는 근대적 자녀관념(子女觀念)에로 바뀐 것을 보여 주는 것이라 하겠다.[50]

후자(後者)의 경우, 즉 부(夫)가 의무적으로 이혼하여야 하는

---

49) 칠거사유(七去事由): ① 불사구고(不事舅姑), ② 무자(無子), ③ 음일(淫 佚), ④ 투(妬), ⑤ 악질(惡疾), ⑥ 다언(多言), ⑦ 절도(竊盗)

50) 이태영, 『한국이혼제도연구』, 여성문제연구원, 1957, 1-2면.

경우는 처가 ① 부(夫)를 모해(謀害)하거나 구타한 경우, ② 부(夫)의 기친(期親) 이상의 존장(尊長)이나 외조부모를 구매(毆罵)한 경우, ③ 단면(袒免) 이상의 친과 통첩(通妾)한 경우 등이다(제579조). 이에 열거한 여러 원인은 주로 상기의 제한적 이혼사유보다 가부장제의 가족질서를 저해하는 정도가 심한 범죄성이 강한 사유로서 종래 의절원인(義絶原因)으로 삼아 오던 것들이다.[51]

(2) 처의 이혼원인

처가 이혼하여야 하는 경우는, 부(夫)가 ① 처첩(妻妾)의 조부모·부모를 구타하거나 백숙부모(伯叔父母)나 고(姑)나 외조부모를 구복(毆復)한 경우, ② 처첩의 모를 간음한 경우 등이다(제579조). 이것도 종래의 가부장제사회에서 도저히 용납될 수 없을 만큼 가족질서를 저해하는 것으로서 부의 경우와 마찬가지로 의절원인(義絶原因)으로 되어 있던 것들이다.[52] 여기에서 한 가지 주의할 것은, 이러한 경우에 처가 이혼하여야 하는 것을 가지고 처에게도 이혼할 수 있는 권리가 보장되어 있었다고 할 수 있느냐 하는 것이다. 물론 상기의 여러 원인에 의한 이이(離異)는 곧 부(夫)와의 혼인관계가 해소되는 것이므로, 이러한 점에서는 그렇게 볼 수도 있겠지만, 그것만 가지고 대등한 부부관계를 전제로 한 이혼을 할 수 있을 권리가 처에게 인정되고 있었다고는 할 수 없다. 처가 이혼할 수 있는 권리는 어디까지나

---

51) 김두헌, 전게서, 595-596면. 의절(義絶)의 원인으로는, 처가 간음을 범한 경우, 남편이나 그 가족이 처나 그 조부모·부모를 구타한 경우 등 10가지이고, 이에 위반하는 경우에는 「若犯義絶應雜而不離杖八十」이라 하여 형벌에 처하도록 되어 있다.

52) 김두헌, 전게서, 596면.

한정적인 것이었다고 보지 않을 수 없다. 이러한 사정은 부(夫)의 원출(遠出) 또는 수금(囚禁)이나 빈곤을 이유로 처첩이 도망가는 것을 엄격하게 금하고 있던 점(제581조)에 비추어 보면 더욱 명백하게 알 수 있다. 즉 부의 원출이나 수금 또는 빈곤은 그것이 아무리 오래도록 지속되거나 심한 정도라 하더라도 처첩이 부와 헤어질 수 있는 사유가 되지 않았던 것이다.

5. 입양과 파양

(1) 입양요건

형법대전에서 입양(入養)에 관하여 규정하고 있는 사항으로서 지적할 수 있는 것은 우선 사양자(嗣養子)를 원칙으로 하고 있다는 점이며, 이에 좇아 이성불양(異姓不養)(제582조 5호)과 소목지서(昭穆之序)(동조 4호)를 지키도록 되어 있는 점이다. 이러한 규정은 결국 종래의 입양에 관한 명률(明律)의 규정[53]을 그대로 답습한 것이다. 그리고 첩의 자가 있는 경우에도 입양을 하지 못하도록 하고 있는데(동조 3호), 이것은 입사(立嗣)와 관련하여 입양이 너무나 지나치게 행하여지던 것을 시정하기 위한 것이라고 생각된다. 즉 종래에도 법전의 규정상으로는 적처(嫡妻)나 첩(妾)에 모두 자가 없는 경우에 한하여 동종지자(同宗支子)로 계후(繼後)하도록 되어 있었으나,[54] 이 규정이 제대로 지켜지지 아니하고 첩의 소생자(所生子)가 있는데도 불구하고 입양에 의한 후사(後嗣)를 하는 것이 일반적이었으므로,[55] 당해 규

---

53) 明律 戶律 戶役 立嫡子違法條.
54) 經國大典 禮典 立後條. 「적첩구무자자 고관입동종지자위후(嫡妾俱無子者 告官立同宗支子爲後)」.
55) 김두헌, 전게서, 353-355면.

정은 신분요소에 따르는 이러한 차별이나 혼돈을 바로잡기 위한 것이다. 그리고 이 규정이 갑오경장(甲午更張) 시에 개혁조치로 내려졌던 일련의 사항 중의 하나로 되어 있던, 입양(入養)에 관한 조치56)와 그 뜻을 같이하는 것으로 당시의 시대적 요구를 반영한 것이라고도 할 수 있다. 그러나 아직도 근대적인 양자나 양친의 필요에 맞추어 하게 되는 위인적(爲人的) 양자제도와는 거리가 먼, 이와 같은 양자제도가 존속되고 있는 것은 당시의 사회적 요구의 성격상 불가피한 일이라 하겠다. 이러한 점은 수양자(收養子)의 경우에 입사를 하지 못하도록 하고 있는 점(동조 5호 단서)에 비추어 보면 더욱 명백하다. 즉 입양은 혈연의 연속에 의한 계사의 성격이 강하였고,57) 사람 자체를 위한 제도로는 발전하지 못하고 있었던 것이다.

(2) 파양요건

형법대전에서는 원칙적으로 양자로 하여금 양부모(養父母)를 저버리고 나가지 못하도록 규정하고 있다(제58조). 이것은 당시의 사회에서 입양이 계사(繼嗣)의 필요에서 행하여졌다는 점에서 그대로 수긍할 수 있는 규정이라 하겠다. 이것도 명률(名律)의 규정58)을 그대로 답습한 것인데, 형법대전에서는 여기에서 한 걸음 더 나아가 양부모라 하더라도 양자로 하여금 계후(繼後)를 하도록 한 경우에는, 자를 낳아서 후사를 이어갈 수 있게 된 다음이라 하더라도 계후한 자(子)를 파귀(罷歸)하지 못하게 하였다(동조 제4 문단). 이러한 규정은 당시의 입양이 얼마나 엄격한 규칙 아래서 행하여졌는지를 그대로 보여 주는 것이라 하

---

56) 「率養하는 舊典을 申明하는 件」(1894년 6월 28일).
57) 이희봉, 『한국가족법상의 제문제』, 일신사, 1976, 303면.
58) 明律 戶律 戶役 立嫡子違法條.

겠다. 그것은 곧 가계를 이어가는 것이 자기 삶의 존립근거요, 더 나아가 삶 자체와 직결된 것으로 보았기 때문이라고 할 수 있다.

그러나 파양(罷養)의 길을 전혀 열어 놓고 있지 않았던 것은 아니었으니, 우선 다른 사람을 계후(繼後)한 자가 그 양부모를 저버리고 가려고 하고 당해 양부모 역시 파양하기를 바라는 때에는 그대로 들어주도록 하고 있다(제583조 제3문단). 이것은 어느 정도 양친 및 양자의 의사를 존중하여 파양을 인정하는 것으로, 종래의 법에서는 규정되어 있지 않았던 것이다. 또한 소후부모(所後父母)가 자(子)를 낳고, 계후한 자(子)의 본생부모(本生父母)가 무자(無子)한 경우에는 파양할 수 있도록 하고 있다(동조 단서). 이것은 소후가(所後家)의 계승이라는 입양의 본지도 중요하지만, 생가(生家)의 절사(絶嗣)도 그에 못지않게 중요한 것이므로 이를 위하여 인정되었던 조치인 것으로 생각된다. 이것은 명률(明律)의 규정을 답습한 것인데, 종래 속대전(續大典)에서 이미 「위인후자본생부모절사즉파계귀가허기소후가개입후(爲人後者本生父母絶嗣則罷繼歸家許其所後家改立後)」[59]라 하여 생가의 절사(絶嗣) 시에는 파계귀종(罷繼歸宗)을 할 수 있게 하였다. 이러한 조치는 모두 입양이 사람 자체를 위하여 행하여지지 아니하고 계사(繼嗣)를 위하여 행하여진 데 상응하여 마련된 규정들인 것이다.[60] 이러한 점도 자기와 자손의 삶이 곧 가계의 연속이라고 보게 되면 그야말로 지고의 가치 있는 사회존립의 원리가 아닐 수 없다.

---

59) 續大典 禮典 立後條. 속대전은 경국대전이 편찬·공포된 이후에 내려진 교령(敎令)과 조례(條例)를 모아 편찬한 기본법전으로 여기에 수록된 내용은 우리사회의 발전을 보여주는 일면이기도 하다.

60) 이희봉, 전게서, 303면.

V. 결 어

지금까지 개화기의 가족법규범을 당시의 사조변화, 개혁조치 그리고 형법대전에 규정되어 있는 사항을 중심으로 살펴보았다.

개화기의 사상조류는 만민평등 또는 인격존중 특히 남녀평등과 같은 새로운 사조의 유입(流入)이요 발로(發露)라고 할 수 있다. 신분제도의 폐지, 조혼의 폐지, 과부재가금지의 폐지, 양자제도의 개혁도 이 같은 사조의 구현에서 비롯된 것이다. 그러나 이들 조치는 서로 다른 양면성(兩面性)을 함께 지니고 있음을 주의할 필요가 있다. 즉 개혁지도자들에게는 당연한 것이고, 반면에 수구세력으로 보아서는 새로운 요구와 타협하기 위한 완충적 조치에 지나지 않는 것이다. 형법대전에 규정되어 있는 가족법관계사항이 전래의 규정내용과 크게 다르지 않은 것도 같은 맥락에서 이해되어야 할 것이다. 당시에 내려진 여러 가지 개혁조치가 당장에는 실효를 거두기 어려운 급격한 것까지도 포함하고 있지만, 개인주의적인 법원리가 지배하게 된 긴 흐름에 비추어 보면, 매우 의미 있는 일이었다. 그러면서도 개혁조치에 일시적이나마 반발의 움직임이 있었던 것도 사실이다. 그러나 이들 개혁조치는 전통적인 굴레에서 벗어나려는 최소한의 움직임이고, 다른 일면, 제도(制度) 속에 묻혀 있는 '사람'을 찾아내는 시발점(始發點)이기도 했다. 이렇게 찾아진 사람은 곧 의미 있는 생활주체(生活主體)이고, 이른바 '근대적 인간상'과 크게 다른 것이 아니었다 할 수 있다.

이렇게 보면 조선조 말기는 남계혈통주의(男系血統主義)나 족외혼제(族外婚制)와 같은 전통적인 제도가 그대로 유지되는 속

에서도 종래 갖가지 비리 즉 무너질 수 없는 사회조직, 신분적
차등, 수구질서의 고착, 문명화와의 단절, 그리고 남녀차별 등
의 버팀목이 되었던 제도 내지 그 폐단이 하나하나 개혁되는
단계였다고 할 수 있다. 이것은 가족법의 각 제도 내지 원칙이
나 규정이 변모의 일면을 갖추게 되는 것과도 일맥상통하는 것
이라 할 수 있다. 그것은 혼인법, 친자법, 상속법에 정도의 차
이는 있겠지만 개변을 가져올 조짐이기도 하였다. 이러한 개혁
내지 사조변화의 결집이 끝내 사회 현실로 드러나지 못한 채
일제의 침략이 있었던 것은 매우 안타까운 일이다.

　　일제시대에도 가족법의 정착이라 할 수 있는 여러 조치가
있었지만, 그것은 어디까지나 침략정책(侵略政策)의 일환에 지나
지 않고, 우리사회 자체의 개혁요구에 의한 정비와는 크나큰 차
이가 있는 것임을 주의할 필요가 있다. 일제의 침략을 벗어나
게 된 다음, 친일의 잔재가 준동하였음은 어느 사회 변화에서나
뒤따르는 것으로 치고, 실제의 사회현실에서 우리 전래의 가족
생활 모습이 그대로 되살아나고 그것을 뒷받침해 주는 의식도
크게 달라지지 않았음은 우리 민족만의 고유속성이면서 큰 장
점이라 할 수 있을 것이다. 오늘날 우리가 체계화된 가족법을
지키면서 안정된 가족생활을 꾸려 나가는 것도 그러한 선상에
서 이해하는 것이 옳을 것이다.

제2장

민법의 제정과 가족법

Ⅰ. 서 설

우리 민법은 그 제정 연대로 보아서는 다른 여러 나라의 민법에 비하여 아주 늦게 제정된 법이다. 일반적으로 근대 민법의 효시라고 지칭되는 프랑스 민법은 1804년부터 실시되어 지금까지 2백 년 이상이 되었고, 일본 민법의 경우도 그 시행이 백십 년에 이르고 있으니, 1958년에 제정되어 1960년부터 시행된 우리나라 민법과는 비교도 되지 않는다.

일제의 침략을 벗어난 1945년 이후 우리 나름대로 법의 정비를 서둘러야 하였음에도 불구하고 사실은 그렇지 못했음은 매우 안타까운 일이 아닐 수 없다. 해방 뒤 바로 38선 이남을 접수하여 통치하기 시작한 것은 다름 아닌 미군정(美軍政)이었다. 말이 해방이지 일반 국민의 생활은 그대로이고 흐트러진

신분사회질서, 어려운 경제사정은 회복의 기미마저 찾아보기 힘
든 상태였다. 거기에 뒤얽힌 이념적 갈등은 사회를 더 어려운
혼미(昏迷) 속으로 빠뜨리는 것 같았다.

　그리고 일제의 침략적 지배에 갈음한 미군정은 무엇보다
치안유지에 힘쓰지 않을 수 없었기 때문에 그 포고령 제1호를
선포하여 「38선 이남의 주민은 미군정령으로 발포하는 명령에
그대로 복종할 것과 이후의 포고, 법령, 규약, 고시에 주민이
이행하여야 할 사항을 명시한다」고 함으로써 우리의 자발적인
정부의 출현을 쉽지 않게 만들어 버린 실정이었다. 그러므로
민법의 제정이라는 것도 기약할 수 없었음은 당연한 일이었다.
그리고 1948년 대한민국 정부수립 이후에도 헌법 제100조에 「현
행 법령은 이 헌법에 저촉되지 않는 한 효력을 가진다」는 규정
을 두어 종래의 친족상속관계의 관습법 내지 성문법 중 헌법에
저촉되지 않는 법은 그대로 효력을 가지게 되었다. 그리하여
왜정 당시의 민사관계법이 그대로 유효하게 적용되었다. 친족상
속에 관한 종래의 관습법이나 의용민법으로서의 일본 민법도
그대로 적용되었음은 물론이다.

　그러한 와중에서도 사회생활의 기본이 되는 민법을 갖추고
정비해 나가는 것이 아주 중요한 일임을 법조계 안팎은 물론
정계나 학계에서 똑같이 인식했기 때문에 짧은 기간 안에 실로
「근대민법」이라고 부르기에 아무 손상이 없는 대과업으로 민법
전(民法典)을 펴낼 수 있었던 것이 아닌가 생각한다.

　이 장은 민법의 제정과정에 휩쓸려 성문화된 친족·상속법
의 색다른 측면, 즉 그 편제나 기본방침 또는 채택 여부가 엇
갈리게 된 규정 사항 등을 함께 모아 편차 없이 서술해 보고자
한 것이다. 이러한 점을 통해 보는 가족법에 관한 일관된 식견
도 현행 법규정의 해석·적용에 적지 않은 도움이 되리라고 본

다. 다만 재산법에 관한 부분은 처음부터 제외하고 서술하였던 것임을 미리 밝혀두는 바이다.

II. 민법의 제정

어느 나라든지 그 독립·존속을 위해서는 헌법을 제정하고 이에 맞추어 일련의 법체계를 갖추게 된다. 그렇게 함으로써 일반인의 생활이 법의 테두리 속에서 이루어지고 보다 나은 안전성과 편의성이 도모될 수 있게 되기 때문이다.

그러한 가운데서도 민법의 적용을 받는 일반인의 시민생활은 다른 어느 생활분야보다 중요하고 기본이 되는 것이다. 무엇보다도 그것은 일반인의 물질생활 및 신분생활에 걸치는 포괄적인 사항을 그 내용으로 한다. 그렇기 때문에 서구 및 기타의 여러 국가는 일찍이 그 전래의 관습이나 사회실정에 맞는 민법을 체계적으로 갖추어 실시하여 시민생활의 안정을 도모하였던 것이다. 성문법체계를 갖추느냐 불문법 판결체계에 따르느냐 하는 것은 그 다음의 문제에 지나지 않는다.

우리나라에서도 조선조(朝鮮朝) 말기에 다른 법제와 함께 민법의 제정이 필요함을 국왕의 칙령으로 밝힌 바 있으나,1) 뒤이은 일제의 침략으로 그 제정에 착수하지도 못하고, 일제의 학정에 시달리는 생활을 하게 되고 말았다. 일제의 지배가 오래

---

1) 홍범십사조(洪範十四條)의 해당 원문을 그대로 옮겨 보면, 「… 열셋재는 민법과, 형법을 엄명하게 쟉정하고, 범남히, 사람을, 가도거나, 벌하지 말아서, 써, 인민의 목심과 재산을 보전하는 일. …」로 되어 있다(조선조 26대 고종 31년 〈1894〉 12월에 제정·공포된 정치 혁신의 14개조 강령).

지속되어 감에 따라 그들의 지배정책의 일환으로 일본 민법의
의용이 이루어져 일반인의 수범의지나 생활상의 필요와는 무관
하게 성문 민사법 규정의 적용이 이루어지게 되었다.[2] 실로 전
근대 왕조의 지배체제를 벗어난 이후의 우리의 민사생활이 구
겨진 채 이루어지게 된 실상이었다고 할 수 있다. 침략 정치
아래에서의 개인의 생활이라는 것이 사인(私人)의 뜻대로 이루
어지지 못했음은 물론 전래의 우리 관습이라는 것도 일본인들
이 자기식대로 해석·적용하는 속에 침략자라고 하는 그 왜인
(倭人)의 생활방식이 알게 모르게 우리의 생활에 잠식해 들어왔
음도 부인 못할 사실이었다.

　1945년의 광복은 일제의 강압적 지배에서 벗어나게 되었다
는 국제관계상의 의미 이외에 우리의 사적 생활이 우리의 방식
대로 이루어지게 되었다는 실로 진중한 의미를 지니는 계기를
되찾은 것이라 할 수 있다. 그러나 당시의 정치사회의 형편상
새로운 입법, 그중에서도 시민생활의 기본법전인 민법과 같은
법을 제정한다는 것은 엄두도 내지 못할 일이었다.

　그리하여 민법의 제정을 위한 준비작업에 착수하게 된 것
은 1948년 대한민국정부가 수립되고 난 다음부터이다. 이 작업
을 담당하도록 조직된 기구가 법전편찬위원회(法典編纂委員會)였
다. 동 위원회는 민법의 초안을 만들기 위한 기초로서 「민법전
편찬요강(民法典編纂要綱)」과 「민법친족상속편편찬요강(民法親族相
續編編纂要綱)」을 작성하였다. 그리고 이것을 기초로 하여 민법
전의 각 편별의 초안이 만들어졌다.

　민법의 초안을 작성하는 데는 전문적인 법률지식을 필요로
하는 이외에 갖가지 다른 사정도 크게 중요시되지 않을 수 없

---

2) 1912년 3월의 조선민사령(朝鮮民事令)(제령 제7호).

다. 그런데도 계속적인 작업을 해나갈 수 있는 여건의 마련이
쉽지 않았다. 초안을 작성하기 시작한 다음 6·25 동란을 비롯
하여 정치·경제의 어려움에 따른 불안요인이 겹쳐서 작업은
지연될 수밖에 없었다. 그러함에도 불구하고 근근이 계속된 작
업의 결과로 1952년 7월 초안작성의 기초작업은 끝났다. 일제
시대의 의용민법(依用民法)이나 선진 여러 나라의 입법례를 많이
참조하였다고 하더라도, 참여한 여러 전문학식의 소지자 그리고
보조 작업자들의 노고와 열성이 아니고서는 기대할 수 없는 일
의 성취였음에 틀림없다.

정부는 이렇게 작성된 민법초안을 정리하고, 국무회의(國務
會議)의 의결을 거쳐 1954년 10월 26일 정부제출법률안(政府提出
法律案)으로 민법안을 국회에 제출하였다.

국회에서는 이 초안을 법제담당위원회인 법제사법위원회(法
制司法委員會)에 회부하고, 동 위원회는 다시 민법안심의소위원
회(民法案審議小委員會)를 구성하여 당해 초안을 심사하도록 하였
다. 이 소위원회의 각 위원은 민법초안을 나누어 심사하여
1957년 9월에 그 심사를 마쳤다. 예비심사를 해 나가는 과정에
서 소위원회는 342개 항에 달하는 항목의 수정안을 작성하여
첨부하였다. 법제사법위원회에서는 이 수정안을 의결하여 국회
수정안(國會修正案)으로 본회의에 제출하였다.

국회 본회의에서는 1957년 11월 5일부터 1개월이 넘는 동
안 정부제출 원안, 법제사법위원회의 수정안, 그리고 각 의원의
부분적인 수정안을 중심으로 상당한 심의를 한 다음, 같은 해
12월 17일 민법안을 확정·통과시켰다.[3]

어느 법을 제정함에 있어서나 그에 관련된 단체 또는 법조

---

3) 민의원 법제사법소위원회 민법안심의소위원회 편, 『민법안심의록(民法
案審議錄)』 상권, 민법안 심의소위원회, 1957, 1-2면.

계나 학계에서 일정한 견해를 표명하거나 이의서(異議書)를 제출
하게 마련인데, 민법의 제정에서는 그러한 견해 표명이 없었다.
일제의 법규를 그대로 적용하는 데서 벗어나기 위해서라도 조
속한 시일 내에 법을 제정하여야 한다는 전반적인 요구 또는
정규의 모임조차도 갖기 어려웠던 사회사정 때문이라고 해야
하겠지만, 그래도 처음으로 갖추게 된 민법전(民法典)은 법제사
적인 뜻에서는 더 말할 나위도 없고, 일반인의 상식선에서도 그
가슴 벅차고 그 성과를 말로 표현하기 어려운 일이 아닐 수 없
었다.

  국회에서 심의하는 과정에서도 재산법의 분야에 관하여는
각 편·장·절의 조정이나 조문의 작성에 외국의 법례를 그대
로 따라 정하는 것으로 그다지 논란 없이 통과될 수 있는 의견
의 취합을 보았던 것으로 되어 있다. 소위원회에서의 심의는
각 조문별로 ① 제한이유, ② 현행법 및 판례, 학설, ③ 외국
입법례, ④ 국내입법의견, ⑤ 비판, ⑥ 심의결과, ⑦ 결론을 이
끌어 조문화하는 식으로 치러졌다. 이렇게 짜여진 각 조문은
그렇게 흠잡을 데 없다는 평가를 받을 만한 것이었다.

  그러나 친족상속법에 관하여는 적지 않은 수정안이 나왔고,
더구나 전반적으로 남녀평등에 따른 입법을 주장하는 여성단체
의 주장, 전통적인 가족생활관습의 성문화를 주장하는 유림 측
을 비롯한 보수단체의 견해가 정면으로 상반적이고 심한 견해
차이를 보이는 바람에 그 조정이 쉽지 않았다. 이 밖에 개별적
인 학자들의 견해 표명도 주목할 만한 것이 꽤 있었던 것으로
되어 있다.4) 이러한 견해 상반에 따른 어려움쯤이야 전반적 사

---

  4) 정광현, 『신친족상속법요론(新親族相續法要論)』, 법문사, 1958, 42-45면.
   민사법연구회가 『민법안의견서(民法案意見書)』를 펴낸 바 있는데, 이는
   민법안의 심의가 거의 끝날 때쯤 서울 지역 각 대학 교수들의 민법안

생활의 기본이 될 민법을 처음으로 제정하는 데 따르는 당연한 분파(分派) 현상이라고 보아 넘기면 그만이었지 않나 생각된다.

국회에서 통과된 민법안은 1958년 2월 5일 정부로 이송되어, 같은 달 22일에 법률 제471호로 공포되었다. 그리고 이 법전은 부칙 제28조에 의하여 1960년 1월 1일부터 한반도 전역에, 실질적으로는 휴전선 남쪽 지역에 시행되었다. 현행 민법, 그리고 그 속에 2개 편별과 장절로 되어 있는 가족법은 그 편별이나 체제상으로 우수하다 할 만하고 법률용어의 선택이나 문구의 정리가 나무랄 데 없다 할 만한데, 가족법의 내용상 전통적인 생활양식의 골격이 그대로 남아 있다고 견해를 모은 사람들은 민법의 공포 이후 바로 개정의 요구를 부르짖기 시작하였다.

이렇게 제정·공포·시행된 민법은 독일 민법, 프랑스 민법, 스위스 민법 등을 참고하여 그 편별이나 규정양식을 따랐음은 앞에서도 지적한 바이거니와 이러한 점에서는 서구의 어느 민법 또는 다른 지역 여러 국가의 계수(繼受)에 의해서 편찬된 민법보다 뒤떨어지지 않는 입법에 속한다 할 것이다. 더구나 일본 민법의 의용 당시에 학설로서 제기되었던 민법의 결함 내지 단점까지 보충한 점은 그 우수성을 한층 더 높이는 것이라 하겠다. 다만 부분적으로나마 체계적인 조화가 덜 갖춰져 있다든지, 관습이나 실제의 거래법(去來法)이 충분히 반영되지 못한 점, 그리고 가족법 분야에서의 이견 조정의 미흡은 외국법을 계수하여 입법함에 있어서 그 졸속의 폐단을 배제하지 못한 결함으로 짚고 넘어갈 수밖에 없는 단면이 아닌가 싶다.[5]

(民法案)에 관한 의견을 모아서 발간한 일종의 의견 취합서라 할 수 있다.

5) 민사법연구회, 『민법안의견서』, 일조각, 1957, 6면.

이후 가족법 분야의 개정 요구뿐만 아니라 각종의 거래실제나 그 규모 등이 달라짐에 따른 개정을 거치면서 우리의 실생활이나 대외생활관계의 필요에 적절히 조응할 수 있게 변모해 나감은 다른 어느 사회에서의 법 발전 못지않은 뛰어난 점이라 할 수 있다.

Ⅲ. 가족법의 입법방침논쟁

현실과 법의 괴리는 어느 입법에서나 지양되어야 하는 것이지만, 특히 현행 가족법의 제정에 있어서는 당시의 사회적 현실과 새로이 제정될 가족규범을 어떻게 조화시키느냐 하는 점에 관하여는 초안 작성시부터 어려움이 많았다. 그 이유는 첫째로 관습법으로 되어 있던 종래의 가족법에 깃들어 있는 전근대적인 계급주의적(階級主義的)·집권주의적(集權主義的) 성격을 가족법의 제정에서 적절히 배제시켜야 하였기 때문이고, 둘째로 초안을 작성함에 있어서 원형으로 삼을 만한 외국의 법도 없고 그 밖에 지표로 삼을 만한 마땅한 자료도 없었기 때문이며, 셋째로 가족법의 인습적 특수성을 도외시할 수 없었기 때문이다. 그리하여 가족법 제정에 관계있는 자는 누구나 민주적 가족법제를 갖추어야 한다는 데는 마찬가지였지만 그 입법방침에 관하여는 심각한 의견의 대립을 보이게 되었다.[6] 당시에 제기된 입법방침에 관한 견해를 나누어 보면 대체로 다음과 같다. 첫째는 현실 내지 관습존중론(慣習尊重論)이고, 둘째는 현실 내지

---

6) 정광현, 전게서, 37-40면; 법제사법위원회 민법안심의소위원회 편, 『민법안심의자료집』, 국회민의원법제사법위원회, 1949, 1-19면.

관습에 대한 일정한 정도의 개혁을 가하려는 점진적 개혁론(漸進的改革論)이며, 셋째는 헌법정신에 따른 정도의 개혁을 가하려는 급진적 개혁론(急進的改革論)이다. 이 가운데 현실존중론은 너무나도 시대적 요구에 부응하지 못한다 하여 배제되었고,[7] 따라서 둘째 및 셋째의 의견이 크게 대립되었다. 이들 견해의 대립은 입법과정에서 흔히 일어나는 단순한 견해의 대립이었다고 할 수도 있지마는, 다른 일면으로 새로이 계수되는 서구법의 민주적 요소와 전래의 관념적 요소를 어떻게 파악하였는지를 잘 보여주는 것이기도 하므로 다음에 그 요점을 간단히 소개하고자 한다.

첫째로 점진적 개혁론(漸進的改革論)은 법의 실효성을 중요시하여 가족법의 입법에 있어서도 이 점이 충분히 고려되어야 한다는 것을 골자로 하는 것으로 그 논지는 대체로 다음과 같다. 즉 「법은 하나의 사회규범으로서 사회생활을 규율하는 행위의 준칙인 이상 그것은 현실의 생활에 적응하여야 할 것이므로 이런 의미에 있어서 법의 기초를 사회의 도덕·풍속·관습·문화 등에 두지 않으면 아니 된다. 따라서 법이 사회의 지반으로부터 너무 괴리하면 사회생활의 규범으로서의 법의 지도력을 발휘치 못하고 도리어 그 규범성을 상실하고 무력화하여질 것이며 현실을 무시하고 종래의 순풍미속을 말살하는 입법을 한다면 이로 인하여 사회적 혼란이 일어날 것이다.」[8]라고 하여, 가족법규정도 일반 법규정의 하나이므로 사회적합성을 잃지 않고 제정되어야 함을 밝혔고, 이어서 「그러나 동시에 법은

---

7) 전봉덕, "양성평등의 헌법이념과 신분법상의 실현에 관한 비교법적 고찰," 「법학」 제4권 1·2호, 서울대학교 법과대학, 1962, 228면.
8) 장경근, "친족상속법 입법방침 및 요강 사안," 「법정」 제3권 제9호, 1948, 13면.

당위를 의미하는 것이므로 그것이 어느 정도 일반사회에 앞서야 할 성질인 것도 긍정하지 않으면 안 된다. 특히 우리 현행 친족상속법은 봉쇄적 가내경제시대·봉건시대로부터 자본주의 분업시대에의 이행이 타국에 비하여 지연된 원인도 있겠지만 봉건사회적 유교윤리사상이 아직까지 지나치게 강대하기 때문에 … 현실에 뒤떨어진 사실을 부정할 수 없으며 따라서 전술 강력한 가족제도적 통제와 제약은 개인의 신장에 대한 지장이 되는 인습으로 화한 것도 부정할 수 없는 사실로 되었다.」9)라고 하여 그 입법의 실마리를 깔고 있다. 그리고 「이에 현행 친족상속법을 고래의 순풍미속은 폐풍이 되지 않는 한도에서 유지·조장하는 동시에 시세에 맞지 않는 인습은 양기함으로써 세계의 진운에 뒤떨어지지 않도록 민족의 발전과 국운의 흥융을 도모하기 위하여 … 수정·성문화함이 절실하다. 이것이 국가민족의 발전을 친족공동체인 "가(家)"에만 의존치 않고 동시에 개인의 신장에 의존코자 하는 현금의 개인주의, 민주주의의 이념에도 적응하는 것이다」10)라고 하여 그 논지의 개략을 밝히고 있다. 다시 말하여 가족법의 민주적 성문화를 꾀하면서도 전래의 순풍미속은 가능한 한 살려야 한다는 소론으로 이에 따라서 가족법을 제정하면 재래의 가족법을 점차적으로 개혁하는 셈이 된다. 따라서 외국법을 계수하는 면에서 보면 재래법(在來法)과 외국법의 적절한 절충을 도모하는 것이라 하겠다.

둘째로 헌법존중론(憲法尊重論)은 가족법의 제정에 있어서도 헌법의 정신은 최대한도로 존중되고 그에 따른 입법을 하여야 한다는 것으로 그 요지는 다음과 같다. 즉 「친족상속법도 재산법인 민법과 같이 재판규범 곧 재판관이 재판함에 있어서 준수

---

9) 장경근, 위 논문, 13-14면.
10) 장경근, 위 논문, 14면.

하여야 할 준칙이며 국민 간의 도덕률은 아니다. 다시 말하여 친족상속법을 제정하는 것은 재판규범을 제정하는 것이며 국민이 준수하여야 할 도덕률을 제정하는 것은 아니다. 따라서 재판관은 헌법규정 내지 헌법정신에 반하는 규정을 적용하여 재판할 수 없으므로 친족상속법은 최소한 헌법규정 내지 헌법정신에 배치되어서는 안 될 것이다. 백보를 양보하여 친족상속법이 국민의 도덕률까지 포함하여 제정된다고 가상하더라도 국민에게 헌법정신에 반하는 도덕률을 제정하여 강요할 수는 없는 것이 아닌가?」11)라고 하여 법을 제정함에 있어서 위헌성이 미연에 방지되어야 함을 밝히고 더 세밀하게 「헌법위반 중에서도 법률 적용상의 위헌 즉 행정적 위헌, 사법적 위헌보다도 입법적 위헌 다시 말하면 헌법 위반의 입법을 하는 것은 민주공화국의 민주주의 정신을 파괴하는 것이며, 국민의 복지(福祉)와 자유(自由)를 제한하는 것으로 역사의 발전방향에 역행하는 것이다. 그러므로 헌법을 존중하는 견지에서의 입법만이 있을 수 있다. 이러한 헌법존중주의에 입각한 입법이 현실과 유리됨으로써 야기되는 혼란과 폐해는 민주주의에로의 전환기에 있어서 불가피한 과도기적 현상으로서 이는 헌법 제88조에 의한 농지개혁(農地改革)에 있어서 우리가 체험하고 있는 바와 같이 가족생활에 있어서의 이러한 혼란을 극복하여 가면서 민주주의 확립의 이상을 향하여 진전할 각오가 필요하다」12)라고 그 헌법존중의 원칙성을 크게 천명하고 있다. 이 소론은 국가의 기본적인 헌법을 법질서의 구심점으로 삼아 이에 위반되지 않도록 법을 제정하여야 한다는 기본입장을 내세워 가족법의 제정도 이의 예외

---

11) "전국여성연합회의견": 「친족편·상속편 초안 및 심의요강에 대한 의견」, 전게 『민법안심의자료집』, 43-49면; 정광현, 전게서, 350면.
12) 정광현, 전게서, 351면.

가 될 수 없는 것이니 헌법이 채택하고 있는 민주원칙에 맞추
어 제정할 것을 강조한다. 이에 따라서 가족법을 제정할 경우
에는 재래의 가족법을 급격히 개혁하는 셈이 된다. 따라서 법
의 계수라는 점에서 본다면 서구법(西歐法) 원리의 도입은 쉽사
리 이루어진다 하겠으나 그것이 우리사회에서 어떠한 의미를
갖게 되고, 얼마만큼의 결과를 빚어내리라는 것은 별도의 문제
로 남게 된다.

　　상기의 두 견해는 외국법을 계수하여 법을 제정하는 경우
에 일어날 수 있는 문제성을 잘 보여 준 전형적인 예라고도 할
수 있는데, 우리 민법의 제정에 있어서 당해 의견의 대립은 자
못 심각하여 끝내 접근할 수 있는 실마리를 찾지 못하였다. 그
리하여 민법안이 국회의 민법심의소위원회(民法審議小委員會)에서
한참 심의되고 있을 때, 국내 각 대학의 민사법 교수들이 모여
민사법연구회를 구성하고 민법안의 연구·검토를 한 일이 있는
데, 이 연구회에서도 「재산법의 심의에 있어서는 토의를 거듭하
는 동안에 견해가 상호 접근하는 것이 보통이었으며, 문제에 따
라서는 전원 일치에 도달한 것도 많고 전원 일치에 도달하지
못한 경우에는 다수결에 의하여 본회로서의 공적 의견을 결정
하였다. …」[13]라는 원칙의 천명에 뒤이어, 「이에 반하여 신분
법의 심의에 있어서는 각자의 견해가 토의를 통하여 용이하게
접근될 수 있는 것이 아니었다. 그래서 본회는 회로서의 공적
의견에 도달하기를 단념하고 너무 급진적인 개혁을 반대하는
의견과 근본적인 혁신을 단행하여야 한다는 의견을 대표하는
사람이 각각 따로 의견서를 작성하여, 이것을 병기하기로 하였
었다.」[14]라고 할 만큼 의견의 일치를 보기 어려웠다. 재산법편

---

13) 민사법연구회, 전게서, 1면.
14) 같은 책, 1-2면.

의 의론이 비교적 순조로웠던 데 비하면 가족법의 경우 너무나
도 이론이 백출하였음을 단적으로 보여 주는 것이라 하겠다.

이와 같은 입법논쟁 속에 1956년 10월 26일에 작성된 가
족법에 관한 정부원안은 주로 종래의 관습법을 성문화하는 동
시에 약간 신구사상에 조절을 가하여 입법한 것으로 이른바 관
습존중론(慣習尊重論)에 입각하고 있으며, 민의원 법제사법위원회
민법심의소위원회의 요강의 입법방침은 그 내용상으로 보아 대
체로 점진적 개혁론에 입각한 것이다. 따라서 헌법정신존중론
(憲法精神尊重論)이 주장하는 급진적 개혁은 일단 그 실행이 어
렵게 되었다.

이러한 실정과 맞물려 가족법안이 국회를 통과할 때까지
의론은 계속적으로 분분하였는데, 결국에는 대체로 초안대로 전
통적 가족제도의 골격(가계계승〈家系繼承〉에 있어서의 남계혈통주
의〈男系血統主義〉와 동성불혼〈同姓不婚〉의 두 원칙)을 유지하면서
부부별산제(夫婦別産制), 입부혼(入夫婚)의 창설, 이성입양(異姓入
養)의 허용, 무남자의 경우의 여자의 호주상속 또는 처 및 여자
의 유산상속(遺産相續)에의 참여 등의 규정을 두어 구관(舊慣)에
대한 점진적 개혁을 시도하는 것으로 낙착, 법으로 제정되었다.
이러한 입법을 가리켜 논자에 따라서는 시대착오적인 입법이라
비방할지 모르나,[15] 현행의 가족제도를 폐기하고 서구의 소가족
제도(小家族制度)를 계수하기에는 아직 한국의 현상이 그것에 필
요한 사회적·경제적 조건이 성숙하지 못하였으므로, 입법에 있
어서도 상기의 태도는 불가피한 것으로서 실효를 거두기 위한
역사적 반성 있는 현명한 입법이라 하겠다.[16] 다만 가족법의

---

15) 정범석, "친족상속법안에 관한 관견(상)," 「법정」 제12권 제10호,
    1957, 10면.
16) 이희봉, 『한국가족법상의 제문제』, 일신사, 1976, 203면.

제정시에 존치시킨 전통적 가족제도는 우리나라의 실정에 적합하다는 현실적인 일면이 있는 반면에, 그것이 지니는 전근대성 또한 부인할 수 없는 사실이니 사회현실의 변화에 즉응하여 적절하게 개정되어야 할 것이라고 보아야 할 것이다.

IV. 가족법의 복합적 구조

1. 다원적 계보

(1) 법사상적 계보

현행 우리나라 민법은 일본민법의 의용법(依用法), 그리고 일본의 지배를 벗어난 다음에도 종래의 법을 그대로 적용하던 구민법(舊民法)을 바탕으로 삼아서, 그 밖에 독일 민법·스위스 민법·스위스 채무법·프랑스 민법·중국 민법·만주 민법·구 이탈리아 민법·소련 민법·영미법을 참고로 하여 편찬되었다. 시대적으로 뒤늦은 감은 있지만 그에 못지않게 법조문의 짜임새라든지, 규정의 내용은 나무랄 데가 그렇게 많지 않은 입법의 하나라 할 수 있다.

여기서 말하는 의용민법이라는 것은 1945년 8월 15일 이전에 일본에서 시행된 법인데, 이 또한 1804년의 프랑스 민법전 (Code Civil des Francais)과 1888년의 독일 민법 제1초안(Erster Entwurf)을 받아들여 그것을 답습하여 제정된 것이다. 따라서 서구의 근대 민법의 사상적 기조를 근대자연법사상과 로마법에서 비롯하는 개인의 자유·평등의 원리 즉 자유·민주적 개인주의라고 한다면, 우리 민법의 법사상적 근저에도 당해 기조의

한 흐름이 깔려 있는 셈이다.[17] 이와는 달리 우리 민법의 친족·상속편, 즉 가족법은 고려 중기 종법제의 계수 이래 관습법의 형태로 존재해 온 가족규범과 생활양식을 그대로 존치하면서 제정된 것임은 앞에서도 지적한 바와 같다. 사회생활에 적합한지의 여부를 떠나서 복합적이고 전래의 관습적 특색은 시대에 뒤떨어진 것으로 부각될 수밖에 없다. 우리나라 가족법의 법사상적 기조를 굳이 가름한다면 서구적이면서 전통적이라는 이원성을 면할 수 없다.[18] 그리고 여기에서 현행 가족법이 비민주적이요 전근대적이라는 주장이 생겨난다. 우선 현행 가족법의 제정 당시에 작성된 입법방침에 기초안의 일단을 살펴 현행 가족법의 법사상적 실마리를 찾아보기로 한다. 그 기초안은 「이에 현행 친족상속관습법을 고래의 미풍양속을 폐풍이 되지 않게 하는 한도로 유지·조장하는 동시에 시세에 맞지 않는 인습은 양기함으로써 세계의 진운에 뒤떨어지지 않도록 민족의 발전과 국운의 흥융을 도모하기 위하여 하기의 입법방침에 의거하여 수정·성문화함이 긴절하다. 이것이 국가 민족의 발전을 친족생활공동체인 "가(家)"에만 의존치 않고 동시에 개인의 신장에 의존코자 하는 현금의 개인주의·자유주의·민주주의의 이념에도 적용하는 것이다」[19]로 요약된다. 이에 기초하여 가족법의 골자를 짚어보면 다음과 같다.

「ⅰ) 대가족제도로부터 가급적 현실적 친족공동생활체에

---

17) 현승종, "현행 민법 중 재산법 편에 미친 외국법의 영향에 관한 연구,"『외국법제의 계수에 관한 연구』, 고려대학교 법률행정연구소, 1972, 137-138면.

18) 김용한, "신분법의 가부장적 구조,"「법학」 제4권 1·2호, 서울대학교 법과대학, 1962, 888면.

19) 그 제안 중의 하나였던 "장경근 의원의 제안," 전게 『민법안심의록』 상권, 3면.

부합하는 소가족제도로 하는 동시에 현행 친족상속 관습법은
가를 공동시조 봉사단체라는 성격에만 치중하고 공동경제단체
인 성격을 간과 내지 경시한 것을 수정하여 친족적 공동생활
의 정신적 관념적 방면보다 현실적인 경제면에 비중을 가하고
있는 현실에 감하여 경제적 공동생활을 하는 가족단체를 경제
적으로 보호·유지하기 위하여 스위스 민법의 가재단(家財團;
family foundation, Familienstiftung), 가택(家宅; homestead, Famili-
enheimstätte) 등의 가산제도를 채용하고 이를 통솔·운용하는
것을 호주(戶主)의 주요임무로 할 것.

　ⅱ) 호주권·친권·부권(夫權)을 축소하고 개인의사 자치의
범위를 확대할 것.

　ⅲ) 가족제도의 미풍을 근본으로 파괴치 않는 한도 내에서
남녀를 원칙적으로 평등으로 할 것.

　ⅳ) 제사상속제도는 법률제도로부터 제외하여 도덕의 범주
에 위양하고 그 정신을 가급적 호주상속인을 정하는 데 참작하
도록 할 것.

　ⅴ) 남계혈통자(동성동본자)로 하여금 호주상속을 시키는 원
칙은 유지하고 따라서 가(家)의 계속을 위한 양자, 환언하면 사
양자(嗣養子)는 동성동본자라야 되도록 하는 동시에 "어버이를
위한 양자" 또는 "자(子)를 위한 양자"도 병행 인정할 것.

　ⅵ) 단행법으로 하지 않고 민법의 친족편, 상속편으로 할
것.

　ⅶ) 법문(法文)의 용어는 통속(通俗) 평이(平易)를 주지(主旨)
로 할 것. 즉 법조인을 위한 법문이 아니고 국민을 위한 법문
으로 할 것」[20]이라는 것이 바로 그것이다.

---

20) 전게, 『민법안심의록』 상권, 4면.

　이와 같은 입법방침(立法方針)은 어디까지나 급진이나 보수를 피하여 새로운 사회에 대처할 수 있는 가족법의 제정을 구현한 것으로서, 그 법사상적 근저에는 종래의 관습가족법인 종법제(宗法制)의 사상적 기저라고 할 수 있는 유교적인 도덕적 이상주의(道德的 理想主義)와 새로운 법사조(法思潮)의 유입에 따른 자유민주적 개인주의(自由民主的 個人主義)가 뒤섞여 있는 것이라고 할 수 있다.21) 이는 곧 전통적인 법사상과 새로운 법사상의 결합에서 빚어지는 불가피한 현상이라 하지 않을 수 없다. 결국 현행 가족법은 유교의 예법사상(禮法思想)에 근거하여 미래지향적인 자유·평등주의에 발돋움하고 있으며, 한 걸음 더 나아가 궁극적으로는 민주주의적인 가족법의 실현을 꾀하려는 것이라 하겠다. 그렇다면 여기서 말하는 민주주의적인 가족법이란 구체적으로 어떠한 내용으로 되어 있는 것일까?

　현대의 서구 여러 나라의 입법례(立法例)를 참조하여 간추려 보면 대체로 다음과 같다.22)

　ⅰ) 중세적인 초세대적 대가족제도를 폐지하고 부부(夫婦) 및 미성년의 자녀를 구성원으로 하는 공동생활관계인 이른바 소가족 내지 핵가족을 생활공동체의 모형으로 한다. 이에 따라 친족적 공동생활형태 자체에 관한 친족법은 부부 간의 혼인법(婚姻法)과 친(親)과 미성년의 자(子) 사이의 친자법(親子法) 및 친이 없는 경우에 미성년의 자를 위한 의제친권제도(擬制親權制度)인 후견법의 3분야에 한하고, 둘째로 혼인법에 있어서는 남성의 우월적 지위의 보장을 목적으로 하는 여러 가지의 제도를 폐지하여 혼인의 효과를 정함에 있어서 남녀평등의 원칙에 따라 부부별체주의를 택하며, 셋째로 친자법에 있어서는 친의 미

---

21) 전봉덕, 전게 논문(1962), 229면.
22) 이희봉, 전게서, 199-200면.

성년의 자에 대한 보육에 관한 의무적 권리인 친권의 규정을
중심으로 한다.

ⅱ) 소가족제도나 핵가족제도에 있어서는 현실적 가족의
공동생활관계의 규제를 주로 하여 초세대적 가계(家系)의 계속
을 도외시하므로, 상속에 관하여는 제사상속(祭祀相續)이나 호주
상속(戶主相續)과 같은 가계의 계승자의 지위에 관한 상속은 인
정하지 않고, 다만 사망자의 유산(遺産)을 그의 혈연자(血緣者)
또는 배우자에게 상속시키는 유산상속(遺産相續)만을 인정할 뿐
이다. 그리고 유산상속을 함에 있어서의 자녀의 상속분(相續分)
에 관하여는 남녀의 차등을 없애고 균분상속(均分相續)을 원칙으
로 한다.

이상에서 열거한 사항에 비추어 보면 가족법의 민주성이라
함은 생활공동체인 가족관계를 규율하는 방법에 있는 것이지
결코 기계적 논리의 소산물이 아님을 쉽게 알 수 있다. 이러한
사항에 관한 가족법규정 내지 입법정신은 현행 가족법에도 어
느 정도 구현되어 있고, 적어도 그 근본정신에 있어서만은 그
본지를 같이하고 있음에 틀림없다. 따라서 현행 가족법이 근본
적으로 비민주주의적이고 전근대적이라는 무비판적인 주장23)은
한국사회를 서양사회로 즉 사회 자체를 망각한 의지적 조작임
을 면할 수 없다. 왜냐하면 한국가족법에 포함되어 있는 이른
바 전근대적인 요소라는 것이 반드시 그 말이 뜻하는 사회적
폐단을 그대로 지니고 있는 것도 아니요, 설령 그러한 전근대적
인 요소가 깃들어 있다고 하더라도 반드시 서구식 자유·평등
주의대로 하는 것만이 진정한 민주주의라는 보장도 없기 때문
이다. 한국사회에서는 한국인의 법의식에 비추어 보아 합리적인

---

23) 범여성 가족법개정촉진회, 「민법 제4편 친족·제5편 상속개정법안 및
   이유서」, 1974, 17-18면.

것으로 받아들여질 수 있는 자유·평등의 원칙만이 의미를 갖게 된다. 이렇게 볼 때 현행 가족법은 우리 스스로의 입법적 노력의 결과요, 입법 당시 최선을 다해 만들어 낸 가족규범이라는 것을 부정하지 않는 한, 자유·평등주의를 바탕으로 하는 민주적 가족법임을 부인할 수 없다. 이러한 사실은 한국인이 지니고 있는 가족법 의식에서도 잘 나타난다. 즉 이른바 남녀평등에 관한 예만을 보더라도 현재의 한국인의 법의식으로는 지금까지 누누이 남녀불평등적(男女不平等的)이라고 지적되어 오던 사항, 예컨대 처의 부가입적, 서자의 부가입적 등이 모두 긍정적으로 받아들여지고 있다.[24] 이러한 점은 아직도 우리사회가 부계혈통(父系血統)을 중요시하는 것을 잘 보여 주는 것임과 동시에 현행 가족법이 지니는 속성이 그렇게 비민주적인 것만이 아님을 보증하는 것이기도 하다.

이 밖에도 현행 가족법은 다음과 같은 점에서 그 민주성을 인정하지 않을 수 없다. 첫째로 헌법에 자유민주주의를 선언하고 남녀차별을 금지하고 있음을 들지 않는다 하더라도 현행 민법은 근대 민법의 수정원리까지 받아들여 제정된 것이라는 민법 전체의 성격에 비추어 보아 가족법만의 전근대성을 고집하는 것은 옳지 못하다. 둘째로 가족법의 적절한 해석 및 적용을 위해서도 가족법의 민주성은 부정되어서는 안 될 것이다.[25] 즉 민주성을 전제로 하는 한에서만, 보다 민주적인 해석·적용이 가능할 것임은 두말할 필요가 없다.

그러나 어느 법임을 막론하고 사회의 발전에 따라서 현실과의 괴리를 드러내기 마련이고, 특히 가족법에 있어서는 그 인

---

24) 최달곤, "남녀평등에 관한 법의식의 실태조사 〈2〉,"「아세아여성연구」제11집 숙명여자대학교 아세아여성문제연구소, 1972, 47-91면.

25) 김주수/문종성,『주석 민법통람』, 국민서관, 1974, 116면.

습적인 특성 및 인구문제와 같은 사회적 요인으로 말미암아 그
러한 현상이 더욱 심하거니와 현행 가족법도 그러한 점에서 예
외일 수 없다. 더욱이 우리나라에서는 가족법의 근대화를 저해
하는 사회적인 요인이 상존하고 있어서 괴리 정도를 더욱 높게
한다. 이러한 문제는 어디까지나 사회발전에 따른 실정법의 개
정이라는 입법적 노력으로 해결되어야 할 것으로 생각된다.

(2) 체계적 계보

현행 가족법의 체계적 구성을 보면 민법전의 제4편과 제5
편 즉 친족편(親族編)과 상속편(相續編)으로 되어 있다. 이러한
편별법은 법의 개념·체계를 정비하고 구체적 사실을 그 개
념·체계에 들어 맞춤으로써 형식논리의 결과에 의하여 결론
을 이끌어내는 것을 특징으로 하는 판덱텐 법학26)(Pandekten-
Wissenschaft)에 의하여 짜여진 이른바 판덱텐체계(Pandekten-
system)에 따른 것으로서 구민법전을 통하여 우리나라에 계수된
민법전 편별양식이다.27)

이와 관련하여 대륙법계의 2대 주류라고 할 수 있는 프랑
스 민법전과 독일 민법전의 편별양식을 살펴보면 프랑스 민법
전은 대체로 법학제요체계(Institutionensystem)에 따르고 있어서
제1편 인사편(人事編), 제2편 물건(物件) 및 소유권의 변경, 제3
편 소유권의 취득방법 및 제4편 국제사법규정으로 적용할 수
있는 법으로 되어 있으며, 독일 민법전은 제1편 총칙(總則), 제2
편 채권(債權), 제3편 물권(物權), 제4편 친족(親族), 제5편 상속

---

26) Wieacker, Privatrechtsgeschichte der Neuzeit, 2. Aufl., Göttingen,
    Vandenhoeck & Ruprecht, 1967, S. 399.
27) 김증한, "한국 민법의 법제사적 및 비교법적 고찰,"「법학」제10권 2
    호, 서울대학교 법학연구소, 1966, 30면.

(相續)의 순서로 되어 있어 판덱텐체계에 따르고 있다.

이러한 연혁이나 편별양식에 견주어 보면, 우리 민법전의 편별은 재산법편에 채권법과 물권법이 바뀌기는 하였지만 독일 민법전과 편별양식을 같이하는 것이라고 할 수 있으며,[28] 민법전의 일부로 되어 있는 가족법의 편별양식도 결국 독일 민법전의 그것과 같은 셈이다. 이로써 조선조(朝鮮朝) 말기까지 육전식(六典式) 종합법전의 각 부분에 낱개 규정으로 산재되어 있거나 또는 전적으로 관습법(慣習法)에 맡겨져 있던 가족법의 규정격식은 그 모습을 달리하게 되었다.

현행 민법전이 판덱텐체계에 따르고 있는 이상, 그 법논리적 특성 또한 우리 민법에 그대로 받아들여졌다고 하지 않을 수 없다. 예컨대 독일 민법전은 권리의 구체적 형식(채권, 물권, 신분권 등)에 따라 일반적이며 추상적인 사법규정으로 제정된 것으로 무흠결성(無欠缺性)·망라성(網羅性) 및 완결성(完結性)을 그 특징으로 한다.[29] 더욱이 개별적인 법제도를 한 단락으로 나누어 규정하기에 앞서서 법적 사태의 공통적인 개념적 표지(標識)를 총칙으로 규정하였다. 또한 편·장·절(編章節)에서도 총괄적인 규정을 모아서 총칙규정을 두고 있는데, 이러한 구성 및 체계상의 특성은 그대로 우리 민법에 받아들여졌다. 따라서 가령 가족법상의 법률관계인 친권의 효력을 분석하기 위해서는 그 관계규정은 물론 친권총칙, 친족총칙 및 민법총칙의 규범영역을 모두 살펴보아야 한다. 이와 같은 가족법에 대한 총칙의 법논리적 관계에도 불구하고 가족법 전반에 관한 민법총칙의 유용성 여부에 관하여는 오랜 동안 논의의 대상이 되어 왔다.[30]

---

28) 현승종, 전게 논문, 140면.
29) Wieacker, a.a.O., S. 474 ff.

　　판덱텐 편별양식 아래에서 총칙편은 체계적으로 되어 있는 민법전의 첫머리에 놓여 있기 때문에 형식상으로는 당연히 민법 전체에 대한 총칙이어야 하겠으나 그 대부분은 그와 같은 원칙적 규정으로서의 성격을 가지는 것이 아니다. 즉 총칙규정이 추상성·일반성을 지니는 문항으로 되어 있기는 하지만, 이론상으로나 실제에 있어서 크게 다른 재산법과 가족법에 통용되지 못하고 재산법만을 전제로 하여 만들어졌다고 생각되는 규정이 대단히 많다. 그러므로 총칙편의 대부분은 실질적으로는 재산법에 대한 총칙인 데 지나지 않으며 가족법에 대한 총칙으로서의 성격은 매우 희박하다. 그리하여 입법론적으로는 신분법에만 적용할 수 있는 총칙적 규정을 별도로 마련하는 것이 타당할 것이라는 주장도 있다.[31) 이러한 의론도 판덱텐체계를 충실히 따르고 있는 독일 민법전을 계수한 이상 당연한 결과로 제기되는 것이라 하겠다. 이러한 추향과는 별도로 총칙 속에 통칙규정으로 조리(條理)(제1조), 신의성실(信義誠實) 등의 일반원칙(제2조 1항)을 두어 민법 내지 사법 전반을 지배하는 원칙으로 삼고 있는 점에서 독일 민법의 단계를 넘어 스위스 민법에 접근하고 있는데, 이 통칙규정은 가족법에도 그대로 적용된다.[32)

　　이상에서 설명한 바와 같이 우리나라의 현행 가족법은 판

---

30) Larenz, Allgemeiner Teil des deutschen Bürgerlichen Rechts, 4. Aufl., München, Verlag C. H. Beck, 1977, S. 25 f.; Hasse/ Keller, Grundlagen und Grundformen des Rechts, 3. Aufl., Stuttgart, Verlag W. Kohlhammer, 1975, S. 63ff.; 곽윤직, 『민법총칙』, 박영사, 1968, 67-68면.

31) 김용한, 『개고친족상속법』, 박영사, 1970, 32면. 최근에는 "가족법의 출발점도 개인"이라는 점을 논거로 재산법과 가족법의 관계가 본질적으로 동일하다는 견해가 제기되고 있다(久貴忠彦/泉 久雄, 『民法講義』 7 〈親族〉, 有斐閣, 1977, 4-7頁).

32) 김주수·문종성, 전게 『주석 민법통람』, 112면.

덱텐체계에 따르고 있으며 그 체계적 논리성도 그대로 받아들이고 있다. 따라서 현행 가족법의 체계적인 구조는 발달된 서구법제의 편별양식을 충실하게 따르고 있는 것이라 하겠다.

2. 구관의 성문화와 신규가족규범

(1) 구관의 성문화

현행 가족법이 종법제(宗法制)에 따라 짜여진 전래의 대가족제도 친족생활 중심의 기본원리를 대체로 답습하고 있다 함은 앞에서도 지적한 바 있거니와 그 구체적인 상당한 내용은 성문화되어 있는 규정을 통해서도 알 수 있다. 다음에 이를 나누어 설명해 보기로 한다.

ⅰ) 구관(舊慣)을 성문화하기 위한 전제적 원리로서 가제도(家制度)의 존치를 들 수 있다. 하나의 생활공동체인 가족집단을 법률상의 단체로 파악하는 것은 각각 다르기는 하지만, 다른 나라의 입법례에서도 찾아볼 수 있는 것으로[33] 이러한 뜻에서는 현행 가족법상의 가(家)도 그 제도적인 의미를 가지는 것이라

---

33) 스위스 민법 제328조 내지 제359조 참조. 스위스 민법은 제2편 친족법, 제2부 친족, 제9장에 가족공동체를 편제하고 제1절을 부양의무로 하여 부양의무자에 관하여 제328조에 「직계 존비속인 친족과 형제자매는 부조가 없으면 궁박하게 될 염려가 있는 경우에는 서로 부양할 의무를 진다」로 규정하는 등, 제2절을 가장권으로 하여 그 가장의 요건에 관하여 제331조에 「공동가계(共同家計)로 생활하는 자에게 법률의 규정 또는 약정이나 관행에 의하여 가장이 정해지는 경우에는 그 가장이 가장권을 가진다」로 규정하는 등, 그리고 제3절을 가산(家産)으로 하여 제335조 제1항에 「가족의 교육비용, 혼인비용, 부조 또는 유사한 목적을 위한 비용의 지급을 위하여 인법(人法) 또는 상속법(相續法)의 규정에 의한 가족재단을 설립함으로써 재산은 가족과 결합할 수 있다」는 등 여러 규정을 두고 있다.

하겠다. 다만 이 제도는 전근대적인 가족제도의 속성을 상당히
지니고 있기 때문에 한국 가족법의 낙후점(落後点)으로 지적되고
있다.[34] 현행 가족법에서는 이 제도의 유지를 위하여 여러 가
지의 파생적인 법규정을 그대로 존치하고 있다. 즉 성불변(姓
不變)의 원칙(제781조, 제826조),[35] 처의 부가입적(夫家入籍)(제826
조 3항), 계모자관계(繼母子關係)(제773조), 적모서자관계(嫡母庶子
關係)(제774조), 사후양자제(死後養子制)(제867조), 양부(養父)와 동
성동본(同姓同本)이 아닌 자의 호주상속금지(제877조 2항) 등은
모두 가제도의 존속을 위한 규정들이다.

ⅱ) 가제도를 인정하는 이상 그 당연한 수반 조치로 광범
위한 호주권(戶主權)이 인정되고 있다. 호주권은 가(家)라는 단체
의 통솔 및 그 구성원의 감호를 위하여 인정되는 것으로서 본
래 고래의 가장권(家長權)의 유제(遺制)라고 할 수 있을 만큼 권
위적(權威的)이고 포괄적(包括的)이다. 그렇지만 현행 민법에서는
시대적인 변화, 호주를 중심으로 하는 생활양상의 변질 등을 참
작하여 그러한 특성을 그대로 살려 규정으로 존치시키지 않고,
호주권 중에서 그 성질상 친자관계에 관한 부분은 친권자(親權
者)에게, 부부관계에 관한 부분은 남편이나 처에게 옮김으로써
호주의 승계·유지, 그 호양적(護養的) 기능을 다할 수 있는 사
항을 주로 하여 호주권에 관한 규정을 두고 있다. 그 구체적인
것은 가족의 거소지정권(제798조), 가족의 입적·거가(去家)에 대
한 동의권(제784조 1항, 2항), 가족의 금치산·한정치산선고의 청

---

34) 김용한, 전계서, 74-75면; 배경숙, "가족법 개정의 필요성,"「민사법학」
제1호, 한국사법행정학회, 1978, 118면.

35) 김용한, "성(姓)의 법리,"「법조」제8권 제4호, 법조협회, 35면. 성불변
(姓不變)의 원칙은 명문의 한 규정으로 되어 있지 않고 관습법(慣習法)으
로 굳혀진 채 개별적인 여러 규정에 각 필요에 맞추어 반영되어 있다고
할 수 있다. 부부별성(夫婦別姓)은 그 가장 전형적인 예라 할 수 있다.

구권 및 취소권(제9조, 제11조, 제12조, 제14조), 가족의 후견인(後見人)이 될 권리(제932조, 제933조, 제934조), 친족회(親族會)에 대한 각종의 권리(제966조, 제968조, 제969조, 제972조), 가족에 대한 부양의무(扶養義務)(제974조), 상속에 있어서의 특권(제996조, 제1009조 1항 단서) 등이다. 이와 같이 호주의 가의 통솔자 내지 주재자로서의 지위를 크게 약화시킨 것은 크게는 헌법상의 평등원칙(平等原則)을 구현한 것이요, 적게는 현실적인 가족생활습속을 직시하여 그 조정을 도모한 것이라 하겠다.[36]

　　iii) 친족의 개념파악이나 원근을 따지는 촌수제(寸數制)에서 종래 관습법상의 방법을 그대로 따르고 있으며, 친족으로서의 법적 효력이 미치게 되어 있는 친족범위의 설정에 있어서 대체로 종래의 범위한정을 많이 따르고 있다. 즉 현행 가족법에서는 부계(父系)의 8촌 이내의 혈족, 모계(母系)의 4촌 이내의 혈족, 부(夫)의 8촌 이내의 부계혈족, 부(夫)의 4촌 이내의 모계혈족, 처의 부모 및 배우자를 친족으로 규정하고 있는데(제777조), 이것은 종래 친족범위 한정의 준거처럼 여겨졌던 종법제에 입각한 유복친의 범위와 거의 같다. 이러한 친족범위의 설정방법은 부계(父系)와 모계(母系), 부족(夫族)과 처족(妻族) 사이에 근원적 차이를 두고 있어서 남녀차별적이기 때문에 부당하다는 주장이 있기는 하지만,[37] 이 경우 남녀의 기준을 동일하게 취급하여야 할 규범적 실익이 없다는 것을 생각한다면, 민법 제정 당시의 사회에 보편화되어 있던 친족관념을 입법화한 것으로 현실존중에서 비롯하는 당연한 결과라 하겠다.

　　iv) 동성동본불혼(同姓同本不婚)의 원칙을 그대로 존치시키고 있다(제809조). 동성불혼의 원칙이 종법제의 규범적 필요에

---

36) 이희봉, 전게서, 241면.
37) 김주수, 전게서, 112면.

맞춰서, 아니면 그 이전부터 의미 있는 금혼률(禁婚律)로 채택되어 변함없는 원칙으로 지켜져 왔음은 전 절에서 밝힌 바 있다. 당해 원칙은 본래 남계혈통주의(男系血統主義)를 확대·강화하기 위한 혼인준칙이었음을 생각한다면 그러한 필요성이 약화된 오늘날 이 원칙을 그대로 존치할 이유가 있을까 하는 의문이 들수밖에 없다. 그리하여 이 원칙의 채택 여부에 관하여 많은 논란이 있어 온 것인데,[38] 이 규범이 어느 면에서는 너무 당연한 사회규범으로까지 되고 있음을 감안하여 그대로 존치하고 있는 것이다. 그 전통적인 혈연의식(血緣意識)을 반영시켜 입법화한 점에서는 다소의 의미를 인정할 수 있는 것이지만, 그것이 지니는 전근대성(前近代性)으로 말미암아 그 규범적 의의 내지 거의 무한정적인 금혼범위의 확대가 과연 의미가 있는지에 관하여는 논란의 여지가 많음도 사실이다. 한 걸음 더 나아가 입법적으로 이 원칙을 폐지하고 근친혼금지와 통합적으로 규정하여 실시하여야 한다는 견해가 유력하게 주장되고 있다.[39]

ⅴ) 호주제도를 존치시키고 있는 점에 맞추어 상속법(相續法)에서도 호주상속(戸主相續)을 중요한 승계원리로 채용하고 있다. 오늘날 여러 국가의 가족법에서는 대체로 피상속인이 가지고 있던 재산을 물려받게 하는 재산상속(財産相續)만을 인정하지만, 현행 가족법에서는 신분상속으로서의 호주상속까지 인정함으로써 복합 상속제의 구조를 갖추고 있다.[40] 호주상속제도 호주제도의 파생원리인 이상 그 성질상 전근대적인 가산(家産)의 유지·존속시켜 가려는 특색이 남아 있는 것이라 할 수 있다.

---

38) 김주수, "동성동본간의 혼인,"「경희법학」제11권 제1호, 경희법학연구소, 1973, 131-134면.

39) 김용한, 전게서, 133면; 이광신, 전게서, 34-37면.

40) 이희봉, 전게서, 238면; 김주수, 전게서, 333면; 김용한, "우리나라 상속제도의 개관,"「사법행정」통권 제168호, 한국사법행정학, 1974, 72면.

현행 가족법에서는 호주상속을 위한 호주의 법적 확보책으로서 직계비속장남자(直系卑屬長男子)의 거가(去家)를 금지하고(제788조 1항 단서, 제790조), 양호주(養戶主)의 파양을 금지한다(제898조 2항). 또한 호주상속을 함에 있어서는 호주인 사람이 사망한 다음에 그 지위를 물려받는 방식 이외에 생전상속(제980조)과 상속강제(제991조)와 같은 이례적인 조치가 수반되며, 호주상속인의 순위를 정함에 있어서는 남계(男系)와 남자(男子)의 우위가 철두철미하게 지켜지고, 이에 적서차별(嫡庶差別)이 지켜져야 함도 물론이다(제984조, 제985조 후단).

이와 같은 호주상속을 위한 제도적 조치와 함께 호주상속인은 재산상속에 있어서 그 고유의 상속분의 5할을 더 받게 되어 있으며(제1009조 1항), 분묘(墳墓)에 속한 1정보 이내의 금양임야(禁養林野)와 6백평 이내의 묘토(墓土)인 농지, 족보(族譜)와 제구(祭具)의 소유권을 승계하게 된다(제966조). 이러한 호주상속에 따른 조치는 좀 더 꼼꼼히 생각해 보면, 호주상속인에 대한 상당한 특혜라 할 수 있고, 당시의 경제실정으로 보아서는 실로 호주상속인만이 조상의 혜택을 물려받아 살아 갈 수 있는 사람으로 비쳤다 해도 결코 지나친 말이 아니다.[41]

(2) 신규가족규범

현행 가족법에는 앞에 설명한 구관을 성문화한 규정 이외에 다수의 신규가족생활규범이 포함되어 있다. 여기에서 편의상 신규가족규범이라고 하지만, 사실상 해방 이후에도 일본의 구민법이 우리나라에 그대로 시행되고 있었으며, 또한 민법을 제정함에 있어서도 당해 민법이 많은 영향을 미쳤기 때문에, 신규가

---

41) 이희봉, 전게서, 243면.

족생활규범이라고 하는 상당부분 내지 규정은 민법제정 이전부
터 우리사회에서 규범으로 자리 잡고 있었던 것은 부인할 수
없는 사실이다. 그렇기 때문에 이러한 규정을 낱낱이 설명하는
것은 그다지 큰 의미가 없다고 생각하여 개별적 사항으로 논급
하기로 하고, 여기에서는 이 밖에 특색 있는 새로운 제도 내지
규정만을 나누어 설명하기로 한다.

 i) 우선 혼인법 분야에서는 전래의 혼인이 당사자의 의사
의 합치에 의하여 이루어지지 아니하고 위가적(爲家的) 요소에
의하여 좌우되었는데 현행 가족법에서는 당사자 본위의 혼인제
도가 채택되고 있는 점에서 많은 변모가 있었다. 첫째, 약혼제
도를 성문화하였다(제800조 내지 제806조). 일찍이 우리나라에 정
혼이라는 말이 있기는 하였으나 이것은 남녀 양가의 주혼자들
이 당사자들의 혼인을 약속하는 것으로서 혼인을 하려는 당사
자의 합의인 약혼과는 본질적으로 다른 것이었다. 또한 의용민
법(依用民法) 하에서의 판례[42]에 있어서도 약혼을 내연의 부부관
계와 동일하게 보는 등 일정치 않았으나 이를 성문화함으로써
입법적인 해결을 본 것이다.[43]

 둘째, 남자 27세, 여자 23세가 되지 아니한 자는 부모의
동의를 얻어야만 혼인할 수 있다.[44] 이 규정은 1977년 12월 31

---

42) 1932년 2월 9일 조선고등법원민사부판결(朝高判) ; 1933년 2월 17일
조선고등법원 민사부판결(朝高判).

43) 약혼에 관한 입법태도는 국가에 따라 다른데, 독일(동 민법 제1297조-
제1302조), 스위스(동 민법 제90조 내지 제95조)는 약혼에 관한 상세한
규정을 두고 있으나, 프랑스, 일본, 영국, 미국 등에서는 판례법으로 이
를 인정할 따름이고 명문 규정은 두고 있지 않다.
 스위스 민법은 약혼에 관하여, 약혼의 성립(제90조), 약혼의 효과(제91
조), 약혼의 해제와 손해배상(제92조), 위자료(제93조), 선물의 반환(제
94조), 소멸시효(제95조)로 나누어 자세히 규정하고 있다.

44) 외국의 경우는 대체로 미성년자의 경우에만 부모의 동의를 얻도록 하

일의 민법개정에 의하여 미성년자인 경우에만 동의를 필요로
하는 것으로 더욱 하향 조정되었다. 그러나 구민법(舊民法) 하에
서는 연령의 여하를 막론하고 동일호적 내에 있는 부모의 동의
를 필요로 하는 것으로 되어 있었다.[45]

셋째, 입부혼제도(入夫婚制度)를 신설하였다(제826조 3항, 4
항). 현행 가족법도 구관습법과 마찬가지로 부계혈통주의를 기
본으로 하고 있으면서 후자의 경우에서는 찾아볼 수 없는 예외
를 인정하고 있으니 그중의 하나가 입부혼제도이다. 우리나라에
도 입부혼제와 유사한 초서제(招婿制)가 있었는데, 이 초서제에
서는 가녀의 초서가 처가에 입적하여 동거할 뿐이고 그 호주가
사망하더라도 초서는 당해 가(家)를 계승하지 못하고 처 및 그
소생자(所生子)와 함께 친가에 복적(復籍)하거나 또는 일가를 창
립(創立)하도록 되어 있었다.[46] 현행 가족법에서는 입부혼제를
채택함으로써 여자를 통한 가계의 계승을 가능하게 하였는데,
이것은 전래의 혼인제도에 일대 혁신을 가한 것이나 마찬가지
이다.

그러나 이와 같은 어설픈 제도의 채택으로 여자도 가계를
계승하게 되어 남녀평등에 충실을 기했다고는 할 수 있을지 모
르겠으나, 다른 일면 여자를 통해서까지도 남계혈통유지책이라
는 가계를 이어나가는 결과를 빚어내고 있으니, 어느 의미에서
는 도리어 부계혈통주의가 강화되었다고까지 말할 수 있겠다.
이는 남자에 의한 혈통의 보전이라는 당해 제도의 본지에도 적

고 있다(독일 민법 제1305조, 프랑스 민법 제148조, 스위스 민법 제98
조). 스위스 민법 제98조 제1항에는 「미성년자는 부모 또는 후견인의
동의를 얻어서만 혼인할 수 있다」로 규정되어 있다.

45) 조선총독부원법전조사국 편, 『관습조사보고서』, 조선총독부, 1913, 304
면.

46) 이희봉, 전게서, 150면.

합지 않은 것이다. 또한 이 제도는 그 입법 이후의 사회현실에
비추어 보더라도 그 본래의 실익을 도모할 수 있는 규범적 기
능을 다하지 못하고 있음에 비추어 그 존폐가 다시 검토될 수
밖에 없을 것이다.

　넷째, 부부는 그 특유재산을 각자 관리·사용·수익하게
되어 있다(제831조). 구민법상으로는 처의 재산은 부(夫)가 관
리·사용·수익하게 되어 있었는데,[47] 이는 남편의 특권을 지
나치게 확대시킨 것이고 더 나아가 여자의 능력을 기본적으로
무시하는 조치라는 비판이 많았는데, 이에 외국의 입법례를 본
받아 별산제(別産制)를 채택한 것이다.[48] 부부의 평등을 실질적
으로 인정하고 여자로서의 처도 독자적인 생활을 해 나갈 수
있는 기반의 일부가 확보된 셈이다.

　다섯째, 부부는 일상가사(日常家事)에 관하여 서로 대리권이
있고(제827조), 일상가사채무(日常家事債務)에 대하여 연대책임을
지게 하였다(제832조). 구민법에서는 일상가사에 관한 처의 법률
행위에 대하여 부(夫)가 책임을 지도록 되어 있었지만,[49] 현행
가족법에서는 어디까지나 부부평등(夫婦平等)의 입장에서 부부
상호간에 동등한 일상가사에 대한 대리권을 인정하고, 일상가사
채무에 관한 연대책임을 지게 하고 있다는 점에서 부부관(夫婦

---

47) 전게 『관습조사보고서』, 310면.
48) 최병욱, 전게 논문, 120면. 독일 민법은 부부재산계약에 의한 공산제
　(共産制)의 여러 규정을 두면서, 그렇지 않은 경우에 따르게 되는 별산
　제(別産制)에 관하여 「부부가 법정의 부부재산제를 배제하거나 또는 이
　를 폐지하는 경우에 부부재산계약에 의하여 다른 결과가 발생하지 않게
　되어 있는 경우에는 별산제가 성립한다」고 규정하여 별산제의 일반적
　적용가능성을 열어 두고 있다.
49) 1921년 (대정 10년) 8월 6일 및 17일 「구관조사결의(舊慣調査決議)」(조
　선총독부중추원 편, 『민사관습회답휘집〈民事慣習回答彙集〉』 부록, 조선
　총독부중추원, 1933, 14면).

觀)이 달라진 결과의 입법조치라는 점에서 나름대로의 의미가 클 수 있다.

여섯째, 부부재산계약제(夫婦財産契約制)를 신설하였다(제829조, 제830조). 부부재산계약제라 함은 혼인 중 그 재산에 관한 취득 · 귀속 · 관리 · 사용 · 처분 등에 관하여 자유로이 특별한 약정을 해 따르도록 하는 제도이다. 종래 우리나라에서는 부부재산제에 관한 한 법정재산제(法定財産制)로서의 관리공통제(管理共通制)만이 있었는데, 이 제도에 따르는 경우 처의 재산에 관한 남편의 전권(專權)이나 착취(搾取)의 낌새를 배제할 수 없으므로 이의 법적 보완을 도모하기 위한 방편으로 외국의 입법례[50]를 참조하여 부부평등의 원칙에 따라서 부부재산계약제를 도입한 것이다. 이러한 계약이 체결될 경우 그것이 부부의 현실생활에 미치는 파장은 실로 가공할 만한 정도가 될 것임에 틀림없다. 그러나 이 제도에 따르는 절차가 복잡하고 일반인이 그렇게 친숙하게 인식하고 있지 못한 점에서 그 실행 · 보급은 다소 늦어질 수 있을지 모르겠지만 새로운 혼인양상과 잘 들어맞는 것임에는 틀림없다.

ⅱ) 이혼법(離婚法)에서도 적지 않은 변모가 있음을 찾아볼 수 있다. 겉으로 드러나는 규정은 그렇게 두드러지지 않아 크

---

50) 독일 민법 제1408조 내지 제1412조(남녀동권법 제19조에 의하여 개정), 제1558조 내지 제1563조, 프랑스 민법 제1387조 내지 제1398조, 제1443조, 제1449조, 제1497조, 제1527조 내지 제1529조, 스위스 민법 제178조 내지 제181조, 일본 민법 제755조 이하, 자유중국 민법 제1004조 이하.

　　스위스 민법 제178조는 「부부재산계약으로 다르게 정하지 않거나 개별 부부재산제가 적용되지 않는 경우에는 재산통합제(Gueterverbindung)의 규정에 따른다」로 되어 있고, 제179조 제1항에는 「부부재산계약은 혼인 성립의 전 또는 후에 체결할 수 있다」고 규정되어 있어 부부재산제를 정하고 있다.

게 달라지지 않은 것처럼 지나칠 수도 있다. 그러나 여기에서
는 혼인생활을 해 나가는 주체의 인식이 크게 달라졌기 때문에,
이러한 인식의 기초 위에서 이혼을 접근하게 된다면 그 자체
크나큰 문제일 수밖에 없다.

첫째, 우선 현행 가족법을 제정하면서도 구민법에서와 마찬
가지로 협의이혼제(協議離婚制)를 두고 있음을 들 수 있다. 혼인
의 해소에 관하여 부부의 자유로운 의사의 합치를 전제로 하는
이 제도는 종래 우리의 생활 현실과 들어맞지 않는다. 우리의
현실로는 금실 좋게 살아가는 부부의 경우 그렇지 않다 하더라
도 어떠한 문제를 다루거나 결정을 보아야 하는 경우에는 남자
의 우월적 지위 내지 독단이 먼저 드러나게 됨은 부인할 수 없
는 현실이다. 그리하여 이의 보정을 위하여 협의이혼신고제도의
심사제도(審査制度)가 도입되었는가 하면(당시 호적법 제79조의 2),
이것만으로는 충분하지 못하다 하여 협의이혼을 함에 있어서는
가정법원의 확인을 받도록 하는 절차에 따르도록 함으로써(제
836조 1항) 협의이혼에 따르는 불합리한 이혼의 실상을 바로잡
으려고 하였다. 그러나 이러한 조문의 개정이나 보충만으로 그
실효성이 그대로 달성되는 것이 아님을 상기할 필요성이 있다.

둘째, 재판상의 이혼제도를 구민법에 규정된 대로 그대로
존치하면서 그 이혼원인을 정함에 있어서 구민법의 열거주의에
갈음하여 예시주의를 채택하였다(제840조). 이혼원인의 내용상으
로도 칠출삼불거(七出三不去)[51]를 깔고 있던 구관습법상의 남녀

---

51) 칠출삼불거 중 칠출사유로는 ① 불사구고(不事舅姑), ② 무자(無子), ③ 음
행(淫行), ④ 질투(嫉妬), ⑤ 악질(惡疾), ⑥ 구설(口舌), ⑦ 절도(竊盜)로
근친이나 친족과의 공동생활을 해나가는 데 저해가 될 만한 것들이다.
그리고 삼불거의 사유로는 ① 여공경삼년상(與共更三年喪; 시부모의 삼년
상을 치러 넘긴 경우), ② 선빈천후부귀(先貧賤後富貴; 남편이 혼인 시에
는 가난하였지만 이후 부귀하게 된 경우), ③ 유소취무소귀(有所娶無所

차별적이었던 요소를 제거함으로써 근대적인 양상을 훨씬 돋보이게 하였다.[52] 그러나 아직도 직계존속(直系尊屬)으로부터의 또는 직계존속에 대한 부당한 대우를 이혼원인으로 삼고 있어서 (동조 3호, 4호) 당사자 위주의 이혼제도에 결정적인 흠이 되고 있다.[53] 그래도 이러한 규정을 두어야 바로잡히는 현실이 있음을 직시하여야 한다.

iii) 친자법(親子法)에도 상당히 변경된 점이 많다. 부모가 자녀를 보호·양육하는 사항을 주된 규정내용으로 하는 친자법의 규정설정이나 해석·적용에는 서구사회에 이미 자녀의 독자적인 인격성의 인정이 널리 보급되고 있던 실정임을 감안할 필요가 있다. 친생자의 경우 그 친생부모의 보호양육, 그리고 친권에 따르게 되어 있어 구민법상의 규정태도나 크게 달라진 것이 없는 것 같지만 세부적인 각 부분에서는 결코 그렇지 않음을 주의할 필요가 있다.

첫째, 양자제도에 관하여는 종래 구민법에서는 「가(家)를 위한 양자」만이 인정되었으나 현행 민법에서는 「부모를 위한 양자」 및 「자녀를 위한 양자」도 인정하고 있다는 점에서 특히 눈에 띄는 진보를 도모하였다 할 만하다. 그 세부적인 내용을 보면 다음과 같다. ① 성년에 달한 자는 기혼·미혼, 자녀의

歸; 맞아 데려왔던 곳은 있었는데 헤어져 돌아갈 곳이 없는 경우)로 혼인 후 여자가 하고 지낸 실정을 고려해 내보내지 못하도록 하였던 것들이다.

52) 예컨대 구민법에서는 부(夫)의 간통(姦通)은 이혼원인으로 하지 않고 (동법 제816조), 처의 간통만을 이혼원인으로 다루고(동법 제813조), 처의 간통만을 처벌하던 것(구형법 제183조; 남편의 경우에는 간음죄〈姦淫罪〉만을 처벌하였음)을 현행 민법에서는 배우자의 부정행위(不貞行爲)를 부부 모두의 이혼원인으로 하고, 간통에 대하여는 쌍벌죄(雙罰罪)를 적용함(형법 제241조)으로써 그야말로 부부평등을 그대로 구현하고 있다.

53) 최병욱, 전게 논문, 120면.

유무, 남녀를 불문하고 양자를 입양할 수 있다(제866조). ② 이
성양자(異姓養子)를 할 수 있으며, 서양자(婿養子)도 인정한다(제
877조 2항, 제876조). ③ 양자의 수에 제한이 없고, 양부모자녀
간의 연령 차에 관한 제한도 없다. 다만 존속(尊屬) 또는 연장
자(年長者)를 양자로 하지 못하도록 규정하고 있다(제877조 2항).
④ 사후양자(死後養子)를 할 수 있으며(제867조), 유언양자(遺言養
子)도 유언의 방식을 갖추어 할 수 있게 되어 있다(제880조). 다
만 사후양자의 경우에는 직계비속여자(直系卑屬女子)나 혼인 외
의 자만 있어도 이를 할 수 없게 하였다(제867조 1항). 이렇게
볼 때 현행 민법에서 채택하고 있는 양자제도는 이성불양(異姓
不養)의 원칙 및 소목지서(昭穆之序)를 엄격히 지키면서 행하여
지던 종법제상의 양자제도보다 훨씬 발달된 것임을 알 수 있
다. 그러나 이에 따른 부작용도 얼마든지 따라붙을 수 있음을
조심하지 않으면 개변의 실효를 거두기 어려울 것이다.

　둘째, 양자제도 이외에 법정친자제도로 구민법에서와 마찬
가지로 계모자관계(繼母子關係)(제773조), 그리고 남편의 혼외 출
생자를 처의 친자로 엮게 되는 적모서자관계(嫡母庶子關係)를 인
정하고 있다(제774조). 이에 관하여는 계모와 적모와의 관계 설
정이나 유지에 근본적인 부당성이 아주 심도 있게 제기되면서
그 채택의 타당성 여부가 계속 논의될 수밖에 없는 소지가 남
아 있음을 주의할 필요가 있다.

　셋째, 친권의 행사는 본래 구민법에서와 마찬가지로 제1차
로 부(父), 제2차로 모(母)도 할 수 있게 하였었다(제909조 1항, 2
항). 그러나 이와 같은 순위에 따른 친권의 행사는 부모를 불평
등하게 파악하는 것이라 하여 친권은 그 본래의 인정취지에 비
추어 부모가 공동으로 행사하도록 하여야 한다는 요구를 계속
하게 해주는 빌미가 될 수밖에 없었다.54) 그렇지만 이 경우의

"공동"이 자를 위하여 얼마만큼의 의미를 지닐 수 있을 것인지
는 의문이 아닐 수 없다. 자칫 어머니를 위한 명분 쌓기에 지
나지 않는 것이 되지 않을까 심히 염려된다. 그리고 구민법에
서는 친생모(親生母)라 하더라도 어머니가 친권을 행사하는 경우
에는 친족회의 동의를 얻도록 되어 있었으나 현행 민법에서는
이를 필요로 하지 않는 것으로 규정하였다(제912조).

ⅳ) 재산상속법(財産相續法)에 있어서도 많은 변모를 찾아
볼 수 있다. 구민법상으로는 피상속인이 호주일 경우 직계비속
장남자(直系卑屬長男子)가 일단 단독으로 상속했다가 중제(衆弟)
에게 분재하여 주게 되어 있는데, 이 경우 여자나 처는 상속인
이 될 수 없었으며, 피상속인이 가족일 경우에는 직계비속자녀
가 제1순위, 처는 자녀가 없는 경우에만 상속인이 될 수 있었
다.55) 이러한 것이 과연 20세기 초기 우리의 관습으로서의 재
산상속제와 같은 내용이었는지는 의문이 많으나 그대로 시행되
던 것을, 민법을 제정하면서는 이러한 불명확성을 관계사항을

---

54) 독일 민법 제1626조 내지 제1698조의 3(b), 스위스 민법 제273조 내
지 제289조 참조.
　　스위스 민법 제273조에는 친권의 행사에 관하여, 제1항「혼인 중에는
부모는 공동으로 친권을 행사한다」라고 규정하고, 제2항에는「부모의
의견이 일치하지 않는 경우에는 부(父)의 의사로 결정한다」라고 규정하
는가 하면, 제275조 제1항에는「자는 부모에게 복종하고 존경할 의무를
진다」고 규정함으로써 부모와 자를 중심으로 한 친권에 관한 기본원리
를 정하고 있다.
55) 정광현, 전게서, 347면; 김주수, 전게서, 336면.
　　일제침략기인 왜정시의 이에 관한 기록을 살펴보면, 처음에는 기혼의
장남이 남자 없이 사망하면 그 유산은 호주인 부(父)가 승계한다 하였
으나, 전게『민사관습회답휘집』(216-217면)「140. 유산상속에 관한 건」
에서는 이를 변경하여 부에 우선하여 유처(遺妻)가 직계비속남자 다음의
제2순위자로 상속한다 하였다(1926년 10월 26일 조선고등법원민사부판
결,『민록(民錄)』제13권 329면)(이희봉, 전게서, 186면).

정리, 명문규정을 둠으로써 입법적으로 해결하였다. 그 입법사항
의 주된 것은 다음과 같다. 즉 ① 피상속인의 직계비속, ② 피
상속인의 직계존속, ③ 피상속인의 형제자매, ④ 피상속인의 8
촌 이내의 방계혈족(傍系血族)의 순위로 상속인이 되도록 하여
(제1000조) 적어도 상속순위상으로는 남녀의 차별을 제거하였으
며, 처에게도 독자적인 지위에서 상속인이 되는 것으로 하였다
(제1003조). 이러한 규정 내용은 남녀평등의 구현이라든지 처의
지위확보 등의 표현만으로는 부족할 정도로 그 실질적 의미가
큰 것이고, 더 나아가 개인의 실질적 생활에 직접 영향을 미치
게 되는 재산의 취득과 귀속에 획기적인 변화를 가져 온 것이
라 해야 할 것이다.[56]

이와 함께 중요한 의미를 지닐 수밖에 없는 것이 상속분인
데 이에 관하여는 전래의 생활유습이 상당히 반영되어 있음을
부인할 수 없다. 그리하여 상속분을 정함에 있어서 동일가적(同
一家籍) 내에 있는 경우에는 남자나 여자나 차이가 없으나 동일
가적 내에 없는 여자는 남자의 4분의 1로 하고 있으며, 전술한
바와 같이 호주상속인에게는 자기 고유의 상속분 이외에 2분의
1이 가산되는가 하면, 처의 상속분은 자녀의 그것보다 적게 되
어 있는 미진함이 남아 있는 것(제1009조)은 진보에 따르는 걸
림돌이라고 여길 수밖에 없다. 이와 같은 상속인 간의 상속분
의 차이에 관한 논의와는 다른 현실변화의 필요에 맞추어 재산
상속분의 비율, 그리고 그 귀속이 논의되고 있음도 주목할 만한
일이 아닐 수 없다. 특히 농지의 영세화 또는 그 경작 여부에
따른 개정논의는 우리의 현실로서는 아주 예민한 문제가 되지
않을 수 없다.[57]

---

56) 이희봉, 전게서, 347면.
57) 최달곤, "한국의 재산상속법과 농지,"『농지의 근대화와 제조건』, 고려

ⅴ) 이 밖에도 민법의 제정과 함께 부양제도(扶養制度), 후견제도(後見制度), 친족회제도(親族會制度), 그리고 유언제도(遺言制度)도 각각의 필요에 맞추어 구민법 내지 외국의 법제를 다소 개정하거나 변경을 거쳐서 채용하고 있어 가족법 전체의 내실을 도모하고 있음은 크나큰 성과가 아닐 수 없다.[58] 우리사회의 급격한 변모를 고려하여 보면, 부양이나 후견 그리고 유언은 어느 법 분야보다 중요시 될 수밖에 없고 그에 따라 관계규정의 효율적 해석·적용이나 외국법과의 비교연구도 활발히 진척되어 내실 있게 될 것으로 예상할 수 있다.

Ⅴ. 가족관계에 관한 특별법의 제정

일반적으로 다른 법에서보다 민법의 특별법이 그렇게 많지 않지만 특히 가족관계에 관한 특별법은 몇몇을 헤아릴 정도에 지나지 않는다. 민법의 제정 이전에도 마찬가지였지만 가족관계의 특성상 공시(公示)의 필요성이 절실하고 그것은 곧 또 다른 신분관계를 맺게 되는 기초가 되었던 것이기 때문에 절차법으로 호적법(戶籍法)이 갖춰져 있었고, 민법의 제정 이후에도 똑같은 비중을 지니고 적용되어 왔음은 주지의 사실이다. 그 밖에

대학교 법률행정연구소, 1976, 243면; 최민근, "가산(家産)으로서의 농지의 상속,"「민사법학」제1호, 한국사법행정학회, 1978, 137-138면.

58) 우리 전래의 생활상 부양(扶養)은 가부장적인 공동생활의 틀에 그대로 맡겨져 있었다 할 수 있으며, 친족회에 상당하는 것으로 문회(門會)가 있고, 유언에 관하여는「용조부모 이하 유서(用祖父母 以下 遺書)」(경국대전 사천조〈私賤條〉)라 되어 있었던 것처럼 실제로 적지 않은 쓰임이 있었던 것을 알 수 있다.

이러저러한 사회변화나 필요에 맞추기 위하여 잡다한 법을 제정할 필요가 없었음은 어느 일면으로는 다행스러운 일이라고 생각되기도 한다.

그렇지만 사회의 실제를 좀 더 자세히 들여다보면 그 변화나 새로운 외래문물의 유입이 적었던 것만은 아니다. 짧지 않은 왜정의 통치 아래에서 벗어나 곤궁의 상태를 헤어나지도 못한 상태에서 이념적 색채까지 동반한 사회혼란, 분단의 아픔을 감수하면서 이룬 건국(建國), 당시로서는 절대적인 생산수단이다시피했던 토지에 대한 개혁조치, 뒤이어 몰아닥친 전쟁의 시련, 휴전 이후에도 먹고 살기에 급급한 빈궁, 헤어날 수 없는 도탄, 그러한 와중에도 배우고 가르쳐야 한다는 절규 속의 절망 섞인 희망, 출세·득세 및 부귀영화의 꿈이 얼마나 끔직한 변화의 흐름인가? 당시를 살아온 사람들로서는 누구나 선명하게 떠올릴 수 있는 자기의 지난 모습이 아닐 수 없다. 그러나 이러한 변화가 민사관계에 직접적이거나 크나큰 영향을 줄 만한 것으로 작용할 수는 없고 그럴 필요가 있는 것도 아니다. 그저 일정한 특색을 띠고 새로운 안정질서를 갖추게 되면 그에 따라 어떠한 민사규제의 변화조짐이 뒤따를 수도 있을 따름이다.

민법의 제정 이후 얼마 되지 않아 돌발적인 군인의 쿠데타가 성공하여 그 군부의 실세가 얼마 되지 않는 돈줄을 잡고 출셋길을 가로막고 있어서 일반대중은 출세의 길에 끼어들거나 우연찮게라도 눈먼 돈줄을 타기 전에는 살아갈 만한 생활터전을 이루기 어려웠다. 여기에서 눈여겨보아야 할 점이 새로이 생활능력을 갖춘 계층으로 등장하는 낱낱의 사람들은 종래의 명문세가(名門世家)이거나 지체 높은 양반계층(兩班階層), 돈 많은 지주(地主) 나부랭이의 후예이거나 자손일 필요가 없었다. 그야말로 권력을 질질 흘리며 끌고 다니거나 돈다발이 철철 넘쳐흐

르면 지배계층인 체하기에 부족함이 없었다. 이러한 시세의 편성 속에서도 우리의 실제생활의 필요에 따른 거래나 신용 쌓기는 점점 커지고 깊이를 더해 갔다. 이렇게 되고나서 보니 종래의 민사거래는 대체로 생활필요적이고 일회적이며 정적이었다고 한다면, 새로운 민사거래는 의도적이고 계속적이며 동적인 특색을 짙게 반영하는 것으로 바뀌게 되었으며, 그러한 거래를 비롯한 경제측면은 종래의 법만으로는 규제하기 어려운 상황을 우리사회에 한꺼번에 몰고 온 셈이다.59) 그 실제적인 국면은 다를지라도 가족관계와 관련된 정황의 변화도 있었을 것임에 틀림없다. 그 한 예로 우리사회에서는 당사자의 선호 여부를 떠나서 신분의 귀천(貴賤)을 따지는 반상제도(班常制度)가 뿌리 깊이 자리 잡고 있었음을 부인할 수 없다. 그러나 왜놈들의 치정을 거치고 앞에 말한 몇몇 개변조치나 동란 이후에는 이를 내세울 만한 사회현실은 어디에서도 찾아볼 수 없게 되었다. 이러한 사회변모는 굳이 새로운 법의 출현을 필요로 하지 않는다. 다만 새로이 제정된 민법만으로는 그 적용의 적합성이 뚜렷하지 않거나 또는 특별한 절차적인 규제의 필요성이 절실할 경우에는 특별법을 제정하여 처리해 나가는 것이 그대로 바람직하다. 그러한 새로운 규제의 필요성에 따라 제정된 가족사항 내지 그 처리에 관한 특별법이 제정된 바 있으니 이를 다음에 소개하여 가족법의 정비구축과의 관련성을 논급해 보기로 한다.

첫째, 가사심판법(家事審判法)의 제정을 들 수 있다.60) 이 법은 인격의 존엄과 남녀의 평등을 기본으로 하여 가정평화와 친족상조의 건전한 공동생활의 유지에 기여하기 위한 것이다(동

---

59) 졸고, "서독의 일반거래약관규제법,"「법제」통권 제2권, 법제처, 1978, 54-56면.

60) 1963년 7월 31일 법률 제1375호.

법 제1조). 사실상 가족관계는 일반 재산관계와는 다른 특수성을
지니고 대체로 혈연의 원근이나 생활상의 밀착에 따른 미묘한
감정을 수반하게 마련이다. 그렇기 때문에 가족관계에 관한 사
건을 보통의 민사소송법의 절차에 따라서 재판하는 것은 그다
지 바람직스럽지 못하다.[61] 그리하여 이에 부응하여 적절한 분
규 해결을 도모하기 위하여 가사심판법을 제정하게 된 것이다.
생각컨대 이 법은 우리의 가정생활에 있어서 다른 어느 법률보
다도 실질적 보호수단이 되는 것이며 앞으로 그 운영하기에 따
라서는 가족법의 상당한 보완책이 되기도 할 것이다.[62] 특히
이 법 제2조 제1항 병류 나호는 「사실상 혼인관계존부확인청구
(事實上 婚姻關係存否確認請求)」를 조정 및 심판사항으로 규정하
고, 가사심판법의 제정과 동시에 개정된 호적법에 신설된 제76
조의 2에 의하면, 「사실상혼인관계존부확인의 소의 재판이 확정
된 경우에는 심판을 청구한 자는 재판의 확정일로부터 10일 이
내에 재판서의 등본증명서를 첨부하여 전조의 신고를 하여야
한다」고 규정함으로써 법률적 보호를 받기 어려웠던 사실혼이
보호될 수 있는 길을 터놓게 되었다.

　　둘째, 「부재선고(不在宣告) 등에 관한 특별조치법」이 제정되
어 시행되었다.[63] 이 법은 미수복지구(未收復地區)에서 그 이남
의 지역에 옮겨 새로이 취적한 자 중에서 미수복지구 잔류자에
대한 부재선고와 미수복지구 이남의 지역에서 주소나 거소를
떠나 행방불명이 된 자에 대한 실종선고의 절차에 관한 특례
및 이중호적의 정리에 관한 사항을 처리하기 위한 것이다(동법

---

61) 市川四郞, 『家事審判法槪說』, 有斐閣, 1957, 10頁.
62) 최병욱, 전게 논문, 124면; 김용한, "가사심판법해설(1)," 「법정」 제18
　　권 9호, 법정사, 1963, 64-70면.
63) 1967년 1월 16일 법률 제1867호.

제1조). 우리나라에서는 지난날 해방을 전후한 혼란기 및 6·25 동란이 있었기 때문에 부재자에 대한 호적의 정리 및 재산관계의 확정은 본인 및 이해관계인에게 있어서뿐만 아니라 제3자에 대하여도 중요성을 가지는 것이다. 그러므로 위와 같은 특별조치법의 제정은 당연한 입법조치이며, 이로써 현실적으로는 월남자의 재혼이 가능하게 되었는가 하면 부재선고를 받은 자에 대한 호적의 정리 및 재산의 귀속을 확정시킬 수 있는 계기가 마련된 것이라고 할 수 있다.[64]

셋째, 「혼인에 관한 특례법」[65]이 제정되어 한정적으로나마 시행되게 되었다. 이 법은 민법 제809조의 규정에 위반하여 혼인 또는 사실상의 혼인관계에 있는 자의 혼인에 관한 특례를 규정하기 위한 것이다. 민법 제809조의 규정 즉 동성동본불혼의 원칙은 전래의 종법제의 혼인규정으로서 그것이 지니는 현실적인 불합리성이 있어 그에 얽혀 있는 사람은 구제되어야 한다는 것이 하나의 필연적 요구로 되어 왔다.[66] 이에 해당되어 피해 아닌 피해를 입는 사람이 많든 적든 실제로 있었기 때문에 한정적으로나마 이를 구제하여야 한다는 점에 관하여는 아무도 이의를 제기하지 않을 듯싶다. 그러나 한편 그렇게 오랫동안 금혼률(禁婚律)로 되어 온 규정에 위반한 사람을 구제하여 주어야 하는 것일까 하는 의문은 감출 수 없고, 또한 그렇게 하다 보면 당해 규정의 규범성은 실제로 마각되는 것이 아닌가 하는 안타까움을 떨칠 수 없다. 우리의 실질적인 혼인감정에 크게 반하여 많은 사람들이 그렇게 따르지 않게 되면, 당해 규정은 폐절되는 것이고 그에 좇아 명문의 규정도 개정할 것이지

---

64) 최병욱, 전게 논문, 125면.
65) 1977년 12월 31일 법률 제3052호.
66) 김주수, 전게 논문(1973), 133-134면.

특수한 사정의 구제책으로 일정수의 해당자를 끌어올리는 조치
는 너무 치졸한 미봉책에 지나지 않는 것임을 부끄러워해야 하
지 않을까 생각한다.[67] 일단 이러한 한시구제법이 제정되었으
니 이후에도 비슷한 조치가 있거나 이 법의 효력을 연장하는
개정이 뒤따르리라는 것은 누구나 쉽게 짐작할 만하다. 여기에
그 소중함을 제대로 알지도 못하는 얼치기 논리에 묻혀지는 규
범의 한 자락을 보게 될 것임이 뻔하다.

　　이상에서 설명한 특별법은 각각 그 입법목적이 있기는 하
지만 어디까지나 기존의 가족법이 지니고 있는 불합리성 내지
결함을 보정 또는 보완하는 것임에 틀림없다. 어느 법이나 마
찬가지이겠지만 가족법도 그 자체의 개정뿐만 아니라 이와 같
은 특별법의 제정을 통하여 보다 충실한 가족생활관계의 길잡
이가 마련되는 것이 아닌가 싶다.

---

67) 이희봉, "가족법 개정에 대한 논평,"「고시연구」제5권 제8호, 고시연
　　구사, 1978. 8, 42면.

제3장

가족생활상의 부계혈연적 특성

Ⅰ. 서　설

　　현행 한국가족법은 한국인들의 낙후되어 있는 의식으로 인하여 아직도 비민주, 비합리적인 점이 한두 군데가 아니고, 그렇기 때문에 한국사회의 생활 일반 내지 가족생활의 민주화는 민법의 제정 이후 내내 심각한 문제로 드러나곤 하였다.

　　부계혈족관념을 중심으로 해서 설정되는 여러 규범들은, 언제나 남성본위를 대변하는 특성이 강하므로, 그것이 혼인생활 내지는 가족생활의 여러 곳에서 여성들의 지위를 남성들에게 종속시키는 요인으로 작용하였음은 부인할 수 없는 사실이다.

　　불행하게도 그동안 한국은 가족제도의 오랜 역사를 통하여 여성들의 종속적 지위를 극히 당연한 것으로 보고 있음은 숨길 수 없는 사실이다.

　　그러나 이러한 사회실정 속에서도 그동안 직접·간접으로 적지 않은 민주주의의 경험을 쌓았고, 이에 따라 국민들의 각자의 법의식 역시 많은 점에서 민주화 내지는 합리화되었다고 보겠다.

이러한 교착적 사회발전의 상황에 이르게 되면 상당한 실정법 규정과 법의식 사이에는 필연코 많은 차이가 생겨나서 법의 재정비가 사회의 민주화과제의 일환으로 떠오르게 됨은 당연한 일이라 하겠다.

이러한 뜻에서 한국인의 법의식의 조사는 대단히 중요한 일이 아닐 수 없다. 특히 남녀평등에 대한 의식의 조사는 모든 가족법문제 중에서 핵심적인 것으로서, 이에 대한 법의식의 조사야말로 한국사회의 민주화의 지름길을 발견하는 일이라 할 수 있다. 그리하여 민법의 규정 중 남녀평등에 관하여 비민주적이라고 논란이 많았던 규정들이 법의식과 얼마나 일치되는 점이 있는지를 조사·분석하는 것은 현행 가족법의 해석·적용에 참조할 수 있고, 앞으로의 법개정에도 도움이 될 것이고 가족법 연구에도 긴요한 자료가 되리라 생각한다. 이러한 점을 생각하여 이 장은 최달곤, "남녀평등에 대한 법의식의 실태조사 연구(1972)"를 필자가 그 실태조사와 자료의 분석에 참여하였던 점을 핑계 삼아 논제를 바꾸고 내용을 선별적으로 발췌·정리하여 옮겨 실은 것임을 밝혀둔다.

II. 의식조사와 분석

1. 설문사항

이 설문조사는 본래 "혼인의 체결과 혼인생활의 자유"에 관

한 의식조사로 실시되었던 것으로 이에 관한 여러 가지 사항을
나누어 그 세목으로 삼았다. 그렇다 하더라도 너무 구체적인
혼인생활의 부면은 설문으로 짜기도 곤란하거니와 그 응답의
신빙성도 기대할 수 없기 때문에 제외시켰다. 그 설문사항의
중요한 것은 다음과 같다.

첫째, 처의 부가입적(夫家入籍)에 관하여, 「결혼하면 여자는
남자 쪽의 호적에 들어가게 되어 있는데 이것을 어떻게 생각하
십니까?」

둘째, 입부혼(入夫婚)의 가적에 관하여, 「결혼할 때 여자 집
에 남자손이 없을 때는 남자가 처가 쪽 호적에 실릴 수 있는데
이것을 어떻게 생각하십니까?」

셋째, 부부의 성(姓)에 관하여, 「부부의 성에 관하여 어떻게
생각하십니까?」,

넷째, 입부혼에서 출생한 자녀의 성(姓)에 관하여, 「입부혼
에 의해서 출생한 아이는 어떤 성을 따라야 하겠습니까?」,

다섯째, 서자의 부가입적(父家入籍)에 관하여, 「남편의 서자
를 호적에 싣는 것을 어떻게 생각하십니까?」,

여섯째, 계모관(繼母觀)에 관하여, 「비록 계모라 하더라도
친어머니와 같이 대해야 하겠습니까?」,

일곱째, 계부관(繼父觀)에 관하여, 「우리 주변에 흔히 있는
의붓아버지(계부)에 대하여 어떻게 생각하십니까?」라는 문항을
만들어 그 의식성향을 알아보고자 하였다.

이러한 설문사항과 함께 각 응답자의 배경에 따라서 어떠
한 차이가 있는지를 알아보기 위하여 성별, 연령, 지역, 학력,
직업, 혼인별, 종교별, 참여단체별을 참고사항으로 하여 조사하
였다.

2. 조사지역과 대상

이 조사는 그 내용이 아주 일반적임에도 불구하고 여러 가지 제약요소 때문에 소규모로 할 수밖에 없었다. 그렇지만 전국적으로 실시해야 되겠다는 생각에서 도시와 비도시, 도시는 다시 대도시, 중도시, 소도시로 각 지역을 골고루 포함시키기로 하였으며, 종래의 행정구역을 고려하여 각 지역의 면도 일정 수를 조사지역으로 삼았다.

그 결과 대도시로는 서울, 중도시로는 대구, 소도시로는 마산을 정하였고, 비도시에서는 각도에 원칙적으로 1개 면을 택하는 것으로 하여(경기도만은 특성이 나타나지 않을 것으로 보아 생략하였다.) 강원 춘성군 신동면, 충북 진천군 덕산면, 충남 서산군 팔봉면, 전북 순창군 풍산면, 전남 강진군 칠량면, 경북 월성군 외동면, 경남 창원군 대산면을 조사지역으로 선정되었다.

이 조사는 고려대학교 대학원생 및 학부 재학생 가운데 상기 지역 또는 근처에 거주하는 사람 20명을 선발하여 단기간의 교육을 실시한 후 겨울방학을 이용하여 조사케 하였으며, 호별 면접을 통하여 확인한 사실을 조사원이 기록하도록 하였다.

이 조사를 위하여 배포된 조사표의 총수는 600매였으나 그 중 588매가 회수되었는데 이를 지역별로 보면 다음과 같다. 서울 100매, 대구 96매, 마산 105매, 춘성 42매, 진천 42매, 서산 39매, 순창 44매, 강진 40매, 월성 40매, 창원 40매 등이다.

3. 조사결과의 분석

조사대상자의 배경은 성별, 연령별, 학력별, 직업별, 종교별, 생활정도별, 혼인상태별, 매스컴에 접하는 정도별, 단체에 참여하는 정도별 등 9개를 조사하였으며, 7개의 설문을 일일이 이 배경에 따라 분석하여 특히 자료적 가치를 높이고자 하였다.

이 중 학력별에서는 「무학 또는 한글해독 정도」, 「서당(한문공부)」, 「국민학교 중퇴 또는 졸업」, 「중·고등학교 중퇴 또는 졸업」, 「전문·대학 재학, 중퇴, 졸업」으로 분류하였고, 직업별에 있어서는 조사대상자의 수가 극히 소수이기 때문에 표준 직업분류법에 따르지 않고, 본문의 통계표에 나타나 있듯이 그 직능을 중심으로 하여 간단히 분류하였으며, 특히 여자에 있어서는 학생, 직업인, 무직으로 3분하였는바, 가정주부는 무직군에 속하게 했다. 종교에 있어서는 기타 수도 조사된 바 있었으나 그 수가 아주 적었기 때문에 통계표시에서 제외한 점을 부기한다.

Ⅲ. 부계혈연의식의 실태

1. 처의 부가입적

(1) 의식성향 일반

혼인하면 여자는 친가의 가적에서 떠나 부가의 가족의 일원이 된다. 한국의 현실이 아직까지 호적제도를 버리지 못하고 있고, 거기다가 가취제(嫁娶制)의 오랜 혼속을 지켜왔기 때문에 처의 부가입적은 극히 당연한 일로 되어 왔다.

본 설문은 부가입적 문제에 대한 남계우위 의식이 어느 정도로 나타나는가를 찾기 위하여 마련하였다. 「결혼하면 여자는 남자 쪽의 호적에 들어가게 되어 있는데 이것을 어떻게 생각하

〈표 1-1〉 부가입적에 대한 성별의식

성\사항		당연하다	처가입적 도 가	모르겠다	불명	계
남	비	83.6	10.9	5.6		100
	수	254	33	17		304
여	비	78.9	16.2	4.6	0.4	100
	수	224	46	13	1	284

십니까?」라는 설문에 대하여 그 답은 표 1-1과 같이 나타났다.

표 1-1에 의하면 「당연하다」는 답이 남자 83.6%, 여자 78.9%이고, 「형편에 따라 남자가 여자 쪽에 들어가게 해야 한 다」(이하 「처가입적도 가」라 함)는 답이 10.9%와 16.2%이고, 「모 르겠다」는 답이 5.6%와 4.6%이며 「불명」은 남자는 전혀 없고 여자는 1명으로 나타났다. 이러한 수치로는 여자의 부가입적이 그렇게 불편하거나 심지어 부당하다고 생각하는 것으로 볼 만 한 이유가 전혀 없다. 호적(戶籍)이라는 것이 공적장부로서의 성 격이 강하고 더구나 혼인신고가 되어야만 혼인으로 본다는 사실 이 보급되고 있는 점에 비추어 그대로 수긍이 간다 할 수 있다.

(2) 배경별 고찰
1) 연령별(표 1-2참조)

20세 미만을 제외하면 연령별에 따라 의식의 차는 거의 발견 되지 않는다. 특히 50세 이상의 층이 남녀가 다같이 「당연하다」 는 답이 최고의 숫자를 보여주나 크게 뚜렷하다고는 볼 수 없다.

20세 미만의 남녀에게 「당연하다」는 답이 50%와 46.7%로 서 월등히 낮은 비율을 보여주나, 이는 민주의식의 표현이라기 보다는 식별능력의 부족에서 말미암는다고 보아야 할 것이다.

〈표 1-2〉 연령과 부가입적

성 사항 연령	남					여				
	당연 하다	처가 입적도 가	모르 겠다	불 명	계	당연 하다	처가 입적도 가	모르 겠다	불 명	계
20 미만	50.0	25.0	25.0		100	46.7	20	26.7	6.7	100
20-29	83.9	10.7	5.4		100	77.8	17.6	4.6		100
30-39	86.7	6.7	6.7		100	81.3	18.8			100
40-49	76.7	18.6	4.7		100	76.6	17	6.4		100
50 이상	87.8	10.2	2		100	89.6	8.3	2.1		100

「모르겠다」가 25%, 26.7%의 높은 비율을 보여주는 것으로
보아 더욱 그러리라 생각된다.

2) 지역별(표 1-3 참조)

도시와 지방이라 하더라도 그 사이에 획일적인 차이를 발
견할 수 없다. 다만 진천의 남자의 경우 「당연하다」는 답이
94.7%인 데 비하여 「처가입적도 가」라는 답은 한 사람도 없었
다. 순창 여자의 겨우 「당연하다」는 답이 90.9%로서 최고의 비
율을 보여주어, 이러한 정도에 한하여 지방적 특성을 보여 줄
따름이다.

3) 학력별(표 1-4 참조)

남녀 사이에 있어서 그 의식이 뚜렷하게 달리 나타난다.
남자의 경우 무학을 제외하면 학력에 따른 차이가 거의 없으나,
여자에 있어서는 「당연하다」는 답이 무학의 경우가 91.8%임에
비하여 전문·대학의 경우는 56.8%로서 학력에 따라 서로 커다
란 차이를 보여준다. 그러나 여자전문·대학의 경우는 「모르겠
다」는 답이 13.5%로 최고의 비율을 보이고 있어 의식이 그렇게

확고하지 못한 면을 보여준다.

〈표 1-3〉 지역과 부가입적

성 사항 지역	남					여				
	당연하다	처가입적도가	모르겠다	불명	계	당연하다	처가입적도가	모르겠다	불명	계
서울	80.0	12.0	8.0		100	80.0	8.0	12.0		100
대구	85.0	5.0	10.0		100	69.4	25.0	5.6		100
마산	86.5	11.5	1.9		100	83.0	15.1	1.9		100
춘천 신동	79.0	10.5	10.5		100	69.6	26.1		4.4	100
진천 덕산	94.7		5.3		100	82.6	13.0	4.4		100
서산 팔봉	72.7	27.3			100	76.5	17.7	5.9		100
순창 풍산	77.3	22.7			100	90.9	9.1			100
강진 칠량	80.0	10.0	10.0		100	85.0	10.0	5.0		100
월성 외동	90.0	10.0			100	80.0	20.0			100
창원 대산	90.0	5.0	5.0		100	70.0	25.0	5.0		100

〈표 1-4〉 학력과 부가입적

성 사항 학력	남					여				
	당연하다	처가입적도가	모르겠다	불명	계	당연하다	처가입적도가	모르겠다	불명	계
무학	93.8	6.3			100	91.8	6.1	2.0		100
서당	86.7	13.3			100	71.4	28.6			100
국민	81.3	12.5	6.3		100	85.7	11.7	1.3	1.3	100
중고	84.0	10.4	5.7		100	76.4	19.1	4.5		100
전문·대학	82.1	11.1	6.8		100	56.8	29.7	13.5		100

4) 혼인별(표 1-5 참조)

「당연하다」는 답은 남녀 공통으로 미혼자가 가장 낮다. 남자의 경우는 비록 의식의 차이가 있다 하더라도 혼인상태 여하에도 불구하고 큰 차가 없으나, 여자의 경우는 미혼녀와 기혼녀 사이에 그 차이가 다소 크게 나타난다. 「처가입적도 가」라는 면에서 보면 18.5%와 15.7%로서 뚜렷하지 않지만, 「당연하다」는 각도에서 보면 70.7%와 82.4%로서 그 사이에 거의 12%의 차이가 있다. 미혼녀의 「당연하다」는 답이 낮은 것은 역시 낮은 연령층의 그것과 일치한다.

〈표 1-5〉 혼인상태와 부가입적

성\사항\혼인상태	남					여				
	당연하다	처가입적도가	모르겠다	불명	계	당연하다	처가입적도가	모르겠다	불명	계
미혼	81.2	10.3	8.5		100	70.7	18.5	9.8	1.1	100
기혼	84.3	11.6	4.1		100	82.4	15.7	1.9		100
혼인 후 독신	88.9	11.1			100	80.6	19.4			100

5) 종교별(표 1-6 참조)

종교에 있어서는 유교가 당연하다에 남녀 모두 높은 비율을 보여주고 있음이 나머지 답변에는 서로 종교적인 특색이 나타나지 않는다.

그러나 여자에 있어서는 종교들 사이에 적지 않은 차이를 보여준다. 「당연하다」는 말은 유교, 불교가 각각 90%와 87.3%의 높은 비율을 보여줌에 반하여 기독교와 카톨릭은 각각 69.8%와 52.9%의 낮은 비율을 나타내어 주어 이 설문에 관한 한 토착종교의 특색을 보여 주었다. 남자 유교가 91%의 가장

〈표1-6〉 종교와 부가입적

성 \ 사항 \ 종교	남					여				
	당연하다	처가입적도가	모르겠다	불명	계	당연하다	처가입적도가	모르겠다	불명	계
무	82.7	12.1	5.2		100	80.2	12.7	6.3	0.8	100
불교	82.1	10.7	7.1		100	87.3	8.9	3.8		100
기독교	83.4	8.3	8.3		100	69.8	25.6	4.7		100
카톨릭	88.2	5.9	5.9		100	52.9	47.1			100
유교	91	4.5	4.5		100	90	10			100

높은 비율을 보여주었음은 이러한 특색을 뒷받침해주는 것이
된다. 그리고 처가입적도 가에 기독교와 카톨릭의 여자들이 아
주 높은 수치를 보이고 있음도 나름대로 종교적인 특색을 보여
주는 것이라 할 수 있다.

(3) 결 어

전반적으로 처의 부가입적이 당연하다고 보는 한국 전래적
인 의식이 거의 압도적인 지지를 받고 있고, 여기서는 남녀 사
이에 그 의식의 차이가 거의 없음을 잘 알 수 있다.

그렇지만 남자의 의견은 각 배경의 상태 여하에 불구하고
서로 의식의 격차가 그다지 다르게 나타나지 않았으나, 여자에
있어서는 연령·학력에 따라 서로 의식의 불일치가 다소 크게
나타난다.

각 배경별로 보아 의식의 차이가 나누어진 것으로는 대체
로 학력별·직업별·종교별 등이 있고 기타의 것은 거의 차이
가 없거나 또는 일정치 않았음을 지적할 수 있다.

2. 입부혼의 가적

(1) 의식성향 일반

현행 민법은 종래 우리의 고유 혼인제라 할 수 없는 입부혼인을 채택하여 부(夫)의 처가에의 입적을 인정하고 있다. 어느 사회에서나 혼인이라는 것이 아주 중요한 의미를 지니는 것과 마찬가지로 그에 따른 의제 또한 매우 복잡하다. 우리의 전래 혼속도 어느 사회 못지않게 예제에 따르도록 하고 있음은 주지의 사실이다. 그러한 기반이 확고부동한 가운데 왜정을 거치면서 그 제도의 특이성이나 전래 혼속과의 상충은 전혀 고려하지 않은 채 「남자도 여자의 호적에 들어가서 안 될 일이 뭐 있냐?」 정도의 쉬운 생각으로 민법의 규정으로 집어넣은 것이 입부혼이다. 언뜻 보아 남녀평등에 들어맞는 그야말로 합리적인 규정 같지만 우리의 생활습속이 그것을 받아들일 만큼 여유롭지 못함은 유식하고 무식하고를 따져서 탓할 일이 아니다.

그러나 입부혼제도는 과거의 한국관행에서는 물론 용납되지 아니하였을 뿐만 아니라, 현재의 의식 역시 처의 부가입적만을 지극히 당연한 일로 나타나고 있다(앞의 항목 설명참조).

〈표 2-1〉 입부혼의 가적에 대한 성별의식

성 \ 사항		있을 수 없다	활용할 가치가 있다	좋은 제도이다	모르겠다	불명	계
남	비	27.3	49.0	10.5	12.8	0.3	100
	수	83	149	32	39	1	304
여	비	21.1	52.1	12.0	14.4	0.4	100
	수	60	148	34	41	1	284

본 설문은 가적과 남계혈연과를 거의 동일시하는 한국인의 현행 의식 중에서 그나마 이의 예외를 이루어 주는 부의 처가에의 입적행위를 얼마나 받아들이고 있는가를 측정하기 위하여 마련하였다. 「결혼할 때 여자 집에 남자 손이 없을 때는 남자가 처가 쪽 호적에 실릴 수 있는데, 이것을 어떻게 생각하십니까?」라는 설문에 대하여 그 답은 표 2-1과 같이 나타났다.

표 2-1에 의하면 「우리나라 관습상 있을 수 없다」(이하 「있을 수 없다」)는 답이 남자 27.3% 여자 21.1%이고, 「양자라는 것보다 좋으니 가능하면 많이 이용해야 한다」(이하 「활용가치가 있다」)는 답이 남자 49% 여자 52.1%이며, 「정말 좋은 제도이다.」(이하 「좋은 제도이다」)는 답이 남자 10.5% 여자 12%이고, 「모르겠다」가 남자 12.8% 여자 14.4%이다.

여기서 본 바와 같이 의식이 가장 크게 집중되어 있는 것은 「활용가치가 있다」는 답이었고, 「있을 수 없다」는 답이 훨씬 낮은 비율을 차지하고 있어 지극히 의외의 일로 생각되었다.

(2) 배경별 고찰

1) 연령별(표 2-2 참조)

남녀가 모두 젊은 층과 노년층 사이에 적지 않은 의식의 차이를 보였다. 남자의 경우는 40대까지와 50세 이상과의 사이에서 서로 현저히 달라지고, 여자의 경우는 30대 미만과 40대 이상과의 사이에 이에 관한 의식의 차이가 있음을 확실하게 보여주었다.

「활용가치가 있다」는 답 중 가장 높은 비율을 보여준 것은 여자 20세 미만인데 무려 전체의 80%를 점하고 있다. 「여자의 가에 실릴 수도 있다」는 문구에 너무 치우친 것이 아닌가 싶기도 하다.

〈표 2-2〉 연령과 입부혼의 가적

성 사항 연령	남						여					
	있을 수 없다	활용할 가치가 있다	좋은 제도이다	모르겠다	불명	계	있을 수 없다	활용할 가치가 있다	좋은 제도이다	모르겠다	불명	계
20 미만	25.0	50.0	12.5	12.5		100	6.7	80.0	6.7	6.7		100
20-29	24.1	42.0	13.4	20.5		100	16.7	53.7	13.0	16.7		100
30-39	23.3	54.4	8.9	12.2	1.1	100	14.1	57.8	14.1	14.1		100
40-49	25.6	60.5	7.0	7.0		100	31.9	40.4	8.5	19.1		100
50 이상	42.9	46.9	8.2	2.0		100	35.4	45.8	8.3	8.3	2.1	100

2) 지역별(표 2-3 참조)

도시와 지방 사이에 서로 커다란 차이를 보여준다. 처가입적을 반대하는 의식은 도시에서 높고 지방에서 낮다. 남자의 경우를 보면 「있을 수 없다」는 답은 서울이 14.4%로서 아주 낮은가 하면, 지방인 진천과 서산은 각각 52.6%와 54.5%의 아주 높은 비율을 보여주어 아주 대조적이다. 여자의 의식은 대체로 남자의 의식비율에 따른다고 하나 반드시 일치하지 않음을 잘 보여주는 예라 하겠다. 진천과 서산의 경우를 보면 「활용가치가 있다」는 답이 43.4%와 70.6%의 높은 비율을 보여주고 있어 「있을 수 없다」는 답 39.1% 17.6%의 비율에 비하여 오히려 반대의 모습을 보여준다. 이런 점으로 미루어 보아 남녀 사이의 의식은 지방에 따라 들쑥날쑥함을 알 수 있다.

〈표 2-3〉 지역과 입부혼의 가적

성\사항\지역	남						여					
	있을 수 없다	활용할 가치가 있다	좋은 제도이다	모르겠다	불명	계	있을 수 없다	활용할 가치가 있다	좋은 제도이다	모르겠다	불명	계
서울	14.0	54.0	12.0	20.0		100	14.0	54.0	8.0	24.0		100
대구	23.3	45.0	8.3	23.3		100	19.4	63.9	11.1	5.6		100
마산	21.2	61.5	5.8	11.5		100	26.4	45.3	9.4	18.9		100
춘천 신동	47.4	31.6	5.3	15.8		100	13.0	30.4	39.1	17.4		100
진천 덕산	52.6	36.9		5.3	5.3	100	39.1	43.4	8.7	4.3	4.3	100
서산 팔봉	54.5	36.4	4.5	4.5		100	17.6	70.6	5.9	5.9		100
순창 풍산	13.6	54.5	27.3	4.5		100	31.8	45.5	18.2	4.5		100
강진 칠량	25.0	45.0	20.0	10.0		100	10.0	75.0	5.0	10.0		100
월성 외동	45.0	45.0	5.0	5.0		100	25.0	50.0	15.0	10.0		100
창원 대산	15.0	60.0	25.0			100	15.0	50.0	5.0	30.0		100

3) 학력별(표 2-4 참조)

비록 일률적은 아니지만 대체로 학력이 높아짐에 따라 처가입적에 찬성하는 비율이 높아진다. 찬반에 대한 의식의 차이는 남자에서 보다 여자에 있어서 더욱 엄청나다. 남자에 있어서는 「있을 수 없다」는 답은 서당을 제외하면 무학, 국민교, 중·고교가 31% 선으로 거의 같고, 전문·대학이 18.8%로서 특히 낮음을 보여주는 데 비하여, 여자에 있어서는 각 요인별로 각각 다르고 무학과 전문·대학 사이에는 무려 24%에 가까운 크나큰 차이를 보여준다.

여기서 또 하나 두드러지는 점은 「모르겠다」는 답이 학력이 높아짐에 따라 많아지는 점이다. 우리사회의 지식인들의 의식이 신구의 갈림길에서 유동하고 있는 실정을 보여주고도 남음이 있다.

〈표 2-4〉 학력과 입부혼의 가적

성 / 사항 / 학력	남						여					
	있을수없다	활용할가치가있다	좋은제도이다	모르겠다	불명	계	있을수없다	활용할가치가있다	좋은제도이다	모르겠다	불명	계
무학	31.3	50.0	12.5	6.3		100	34.7	44.9	6.1	12.2	2.0	100
서당	53.3	40.0	6.7			100	14.3	42.9	42.9			100
국민	31.3	41.7	12.5	14.6		100	23.4	46.8	13.0	13.0	3.8	100
중고	31.1	48.1	10.4	9.4	0.9	100	17.3	60.9	10.9	10.9		100
전문·대학	18.8	53.8	9.4	17.9		100	10.8	48.6	13.5	27.0		100

4) 혼인별(표 2-5 참조)

남녀가 다 같이 미혼, 기혼, 혼인후 독신의 순으로 처가입적에 대한 반대의견이 높다. 의식의 갈림은 여기서도 역시 남자보다 여자에 있어서 뚜렷하다. 「있을 수 없다」는 답은 미혼녀의 경우는 12%에 지나지 않으나, 혼인후 독신의 경우는 무려 35.5%의 높은 비율을 보여준다. 남편의 호적에 들어가는 실

〈표 2-5〉 혼인상태와 입부혼의 가적

성 / 사항 / 혼인상태	남						여					
	있을수없다	활용할가치가있다	좋은제도이다	모르겠다	불명	계	있을수없다	활용할가치가있다	좋은제도이다	모르겠다	불명	계
미혼	23.1	43.6	11.1	22.2		100	12.0	62.0	12.0	14.1		100
기혼	29.7	54.7	8.7	7.0		100	23.5	49.0	11.1	16.3		100
혼인 후 독신	33.3	33.3	11.1	11.1	11.1	100	35.5	41.9	16.1	3.2	3.2	100

질적인 의미가 곧 현실적인 부부생활의 실상이요, 그 결과 이혼
으로 드러난 자기를 반영하는 의견의 표시가 아닌가 싶다.

5) 종교별(표 2-6 참조)

남자에 있어서는 종교에 따른 차이가 거의 없다. 그러나
여자에 있어서는 그 사이에 있어 대단히 큰 차이를 보여준다.
「있을 수 없다」는 답이 낮은 것으로서는 9.3%의 기독교와
11.8%의 카톨릭이었으나, 그 답이 높은 것으로서는 32.9%의 불
교가 있어, 그 사이에는 실로 적지 않은 격차를 보여준다. 우리
사회에 먼저 자리 잡은 종교와 나중에 세를 넓힌 종교의 차이
를 나름대로 보여준 것이라 할 수 있다.

〈표 2-6〉 종교와 입부혼의 가적

성 사항 종교	남						여					
	있을 수 없다	활용 할 가치 가 있다	좋은 제도 이다	모르 겠다	불 명	계	있을 수 없다	활용 할 가치 가 있다	좋은 제도 이다	모르 겠다	불 명	계
무	21.4	57.8	10.4	10.4		100	19.8	49.2	12.7	18.3		100
불교	39.3	39.3	7.1	14.3		100	32.9	44.3	8.9	12.7	1.3	100
기독교	37.5	29.2	8.3	25.0		100	9.3	74.4	11.6	4.7		100
카톨릭	35.3	29.4	29.4	5.9		100	11.8	47.1	23.5	17.6		100
유교	31.8	45.5	9.1	13.6		100	20.0	60.0	10.0	10.		100

(3) 결   어

입부혼에 의한 부의 처가입적은 원래 한국인에게는 매우
생소한 제도임에 틀림없어, 이 제도 자체를 이해하지 못하는 사
람의 수가 적지 않으리라는 생각을 했었다. 생각했던 바대로

남자 304명 중 그 12.8%인 39명이, 여자 284명 중 그 14.4%인 41명이 「모르겠다」고 답한 것은 이러한 사실을 입증해 주는 것이라 하겠다.

가적개념과 혈연개념을 동일시하고 있는 한국 실정에서 처가입적을 과연 얼마나 찬성하고 있는지 대단히 의심하였으나 조사의 결과 이의 찬성비율이 놀랄 만큼 높았다. 「활용가치가 있다」와 「좋은 제도이다」라는 답을 합하면 남자는 59.5%의 찬성비가 되고, 여자는 더욱더 높아 64.1%나 되는 것이다. 그러나 그 실제의 제도적 의미를 정확히 모르는 것임을 감안하면 그다지 의미를 부여할 만한 것이 되지 못한다.

각 배경별 의식을 고찰해보면 연령별, 학력별, 지역별 등에서 의식의 차이를 보여주었는데, 낮은 연령층이 높은 연령층보다, 학력이 높은 자가 낮은 자보다, 지방보다 도시에서 처가입적에 대한 긍정적인 이해의 도가 높았다. 그리고 이 각각의 경우에 남자보다 여자의 수치가 더 높은 것도 거의 일치한다. 이러한 각 배경별 의식성향의 차이도 제도 자체의 정착이 불투명한 상태에서는 그다지 의미가 있을 수 없음을 다시 한 번 밝혀둔다.

3. 부부의 성

(1) 의식성향 일반

처가 부에 비해 낮게 평가됨은 남계혈연의 대원칙에 충직하고 있는 부부 별성(別姓)의 원칙에서도 나타난다. 우리들 각 사람이 사용하고 있는 성(姓)은 자기 표시의 일부이면서 자기 혈통의 표시라는 실로 중요한 의미가 있다. 그리고 혼인을 하더라도 이 원칙은 범접을 불허한다. 그런데 서구식 혼인에서는 혼인을 하게 되면 여자가 남자의 성을 따른다는 것이 이채로우면서도 한 가족으로 같은 성을 사용하게 되어 더 합리적이라는 의식이라고 이해되기도 하였다. 그 타당성 여부는 차치하고 그에 관한 의식이 어떠한지를 알아보기 위하여 이 설문을 만들어 답을 구해 보았다.

「부부의 성에 대하여 어떻게 생각하십니까」라는 설문에 대하여 그 답은 표 3-1과 같이 나타났다.

표 3-1에 의하면 「남녀가 서로 다른 혈통이니 지금대로 각 성을 사용하는 것이 옳다」(이하 「각성사용」)는 답이 남자 63.5% 여자 60.9%로 절대다수이고, 「남자 성을 따르게 함이 옳다」(이하 「남자성에 따름」)는 답이 남자 29.6% 여자 28.2%로 그 다음이고, 「남녀가 협의하여 두 성 중에 하나를 택함이 옳다」(이하 「협의해서 택일」)와 「새로운 성을 만들어 따름이 좋다」(이하 「공동성 창설」)는 답은 위의 두 답에 비해 거의 무시해도 상관없을 정도의 소수이다. 혼인한 다음 남자의 성을 따르는 것이 그야말로 서구적일 따름이지 합리적이라는 멧목 논리를 타고 우리 사회에 자리 잡기에는 너무도 생소한 것이고 또한 그렇게 할 필요도 없는 허튼 말놀음에 지나지 않는 것이다.

〈표 3-1〉 부부의 성에 대한 성별의식

성	사항	각 성 사용	남자성 에 따름	협의해 서 택일	공동성 창설	모르겠 다	불명	계
남	비	63.5	29.6	4.3	0.3	1.6	0.7	100
	수	193	90	13	1	5	2	304
여	비	60.9	28.2	6.3	1.4	3.2		100
	수	173	80	18	4	9		284

(2) 배경별 고찰

1) 연령별(표 3-2 참조)

「각성사용」이라는 답을 중심으로 보면, 남녀가 다 같이 낮은 연령층에서 높은 층에 갈수록 높아지고 또 남녀 모두가 30대의 의식이 평균수치와 서로 일치한다. 자라나는 세대에도 비슷하게 비치고 있음은 우리사회의 혈연적 특색을 보여주는 것이면서도 서구적인 것으로 대체할 필요까지는 없다고 인식하고 있음을 보여주는 것이라 해도 괜찮을 것이다.

〈표 3-2〉 연령과 부부의 성

성\사항\연령	남							여						
	각성사용	남자성에따름	협의해서택일	공동성창설	모르겠다	불명	계	각성사용	남자성에따름	협의해서택일	공동성창설	모르겠다	불명	계
20 미만	62.5	37.5					100	53.3	26.7	13.3		6.7		100
20-29	57.1	33.0	5.4	0.9	3.6		100	55.6	28.7	8.3	3.7	3.7		100
30-39	65.6	30.0	1.1		1.1	2.2	100	60.9	32.8	3.1		3.1		100
40-49	67.4	32.6					100	68.1	21.3	6.4		4.3		100
50 이상	71.4	18.4	10.2				100	66.7	29.2	4.2				100

2) 지역별(표 3-3 참조)

도시에는 별 특성이 없지만 지방에 있어서는 각 지역에 따라 심한 차이를 보여준다.

「각성사용」이란 답이 가장 낮은 곳은 순창으로서 남녀가 각각 31.8%와 45.5%이나 창원과 진천의 경우는 남자 85%와 84.2%, 여자 90%와 65.2%의 월등히 높은 비율을 보여주어 크

〈표 3-3〉 지역과 부부의 성

성 \ 사항 \ 지역	남							여						
	각성사용	남자성에따름	협의해서택일	공동성창설	모르겠다	불명	계	각성사용	남자성에따름	협의해서택일	공동성창설	모르겠다	불명	계
서울	62.0	34.0	2.0	2.0			100	62.0	28.0	6.0	2.0	2.0		100
대구	60.0	31.7	6.7		1.7		100	63.9	22.2	11.1		2.8		100
마산	55.8	38.5	1.9		3.9		100	60.4	30.2	3.8	1.9	3.8		100
춘천 신동	63.2	26.3	5.3			5.3	100	47.8	21.7	8.7	4.4	17.4		100
진천 덕산	84.2	5.3	5.3			5.3	100	65.2	34.8					100
서산 팔봉	77.3	22.7					100	70.6	23.5	5.9				100
순창 풍산	31.8	45.5	18.2		4.6		100	45.5	54.5					100
강진 칠량	65.0	35.0					100	35.0	45.0	20.0				100
월성 외동	75.0	20.0			5.0		100	70.0	15.0	10.0	5.0			100
창원 대산	85.0	10.0	5.0				100	90.0	5.0			5.0		100

게 대조를 이룬다. 이로 미루어 보아 이 설문에 관한 한 도시와 지방에 따른 뚜렷한 특성이나 공통성을 찾아보기 어렵다.

3) 학력별(표 3-4 참조)

부부의 성에 관하여 학력이 낮거나 높거나 모두 「각성사용」에 아주 높은 지지의 견해를 표명했기 때문에 우리사회에서의 의식성향을 그대로 반영한 것이라 생각된다. 남자의 대학 졸업의 사람들이 남자 성에 따름에 다소 높은 지지비율을 보이지만 (33%) 무학의 경우 그보다 더 높은 지지의 견해표명을 한 것 (37%)을 보면 특별한 의미를 가지는 것이라고도 할 수 없다.

〈표 3-4〉 학력과 부부의 성

성\사항\학력	남							여						
	각성사용	남자성에따름	협의해서택일	공동성창설	모르겠다	불명	계	각성사용	남자성에따름	협의해서택일	공동성창설	모르겠다	불명	계
무학	50.0	37.5	12.5				100	61.2	28.6	6.1		4.1		100
서당	60.0	20.0	20.0				100	71.4	28.6					100
국민	68.8	25.0	4.2			2.1	100	58.6	29.9	3.9	2.6	5.2		100
중고	66.1	27.4	3.8		1.9	0.9	100	57.3	30.0	10.0		2.7		100
전문·대학	62.4	33.3	0.9	0.9	2.6		100	73.0	18.9	2.7	5.4			100

4) 혼인별(표 3-5 참조)

미혼과 기혼을 비교해 보면 「각성사용」이란 답은 남녀가 공통적으로 미혼에서 낮고 기혼에서 높다. 특히 미혼의 경우를 보면 「각성사용」이란 답은 남녀가 다 같이 56%대의 같은 의식을 보여준다. 그러나 여기에서 나타난 의식이 비록 같다 하더라도, 다른 것을 표준으로 해보면, 또한 미혼남녀 사이에도 적지 않은 차이를 발견하게 된다. 남자의 경우 「남자성에 따름」이라는 답이 35.9%임에 비하여, 여자의 경우는 26.1%로서 이에 훨씬 못 미치고 있고, 그 대신 「협의해서 택일」과 「공동성 창설」이라는 답이 10.9%와 3.3%를 정하고 있다. 이로 미루어 보아 미혼남성과 미혼여성 사이의 의식은 결코 서로 같지 않은 측면이 있음을 보여준다.

미혼여성의 이러한 비추종적 관념은 혼인을 하게 되면 곧 바뀌어짐을 보여 준다. 「남자성에 따름」이라는 의식이 28.8%로 늘어나는가 하면, 「협의해서 택일」과 「공동성 창설」이라는 답은 각각 4.6%와 0.7%로 격감하는 것이다.

〈표 3-5〉 혼인상태와 부부의 성

성 / 사항 / 혼인상태	남							여						
	각성사용	남자성에따름	협의해서택일	공동성창설	모르겠다	불명	계	각성사용	남자성에따름	협의해서택일	공동성창설	모르겠다	불명	계
미혼	56.4	35.9	4.3	0.9	2.6		100	56.5	26.1	10.9	3.3	3.3		100
기혼	68.6	26.2	3.6		1.2	0.6	100	64.1	28.8	4.6	0.7	2.0		100
혼인 후 독신	44.4	33.3	11.1			11.1	100	64.5	29.0			6.5		100

남자 혼인 후 독신의 경우가 「각성사용」이라는 답이 44.4%의 가장 낮은 비율을 보여주기는 하나, 「남자성에 따름」 과 「협의해서 택일」이라는 의식의 합계가 또한 44.4%의 높은 비율을 보여 주므로 그렇게 특징적인 것이라고는 할 수 없다.

5) 종교별(표 3-6 참조)

「각성사용」이라는 답이 가장 낮은 카톨릭, 기독교, 유교 등이고 높은 것은 불교이다. 이 답이 낮은 것은 또 상대적으로 「남자성에 따름」이라는 답이 높게 나타나 있는 바이나, 남녀 사이에 적지 않은 차이를 띠고 있다. 즉 남자에 있어서는 카톨릭, 기독교, 유교가 각각 41.2%, 45.8%, 36.4%인 데 반하여 여자에 있어서는 이 비율보다 한결 낮은 5.9%, 30.2%, 30%를 보여주고 있다. 특히 여자 카톨릭에 있어서는 「각성사용」이 70.6%로서 그 어느 것보다 높으나 「남자성에 따름」이라는 답이 5.9%로서 또한 최하위를 보이고 오히려 「협의해서 택일」이 높은 모양을 나타내어 준다.

〈표 3-6〉 종교와 부부의 성

성 사항 종교	남						여					
	각성사용	남자성에따름	협의해서택일	공동성창설	모르겠다	계	각성사용	남자성에따름	협의해서택일	공동성창설	모르겠다	계
무	65.9	27.2	5.8		1.2	100	56.3	31.7	7.9	0.8	3.2	100
불교	69.6	25.0		1.8	3.6	100	68.4	26.6		1.3	3.8	100
기독교	54.2	45.8				100	58.1	30.2	7.0	4.7		100
카톨릭	47.0	41.2	5.9		5.9	100	70.6	5.9	11.8		11.8	100
유교	54.5	36.4	4.5		4.6	100	50.0	30.0	20.0			100

　　남녀 사이의 수치가 가장 근접하고 있는 것은 불교인데, 그 어느 답에 있어서도 서로 비슷할 뿐만 아니라 「협의해서 택일」이라는 답이 전무한 점도 똑같다. 한국인의 재래의식에 가장 가까운 것이라고 생각된다.

(3) 결　어

　　이상을 관찰한 결과 다음과 같은 특징이 있음을 발견하였다.

　　첫째, 표 3-1에서도 본 바와 같이 전체적으로 보아 한국인의 의식은 남녀성명 사용을 찬성하는 수가 압도적으로 많아 남자 성 추종의 원칙에 대한 찬성비율을 훨씬 앞지르고 있고, 더구나 양성 중의 택일이라든가 공동성창설 따위는 문제가 되지 않을 정도로 미소하다.

　　둘째, 각성사용에의 찬성비가 남자 63.5% 여자 60.9%이고, 남자 성 추종에의 찬성비가 남자 29.6%, 여자 28.2%인 것으로 미루어 보아, 현재의 남녀의 의식의 구조는 거의 일치하고 있음

을 발견한 점과 아울러 특히 현제도를 감수하고 있는 여성들의
보수성을 찾아볼 수 있었다.

셋째, 각성사용의 찬성비가 높은 것은, 낮은 학력의 소지자
보다 높은 사람이, 기성층의 여성보다 여학생이, 낮은 생활정도
에 있는 사람보다 높은 사람이, 매스컴을 적게 접하는 사람보다
많이 접하는 사람이, 단체에 참여하는 종류가 적은 사람보다 많
이 참여하는 사람들이다.

이것은 즉 사회의 중심세력에 이를수록 각성사용을 많이 찬성
한다는 뜻이다. 이로 미루어 보아 한국인의 현행의 의식은 부계혈
연을 너무나 당연한 원리로서 받아들이고 있는 실정이어서 성에
관하여는 변화를 기대하기 어렵겠다는 생각을 하게 되었다.

4. 서자의 부가입적

(1) 의식성향 일반

부계혈연의식으로 일관되어 온 한국과 같은 사회에서는 남
계의 혼외자라 할지라도 처의 동의 없이 당연히 부의 가에 입
적된다. 혼인생활의 자유 특히 여성에게 더욱 강조되는 그 자
유는 서자의 부가입적에 의해서 적지 않게 침해될 수 있다. 그
리고 이러한 점은 호적에의 기재라는 것이 부를 확실하게 정하
고 있음을 드러내는 징표역할을 하다 보니 더욱 뚜렷하게 드러
나는 점이라 할 수 있다.

본 설문은 부계혈연의식의 당위성이 혼인생활을 아직까지
얼마나 지배하고 있고, 또 이로 인하여 여성은 지금 얼마나 종
속된 지위를 지니고 있는가를 찾아보기 위하여 마련되었다. 「남
편의 서자를 호적에 싣는 것을 어떻게 생각하십니까」라는 설문
에 대하여 그 답은 표 4-1과 같이 나타났다.

〈표 4-1〉 서자의 부가입적에 대한 성별의식

성	사항	적모의사가 존중되어야	적모의사 불필요	당연히 호적에 실어야	모르겠다	불명	계
남	비	8.6	23.4	65.1	3.0		100
	수	26	71	198	9		304
여	비	18.7	20.8	58.1	2.1	0.4	100
	수	53	59	165	6	1	284

　　표 4-1에 의하면 「당연히 호적에 실어야 한다」(이하 「당연히 호적에 실어야 한다」)는 답이 남자 65.1% 여자 58.1%로서 최고이고, 「남자 자손이니 적모가 반대하더라도 별 수 없다」(이하 「적모의사 불필요」)라는 답이 남자 23.4% 여자 20.8%로서 그 다음이고, 「부인의 반대가 있으면 못 싣게 해야 한다」(이하 「적모의사 존중」)는 답은 남자 8.6% 여자 18.7%로서 대단히 낮은 비율을 보여준다. 수치상으로만 보면 지나치게 편중되었다고 말할 수 있겠지만 이것이야말로 생각한 그대로의 반영이라고 밖에 볼 수 없다.

(2) 배경별 고찰

1) 연령별(표 4-2 참조)

　　연령층에 따라 많은 차이가 있는 것으로 나타났다. 「적모의사 존중되어야」라는 답을 중심으로 해서 본다면 대체로 나이가 많은 데서부터 낮은 층에 이를수록 높게 나타난다. 50대 이상의 남녀의식이 8.2%와 6.3%의 극히 낮은 비율임에 반하여, 20세 미만은 남자 25%와 여자 40%의 극히 높은 비율을 보여주고 있어 퍽 대조적이다. 특히 50대 이상의 여자는 남자 50대 이상의 비율에도 미달하고 있어 주목을 요한다. 어쩔 수 없는

〈표 4-2〉 연령과 서자의 부가입적

성\사항\연령	남						여					
	적모의사가존중되어야	적모의사불필요	당연히호적에실어야	모르겠다	불명	계	적모의사가존중되어야	적모의사불필요	당연히호적에실어야	모르겠다	불명	계
20 미만	25.0	12.5	50.0	12.5		100	40.0	26.7	33.3			100
20-29	8.9	25.0	62.5	3.6		100	24.1	21.3	52.8	1.9		100
30-39	7.8	16.7	74.4	1.1		100	15.6	17.2	62.5	4.7		100
40-49	7.0	27.9	60.5	4.7		100	17.0	17.0	63.8	2.1		100
50 이상	8.2	28.6	61.2	2.0		100	6.3	27.1	64.6		2.1	100

전래 의식성향의 반영이라 할 것이고, 다만 20세 미만의 여자의 경우 「적모의 의사가 존중되어야」에 상대적으로 높은 비율의 응답이 나온 것(40.0%)은 새로운 세대다운 한 면목이라 할 수 있을 것 같다.

2) 지역별(표 4-3 참조)

「적모의사 존중되어야」라는 답은 도시에서 높고 지방에서 낮은 현상을 보여주어 그 사이에는 커다란 차이가 있고, 이러한 차이는 특히 남자에 있어 더욱 그러하다. 남자의 경우 서울과 대구가 10%와 21.7%의 높은 비율을 보여줌에 반해 지방인 진천·강진·창원은 전혀 없고, 그 외의 다른 지방도 거의 없는 상태이다.

「적모의사 불필요」라는 답과 「당연히 호적에 실어야 한다」라는 답을 서로 비교해 보면, 후자의 답이 높은 곳은 역시 도시보다 지방이다.

이러한 여러 가지 사정으로 보아 한국의 전통의식은 도시

〈표 4-3〉 지역과 서자의 부가입적

성＼사항＼지역	남						여					
	적모의사가존중되어야	적모의사불필요	당연히호적에실어야	모르겠다	불명	계	적모의사가존중되어야	적모의사불필요	당연히호적에실어야	모르겠다	불명	계
서울	10.0	20.0	66.0	4.0		100	26.0	26.0	46.0		3.0	100
대구	21.7	20.0	55.0	3.3		100	36.1	8.3	52.8	2.8		100
마산	7.7	25.0	65.4	1.9		100	20.8	17.0	62.3			100
춘천 신동	5.3	47.4	47.4			100	8.7	34.8	52.3	4.4		100
진천 덕산		47.4	47.4	5.3		100	17.4	17.4	60.9	4.4		100
서산 팔봉	4.6	9.1	86.4			100	5.9	17.7	70.6	5.9		100
순창 풍산	4.6	18.2	77.3			100	13.6	18.2	68.2			100
강진 칠량		35.0	65.0			100	20.0	15.0	65.0			100
월성 외동	5.0	20.0	65.0	10.0		100		40.0	60.0			100
창원 대산		5.0	90.0	5.0		100	10.0	20.0	60.0	10.0		100

보다는 역시 지방에 사는 사람들에게 짙게 남아 있음을 알 수 있다.

　3) 학력별(표 4-4 참조)

　　학력이 높아감에 따라 「적모의사 존중되어야」라는 답이 일률적으로 높아짐이 남녀 사이에 공통적인 모습이고, 구 의식 사이에는 서로 커다란 차이가 있다. 남자의 경우는 무학과 서당에서는 「적모의사 존중되어야」라는 답이 전혀 없는 데 반하여 전문·대학에서는 13.7%나 되고, 여자의 경우 역시 서당에서는 전혀 없는 데 반하여 전문·대학에서는 무려 45.9%로서 대단히 높은 비율을 보여준다.

　　여기서 본 바와 같이 전문·대학을 마친 사람의 찬성비율

〈표 4-4〉학력과 서자의 부가입적

사항\학력	남						여					
	적모의사가존중되어야	적모의사불필요	당연히호적에실어야	모르겠다	불명	계	적모의사가존중되어야	적모의사불필요	당연히호적에실어야	모르겠다	불명	계
무학		31.3	62.5	6.3		100	8.2	26.5	61.2	4.1		100
서당		46.7	53.3			100			100			100
국민	6.3	27.1	62.5	4.2		100	16.7	19.5	62.5	1.3		100
중고	6.6	22.6	67.9	2.8		100	20.9	20.9	55.5	1.8	0.9	100
전문·대학	13.7	17.9	65.8	2.6		100	45.9	18.9	32.4	2.7		100

이 남녀가 공통으로 최고비율을 나타냄은 사실이나, 남자 전문·대학의 경우 13.7%인 데 반하여, 여자의 경우 45.9%로서 전체비율의 거의 과반수에 이르고 있음을 볼 때 남녀지식인의 의식 역시 서로 큰 차이가 있음을 보여준다.

4) 혼인별(표 4-5 참조)

〈표 4-5〉혼인상태와 서자의 부가입적

사항\혼인상태	남						여					
	적모의사가존중되어야	적모의사불필요	당연히호적에실어야	모르겠다	불명	계	적모의사가존중되어야	적모의사불필요	당연히호적에실어야	모르겠다	불명	계
미혼	12.0	21.4	62.4	4.3		100	28.3	19.6	48.9	2.2	1.1	100
기혼	6.4	23.8	68.0	1.7		100	17.0	20.3	61.4	1.3		100
혼인 후 독신		22.2	66.6	11.1		100	3.2	22.6	67.7	6.5		100

「적모의사 존중되어야」라는 답은 남녀가 다 같이 미혼이 높고 기혼이 낮으며, 기혼후 독신에는 전혀 없거나 거의 없는 상태이다. 연령별에서 나타난 특징이 그대로 나타나므로 더 설명할 나위가 없다.

5) 종교별(표 4-6 참조)

〈표 4-6〉 종교와 서자의 부가입적

성 사항 종교	남						여					
	적모 의사 가 존중 되어 야	적모 의사 불필 요	당연 히 호적 에 실어 야	모르 겠다	불 명	계	적모 의사 가 존중 되어 야	적모 의사 불필 요	당연 히 호적 에 실어 야	모르 겠다	불 명	계
무	9.2	22.5	65.3	2.9		100	19.8	23.8	52.4	3.2	0.8	100
불교	7.1	25.0	66.1	1.8		100	12.7	22.8	63.3	1.3		100
기독교	12.5	25.0	58.3	4.2		100	30.2	16.3	51.2	2.3		100
카톨릭	5.9	11.8	70.6	11.8		100	11.8	17.6	70.6			100
유교	9.1	27.3	63.6			100	10.0	10.0	80.0			100

「적모의사 존중되어야」라는 답은 남자에 있어서는 종교에 따라 그렇게 뚜렷한 차이가 나타나지 않으나 다만 기독교가 12.5%로서 가장 높은 비율을 보인다. 이에 반하여 여자의 경우 서로 적지 않은 차이를 보여준다. 즉 기독교에 있어서는 30.2%의 높은 비율을 보이나 토착종교인 유교와 불교에서는 겨우 10%와 12.7%의 낮은 비율로 나타나서 그 사이의 격차는 대단히 크다.

여기서 또 하나의 특이한 점은 카톨릭의 의식이 기독교와 같은 상대적으로 늦게 유입된 서구종교이면서도 남자 5.9% 여

자 11.8%로서 엄청나게 낮은 것이다. 이 비율은 남자에 있어서
는 어느 종교보다 최하의 비율이고, 여자에 있어서는 10%의 유
교와 더불어 거의 최하를 이루고 있다. 한국에 있어서의 기독
교의 또 하나의 의식의 갈림을 나타내어 주는 좋은 실례라고
하겠다.

(3) 결   어

표 4-1에서도 본 바와 같이 서자의 부가입적에 있어 적모
의 의사를 존중해야 한다는 답은 남자 8.6% 여자 18.7%로서,
그 전체비율에서 따져보면 극히 낮은 비율을 보여 주었으며, 그
나머지의 의식은 「모르겠다」와 「불명」의 아주 낮은 비율을 제
외하고는 모두가 적모의사는 불필요하다고 하거나 또는 당연히
부가에 입적해야한다는 데에 답하고 있다. 더구나 적모의 의사
를 부인하는 의식 중에서도 「적모의사 불필요」라는 소극적인
의식보다는 남자 65.1% 여자 58.1%의 압도적인 많은 수가 적
극적으로 적모의 의사를 배제하는, 즉 당연히 부의 호적에 실어
야 한다고 주장하고 있다.

이러한 점으로 보아 현의식은 서자의 부가입적에 관한 한
전통적인 부계혈통의식에 철저하고 있어 혼인생활에 임하고 있
는 여성 특히 적모의 종속적인 지위는 면할 길 없다.

또한 여성의 종속적인 위치는 남성의식에 대한 여성들 자
신의 의식에서도 드러난다. 적모의 의사를 존중해야 한다는 답
은 남성에 비하면 물론 다소 높기는 하나, 여성 전체의 의식
중 겨우 18.7%만을 차지하고 있는 실정으로 보아 충분히 반영
되기 어려울 수밖에 없다.

그러나 적모의사를 존중해야 한다는 답은 그 전체비율에서
보면 보잘 것 없는 수에 지나지 않으나, 각 배경별로 보면 서

로 커다란 차이가 있음을 발견하였다.

첫째, 적모의사를 존중해야 한다고 말함으로써 여성지위의 향상을 보다 더 이끌 것 같은 층으로는 보다 낮은 연령층, 보다 높은 학력층, 미혼자, 학생 및 도시인 등이었다. 이와 반대로 의식의 갈림이 비교적 낮은 것으로는 종교별에서였다. 이로 미루어 보아 서자입적에 관해서는 연령과 교육이라는 두 가지 요인에 따라 의식은 크게 달라질 수 있고, 종교적, 경제적 요인 여하와는 크게 상관이 없음을 발견하였다.

둘째, 종교별 분석으로 통하여 보아 특히 여자에 있어서는 한국재래종교와 서양전래종교인 기독교와 카톨릭 사이에 커다란 의식의 갈림을 보았으며, 나아가서는 신교인 기독교와 구교인 카톨릭과의 사이에도 적지 않은 의식의 차이가 있어, 이 두 종교 사이에서의 차이도 나타났음을 보았다.

5. 계 모 관

(1) 의식성향 일반

현행 민법은 남계혈연 본위원리의 또 하나의 표현으로서 계모와 계자의 관계를 당사자의 의사에 불구하고 모자관계로 법정하고 있는 점이다. 혈연의 연결이 전혀 없는 계모와 계자와의 사이를 도덕적인 규범으로써 모자관계로 끌어올리는 과정에서 갖가지 비민주·비합리의 논리가 나타난다.

본 설문은 전통적 제도인 계모자관계를 극복하고자 하는 반대의식이 구체적으로 얼마나 나타나는가를 찾아보기 위하여 마련되었다. 「비록 계모라 하더라도 친어머니와 같이 대해야 하겠습니다」라는 설문에 대하여 그 답은 표 5-1과 같이 나타났다.

표 5-1에 의하면 「똑같이 대해야 한다」(이하 「똑같이 대해야」)
가 남자 71.7% 여자 77.5%로서 남녀 모두 최고이고, 「비슷하
게 대해야 한다」(이하 「비슷하게 대해야」)가 21.1%와 17.3%로서
다음이고, 「어머니로 대할 필요없다」(이하 「모로 대할 필요 없다」)
가 3%와 2.1%로서 거의 무시되어도 상관없을 정도로 낮은 비
율이다. 이것은 계모에 관한 나쁜 인식이 많이 보급되어 있는
것 같지만 실제로는 그렇지 않음을 잘 보여주는 의식성향이라
할 수 있다. 사회적으로 드러나게 되는 몇몇 예는 경계의 표본
으로 삼아야 되는 것도 있지만 그냥 평범하게 살아가는 사람들
에게는 「나쁜 것」은 「나쁜 것」으로 비치게 됨이 정석임을 명심
할 필요가 있다.

〈표 5-1〉 성별 계모관

성 \ 사항		똑같이 대해야	비슷하게 대해야	모로 대할 필요없다	모르겠다	계
남	비	71.7	21.1	3.0	4.3	100
	수	218	64	9	13	304
여	비	77.5	17.3	2.1	3.2	100
	수	220	49	6	9	284

(2) 배경별 고찰

1) 연령별(표 5-2 참조)

「똑같이 대해야」라는 답과 「비슷하게 대해야」라는 답은,
높은 연령에서 낮은 연령에 이를수록 전자가 높고 후자가 낮은
것으로 예상하였다. 그러나 여자에 있어서는 이러한 예상이 적
중되었으나 남자에 있어서는 오히려 반대의 현상을 보여준다.

20세 미만의 의식이 남자에 있어서는 「똑같이 대해야」가
87.5%이고, 여자에 있어서는 오히려 「비슷하게 대해야」가

〈표 5-2〉 연령과 계모관

성 사항 연령	남					여				
	똑같이 대해야	비슷하게 대해야	모로 대할 필요 없다	모르겠다	계	똑같이 대해야	비슷하게 대해야	모로 대할 필요 없다	모르겠다	계
20 미만	87.5			12.5	100	53.3	26.7	6.7	13.3	100
20-29	66.1	21.4	5.4	7.1	100	78.7	17.6	1.9	1.9	100
30-39	77.8	17.8	2.2	2.2	100	76.6	15.6	1.6	6.3	100
40-49	76.7	20.9		2.3	100	78.8	19.1	2.1		100
50 이상	65.3	30.3	2.4	2.0	100	81.3	14.6	2.1	2.1	100

26.7%로서 최고이어서 정반대의 의식을 보여준다. 그러나 20세 미만의 자의 의식은 그렇게 큰 가치를 지닌다고 볼 수 없다.

이러한 이유로 20세 미만의 자의 의식을 무시한다면 각 연령층에 따른 의식은 남자가 서로 공통되고 있다고 하겠다.

2) 지역별(표 5-3 참조)

도시와 지방 사이에 있어서 의식의 갈림이 획일적으로 나타나지 않는 점은 남녀가 공통적인 현상이다. 그러나 그 차이를 굳이 찾는다면, 「똑같이 대해야」가 높은 것은, 남자에 있어서는 진천, 서산, 창원이고, 여자에 있어서는 서산, 강진, 창원 따위이다. 그러므로 남녀공통으로 높은 곳은 서산과 창원이라고 볼 수 있다.

〈표 5-3〉 지역별 계모관

성 \ 사항 \ 지역	남					여				
	똑같이 대해야	비슷하게 대해야	모로 대할 필요 없다	모르겠다	계	똑같이 대해야	비슷하게 대해야	모로 대할 필요 없다	모르겠다	계
서울	72	22	2	4	100	72.0	24.0		4.0	100
대구	73.3	21.7		5	100	75.0	22.2	2.8		100
마산	63.5	25	7.7	3.9	100	84.9	15.1			100
춘천 신동	52.6	21.1	10.5	15.8	100	56.5	21.7	13.0	8.7	100
진천 덕산	89.5	10.5			100	73.9	17.3	4.4	4.4	100
서산 팔봉	86.4	13.6			100	100				100
순창 풍산	68.2	18.2	9.1	4.6	100	68.2	31.8			100
강진 칠량	65.0	35.0			100	90.0	5.0	5.0		100
월성 외동	70.0	20.0		10.0	100	70.0	20.0		10.0	100
창원 대산	85.0	15.0			100	90.0			10.0	100

3) 학력별(표 5-4 참조)

남자에 있어서는 「똑같이 대해야」가 가장 낮은 것으로는 56.3%의 무학이고 가장 높은 것은 80%의 서당의 경우이다. 그러나 무학의 경우는 「모르겠다」가 12.5%나 되어 만약 이 수를 56.3%에 가한다면 다른 것과 거의 차이가 없게 되므로, 의식의 차이는 서당만이 유독히 높다는 결론에 도달하게 된다.

여자에 있어서는 역시 서당의 경우가 「똑같이 대해야」가 85.7%로서 최고의 비율로 나타나지만 다른 것과의 차이가 그렇게 심하다고 할 수 없다.

그러므로 본 설문에 관한 한 대체적으로 보아 의식의 엇갈림은 거의 찾아볼 수 없음이 남녀공통적인 현상이다.

〈표 5-4〉 학력별 계모관

성 / 사항 / 학력	남					여				
	똑같이 대해야	비슷하게 대해야	모로 대할 필요 없다	모르 겠다	계	똑같이 대해야	비슷하게 대해야	모로 대할 필요 없다	모르 겠다	계
무학	56.3	25.0	6.3	12.5	100	73.5	20.4	2.0	4.1	100
서당	80.0	20.0			100	85.7	14.3			100
국민	66.7	29.2	2.1	2.1	100	76.6	18.2	1.3	3.9	100
중고	71.7	20.8	3.8	3.8	100	80.0	14.5	2.7	2.7	100
전문·대학	74.4	17.9	2.6	5.1	100	75.7	21.6		2.7	100

4) 혼인별(표 5-5 참조)

남녀의 의식은 정반대로 나타난다. 「똑같이 대해야」라는 답은 남자에 있어서는 미혼의 경우가 가장 낮고, 혼인 후 독신의 경우가 특히 높다. 그러나 여자에 있어서는 미혼의 경우가 가장 높고 혼인 후 독신에 이르러서는 낮게 나타난다.

또 여기서의 특징은 혼인 상태별에 따라서 서로 적지 않은 차이가 있다는 점이다. 즉 여자의 경우에 있어서는 미혼녀와 혼인 후 독신녀 사이에는 10%에 가까운 차이가 있고, 더구나

〈표 5-5〉 혼인상태별 계모관

성 / 사항 / 혼인 상태	남					여				
	똑같이 대해야	비슷하게 대해야	모로 대할 필요 없다	모르 겠다	계	똑같이 대해야	비슷하게 대해야	모로 대할 필요 없다	모르 겠다	계
미혼	67.5	19.7	5.1	7.7	100	81.5	15.2	1.1	2.2	100
기혼	72.1	23.8	1.7	2.3	100	75.8	18.3	2.6	3.3	100
혼인 후 독신	72.1	23.8	1.7	2.3	100	71.0	19.4	3.2	6.5	100

남자의 경우에 있어서는 4.6%의 차이가 있다.

이러한 점으로 보아 혼인 상태 여하에 따라 의식의 갈림은 크게 나타나고, 남녀의 의식의 차이 역시 크다고 하겠다.

5) 종교별(표 5-6 참조)

남자에 있어서는 「똑같이 대해야」라는 말은 무교와 불교에서 높고 나머지는 모두가 비슷하다. 그러나 이들 사이에서의 차이는 그렇게 심하지는 않다. 이에 반하여 여자에 있어서는 오히려 무교와 기독교가 높고, 카톨릭이 현저히 낮다.

이로 미루어 보아 여기서는 남녀 사이의 의식이 상반되게 나타나고 있는 점과, 또 외래종교인 기독교와 카톨릭 사이에서도 서로 적지 않은 차이가 있는 점을 보여준다.

〈표 5-6〉 종교별 계모관

성 사항 종교	남					여				
	똑같이 대해야	비슷하게 대해야	모로 대할 필요 없다	모르겠다	계	똑같이 대해야	비슷하게 대해야	모로 대할 필요 없다	모르겠다	계
무	72.3	20.8	2.9	4.0	100	81.7	13.5	0.8	4.0	100
불교	75.0	19.6	3.6	1.8	100	74.7	21.5	2.5	1.3	100
기독교	66.7	25.0	4.2	4.2	100	81.4	14.0	4.7		100
카톨릭	64.7	23.5		11.8	100	52.9	29.4		17.6	100
유교	63.6	22.7	4.5	9.1	100	70.0	20.0	10.0		100

(3) 결   어

표 5-1에서도 본 바와 같이 계모자관계를 적극적으로 인정해야 한다는 의식을 남자 71.7% 여자 77.5%로서 어느 응답에서보다 높은 지지비율을 보여 주었다.

계모자관계를 한국의 관행 그대로 받아들이고자 하는 의식은 의외로 강하게 나타나는 바, 연령·지역·학력 여하에도 불구하고 거의 차이를 볼 수 없을 정도로 고정되어 불변의 상태인 것임을 서구의 영향을 받더라도 그렇게 쉽게 달라지지 않을 것 같은 생각마저 들 정도라 할 만하다.

그러나 이러한 가운데서도 몇 가지 점에 있어서는 약간의 의식의 갈림이 있었다. 첫째, 혼인별에 있어서는 혼인상태에 따라서 서로 적지 않은 의식의 차이가 있었을 뿐만 아니라 남녀의 의식이 일반원칙과는 오히려 상반된 모습을 띠어 주목을 끌었다. 둘째, 종교별에 있어서는 남녀의 의식이 역시 상반되었을 뿐만 아니라 기독교와 카톨릭 사이에 적지 않은 의식의 차이가 있었다. 이러한 차이는 카톨릭에 처음 접한 사람들과 기독교를 처음 믿게 된 사람들의 당시 사회에서의 부류가 달랐기 때문이 아닌가 생각된다. 기독교의 보급은 서양문물이 떼거지로 밀려오는 시점과 맞물려 훨씬 그 확장세가 드셌던 것을 상기해 봄직하다.

IV. 결   론

앞에서 다룬 다섯 가지 사항은 그 모두가 현행 한국 신분법에 의하여 명문으로 규정되어 있거나 또는 한국인의 관습에 의하여 강하게 뒷받침되고 있는 가족제도 규범들이다. 그리고 이것들은 생각하기에 따라서는 한국인의 가족제도적 의식에 의하여 지금껏 뒷받침되어 온 것으로 우리의 현실적 가족생활을 규율하기는 하지만 다른 한편으로는 우리의 구체적인 가족생활

의 실상이 크게 달라지고 있음에도 이에 부응하지 못한다는 점
에서는 현행 가족법의 후진적 특성을 이루고 있는 것이기도 하
다.

　그동안 우리나라가 어려운 역사적 우여곡절을 겪으면서 민
주주의의 이념을 접하게 된 지도 적지 않은 세월이 지났고, 이
에 따라 한국인의 법의식 또한 적지 않은 변화를 했으리라는
생각은 어렵지 않게 할 수 있다.

　그리하여 우리는 위에서 각 사항에 관하여 조사·분석된
의식과 해당 가족법의 각 규정과 비교·고찰함으로써 현행 가
족법의 실상, 더 나아가 발전의 향방을 재검토해 보고자 한다.

　ⅰ) 민법 제826조 제3항은 「처는 부의 가에 입적한다」고
하여, 한국혼인법의 모습이 부계혈연에 입각한 가취제(嫁娶制)의
원칙을 고수하고 있음을 보여 준다. 가취제는 처로 하여금 일
단의 부의 친족과의 친족공동생활을 강요하므로, 남성들에 비하
여 여성들에게 갖가지 가족생활상의 불이익을 보게 하기도 한
다.

　그러나 현금의 법의식이 처의 부가입적을 극히 당연하다고
볼 뿐만 아니라, 여성들의 자각적 의식 역시 매우 낮은 상태에
머물고 있는 점으로 보아, 이 규정은 법의식과의 사이에 거의
격차가 없다고 보겠다.

　ⅱ) 민법 제826조 제3항 단서는 「그러나 처가 친가의 호주
또는 호주상속인인 때에는 부가 처의 가에 입적할 수 있다」고
규정하여, 입부혼의 경우에는 가취제의 원칙에서 벗어날 수 있
음을 명문화하고 있다.

　입부혼제도(入夫婚制度)는 한국인의 감정과 관습에 그렇게
적합하지 않은 것으로 되어 있기 때문에 이 제도에 대한 강력
한 반대도 적지 않고, 또 이 제도 자체의 뜻을 이해하지 못하

는 사람 역시 적지 않았다.

그러나 입부혼제도를 전적으로 찬성하는 의식과 이 제도의 존치를 소극적이나마 인정하고 있는 의식의 합계가 남녀 모두 과반수선을 넘는 것을 보아서는 앞으로 시간의 흐름에 따라 규정과 의식 사이는 한결 더 접근할 수 있으리라는 생각도 든다.

iii) 현행 민법의 또 하나의 특성은 성불변(姓不變)의 원칙을 고수하고 있는 점이다. 다시 말하면 혼인·입양 등 어떠한 신분행위가 발생한다 하더라도 각자의 고유성을 그대로 사용해야 하는 것이다. 우리의 생활에서나 인식상으로 이 성불변의 원칙은 극히 당연한 것으로 보아 그것의 성문화마저 필요하지 않는 것으로 다루고 있다.

최근 선진 제국의 입법례는 처의 이익을 위하여 처의 부성추종(夫姓追從)이라는 관행을 부인하고 고유성 사용의 실천을 꾀하고 있다. 우리의 생활실제를 어떻게 파악하느냐에 따라 개별 규정이나 원칙까지도 크게 달라질 수 있음을 보여주는 좋은 예라 할 수 있다.

부계혈연을 나타내 주는 우리식의 성불변의 제도 아래에서는, 가장 가까워야 하는 부부 사이는 물론이거니와, 가정생활에 있어서의 처의 지위는 언제나 소외될 수밖에 없다고 보게 되는 입장도 한번쯤 생각해 봄직하다.

앞에서 분석된 법의식에 의하더라도, 부성추종을 주장하는 의식이 전체의 30%라는 의외의 수치를 보여 주기도 하지만, 양성 중 택일 또는 협의 창설 등의 의식이 전혀 없는 상태와 마찬가지이고, 또 각성 사용의 의식이 60%선을 상회하고 있는 점으로 보아, 법의식과 법규범은 거의 일치되어 있는 상태라고 하겠다. 더구나 성에 관한 법의식은 배경별 의식으로도 거의 일률적인 지지를 받고 있어 좀처럼 달라지기 어려우리라는 생각이 든다.

ⅳ) 민법 제782조 제1항은 「가족이 혼인 외의 자를 출생한 때에는 그 가에 입적하게 할 수 있다」고 규정하고, 또 제784조 제1항은 「자는 부의 성과 본을 따르고 부가에 입적한다」고 규정한다. 이 양 규정의 뜻은, 「처가 부의 혈족 아닌 직계비속이 있는 때에는 부가의 호주와 부의 동의를 얻어 그 가에 입적하게 할 수 있다」는 제784조 제1항의 규정에 비추어 보아, 남자는 여자와는 달리 어떠한 사람들의 동의도 받음이 없이 그 소생 서자(庶子)를 자유로이 자기가적에 입적시킬 수 있다는 뜻이된다. 이 규정의 뜻은 결국 서자의 입적에 있어서는 적모의 동의의 의사가 전혀 존중되지 아니하므로, 혼인의 순결이 보장되지 아니할 뿐만 아니라, 여성의 이익에도 반하는 바 크다.

그러나 오늘날의 법의식의 내용을 보건대, 이러한 경우, 적모의 의사가 절대로 존중되어야 한다는 비율은 남자 8.6%, 여자 18.7%로 극히 적은 수를 보여 주었고, 그 이외의 전부가 적모의사가 불필요하다고 보거나 또는 남자의 자손이니 적모가 반대하더라도 별 수 없다고 체념하고 있다.

여기서 우리는 부계혈연의 절대성을 그대로 반영하고 있는 현행 민법규정은 일반인의 법의식과도 긴밀하게 밀착되어 있음을 알았다.

우리사회에서 전래 여자를 맞아들이는 가취제(嫁娶制)를 따르고 있음은 앞에서 지적한 바와 같거니와 그 결과적 특색의 하나는 전처의 자녀와 계모사이에 법정친자관계(法定親子關係)를 성립케 한다.

ⅴ) 민법 제773조는 「전처의 출생자와 계모 및 그 혈족, 인척 사이의 친계와 촌수는 출생자와 동일한 것으로 본다」고 규정함으로써 명문으로 계모자관계(繼母子關係)를 인정하고 있다.

애정을 그 바탕으로 하여 숙명적으로 결합되는 것이 모자
관계인 점을 감안하면 그렇지 않은 모자관계는 필연적으로 적
지 않은 불협화를 일으키게 마련이다. 그렇기 때문에 계모나
자녀의 권익을 일그러지게 할 가능성이 많다. 계모자관계를 인
정하지 않는 서구 여러 나라의 입법태도는 이러한 점에 더 무
게를 둔 것이라 할 수 있다.

그러나 앞에 분석된 법의식에 의하면, 계모를 어머니로 대
할 필요 없다는 의식은 거의 없고, 거의 전부의 의식이 계모자
관계를 친자관계로 인정하고 있으므로, 현행 한국 민법의 후진
적인 규범은 오히려 법의식에 의하여 전적으로 뒷받침되고 있
다고 하겠다. 우리사회는 이러한 의식을 바탕으로 하는 가(家)
를 기초적인 생활공동체로 하여 유지·발전되어 왔다고 하여도
잘못된 말이 아닐 것이다.

이상에서 우리는 현행 가족법 중 가장 부계혈연적이라고
생각되는 몇몇 규범을 앞에 조사·분석되었던 결과와 대비적으
로 살펴보았다. 그러나 부계혈연에 관한 한 한국인의 의식은
아직까지 너무나 강고하고, 그것이 그대로 각 법규범들을 뒷받
침해 주고 있음이 명확하게 드러나고 있다. 이러한 실정에 있
으므로 이 분야에 있어서의 전반적인 합리화 내지 민주화는 기
대하기 어렵겠고, 여성지위의 향상 또는 자녀의 복지, 그리고 머
지않아 몰아닥칠 노인문제 등은 앞으로의 발전적인 의식성향의
변화에 맞추어 해결되어야 할 문제로 안고 지내야 할 것으로 생
각한다. 여기에서 끝으로 한 마디, 부계혈연에 따른 특성을 편향
적으로 비하하는 것은 우리 나름대로의 가족생활상의 정립에 도
움이 되지 않으리라는 점도 아울러 지적해 두고자 한다.

제2편
소가족제도로의 전환과 가족법

제1장 / 가족법의 개정논의와 그 한계

제2장 / 가족법개정의 추이와 그 특색

제3장 / 이혼원인의 다양성과 법적용의 문제점

제4장 / 대학생의 친족적 혈연의식

제5장 / 대학생의 재산상속에 관한 의식성향

가족법의 개정논의와 그 한계

I. 서   설

무릇 오래되고 낡은 제도는 없어지게 마련이고, 그 타당성
이나 실효성이 전제되지 않는 법은 개정되어야 하는 것이 법의
생리임은 누구나 잘 아는 사실이다. 최근 수년에 걸쳐 사회정
세의 불안을 진정시키려는 다각적인 정책검토와 함께 줄기차게
가족법의 개정이 논의되어 왔으며, 이에 기초하여 1976년 정기
국회에는 민법 중 개정법률안으로 가족사항 전반에 걸친 가족
법개정안(家族法改正案)이 상정되기도 하였다. 가족법이 우리의
일상적인 신분생활과 직결된 법이라는 점을 차치하고라도, 이번
의 개정이유가 비민주니 남녀불평등이니 하는 이데올로기의 차
원이고 보면, 가족법학자나 법조인이 아니더라도 한번쯤 눈여겨
볼 만한 일이다.

이 장에서는 작금 이어진 개정논의의 흐름을 정리해 봄으로써 개정을 저해하는 한계적인 장애요인을 알아보고자 한다. 우선 민법제정 당시의 가족법에 관한 입법방침을 살피고, 지금까지 개정된 사항에 관한 논의 및 내용을 정리해 보았으며, 그리고 가족법의 개정사항 중 가장 핵심적인 항목이라고 할 수 있는 호주제도(戶主制度)에 관하여는 그 존폐론을 소개하고 검토하였다. 참고로 지난 정기국회에 제출되었던 가족법개정안의 주요 골자를 열거해 보면, 친족범위의 조정, 동성동본불혼의 폐지. 호주제도의 폐지, 적모서자관계와 계모자관계의 시정, 부부공동생활비용의 공동부담, 이혼배우자의 재산분할청구, 가(家)를 위한 양자제도의 폐지, 상속인 범위의 축소 빛 상속분의 조정 등이다. 이렇게 보면 가족법 중 아직도 개정의 필요성은 너무나 광범위하게 여러 사항에 걸쳐서 존재하고 있음을 알 수 있다.

II. 개정요구의 실마리

현실과 법의 괴리는 어느 입법에서나 지양되어야 하는 것이지만, 특히 현행 가족법의 제정에 있어서는 당시의 사회적 현실과 새로이 제정될 가족규범을 어떻게 조화시키느냐 하는 점에서 초안작성시부터 어려움이 많았다. 그 이유는 첫째로 관습법으로 되어 있던 종래의 가족법에 깃들어 있는 전근대적인 계급주의적·집권주의적 성격을 가족법의 제정에서 적절히 배제시켜야 하였기 때문이고, 둘째로 초안을 작성함에 있어서 원형으로 삼을 만한 외국의 법도 없고 그밖에 지표로 삼을 만한 마땅한 자료도 없었기 때문이며, 셋째로 가족법의 인습적 특수성을 도외시할 수 없었기 때문이다. 그리하여 가족법 제정에 관계 있는 자는 누구나 민주적 가족법제를 갖추어야 한다는 데는 마찬가지였지만, 그 입법방침에 관하여는 심각한 의견의 대립을 보이게 되었다.[1] 당시에 제기된 입법방침에 관한 견해를 나누어 보면 대체로 다음과 같다. 첫째는 현실 내지는 관습존중론이고, 둘째는 현실 내지 관습에 대한 점진적 개혁을 가하려는 점진적 개혁론이며, 셋째는 헌법정신에 입각한 급진적 개혁론이다.[2] 이 가운데 현실존중론은 너무나도 시대에 뒤떨어진 이론이며, 따라서 둘째·셋째의 의견이 크게 대립되었다.

이들 견해의 대립은 입법과정에서 흔히 일어나는 단순한 견해의 대립이었다고 할 수도 있지만, 다른 일면으로는 새로이 계수되는 서구법의 민주적 요소와 전래의 전통적 관념요소를 어떻게 파악하였는가를 잘 보여 주고 있기 때문에 다음에 그 요점을 간단히 소개하고자 한다.

첫째로 점진적 개혁론은 법의 실효성을 중요시하여 가족법의 입법에 있어서도 이 점이 충분히 고려되어야 함을 근간적 골자로 하는 것으로 그 논지는 대체로 다음과 같다. 즉,「법은 하나의 사회규범으로서 사회생활을 규율하는 행위의 준칙인 이상 그것은 현실의 생활에 적응하여야 할 것이므로 이런 의미에 있어서 법의 기초를 사회의 도덕·풍속·관습·문화 등에 두지 않으면 아니 된다. 따라서 법이 사회의 지반으로부터 너무 괴리하면 사회생활의 규범으로서의 법의 지도력을 발휘치 못하고 도리어 그 규범성을 상실하고 무력화해질 것이며, 현실을 무시하고 종래의 순풍미속(醇風美俗)을 말살하는 입법을 한다면 이로

---

1) 정광현,『신친족상속법요론』, 법문사, 1962, 37-45면.
2) 전봉덕, "양성평등의 헌법이념과 신분법상의 실현에 관한 비교법적 고찰,"「법학」제4권 1·2호, 서울대학교 법과대학, 1962.9, 228면.

인하여 사회적 혼란이 일어날 것이다.

그러나 동시에 법은 당위(當爲)를 의미하는 것이므로 그것이 어느 정도 일반 사회에 앞서야 할 성질인 것도 긍정하지 아니하면 아니 된다. 특히 우리 현행 친족상속법은 봉쇄적 가내경제시대·봉건시대로부터 자본주의 분업시대에의 이행이 타국에 비하여 지연된 원인도 있겠지만 봉건주의적 유교윤리사상이 상금 과히 강대하기 때문에 … 현실에 뒤떨어진 사실을 부정할 수 없으며 따라서 전술 강력한 가족제도적 통제와 제재는 개인의 신장에 대한 지장이 되는 인습으로 화한 것도 부정할 수 없는 사실로 되었다.

이에 현행 친족상속법을 고래의 순풍미속(醇風美俗)은 폐풍이 되지 않는 한도에서 유지조장하는 동시에 시세에 맞지 않는 인습은 양기함으로써 세계의 진운에 뒤떨어지지 않도록 민족의 발전과 국운의 흥륭(興隆)을 도모하기 위하여 … 수정·성문화함이 긴절하다. 이것이 국가민족의 발전을 친족공동체인 "가(家)"에만 의존치 않고 동시에 개인의 신장에 의존코자 하는 현금의 개인주의·민주주의의 이념에도 적응하는 것이다.」3)라는 것이 바로 그것이다.

이 논거의 핵심은 무엇보다도 가족법의 민주적 성문화를 꾀하면서도 전래의 순풍미속(醇風美俗)은 가능한 한 살려야 한다는 소론으로 이에 따라서 가족법을 제정하면 재래의 가족생활규범을 점진적으로 개혁하는 셈이 된다. 따라서 외국법을 계수하는 면에서 보면 재래법과 외국법의 적절한 절충을 도모함에 중점을 두는 것이다.

둘째로 헌법정신존중론은 가족법의 제정에 있어서도 헌법

---

3) 장경근, "친족상속법입법방침 동 요강 사안,"「법정」제3권 제9호, 법정사, 1948, 13-14면.

의 정신은 최대한도로 존중되고, 그에 따른 입법을 하여야 한다
는 것으로 그 요지는 다음과 같다. 즉, 「친족상속법도 재산분야
의 민법과 같이 재판규범 즉, 재판관이 재판함에 있어서 준수하
여야 할 준칙이며 국민간의 도덕률은 아니다. 다시 말하여 친
족상속법을 제정하는 것은 재판규범을 개정하는 것이며 국민이
준수하여야 할 도덕률을 제정하는 것은 아니다. 따라서 재판관
은 헌법규정 내지 헌법정신에 반하는 규정을 적용하여 재판할
수 없으므로 친족상속법은 최소한 헌법규정 내지 헌법정신에
배치되어서는 안 될 것이다. 백보를 양보하여 친족상속법을 국
민의 도덕률까지 포함하여 제정한다고 가상하더라도 국민에게
헌법정신에 반하는 도덕률을 제정하여 강요할 수는 없는 것이
아닌가?

헌법을 위정자가 준수치 않는다든가 또는 이를 무시한다든
가 헌법위반의 일을 한다면 국민에게 준법정신을 강조할 수 없
으며, 국민의 위법 또는 불법한 일을 막을 도리가 없을 것이다.
이 위법 중에서 가장 중한 것은 위헌 즉, 헌법위반(憲法違反)이
다.

헌법위반 중에서도 법률 적용상의 위헌 즉, 행정적 위헌,
사법적 위헌보다도 입법적 위헌 다시 말하면 헌법위반의 입법
을 하는 것은 민주공화국의 민주주의 정신을 파괴하는 것이며
국민의 복지와 자유를 제한하는 것으로 역사의 발전방향에 역
행하는 것이다.

그러므로 헌법을 존중하는 견지에서의 입법만이 있을 수
있다. 이러한 헌법존중주의에 입각한 입법이 현실과 유리됨으로
써 야기되는 혼란과 폐해는 민주주의에로의 전환기에 있어서
불가피한 과도기적 현상으로서 이는 헌법 제86조에 의한 농지
개혁에 있어서 우리가 체험하고 있는 바와 같이 가족생활에 있

어서의 이러한 혼란을 극복하여 가면서 민주주의 확립의 이상을 향하여 진전할 각오가 필요하다.」4)는 것이 바로 그것이다.

이 소론은 국가의 기본적인 헌법을 법질서의 구심점으로 삼아 이에 위반되지 않도록 법을 제정하여야 한다는 기본입장을 내세워 가족법의 제정도 이의 예외가 될 수 없는 것이니, 헌법이 채택하고 있는 민주원칙에 맞추어 제정할 것을 강조한다. 이에 따라서 가족법을 제정할 경우에는 재래의 가족법규를 급격히 개혁하는 셈이 된다. 따라서 법의 계수라는 점에서 본다면 서구법 원리의 도입은 쉽사리 이루어진다 하겠으나 그것이 우리사회에서 어떠한 의미를 갖게 되고, 어떠한 결과를 빚어내리라는 것은 별도의 문제로 남게 된다.

상기의 두 견해는 외국법을 계수하여 법을 제정하는 경우에 일어날 수 있는 문제점을 잘 보여 준 것이라고도 할 수 있는데, 우리 민법의 제정에 있어서 당해 의견의 대립은 자못 심각하여 끝내 접근할 수 있는 실마리를 찾지 못하였다. 그리하여 민법안이 국회 민법심의소위원회에서 한창 심의되고 있을 때, 국내 각 대학의 민사법 교수들이 모여 민사법연구회를 구성하고 민사법의 연구·검토를 한 일이 있는데, 이 연구회에서도 「재산법의 심의에 있어서는 토의를 거듭하는 동안에 견해가 상호 접근하는 것이 보통이었으며, 문제에 따라서는 전원일치에 도달한 것도 많고 전원일치에 도달하지 못한 경우에는 다수결에 의하여 본회로서의 공적 의견을 결정하였다 …

이에 반하여 신분법의 심의에 있어서는 각자의 견해가 토의를 통하여 용이하게 접근될 수 있는 것이 아니었다. 그래서 본회는 회로서 공적 의견에 도달하기를 단념하고 너무 급진적

---

4) 정광현, 전게서, 350-351면.

인 개혁을 단행하여야 하는 의견과 근본적인 혁신을 단행하여
야 한다는 의견을 대표하는 사람이 각각 따로 의견서를 작성하
여, 이것을 병기하기로 하였었다」5)라고 할 만큼 의견의 일치를
보기 어려웠다. 재산법편의 의논이 비교적 순조로웠던 데 비하
면 너무나도 많은 이론(異論)이 나왔었음을 단적으로 보여 주는
것이라 하겠다.

　이와 같은 입법논쟁 속에 1956년 10월 26일에 작성된 가
족법에 관한 정부원안은 주로 종래의 관습법을 성문화하는 동
시에, 약간 신구사상에 조절을 가하여 입법할 것을 주된 내용으
로 하고 있어 이른바 관습존중론에 입각하고 있으며, 민의원 법
제사법위원회 민법심의소위원회의 요강의 입법방침은 그 내용
상으로 보아 대체로 점진적 개혁론에 입각한 것이다. 따라서
헌법정신존중론이 주장하는 급진적 개혁은 일단 그 실행이 어
렵게 되었다. 어쨌든 가족법안이 국회를 통과할 때까지 의논은
계속적으로 분분하였는데, 결국에는 대체로 초안대로 전통적 가
족제도의 골격(가계계승에 있어서의 남계혈통주의와 동성불혼의 두
원칙)을 유지하면서 부부별산제(夫婦別産制), 입부혼의 창설, 이성
입양(異姓入養)의 허용, 무남자의 경우의 여자의 호주상속 또는
처 및 여자의 유산상속에의 참여 등의 규정을 두어 구관에 대
한 점진적 개혁을 시도하는 것으로 낙착되었다.6) 이러한 입법
을 가리켜 논자에 따라서는 시대착오적인 입법이라 비방할는지
모르나,7) 현행의 가족제도를 폐지하고 서구의 소가족제도를 계

---

5) 민사법연구회, 「민법안의견서 서문」, 『민법안의견서』, 일조각, 1957, 1
면.

6) 「우리만이 참으로 유구한 문화적 민족이고 유주한 역사의 자랑할 만
한 민족이며 … 부계혈통을 계승하는 것이 우리나라 가족제도입니다 …」
(「법전편찬위원회 위원장의 민법안의 기혁취지 설명」, 『제26회 국회정기
회의속기록』 제30호, 4-12면).

수하기에는 아직 한국의 현상이 그것에 필요한 사회적·경제적 조건이 성숙하지 못하였으므로, 입법에 있어서도 상기의 태도는 불가피한 것으로서 실효를 거두기 위한 역사적 반성 있는 현명한 입법이라 하겠다.8) 다만 가족법의 제정시에 존치시킨 전통적 가족제도는 우리나라의 실정에 적합하다는 현실인 일면이 있는 반면에, 그것이 지니는 전근대성 또한 부인할 수 없는 사실이니 사회현상의 변화에 즉응하여 적절한 개정의 필요성을 안고 있는 것이라고 보아야 할 것이다.

Ⅲ. 수차의 개정에 의한 보완

1. 법정분가제의 채택

분가라 함은 가족이었던 사람이 그 본가를 떠나서 새로이 한 가를 세우는 신분행위 또는 그렇게 세워진 당해 가(家)를 말한다. 1958년에 제정된 민법에는 임의분가(제788조 제1항 본문)와 강제분가(제789조)만이 분가로 규정되어 있었다. 다수의 가족원을 이루게 마련인 가라는 단체는 분가에 의하여 생활실제에 맞는 가로 분화되어 나갈 수 있는 것이다. 그러나 우리의 생활현실로서는 여자인 경우를 제외하고는, 가족인 남자는 혼인하더라도 분가하지 않고, 또한 호주도 특별한 사정이 없는 한, 가족원을 분가시키는 예는 거의 없는 실정이었다. 따라서 호적상의

---

7) 정범석, "친족상속법안에 대한 관견(상)," 「법정」 제12권 제10호, 법정사, 1957, 34면.

8) 이희봉, 『한국가족법상의 제문제』, 일신사, 1976, 203면.

대가족화는 막을 수 없었고, 이에 결부하여 혈연의식 또는 가의
식도 훨씬 더 고착되어 갔다.

  1962년 12월 29일자의 민법중개정법률은 민법 제789조를
개정하여 제1항으로 「가족은 혼인하면 당연히 분가한다」고 규
정하고, 이에 관계되는 절차규정을 호적법 제19조의2 제1항으로
신설함으로써 이른바 "법정분가제" 또는 "혼인분가제"를 신설하
였다.9) 법정분가라 함은 가족원인 어느 사람이 자기의 의사에
의하지 아니하고, 법률의 규정에 의하여 당연히 분가하게 되는
것을 말한다.10) 물론 여기서 말하는 법정분가제의 신설은 본래
당해 제도를 목적으로 하는 민법개정에서 비롯되지 아니하고,
지방파벌을 없애려는 당시의 군사혁명정부가 호적제를 고치려
고 하였던 데서 발단되었다.11) 즉 호적제도를 개혁하기 위하여
국가재건최고회의 법제사법위원회에서는 법조계전문가 및 학자
를 위원으로 하여 호적제도연구위원회를 구성하였다. 동 위원회
에서는 호주제도를 그대로 두고 개선하자는 의견, 폐지하고 가
족법의 관계조문을 정리하자는 의견이 제시되었다. 이들 의견의
일치를 보지 못하고 가족의식 실태조사를 하기까지 되어, 이 결
과를 기초로 양 의견의 타협안으로 나온 것이 법정분가제였다.

  법정분가제의 신설은 민법 및 호적법에 걸쳐서 대단히 중
요한 뜻을 지니는 것이다. 민법상 존치시키고 있는 호주제도는
그것이 지니는 현실생활상의 의미가 중요하고 또한 가족성원을
하나의 생활공동체로 파악해 주는 것이 근대법의 법리로 섭렵
되지 않는 것도 아니지만, 대가족제도적 요소를 전적으로 부인

---

  9) 김용한, "가족관계입법의 최근동향,"「법제월보」제5권 제12호, 법제
     처, 1963, 39-40면.
 10) 김주수/문종성, 『주석민법통람』, 국민서관, 1974, 686면.
 11) 이희봉, 전게서, 245-253면.

하기는 어렵다. 적어도 공부에 기재되는 바에 따른 대가족화는 기존의 법률규정으로는 막을 수 없는 것이었다. 법정분가제의 신설은 공부상의 대가족화를 개선하였을 뿐만 아니라, 현실적으로 부부중심의 가족생활로 옮겨가는 추세를 제도적으로 섭렵한 것이라고 할 수 있다.

법정분가제를 철저히 실시하게 되면, 가의 단일화 내지 소가족화를 이룩할 수 있게 하는 것임은 물론, 한걸음 더 나아가 가족법의 민주화를 달성하는 초석이 되는 면이 있음을 주목할 필요가 있다.12)

한편 법정분가제의 신설과 관련하여 호적법 제19조의2 제2항에 「입양, 입양의 무효와 취소, 파양 또는 이혼 기타의 사유로 인하여 생가 또는 기타의 가에 입적하게 된 자로서 배우자나 직계비속이 있는 자에 관하여는 전항의 경우에 준하여 신호적을 편제하여야 한다. 이 경우에 신고인은 신고서에 신본적을 기재하여야 한다」라고 규정함으로써 혼인에 의한 법정분가에 준한 또 하나의 분가제를 인정하고 있다. 이는 그 성질상 혼인에 의한 법정분가제와는 다소 차이가 있는 것이고, 더욱이 당해 규정과 관계되는 민법의 실체규정13)과 모순되는 점이 있기 때문에 그 입법기술상의 졸렬이 지적되고 있다.14) 이러한 현상은 대가족화할 수 있는 공부기재의 요인을 없애려는 의도에서 빚어지는 것으로서 앞으로 기본실체법과 특별법의 불일치는 법이론상으로도 무리가 없도록 개정되어야 하겠고, 이 제도의 진정한 의의는 가의 단일화 내지 소가족화를 이루려는 노력의 일환

---

12) 최병욱, "한국친족상속법의 변천사,"「사회과학」제10집, 성균관대학교 부설 사회과학연구소, 1971, 123면.
13) 민법 제783조, 제786조, 제789조의 규정과 부분적으로 충돌된다.
14) 김용한, "준법정분가,"「법조」제13권 제2호, 법조협회, 1964, 29-30면.

이라는 점에서 찾을 수 있으며, 그 운용 여하에 따라서는 소기
의 입법목적이 실현되리라고 생각한다.

2. 1977년의 가족법개정

(1) 가족법개정에 관한 찬반논쟁

1977년 12월 31일자로 개정된 민법의 제5차 개정은 주로
가족법이 지니고 있던 전근대성의 보정이라고 할 만한 것이었
다. 이러한 법개정의 결과를 가져오기까지에는 지금까지 어느
법의 개정에서 찾아볼 수 없을 만큼 심각한 논쟁을 불러일으켰
었다. 그런데 이와 같은 논쟁은 개정 자체에 관한 찬성 또는
반대라는 입장의 표명도 되겠으나, 다른 한편 이것은 가족법에
있어서 외국법의 계수가 어느 정도에 걸쳐서, 어떠한 방법으로
행하여질 수 있는가를 잘 보여주는 것이기도 하다. 다음에 이
번의 가족법개정을 둘러싸고 전개되었던 일련의 논의를 찬론과
반론으로 나누어 적어 보기로 한다.

우선 가족법개정에 관한 실마리는 1960년부터 시행되어 온
민법 중 가족법이 지니고 있는 이원성에서 그 연원을 찾아야
할 것이다. 왜냐하면 앞에서도 지적한 바와 같이 우리나라 가
족법은 전통성이 짙게 반영되어 있는 고유적 특성과 새로운 생
활에 적응하기 위한 근대적인 요소를 함께 지니고 있으므로 이
에 관한 문제를 학문적으로 다루어야 하는 것은 가족법학계의
당연한 과제요, 의무이기도 하기 때문이다.

그리하여 종래 가족법에 관한 개정주장은 강론상으로 또는
계몽적으로 끊임없이 전개되어 왔다. 그러나 가족법학계 또는
법조계 자체의 견해나 주장도 반드시 일치하는 것은 아니었다.
일부에서는 가족법을 전면적으로 개정하자는 전면 개정론을 주

장하는가 하면, 다른 일부에서는 한국의 전통성과 특수성을 고
려하여 개정에 신중하여야 한다는 점진적 개정론이 주장되기도
했다. 어쨌든 이들 찬반론 중 개정찬성론은 여성의 권리신장을
목적으로 조직된 여성단체들의 요구와 공통되는 점이 많았고,
이러한 가족법개정을 둘러싼 학계의 주장과 사회단체요구의 합
일은 1974년 8월 마침내 범여성・가족법개정촉진회의 이름으로
되어 있는 「민법 제4편 친족・제5편 상속개정법안 및 이유서」
를 작성하게까지 되었다.

그리고 당해 「법안 및 이유서」에 나타난 개정이유는 지금
까지 학계에서 주장되어 온 가족법개정의 논거와 일치하는 것
이있는데, 그것은 대체로 첫째, 인간평등원칙의 실현과 비합리
성의 제거, 둘째, 한국 고유의 사회가치관의 재구성, 셋째, 국민
권리의 확대15) 등으로 요약된다. 동 개정안은 이러한 논거 위
에 가족법 전반에 관하여 크게 12개 사항에 걸친 개정 및 신설
요강16)을 마련하고 있다. 범여성・가족법개정촉진회가 작성한
가족법의 개정이유와 개정사항은 그대로 국회에 제출된 가족법
개정안의 제안이유와 개정골자가 되었는데,17) 그 내용이 여권신
장에 충실한 점은 찬성할 만하지만, 지나치게 사회적으로 무의
미하거나 그다지 실효성이 없는 점도 내포하고 있기 때문에, 처

---

15) 범여성가족법개정촉진회 편, 『민법 제4편 친족・제5편 상속 개정법안
   및 이유서』, 범여성가족법개정촉진회, 1974, 1-4면.
16) 가족법개정 및 신설조항의 요강은 다음과 같다. ① 호주제도의 폐지,
   ② 친족범위의 조정, ③ 동성동본불혼제의 폐지, ④ 소유불분명한 재산
   에 대한 부부공유추정, ⑤ 이혼배우자의 재산분배청구권, ⑥ 협의이혼제
   도의 합리화, ⑦ 부모의 친권공동행사, ⑧ 적모서자관계와 계모녀관계의
   시정, ⑨ 상속제도의 합리화, ⑩ 유류분제도의 신설, ⑪ 기타 혼인성년
   의제 등.
17) 민법중개정법률안(1975년 4월 9일).

음부터 원안대로 통과되리라는 전망은 없었다.

한편 이상과 같은 가족법 개정의 추진의 움직임에 대하여 그것을 비판 또는 반대하는 단체나 학자들의 노력이 적지 않은 저지역할을 하였다. 가족법 개정에 관한 반대는 무엇보다도 「개정에 대한 반대」라는 점에서도 그러하거니와, 일단 현행의 가족법 규정을 그대로 존속시키려는 입장이기 때문에, 상기 개정의 움직임과 상관적으로 나타났다. 가족법의 보수성을 고려한다면 당해 법을 지나치게 경솔하게 개정할 수 없다는 것은 가족법 자체에서 나오는 본질적인 요구임에 틀림없다. 그런데 가족법 개정의 반대는 이러한 정도를 넘어서 전개되었으며, 그 대표적인 경우는 일부의 법조인 및 유림 측을 들 수 있다. 특히 유림 측에서는 가족법 개정의 움직임이 있자, 곧 "전통문화의 유지를 위하여 우리 윤리에 맞지 않는 제 조건은 거부되어야 한다"는 요지의 성명서[18]를 발표하여 그 반대의 기본입장을 밝혔다. 그리고 범여성·가족법개정촉진회의 법안 및 이유서의 작성에 즈음하여서는 가족법개정에 관한 지상공청회[19]를 여는 등의 방법으로 반대의 견해를 표명하였다. 또한 가족법개정안의 국회상정과 관련하여서는 「가족법개정안반대재성명」의 성명서[20]를 발표하고, 뒤이어 가족법개정저지범국민협의회를 결성하는가 하면, 1975년 11월 25일에는 「가족법개정저지범국민협의회안」[21]을 작성하여 종래의 반대이유를 종합적으로 밝히기도 하였다. 당해 협회가 가족법개정의 반대논거로 삼고 있는 것은 대체로 첫째, 민법의 기저성과 윤리성에 따른 연구와 이상적 가정형의 제시

---

18) 1974년 7월 25일자 유림월보.
19) 1974년 8월 25일자 유림월보.
20) 1975년 6월 25일자 유림월보.
21) 1975년 11월 25일자 유림월보.

결여, 둘째, 가족제도의 전통성과 관습성, 셋째, 새로운 가치체계의 미정립·미래방향의 불투명, 넷째, 가족제도의 급속한 파괴, 다섯째, 이기주의적인 서구문명의 침투방지, 여섯째, 전통윤리의 보전 등이다. 이것은 곧 우리의 전통적인 윤리 및 제도의 보전을 위하여 가족법의 개정을 반대하는 것임을 쉽게 알 수 있다. 그러나 개정을 반대하는 것은 좋지만, 반대에 철저하다 보니 사회의 변모에 따른 법의 개정 또는 지나친 낙후성의 보정까지도 반대하는 결과가 되어 그 반대의 진정한 뜻이 불분명한 점도 없지 않았다.

이상의 가족법개정에 관한 찬성 및 반대의 양론은 다소 명분저 색채를 띠는 점도 없지는 않았으나, 처음부터 끝까지 자못 진지하였고, 당해 논쟁의 결과야 어떠하든지, 이를 통하여 온 국민들의 가족법에 관한 관심도가 한층 더 제고되었으며, 가족법학계 자체로서도 일정한 범위에서나마 실리적 발전을 거둔 것만은 사실이다. 그리고 국회에서의 주체적인 개정작업은 주로 가족법개정이 현실적인 면에서 전국민에게 미칠 영향 및 개정 찬반론의 장단을 고려하여 추진되었다. 그리하여 1977년 12월 16일에는 가족법개정안의 지나친 진취성을 감안하여 그것을 완화시키고 「여권(女權)의 신장을 위하여 필요하다고 인정되는 부분만」을 개정한다는 대안22)이 제출되기에 이르렀다.

그리고 1977년 12월 31일자로 통과된 민법중개정법률안도 대체로 대안에서 제시한 개정방향에 따라 충실히 개정된 것임을 보여 주고 있다.

이번 개정으로 여성단체 등에서 주장했던 바와 같은 소기의 목적이 달성되지는 아니하였다 하더라도 적어도 실질적으로

---

22) 민법중개정법률안(대안)(1977년 12월 16일).

여성에게 이익을 가져다 줄 수 있는 상속분의 조정 및 유류분 제도의 신설 등은 여성단체로서도 큰 성과라 할 것이다. 그리고 유림 측으로서도 호주제도 등을 그대로 존치하도록 한 것은 반대 노력에 상당하는 결과로 보아도 좋을 것이다.

법의 개정을 둘러싼 논쟁은 아무리 지나쳐도 나쁠 것이 없으며, 법의 개정 또한 그러한 논쟁의 산물이라야 올바른 내실을 기할 수 있다. 특히 가족법의 개정에 있어서는 그 본질에 비추어 개정에 신중을 기하여야 될 것은 물론이거니와, 특히 「외국의 입법례가 바로 우리의 것이 될 수 없고 형식적 남녀평등이 실질적 불평등을 가져올 염려가 없지 않다」[23)는 점을 유의하지 않으면 안 된다. 이번의 가족법개정에 있어서도 이러한 점이 어느 정도는 고려되었다 할 수 있으며, 앞으로의 가족법 개정에 있어서도 이러한 점은 충분히 고려되어야 할 것이다. 그러나 지나치게 가족법의 개정 자체를 하지 않으려고 한다거나 구습만을 지키려고 하는 태도는 지양되어야 하겠고, 가족법도 법인 이상 사회의 발전에 좇아 또는 국민의 윤리관이나 생활습속의 변모에 따라서 개정되어야 할 것이다. 가족법의 개정에 있어서 외국법의 입법례가 좋은 본보기가 되고 일정한 범위에 걸쳐서는 그것을 그대로 받아들이지 않을 수 없겠으나, 이제는 어느 제도나 원칙이라 하더라도 우리의 실정을 충분히 고려하여 비판적으로 받아들여야 하겠다. 이렇게 함으로써만 오늘에 겪고 있는 불필요한 혼미를 앞으로는 겪지 않게 될 것이며, 진정한 가족법의 발전 또한 그러한 가운데서 이룩될 것이다.

---

23) 박승서, "가족법개정운동의 기본문제,"「사법행정」통권 제165호, 한국 사법행정학회, 1974, 75면.

(2) 전근대성의 보정

이번의 가족법개정이 주로 종래의 가족법이 지니고 있던 전근대성의 보정에 있었다 함은 앞에서 지적한 바와 같고, 다음에는 그에 관한 구체적인 내용을 나누어 살펴보기로 한다.

첫째, 혼인에 관한 부모 등의 동의에 관한 개정이 있었다. 종래 자녀의 혼인에 대한 부모의 동의는 혼인의 성립을 위한 하나의 실질적 요건이고, 남자 27세, 여자 23세 미만의 자가 혼인을 하고자 할 때에는 반드시 부모의 동의를 얻어야 하는 것으로 되어 있었다(제808조).

우리나라의 가족법에는 아직도 가(家)제도가 존치되어 있으며 자녀가 혼인을 하더라도 어느 일가(一家)에 소속되어야 한다는 점에서 자녀의 혼인에 대한 부모의 동의는 어디까지나 배려적인 것이 아닐 수 없는 것이다. 그러나 이 제도는 다른 일면에서는 성년이 된 남녀의 자유로운 의사에 따라 결정되어야 할 혼인에 대하여 외부의 간섭이 있게 된다는 면에서 부당한 것으로 지적되기도 했다.[24] 그리하여 이번의 개정에서는 혼인에서 부모의 동의를 얻어야 하는 혼인당사자의 연령의 한계를 남녀 모두 미성년자로 낮춤과 동시에 통일시켜 버렸다. 성년의 자녀에 대한 부모의 간섭을 다소나마 제거시켰다는 점에서 제도개선의 실익이 있는 것으로 생각된다.

둘째, 혼인에 의한 성년의제제도를 채택하였다(제826조의 2). 성년의제제도는 성년선고제도와 함께 성년완화제도의 일종인데 성년제도라는 것이 획일적인 표준에 의하여 행위능력의 유무를 결정하고, 성년에 달하지 못한 자는 친권자 또는 후견인의 보호를 받도록 하는 법률제도이므로, 성년완화제도는 연혁적

---

24) 김주수, 『친족상속법』, 법문사, 1972, 104-109면.

으로 재산관리나 기타의 필요에서 성년 이전에 강력한 가장권 또는 부권으로부터의 면탈을 그 내용으로 한다. 따라서 혼인에 의한 성년의제제도는 혼인에 의하여 성년이 되기 이전에 부권으로부터 면탈되는 것이다. 이번에 우리 민법의 개정으로 채택된 혼인에 의한 성년의제제도는 독일 중세의 게르만법에서 확립되었던 「Heirat macht mündig」의 원칙을 법제화한 스위스 민법 제14조 제2항을 계수한 것이다.

셋째, 귀속불명재산을 부부의 공유로 추정하도록 하였다. 부부생활은 그 성질상 수입과 지출의 연속을 통하여 영위되며 따라서 재산의 귀속문제가 언제든지 발생할 가능성이 있다. 따라서 그 귀속이 명확한 것은 문제가 되지 않는다 하겠으나 부 또는 처 중 누구에게 속하는 것인지 확실하지 아니한 경우에는 그것의 취급이 사실상 문제되지 않을 수 없어, 종래 우리사회에 있어서의 부부생활은 부를 중심으로 영위되었고 특수한 경우를 제외하고는 생활비 또한 부가 부담하는 것으로 되어 있었다(제833조). 이러한 부부생활의 현실을 고려하여 개정 전의 민법에서는 귀속불명재산은 부의 특유재산으로 추정했었다(제830조 제2항). 이에 관하여 지금까지 상당한 논의가 있었으며,[25] 이는 남녀평등이라는 헌법정신에 위반되는 것일 뿐만 아니라 여성의 사회진출이 현저하고, 경제력이 높아진 오늘날의 사회현실에 비추어 보더라도 부당하다는 견해가 유력하게 주장되어 왔다.[26] 그리하여 이번의 민법 개정에서는 이 견해를 받아들여 귀속불명의 재산을 부부의 공유로 추정하도록 개정한 것이다.

---

25) 김주수, "가족법개정안의 개관," 「사법행정」 통권 제165호, 한국사법행정학회, 1974, 48면.
26) 이근식, "가족법의 토착화," 「사회과학논집」 제5집, 연세대학교 사회과학연구소, 1972, 124면.

넷째, 협의이혼절차를 개정하였다. 우리 민법에서는 재판상 이혼 이외에 협의이혼을 인정하고 있기 때문에 그것이 뜻하는 본래의 목적이 어떻든 당해 제도에서 현실적으로 빚어지는 모순은 자못 심각한 것이었다. 즉 협의이혼에서는 무엇보다도 이혼을 하고자 하는 당사자의 진정한 의사의 합치가 있어야 하는 것임에도 불구하고 남자의 강요나 사술적인 방법에 의한 이혼이 적지 않았다. 그러므로 이의 시정은 어느 일면에서는 사회적 약자로서의 여성의 보호 또는 그 이익의 보호가 되는 것이라 할 수 있다. 종래 협의이혼은 전적으로 당사자에게 맡겨져 호적법상 신고만 있으면 정당한 이혼으로 인정했었다. 그리하여 협의이혼을 빙자한 남자의 전권이혼은 이러한 절차상의 간결에서도 기인하는 바 적지 않았다. 그리하여 이번의 민법개정에서는 협의이혼을 하고자 할 때에는 가정법원의 확인을 받아야 하는 것으로 개정하였다(제836조 제1항).

다섯째, 친권을 부모가 공동으로 행사하도록 하였다. 자녀에 대한 친권의 행사는 부모의 고유한 권한이다. 이 친권을 부모 중 누가 행사하느냐는 당해 사회의 가족관념에 따라 결정되는 것이 보통이고 우리나라에서는 예로부터 부권적 가족을 유지해 내려 왔었기 때문에 친권의 행사에 있어서도 자녀 소속의 가에 있는 부가 모에 앞서서 친권을 행사하도록 되어 있었다. 그런데 이러한 친권행사의 방법은 남녀차별적이라 하여 그 개정이 논의되었던 것27)으로 이번의 민법개정에서는 친권의 행사를 부모가 「공동으로」 하도록 개정하였다(제909조 제1항). 그러나 부모의 의견이 일치하지 아니할 경우에는 부가 행사하도록 되어 있어서(제909조 제1항 단서) 사실상 개정 전의 친권행사와

---

27) 김주수, 전게 논문(주 25), 50면.

큰 차이는 없다. 이 경우 부로 하여금 친권을 행사하도록 한 것은 남녀차별적인 규정이라기보다는 친권의 조속한 행사 내지 친권불행사의 방지를 위한 한층 높은 요구에 부응하는 방편으로 보아야 할 것이다.[28] 남녀평등의 이념에 충실하기 위하여 친권행사에 관한 부모의 의견이 일치하지 아니하는 경우에는 친권의 행사를 제3자 또는 일정한 기관으로 하여금 행사하도록 할 수도 있지만, 우리나라의 현실로는 이러한 친권의 행사는 그다지 바람직스럽지 못하다. 왜냐하면 어디까지나 가정적이고 보호적이어야 하는 친권의 행사를 외부에 맡기는 셈이 되기 때문이다.

　여섯째, 특별수익자의 수증액과 상속분의 조정을 꾀하였다. 종래의 민법에서는 상속인으로서 피상속인으로부터 재산의 증여 또는 유증을 받은 자가 있는 경우에 그 수증재산이 상속분에 달하지 못하는 때에는 당해 부족분의 한도에서 상속권이 인정된다(제1008조)고 하여 수증자로서의 상속인의 상속에의 참여를 인정해줌과 동시에 수증재산이 상속분을 초과한다 하더라도 당해 초과분을 반환할 필요가 없는 것으로 하여 특별히 수증인의 이익을 보호해 주었다. 그런데 이러한 규정은 공동상속인 중 특정인에 대한 상속재산의 편중적 이전을 가능하게 해주기 때문에 공동상속인 상호간에 알력을 일으킬 불씨로 되어 왔다. 더욱이 이번의 민법개정에서는 유류분제를 신설하고 있기 때문에 이 제도와의 균형을 맞추기 위하여 특별수익권자의 초과분에 대하여 인정하던 종전의 특혜규정을 삭제해 버렸다.

　일곱째, 법정재산상속분을 다시 조정하였다. 종래의 민법에서는 여자는 동 순위의 공동상속이라 하더라도 남자의 상속분

---

28) 김세신, "민법중개병법률안 혼인에 관한 특례법해설,"「법제」제18권, 법제처, 1978, 26면.

의 2분의 1로 되어 있었으며 동일가적에 없는 경우에는 4분의 1을 받도록 되어 있었다(개정 전 민법 제1009조 제1항, 제2항). 이는 가산(家産)을 남계혈연에 전해 주고자 하는 전래의 유습을 이어받아 입법화되었던 것으로 전근대적인 성격이 짙은 규정이었음은 부인할 수 없다.[29] 그리하여 이번의 민법개정에서는 동일순위의 상속인이 수인인 경우에는 상속분을 균등하게 하였다(제1009조 제1항 본문). 다만 종래부터 내려오던 인습을 존중하여 호주상속을 하는 재산상속인에게는 5할을 가산하도록 되어 있으며(제1009조 제1항 단서), 동일가적 내에 없는 여자의 상속분은 남자의 상속분의 4분의 1로 하였다(제1009조 제2항). 이와 같은 자녀의 상속분의 안배는 곧 남녀평등의 원칙을 존중하면서 우리의 현실을 충분히 감안한 현명한 조치라 하겠다.

한편 자녀의 상속분의 조정과 함께 유처(遺妻)[30]의 상속분을 합리적으로 상향조정하였다. 즉 종래의 민법에서는 처의 상속분은 직계비속과 공동으로 상속하는 경우에는 남자의 상속분의 2분의 1로 하고, 직계존속과 공동으로 상속하는 경우에는 남자의 상속분과 동일한 것으로 하였었으나, 이번의 민법개정에서는 직계비속과 공동으로 상속하는 때에는 동일가적 내에 있는 직계비속의 상속분의 5할을 가산하고 직계존속과 공동으로 상속하는 경우에는 직계존속의 상속분의 5할을 가산하도록 규정하였다(제1009조 제3항). 부부 중심의 가족생활에서 형성된 재산은 어디까지나 부부의 공동노력의 결과로 생긴 것이 대부분

---

29) 김용한, "우리나라 상속제도의 개관,"「사법행정」통권 제168호, 한국 사법행정학회, 1974, 72면.

30) 상속에 있어서 유처(遺妻)란 말은 적당하지 못하고 배우자 사이의 상속은 어디까지나 사망배우자에 대한 생존배우자(生存配偶者)의 상속으로 규정되어야 할 것이다(프랑스 민법 제731조, 제765조 내지 제767조, 스위스 민법 제462조 내지 제464조).

이라는 점을 생각하면 생존배우자로서의 유처(遺妻)의 상속분을
증가시킨 것은 매우 적절한 조치라고 하지 않을 수 없다.

　　이러한 여러 사항에 걸친 개정을 종합하여 보면 그것은 어
디까지나 종래의 민법이 지니고 있던 전근대성을 떨쳐버리고
합리화를 도모한 것이라 하겠다. 이와 같은 민법의 개정을 통
한 가족법의 합리화는 한편으로는 가족적 공조사상의 제고이고,
다른 한편으로는 더 폭넓은 민주적 생활방식의 계수를 뜻하는
것이기도 하다.

(3) 유류분제도의 채택

　　제5차의 민법개정에서는 전항에서 설명한 바와 같이 전근
대성의 보정을 도모했음과 동시에 새로이 유류분제도를 채택하
였다. 이전에 신설한 유류분제도는 일정한 자를 유류분권리자로
하고 이들의 법정상속분의 일정비율을 유언 등에 의해서도 침
해받지 않는 유류분으로 책정하였다(제1112조). 이를테면 피상속
인의 직계비속, 배우자, 형제자매 및 직계존속을 유류분권리자
로 하며, 이들의 유류분액을 전 양자(兩者)에 관하여는 법정상속
분의 2분의 1로 하고 후 양자(兩者)에 관하여는 법정상속분의 3
분의 1로 하였다. 이와 같은 유류분제도의 실시와 함께 그 철
저를 도모하기 위하여 유류분의 보전책을 강구하고 있다(제1115
조).

　　유류분제도가 가지는 본래의 의미는 법정상속분의 일정비
율에 상당하는 부분을 유류분으로 확보함으로써 상속인이 갖게
되는 상속재산에 대한 기대권을 철저하게 보호하려는 데 있
음[31]은 두말할 필요도 없으며, 특히 우리나라에서는 여성의 상

---

31) 五十嵐淸, 『比較民法學の諸問題』, 一粒社, 1976, 286-288頁.

속권을 일정한 한도에서나마 보장해 주게 된다는 부대적 성격을 띠고 있다. 우리나라에서 새로이 창안된 제도가 아니고, 이미 외국의 여러 나라에서 시행되고 있는 것[32]을 참고하고, 현행 민법상의 상속분을 감안하여 만든 제도이기 때문에, 유류분제도 자체가 지니는 이러한 장점은 우리나라에서도 충분히 실현되리라고 생각되지만, 다른 일면 당해 제도는 그 성질상 피상속인의 재산처분행위 내지 유언처분행위를 침해하게 되고 궁극적으로는 유언의 자유마저 저해하지 않을 수 없는 것임을 유의하지 않으면 안 될 것이다. 또한 사회경제적인 효용관계는 전혀 고려하지 않은 채 상속재산의 불필요한 분할을 도모하게 되는 점도 우리의 경제현실에 비추어 생각해 보지 않을 수 없는 일이다. 민법의 제정 이후 가족법분야에 있어서 새로이 채택된 획기적인 제도의 하나임에 틀림없으며 외국법을 계수한 좋은 본보기가 되는 것이라 하겠다.

3. 혼인에 관한 특례법

이 법은 민법 제809조의 규정에 위반하여 혼인 또는 사실상의 혼인관계에 있는 자의 혼인에 관한 특례를 인정하여 구제하기 위한 것이다. 민법 제809조의 규정 즉, 동성동본불혼의 원칙은 전래의 종법제의 혼인규정으로서 그것이 지니는 현실적인 불합리성은 앞에서도 지적한 바 있거니와 그러한 혼인관계에

---

32) 독일 민법 제2303조, 프랑스 민법 제913조 내지 내930조, 스위스 민법 제470조 내지 제480조, 제522조 내지 제533조, 스위스 채무법 제240조 등. 스위스 민법 제471조에는 유류분에 관하여, 「① 직계비속은 법정상속분의 4분의 3, ② 부모는 각각 2분의 1, ③ 형제자매는 각각 4분의 1, ④ 생존배우자는 법정상속인이 병존하는 경우에는 상속분 전액, 단독상속인인 때에는 2분의 1」로 규정되어 있다.

놓여 있는 자를 구제하지 않을 수 없는 것은 하나의 필연적 요
구로 되어 왔다.[33) 동성동본불혼의 원칙의 불합리성이 지적되
고 현실적으로 그 원칙의 시정이 절실히 필요하였기 때문에 그
에 관한 특례법을 제정하여 관련자를 구제하는 데는 누구도 이
의를 제기하지 않을 것이다. 다만 실제로 혼인생활을 하고 있
으면서도 신고를 하지 못한 사람을 구제한다는 제한적 목적의
한시적 특례법으로서 기본실체법의 성격 자체의 효력을 배제하
는 것은 입법의 정도에 어긋나는 일이라 하지 않을 수 없다.
현실적으로 동성동본불혼의 규정을 존치시킬 필요성이 없다고
인정되면 민법 제809조와 제815조를 개정하든지 그렇지 않으면
그대로 두는 것이 타당하지 않았을까 한다.[34) 일단 이와 같은
특례법이 제정된 이상 이 법에서 정한 적용기간이 경과한 후에
도 다시 이러한 특례법이 제정되든지 자체의 개정이 있을 수
있다는 것은 쉽게 추측되는 일이다.

IV. 호주제도의 존폐에 관한 견해 대립

1. 폐 지 론

가족법의 개정논의 중에서 핵심을 이루는 것은 두말할 필
요도 없이 호주제도의 폐지이다. 이러한 논의는 이 제도가 지

---

33) 김주수, "동성동본간의 혼인,"「경희법학」제11권 제1호, 경희대학교
   사회과학연구소, 1973, 133-134면.
34) 이희봉, "가족법개정에 대한 논평,"「고시연구」제5권 제8호, 고시연구
   사, 1978, 42면.

니는 전근대적인 특성에서 비롯하는 것이기도 하거니와 실제의 생활 현실과도 들어맞지 않는 것으로 보는 데에서 비롯하는 것으로 되어 있다. 이들 가운데 중요한 것을 들어 보면 다음과 같다.

첫째, 호주제도는 다만 남계혈통을 이어나가기 위한 제도에 지나지 않으므로 폐지되어야 한다.[35] 즉 현행 민법상 호주는 원칙적으로 남자손(男子孫)에 의하여 계승되어 나가도록 되어 있으며, 여자가 호주상속을 할 경우에는 그것은 임시적인 것에 지나지 않는다는 것이다. 후차적으로나마 여자도 호주상속을 할 수 있고, 호주가 된 여자는 입부혼인에 의하여 자기의 가를 승계시켜 갈 수 있다(제984조 4, 제826조 제3항). 그러나 우리사회의 혈연의식이나 혼인관념에 비추어 보아 입부혼인이라는 것이 그렇게 활용될 만한 성질의 것이 아니고 보면, 이와 같은 소론은 타당한 폐지논거가 된다고 할 만하다.

둘째, 호주의 권리의무는 공허한 것에 지나지 않으므로 호주제도는 폐지되어야 한다.[36] 현행 민법상 호주에게 인정되어 있는 갖가지의 권리의무는 오로지 가(家)라는 명분적인 단체를 전제로 하는 것이어서 실질적인 효과가 생활상 거의 필요없는 것이므로 폐지되어야 한다는 것이다.

셋째, 대가족제도가 오늘날 산업사회에서 역기능을 발휘하는 것은 시정되어야 하겠다는 점에서 호주제도가 폐지되어야 한다는 주장을 하기도 한다.[37] 즉 농업사회의 신분제지배 하에서 생산의 단위이고, 사회통제의 기본단위이던 대가족형태는 권

---

35) 김주수, "호주제도의 폐지론," 「여성」 104호, 한국여성단체협의회, 1974, 25-26면.
36) 김주수, 전게 논문(주 35), 27면.
37) 한상범, "대가족제도의 유산과 가족법개정논쟁," 「사법행정」 통권 제166호, 한국사법행정학회, 1974, 16-19면.

위주의적 인간상을 조장하는 점, 종래 대가족제도의 가족부양기능·인보상조(隣保相助)는 이미 없어져 버린 점, 호주제도 하에서는 남녀차별, 여성천시가 그대로 묵인되는 점 등에서 이 제도는 마땅히 폐지되어야 한다는 것이다.

넷째, 남녀평등에 입각한 가족법이 되기 위해서는 호주제도가 폐지되어야 한다는 주장도 다시 한 번 강렬하게 표명된 바 있다. 즉 「… 호주제도는 오로지 남자중심사상을 유지하기 위한 하나의 관념적 제도에 불과함을 명백히 알 수 있다. 더욱이 현행 가족법상의 호주제도는 우리나라의 전통적인 가족제도에 입각한 순풍미속이라고 하는 주장도 있지만, 실은 일제시대의 군국주의적인 천황제의 이데올로기의 소산물인 일본 구민법의 호주제도의 영향을 많이 받고 있음을 볼 때에, 이러한 민법상의 호주제도는 가족법에서 폐지되어야 하는 것이다. 그렇게 함으로써 비로소 남녀평등에 입각한 가족법의 성립이 가능하다 …」[38)는 소론은 호주제도의 폐지와 남녀평등을 조건적으로 연결시킨다.

이러한 여러 견해는 보는 관점이 각각 다르지만, 적어도 법률적으로는 호주제도의 완전폐지를 주장하고 있는 점은 공통적이다. 또한 이들 여러 견해는 모두 우리사회 자체가 종래의 모습과는 크게 달라졌다는 것을 전제로 한다. 이러한 논거는 아직도 호주제도의 폐지를 주장하는 유력한 논거로 되어 있다.[39)

2. 존 치 론

현행 민법상 채택되어 있는 호주제도를 폐지하여야 한다는

---

38) 전게 『민법 제4편 친족·제5편 상속개정법안 및 이유서』, 18면.
39) 곽동헌, "호주제도존치론의 허구," 「가족법연구」 창간호, 한국가족법학회, 1984, 23-31면.

논의에 대하여, 그 제도적 가치를 인정하여 그대로 존치하여야
한다는 주장도 적지 않게 피력되었다. 그 중요한 것을 들어보
면 다음과 같다.

첫째, 가족제도가 전통과 관습을 바탕으로 하여 형성되고
유지되는 것이라는 점에서 호주제도의 존치 근거를 찾는다. 「…
2. 우리나라 가족제도는 오랜 전통과 관습을 밑바탕으로 형성
되어 왔으므로 이 아름다운 전통과 윤리를 살리면서 발전하는
사회에 적응하도록 민법은 개정되어야 한다 … 4. 가족법개정
안은 한국의 아름다운 가족제도를 가속적으로 파괴시킬 독소를
내포하고 있으므로 이를 반대한다 …」40)는 것은 지난번의 가족
법개정에 적극적으로 반대하고 나섰던 유림세력의 견해다. 가족
법의 개정을 반대하는 것은 결국 현행 민법상의 호주제도를 그
대로 두자는 것이다. 그렇다고 하여 호주제도 내지 가족제도를
맹목적으로 예찬하는 것은 아님을 주의할 필요가 있다.41)

둘째, 우리사회의 "가(家)" 의식에 비추어 보아 가족제도는
유지되어야 한다는 견해도 있다. 「기본적 사회로서의 가족, 더
구나 민주적·개인적 가정의 생활의 존중은 그 가족이 하나의
단체인 이상 개인의 존엄성과의 상충을 면치 못하는 것이며, 이
는 국가와 국민과의 관계, 질서와 자유와의 관계와도 흡사하다.
가정이라는 하나의 사회는 필연적으로 남녀의 차이, 장유의 차

---

40) 가족법개정저지범국민협의회안(1975년 11월 25일자 유림월보).
41) 가족법개정에 반대하는 견해를 표명하면서도 다음과 같이 피력하는
    사람도 적지 않다. 「친족·상속 등에 관한 문제는 사회형성의 근본문제
    로서 한 나라, 한 민족의 오랜 전통을 밑바탕으로 하여 구성된 만큼 아
    름다운 전통을 살리면서 발전하는 사회에 적응하게 개정함이 타당하므로
    상당한 연구와 이에 따른 시간이 필요할 것이다. 외국의 제도를 그대로
    모방하려는 졸속주의는 지양함이 타당하다고 생각한다」(기세훈, "친족법
    과 상속법개정의 불합리성을 지적한다," 1974년 8월 25일자 유림월보).

이, 기능의 차이가 있는 사회인 것이며, 세계인권선언이 말하는 바와 같이 가정이라는 단위사회의 보호육성이 필요한 것이라면, 덮어놓고 가족의 형식적 평등을 내세워서는 아니 된다는 결론에 도달한다 … 여기에서 우리는 서구 각국이 봉건적 가족제도의 타파를 내세워 혁신적 입법을 단행하여 놓고, 가족제도보다 부부평등을 앞세운 결과 오히려 가족생활의 통일운영을 위해서는 어떠한 "권위"가 인정되어야 한다는 반성의 소리가 높아가고 있음에 관심을 기울여야 할 줄 안다. 우리 국민의 법의식 속에는 아직도 봉건사회적 유교사상이 크게 지배하고 있어서 혁신적 변혁을 좋아하지 않는다 …」[42]고 하여 우리사회의 가(家)의식을 크게 강조한다.

셋째, 사회윤리적인 견지에서 호주제도는 유지되어야 한다는 주장도 있다. 「민주발전이나 여권존중을 위하여 호주제도를 개선하는 것은 어디까지나 가당한 것이다. 그런데 이른바 핵가족에로의 전환에 따라 법률의 개정을 요망한다 할지라도 이미 핵가족에 따르는 서구의 실정에 있어서 폐단이 있다는 점을 똑바로 판별하는 것이 당면한 절실한 문제가 아닐 수 없다」[43]는 견해는 핵가족화된 사회의 윤리적 폐멸을 들어 호주제도의 폐지를 반대한다.

이들 여러 견해는 우선 호주제도 내지 가족제도를 폐지하지 말아야 한다는 데는 일치하지만, 이 제도를 항구적으로 유지해야 하겠다는 것은 아니고, 사회 자체의 발전과 가족제도 내지 가족생활의 변모에 맞추어 적절하게 개정되어야 하겠다는 점진적 개혁의 뜻을 함께 지니고 있는 견해들이다. 이러한 견해는

---

42) 박승서, 전게 논문, 75면.

43) 김두헌, "사회윤리적인 견지에서 호주제도의 폐지는 불가하다," 1974년 8월 25일자 유림월보.

호주제도의 폐지론에 대하여 너무 소극적이라는 지적도 있으나, 일반인의 의식 속에 관념적으로 깊이 투각되어 있는 착상임은 부인할 수 없다.[44]

3. 양론의 비판과 한계의 모색

이상에서 살펴본 호주제도의 폐지론과 존치론은 각각 동일한 제도를 보는 서로 다른 입장이다. 호주제도는 일시적인 목적을 달성하거나 가족생활의 일부에 걸친 제도가 아니라는 점에서 그 존치와 폐지는 쉽게 논하기 어렵다.

그럼에도 불구하고 민법제정 당시부터 지금까지 계속적으로 이 제도에 관한 논란이 거듭되고 있는 것은 이 제도 자체로서는 제도의 한계성을 드러낸 것이고, 우리사회로서는 최근 수십 년 동안 일찍이 볼 수 없었던 변모를 하고 있음을 보여 주는 것이라 할 수 있다. 이들 양론의 논거를 대비적으로 검토함으로써 가족법의 개정논의에 따르는 한계성을 모색하여 보고자 한다.

호주제도의 존치론은 종래 일정한 재산적 기초 위에서 경제·윤리적·이념적으로 작용해 온 가족제도의 효능을 그대로 인정하고 있는 점에 그 이론적 근거를 두고 있다. 호주제도를 폐지하려고 하거나 존속시키려고 하거나 종래 가족제도가 상당히 중요한 기능을 해 왔고, 현재도 부분적으로는 일정한 기능을 해내고 있음을 인정하지 않을 수 없다. 다만 당해 제도가 급격히 달라진 사회구조의 변모에 어느 정도로 적응할 수 있느냐가

---

44) 대한변호사협회가 개업변호사를 대상으로 조사한 앙케이트에 나타난 결과를 보면 호주제도의 폐지를 대다수의 변호사가 반대하고 있다(반대 401; 찬성 175, 1984년 9월 24일자 법률신문).

문제인 것이다. 권력적 신분을 가지는 한 사람을 위주로 하는 가족제도가 근대화 내지 산업화된 사회에서 그대로 의미를 가질 수 없으리라는 것은 너무나도 명백하다. 왜냐하면 종래의 가족제도는 정체적인 농업사회 또는 가내수공업단계의 사회에 맞춰 생겨난 것이므로, 고도의 공업화 또는 도시화된 사회에서는 그 제도성 내지 가족 자체가 수긍될 수 없음은 당연하기 때문이다.[45] 이러한 가족제도가 유지되기 위해서는, 하나의 가를 이루고 있는 사람들이 동일한 생업에 종사하거나 적어도 같은 생계기반 위에서 생활하여야 하고, 가정생활에서 양성·함양되는 도덕심이 사회에서도 동일한 가치를 지니는 것으로 인정되어야 할 필요가 있다. 그러나 최근 우리나라의 현실은 그렇지 못하다. 가계(家計)만을 보더라도, 농가와 같은 경우를 제외하고는, 설령 동일한 가에 소속되어 있다 하더라도, 각 가족원의 수입은 각자의 재산이 되고, 가의 재산적 기초가 되지는 않는다. 따라서 경제적으로 보아 현행 민법상의 가는 그 구성원을 항구적으로 결속시키거나 부양할 수 있는 구조를 갖추고 있지 못한 셈이다.

　또한 가정 내에서의 윤리적 기초 위에서 얻어진 도덕률이 사회 내에서 그대로 통용될 만한 것도 아니다. 사회생활에 필요한 도덕률은 가정 이외에 학교교육이나 사회생활 자체에서 얻어지기도 하며, 그 특성으로 보아 후 양자가 더 중요한 것으로 여겨진다. 즉 종래 가족제도 하에서의 윤리가 주로 종적인 복종심을 전제로 한 것이라면, 오늘날의 윤리는 대체로 횡적인 예의를 바탕으로 한다. 누구나 대등한 개인으로서 상대방을 존경하고 이해하는 것이 오늘날 통용되는 윤리의 기초라 할 수

---

45) 졸고, "한국가족법의 구조적 특색과 낙후성의 문제,"「강원대 논문집」 제14집 제1호, 강원대학교, 1980, 370면.

있다. 가문(家門), 연령, 항렬 또는 기타의 신분요소에 의하여 일정한 권위를 인정받는 예는 그렇게 많지 못하다.

이와 같이 경제적인 면이나 윤리적인 면에서 보아 가족제도는 그 본래의 구실을 제대로 하고 있지 못한 것이 사실이다. 다시 말하여 가족제도는 그 존속에 필요한 사회적 기초를 제대로 갖추고 있지 못하다. 따라서 호주제도의 존치론은 현행 민법상의 호주의 권리의무가 공허한 것이라는 점 이외에도, 호주제도 자체가 본래대로의 존재가치를 인정받을 수 없다는 점에서 타당하지 못한 일면이 있다. 더욱이 호주제도의 존치론은 남계혈통으로 이어지는 권위적인 실체로서의 호주가 실제로 미풍양속이라고 여기는 가족제도의 전부인 것처럼 생각하는 잘못을 범하고 있다.

다른 한편 종래 호주제도의 폐지론은 지나치게 당해 제도의 폐지를 역설한 나머지 이에 반대하는 격렬한 논의를 불러일으켰다. 호주제도를 전적으로 전근대적인 것일 수밖에 없는 것으로 본다든지, 이 제도가 있기 때문에 남녀평등이나 여권신장이 제대로 이루어지지 않는다든지, 외국에 없는 제도이기 때문에 폐지하여야 한다고 하는 등의 논지는 사실 이 제도의 폐지논거로는 너무 상투적이고 박약하다. 왜냐하면 이 제도의 본래의 뜻은 혈연의식·가족관념을 기초로 하여 사회적 요구에 맞추어 생겨났던 것이기 때문이다. 따라서 적어도 우리사회에 가의식이 살아 있는 한에서는 이 제도의 존재의미가 그대로 이어지고 있다고 할 수 있다. 사실상 호주제도로 말미암아 여자가 차별을 받는 것이라든지 여권신장에 저해가 되는 것은 그렇게 많지 않다. 또한 전통적 특성이 강한 가족법분야에서 형식논리에 따른 남녀평등이 그대로 구현되어야 할 필요도 없고, 그렇게 될 수 있는 것도 아니다.

어느 제도를 막론하고 그것이 유지될 수 없는 사회현상이고 쓸데없는 것이라면 없어지게 마련이다. 호주제도도 그 예외일 리 없다. 더욱이 호주제도의 폐지론에서도 지적하고 있는 바와 같이 현재의 호주제도는 관념적인 색채가 아주 짙다. 그렇다면 그것이 있다고 하여 현실적인 피해가 그렇게 많지도 않은 것임은 너무도 자명하다. 그럼에도 불구하고 지금까지의 가족법개정논의에서는 이것을 바로 폐지시켜 버리자46)고 함으로써 보수세력의 직접적인 반론을 강하게 불러일으키고 있는 것이 실로 단순 논리만으로는 쉽게 풀어내기 힘든 우리사회의 맷힘 골목이라 할 수 있다.

지금까지 가족법이 제대로 개정되지 못하고 있는 것도 이와 같은 지나친 역설에 기인하는 바 크다.47) 호주제도의 긍정적인 측면을 제대로 파악하여 그것을 개정·보완하려고 하였다면, 벌써 그 미비점이 상당히 개선되었을 것으로 생각된다. 가족생활의 단체적 속성을 부인할 수 없는 이상, 그것을 하나의 단체적인 원리로 파악하는 것도 결코 잘못된 것이 아니다. 그리고 그것을 근대법적인 차원에서 이해할 수 없는 것도 아니다. 단체구성원 간의 생활관계를 권리의무관계로 파악하는 것은 단체존속을 위하여서도 필요하고, 법적 요구에 비추어 본다면, 그것은 당연한 논리적 귀결이 되는 셈이다. 호주제도를 단순히 전근대적인 제도라고 하여 폐지하여야 한다는 논의는 여기에 한계성이 있을 수밖에 없다. 호주제도가 해내던 기능을 근대적

---

46) 곽동헌, 전게 논문, 26면.
47) 예를 들어 가장 보수적이고 전통적인 가족법의 개정과 관련하여서도 법의 선도적 기능을 강조하는 것은 수긍하기 어려운 일면이다(이희배, "가족법의 개정경위와 개정전망에 관한 제언," 「가족법연구」 창간호, 한국가족법학회, 1984, 78면).

인 법률에 맞추어 당사자관계로 전환하는 것이 편리한 것을 일반인 대다수가 인식할 때, 당해 제도의 폐지는 아무런 어려움도 없을 것이다. 긍정적인 이해의 바탕 위에서 제도의 개선을 도모하는 것은 호주제도의 개폐에 한하는 일이 아니다. 가족법의 다른 개정사항에 관하여도 반드시 그렇게 할 필요성이 있다.

또한 직접적으로나 간접적으로나 가족생활의 이완을 가져올 염려가 있는 가족법의 개정은 그렇게 바람직한 것이 아니다. 아무리 사회가 유동적인 양상을 띤다고 하더라도 가족생활만은 안정을 유지하여야 한다. 부부로서, 친자로서, 친족으로 이어지는 가족생활은 그 자체 속에 심원한 생존의 뜻이 있음과 더불어 그에 못지않게 안정을 필요로 한다. 호주제도의 완전폐지는 너무나 급격한 신분생활의 변화를 몰고 오게 될지도 모른다는 염려가 뒤따르는 것임을 주의할 필요가 있다.

V. 결 어

지금까지 가족법의 개정논의를 일정한 부면에 걸쳐서 정리하고, 거기에서 나타나는 개정의 한계가 있을 수 없는지를 검토하여 보았다. 호주제도의 폐지와 관련하여 지적한 바와 같이, 개정논의에는 기존의 제도 또는 규정에 관한 긍정적인 이해가 결여되어 있음을 알 수 있다. 규정 자체의 본지를 제대로 파악하지 못하고 개정을 논의한다는 것은 크게 잘못된 일이 아닐 수 없다. 또한 개정논의에서는 민주니 평등이니 하는 원리를 지나치게 편의적으로 적용하는 경향이 있다. 가족원의 인격성이 존중되고 남녀가 평등하여야 한다는 것은 법 이전의 기본원리

다. 그러한 것을 개별적인 조항에 구체적으로 연결시켜 개정을
요구하는 것은 특별한 의미를 갖는 것도 아니고, 때로는 예기치
못한 불합리성을 몰고 오게도 된다. 예를 들어 부계와 모계의
혈족을 8촌으로 맞추다 보니 친족의 범위를 지나치게 넓히는
결과를 빚어내고 말았다. 그것은 우리의 생활에 비추어도 아무
런 의미가 없는 규범의 폭을 넓혀 놓은 것에 지나지 않는다.
변모하는 사회의 요구에 맞는 가족법의 개정을 반대할 사람은
아무도 없다. 다만 지나치게 서둘러 가족법을 개정하려 한다든
지, 자칫 정치 정세 등에 편승하여, 아니면 어느 권세를 후광으
로 하여 그 개정이 이루어질 때 가족법의 체제, 규정의 연결성
은 지금보다 조금도 나아질 리 없다. 또한 아무리 낙후된 제도
라 하더라도 우리의 감정과 의식이 깃들어 있는 것은 그 자체
로서 의미가 있는 것임을 주의할 필요가 있다. 여기에 가족법
의 개정논의에는 일정한 한계가 있고 있어야 할 것임이 그대로
드러난다 할 것이다.

제2장

가족법개정의 추이와 그 특색

Ⅰ. 서　설

　　민법을 제정하기로 한 초대 국회의 결의가 있은 후 민법제정추진위원회(民法制定推進委員會)의 구성, 그 활동여부에 따라 그 준비 내지 국회상정의 일자가 조정될 수밖에 없었고, 이때는 정치적인 요인과 결부되어 사회에 극도의 혼미를 거듭하였던 때임을 실제적으로, 문헌적으로 스쳐보기만이라도 한 사람이라면 누구든지 "정말로 어려웠던 그 시절"이었다는 것을 회감할 수 있는 일이다.

　　그렇지만 이 몇 년 동안의 어려운 작업, 많은 논란, 국회에서의 의결·통과는 결코 쉬운 일이 아니었다. 그렇게 하여 민사생활의 기본 틀인 민법이 제정되었음에도 불구하고, 그 찬양의 축송(祝頌) 속에서도 그대로 문제로 남아 있는 친족·상속법

부분의 미진한 사항이 개재되어 있었다. 그러나 여러 학자, 사회관계자, 국회의원들의 의견이 수렴되어, 그에 기초하여 민법안이 통과되었음을 감안하면 그 미진한 부분은 기결·미완의 숙제라 할 수 있고, 어렵지만 그것은 나름대로 연구를 한다고 하는 학자들의 몫으로 남게 되었다.

이 장에서는 그 연구의 진척·성과는 차치하고 지금까지의 몇 차례 개정을 통하여 드러난 주된 사항과 그 특색을 정리해 보고, 아직도 가족법 분야에서 해결해야 할 몇 가지를 지적해 보고자 한다.

II. 민법제정 당시의 입법방침에서의 친족인식

민법의 제정 당시 제기되었던 가족법의 입법방침론(立法方針論)은 크게 ① 관습존중론(慣習尊重論), ② 점진적 개혁론(漸進的 改革論), ③ 급진적 개혁론(急進的 改革論)으로 나누어 볼 수 있다. 이 가운데 관습존중론은 가능한 한 전래의 관습을 그대로 지켜 나가자는 주장이어서 그다지 많은 지지를 받지 못했다. 그러나 점진적 개혁론과 급진적 개혁론은 종래의 관습을 어느 정도로 지켜나갈 것이냐에 관한 것이어서 상당한 논란을 거듭했다.[1] 관습존중론은 민법 제정에 그대로 반영될 수 없었던 점을 고려하여 제외하고, 나머지 견해의 그 주요골자와 친족인식(親族認識)의 차이점을 간추려 보면 다음과 같다.

---

1) 이희봉, 『한국가족법의 제문제』, 일신사, 1979, 202-208면.

1. 점진적 개혁론에서의 친족

점진적 개혁론은 가족법 제정의 기초를 민주주의이념의 실현에 두어야 한다고 하면서도, 그 구체화에 있어서는 "고래의 순풍미속은 폐풍이 되지 않는 한도에서 유지·조장하는 동시에, 시세에 맞지 않는 인습은 양기함으로써 세계의 진운에 뒤떨어지지 않도록 민법의 발전과 국운의 흥융을 도모할 수 있도록 … 수정·성문화함이 간절하다. … "2)와 같이 점진적인 개혁 정칙의 태도를 취한다.

이에 따르면 친족 및 그에 기초한 공동생활, 그리고 그 규범체계도 인습적인 것이 아닌 한 그대로 유지되어 나갈 수 있는 것이 된다.

2. 급진적 개혁론에 있어서의 친족

급진적 개혁론은 당시 헌법에 구현된 개인주의(個人主義), 양성평등(兩性平等)을 가족법의 규정에 그대로 반영시켜야 하는 점을 강조하여 "친족상속법도 국민 모두가 지키고 재판관이 적용할 법이므로, 그것은 최소한 헌법규정 내지 헌법정신에 배치해 제정되어서는 안 될 것이다. … 헌법을 위반하는 입법을 하는 것은 민주주의정신(民主主義精神)을 파괴하는 것이며 국민의 복지(福祉)와 자유(自由)를 제한하는 것으로 역사의 발전에 역행하는 것이다. … "3)라고 그 논거를 전개하였다.

이에 따르면 친족이나 그에 기초한 생활은 헌법정신에 들

---

2) 장경근, "친족상속법 입법방침 및 요건 사안,"「법정」제3권 제9호, 법정사, 1948. 9, 14면.
3) 정광현, 『한국가족법연구』, 서울대학교, 1967, 351면.

어맞는 범위에서만 허용되고, 가족법도 그러한 내용만을 성문화
해야 한다.

3. 절충적 원안 및 그 친족인식

이러한 양론은 입법과정에서 흔히 나타날 수 있는 견해 대
립으로 볼 수도 있으나, 그 견해의 차이가 서로 양보하거나 타
협할 수 있는 것이 아니어서 가족법학계는 물론 법조계 그리고
일반인에게도 지대한 관심거리로 되어 있었다.[4]

1956년 10월 26일에 작성된 민법 중 친족상속법에 관한
정부원안은 종래의 관습법 중 골격을 이루는 것을 성문화하고,
이에 새로운 신분생활을 뒷받침해 주기 위한 상당수의 규정을
짜 맞춘 것이었다. 그리고 이를 기초로 심의·보충하여 채택한
친족상속법안은 남계혈통주의(男系血統主義), 동성동본불혼(同姓同
本不婚) 및 가취제(嫁娶制)를 유지하면서, 당사자 본위의 합의혼
인제(合意婚姻制), 부부재산계약제, 입부혼(入夫婚)의 창설, 이성
입양(異姓入養), 여자의 호주상속, 처와 직계비속여자(直系卑屬女
子)의 재산상속 등이 중요내용을 이룬다.

이러한 여러 사항은 신분생활의 각 부면에 걸친 것이고,
각 사항을 당사자 본위의 권리의무관계로 규정하고 있어 근대
적 법원리에 뒤떨어진 것은 아니다. 그러나 부계혈통을 대전제
로 하기 때문에 남녀차별적인 내용이 곳곳에 깃들어 깔려 있
다. 이에 헌법정신존중론에서는 그다지 마땅하게 생각하지 않았
고, 뒤이어 가족법개정론이 나오게 되었다.[5]

---

4) 김용욱, "일제에 의한 가족법제의 왜곡과 청산,"「한국가족의 법과 역
　사」, 세종출판사, 1996, 71면.
5) 이희봉, 전게서, 252면.

이와 같은 가족법의 입법방침 내지 내용이 채택됨에 따라 친족에 관한 한 전래의 관습대로 그 범위 또는 법률효과가 인정될 수 있게 되었다. 8촌 이내의 부계혈족, 4촌 이내의 모계혈족을 근간으로 하고 이에 따라 일반적인 법률효과를 발생하도록 한 제777조는 그 지주라 할 수 있다.[6] 그리고 가(家) 본위의 공동생활도 이러한 친족의식과 상통하여 의미를 가지게 되는 것임을 주의할 필요가 있다.

Ⅲ. 각 개정과정에서의 사항과 특색

1. 1962년의 개정

1962년의 12월 29일자의 민법개정법률은 기존의 민법 제789조를 개정하여, 동조 제1항으로 "가족은 혼인하면 당연히 분가된다"라고 개정함으로써 혼인을 분가의 기점으로 파악하여 종래의 대가족제도(大家族制度)를 무너뜨리는 기틀을 마련하고, 그에 관련된 호적법 제19조의 2 제1항으로 "민법 제789조 본문의 경우에는 혼인신고가 있으면 부(夫)를 호주(戶主)로 하여 신호적을 편제한다"라고 규정함으로써 이른바 "법정분가제(法定分家制)"를 신설하였다.

법정분가라 함은 가족인 일정한 사람이 자기의 의사에 의해서가 아니라 "혼인하면"이라는 법률의 규정에 따라 기존의 가에서 벗어나 일가를 창립하게 됨을 뜻한다. 이러한 규정을 신설하여 기존의 법규를 개정한 것은 당시의 정세에 따른 개혁추

---

6) 정광현, 『신친족상속법요론』, 법문사, 1959, 91-92면.

구(改革追求)의 일환이라 할 수 있는 것으로 최소한의 목적은 성취했다고 할 수 있을 것이다. 그리고 어느 정도 가족생활을 부부 중심의 구성체로 탈바꿈시킨 점도 인정할 만하다. 그러나 여기에서 주목해야 할 점은 이러한 개변이 가족법의 발전을 위한 측면에서 이루어졌느냐 하는 점이다. 그 실제의 목적이 무엇인가를 빗대어 자기의 공훈(功勳)을 만들어야 한다는 당시 군부출신을 중심으로 한 무분별한 혁명실세들의 명분적 · 정치적 요구와 기존의 가족법 규정에 반감을 가지고 있던 논구자(論究者)들의 불만해소라는 바램이 들어맞아 궁여지책으로 이것이라도 개변하여 사회변혁을 이끌어 가자는 시용적 필요에 있었음은 부인할 수 없을 것이다. 당시의 사회구조가 농어촌 중심이고, 그 가족으로서의 연결이 거의 전부 대가족의 형태를 갖추고 있었음을 감안하면 그 개변의 정도는 매우 높을 수밖에 없었고, 그렇다고 사회인의 생활인식이 그렇게 빨리 변했던 것은 아니다. 그러한 함수관계를 묘하게 묶어 예컨대 "새마을 운동"과 같이 눈에 보이는 변혁을 끼워 맞춰 이렇게 저렇게 버텨온 것이 당시 정권의 구차스러운 조직기반이었다. 이러한 판국에 가족법의 일부 개정이나마 한몫을 했다는 것이 가족법의 모습을 이상하게 만드는 첫 단추였음도 결코 우연한 일이 아니다.7)

2. 1977년의 개정

1970년대는 우리사회의 양면성(兩面性)이 그대로 드러나 있던 시기로 "잘 나가면 위쪽이요", "푹 하면 구렁텅이다"라는 말이 실감나게 작동했던 시기라 할 수 있을 것이다. 기업의 대규

---

7) 졸고, "가족법의 개정논의와 그 한계,"「법학논총」제4집, 한양대학교 법학연구소, 1987. 2, 158면.

모화, 근로자의 확보·충원, 해외진출에 대한 열망, 그리고 거기에 깔려 있는 자원이 없는 나라라는 현실, 누구도 자기의 앞날을 자기식대로 자신 있게 밀고 나갈 수 없었던 시기였음에도 불구하고, 어느 한쪽에서는 가족법개정의 요구가 끈질기게 이어져 오고 있었다. 겉으로는 남녀평등(男女平等)의 실현, 여권(女權)의 신장, 구습(舊習)의 타파, 사회의 선진화(先進化)라는 표어를 들고, 이런 저런 얘기를 하였지만, 그 요구에 자칫하면 가족생활의 폐절이 뒤따를 수도 있다는 염려는 어느 한 곳에서도 찾아볼 수 없다. 그만큼 우리 가족법의 개정요구는 말하기 좋아하는 사람들끼리 시시덕거리는 속에서 오가며 짜여지고 걸러지고 하였던 것임을 주의해 기억할 필요가 있다.

그러한 가운데 개정요구사항으로 짜여졌던 주요한 것은 다음과 같다.

① 호주제의 폐지, ② 친족범위의 조정, ③ 동성동본불혼제의 폐지, ④ 귀속불명재산의 부부공유추정, ⑤ 이혼배우자의 재산분할청구, ⑥ 협의이혼제도의 합리화, ⑦ 부모의 친권공동행사, ⑧ 적모서자관계와 계모자관계의 시정, ⑨ 상속제도의 합리화, ⑩ 유류분제도의 신설, ⑪ 기타 혼인성년제 등이다.[8]

이들 각 항목은 그 내용의 설명이 빠진 제목만의 나열이기 때문에 그 가족법 전체와의 상충 내지 개정의 폭이 어느 정도인지 확실하게 알 수 없을 수도 있지만, 그 실제는 기존의 가족법 전체를 다시 짜자는 논설이나 마찬가지다. 이와 같은 내용이 그 배경세력의 여세에 힘입어 "민법 중 개정법률안"으로 제출되기까지 하였으니, 당시의 사회현실에 가족법의 진정한 발

---

8) 김용한, 『친족상속법』, 박영사, 2004, 171면; 배경숙, "가족법개정의 경과과정과 그 배경,"『가족법개정의 제문제논집』, 한국여성유권자연맹, 1985, 101-102면.

전을 위한 생각만이 아니었으리라는 것은 그 이후의 연결로 미루어 보아 너무도 자명하다. 사회·경제적으로 크나큰 어려움에 싸여 있고, 정치적으로는 눈먼 장님의 시대였는데, 거기에 가족법의 개정요구까지 맞장구쳤음은 우연이라고 하기에는 너무 지나치다고 하지 않을 수 없다. 정치적·사회적 불안을 눈감아 넘기면서 돈 한 푼 들이지 않고 그 주도 세력의 손길을 낚아챌 수 있는 호기를 어느 바보 정치인인들 놓치겠는가?

이러한 우여곡절 내지 애절한 울부짖음 속에 개정의 결과로 얻어진 것이 1977년의 가족법개정이다. 그 중요사항은 다음과 같다. ① 혼인을 하려고 할 때 부모 등의 동의를 얻어야 하는 연령의 하향조정(제808조), ② 혼인에 의한 성년의제제도(成年擬制制度)의 채택(제826조의2), ③ 귀속불명재산(歸屬不明財産)의 부부공유추정(제830조), ④ 협의이혼시의 가정법원의 확인(제836조 제1항), ⑤ 친권의 부모공동행사(제909조 제1항), ⑥ 특별수익자의 수증(受贈)에 따른 상속분의 조정(제1008조), ⑦ 법정재산상속분의 조정(제1009조 제1항 본문, 제3항), ⑧ 유류분제도(遺留分制度)의 채택(제1112-제1115조) 등이다.[9] 개정요구사항이 모두 받아들여진 것은 아니지만 종래 외국의 입법례에 비하여 낙후된 것으로 지적되었던 항목이나 결여되었던 제도가 폭넓게 개정되거나 채택되었음은 그나마 크나큰 성과라 할 수 있다.

여기에서도 그 개정사항의 옳고 그름을 떠나 가족법의 개정이 정치적인 상황의 변화와 맞물려 추진·성취되었다는 점이다. 법의 개정이라는 것이 사회의 필요성 내지 일부 계층의 이해관계와 무관할 수는 없지만, 우리의 가족법개정은 어려운 정치상황의 방파제 내지는 돌파구 역할을 해주면서 이루어졌음은

---

9) 김용한, 전게서, 31면.

참으로 부끄러운 일이 아닐 수 없다. 실제로 가족법의 개정에 얼마나 신경을 썼느냐고 물어보면, 이미 죽어 땅 속에 있는 사람도 "나는 잘 모르지"라고 하며 빙긋이 웃을 노릇이다. 그러면서도 아직도 개정요구가 뒤따를 수 있는 사항이 남아 있음은 그야말로 우리사회의 변혁이 어느 방향으로 어떻게 이루어질 것이냐와 맞물려 적지 않은 논란이 있게 될 것임을 안고 지나가는 도정의 일부라 하지 않을 수 없다.

3. 1990년의 개정

1980년대의 후반 즉 "88 서울올림픽"을 치르고 난 다음의 우리나라 사회현실은 그 진향(進向)이 어디로 잡힐지 불확실했다. 사회·경제의 설자리가 제대로 잡히지 않은 채, 각 분야에서는 자기 욕구를 챙기기 위한 목소리를 높였던 것은 그 하나의 단면이라 할 수 있다. 여기에 가족법개정은 아주 좋은 먹거리로 잡히기에 안성맞춤이었다. 왜냐하면 정부에서는 크게 부담을 떠맡지 않으면서도 전 국민에게 무엇인가 한다는 폭염을 뿌릴 수 있었기 때문이다.

그 대강을 간추려 소개하면 다음과 같다. ① 친족범위(親族範圍)의 조정(제777조), ② 호주제도(戶主制度)를 존치하면서도 종래의 호주권을 거의 삭제함, ③ 적모서자관계(嫡母庶子關係)와 계모자관계(繼母子關係)를 시정함, ④ 약혼해제사유의 일부 개정, ⑤ 부부동거장소규정의 개정, ⑥ 부부공동생활비용의 공동부담(제833조), ⑦ 이혼시 자녀의 양육책임규정의 시정과 면접교섭권의 신설, ⑧ 이혼배우자의 재산분할청구권(財産分割請求權)의 신설(제839조의2), ⑨ 입양제도의 조정, ⑩ 가(家)를 위한 양자제도의 폐지(사후양자제도〈死後養子制度〉와 유언양자제도〈遺言養子制

度〉의 폐지는 크나큰 변화라고 할 만함), ⑪ 부모의 친권행사를 조정함, ⑫ 기혼자의 후견인의 순서를 조정함, ⑬ 상속제도의 부분적 개정에 따른 상속인의 범위축소(제1000조 제1항), 호주상속인의 가분급(加分給) 폐지 등이다.10)

이러한 여러 사항의 개정추진과 그 결과를 혁신적인 가족법의 대수술(大手術)이라고 하는 견해도 있지만, 그것은 개정을 전제로 한 평가에 지나지 않고 그렇게 개정됨에 따른 이후의 가족생활의 변모나 사회일반에 미치는 영향은 전혀 도외시한 일종의 편견임을 밝혀두고자 한다. 당해 관련조항은 그것을 지켜야 할 특수한 경우에 해당 당사자들에게 한정적으로 적용될 따름인데 실제의 가족생활이 얼마만큼 흐트러졌는지는 다음의 예에서 잘 알 수 있다. 이혼율(離婚率)이 급격히 높아졌다든지,11) 부모를 특정한 사람이 꼭 모셔야 되는 것이 아니라든지, 친족끼리 상속을 하면서 그 분쟁이 늘어났다든지 등등 가족생활의 온갖 주변을 어수선하게 만들어 놓았음은 웬만한 사람이면 다 아는 사실이다. 이러한 변화 속에서 이득을 확보한 사람도 있을 것이다. 그렇지만 그러한 과정에는 다른 많은 사람의 아픔이 깃들어 있고, 그것이 사회불안의 요인을 심어가는 씨앗이 될 수 있음도 알아야 했는데 그렇지 못했음은 매우 유감된 일이다.

---

10) 김용한, 전게서, 32-35면; 박동섭, 『친족상속법』 3정판, 박영사, 2009, 21-24면.

11) 한봉희, 『가족법』, 도서출판 푸른세상, 2005, 117면. 이러한 점에 관한 염려를 위하여, "의식구조의 개선"이나 "상담(Counseling)"의 보급 등이 필요하다는 제안(이화숙, "판례에 나타난 이혼사례연구", 「가족법연구」 제2호, 한국가족법학회, 1988, 323-324면 참조)이 있었으나 그 활용의 실효성은 의문이 아닐 수 없다.

4. 2005년의 개정

가장 최근인 2005년의 가족법개정은 실제로 민법제정 이래 근근이 그 맥락을 이어온 가족생활의 전통적인 줄기를 송두리째 끊어버리는 발칙한 사회변혁의 한 단면이었다. 새로운 개혁세력인 것처럼 들어선 일단의 정치세력을 등에 업고, 밀어붙여 성공이나 거둔 것처럼 쾌재를 불러일으킨 무모한 걸작이라 하지 않을 수 없다. 지금까지 호주(戶主)이면서 가장(家長)이었던 아버지를 그저 "아버지"라고만 부르면 되니 좋을지도 모르겠지만, 거기에 깃들어 있는 다른 요소는 의미 없었던 족쇄로 낙인 찍힌 채 묻혀버리고 말았다.

그 구체적인 것은 다른 기회에 논하기로 하고 여기에서는 그 개정사항만을 집고 넘어가기로 한다. ① 호주제도(戶主制度)의 폐지. 이와 함께 민법이나 다른 법에서 호주에게 인정했던 법률효과도 모두 발생할 수 없게 되었다. ② 가족범위(家族範圍)의 개변. 종래 호주를 중심으로 하여 짜였던 가(家)를 없애버리다 보니 그 가족의 구성원도 사뭇 달라졌다. 즉 ⅰ) 배우자, 직계혈족 및 형제자매, ⅱ) 직계혈족의 배우자, 배우자의 직계혈족 및 배우자, 배우자의 형제자매(생계를 같이 하는 경우)를 가족으로 하는 것으로 규정하였는데, 이에 따라 가족으로 되는 경우를 생각해 보면 그 생활공동체(生活共同體)는 그야말로 이상한 연결모임의 표본이라 할 수 있음은 굳이 설명을 하지 않더라도 짐작할 만하다. ③ 자녀의 성(姓)과 본(本)의 연결원리의 변경. 종래의 전통적인 범례와 크게 달라진 것으로 "부모가 혼인신고를 할 당시 모(母)의 성(姓)과 본(本)을 따르기로 한 경우"에는 모의 성과 본을 따르게 한다는 점이다. 성과 본이 합쳐져 어느 개인의 부계혈연(父系血緣)을 밝혀주는 것이었는데, 이러한 개변은 앞으로 기존의 혈연질서를 크게 어지럽힐 수밖에 없다. ④ 입부혼제도(入夫婚制度)의 폐지. ⑤ 동성동본불혼제(同姓同本不婚制)(제809조 제1항)의 폐지와 근친금혼(近親禁婚) 범위의 조정. 이 조항의 폐지는 실로 친족질서의 혼란 내지는 무질서를 몰고 올 크나큰 걸림돌이 될 것이다. 예를 들어 일가(一家) 속에 그 항렬이 뒤얽혀 호칭도 제대로 정할 수 없는 경우를 생각해 보면 쉽게 추단될 수 있는 일이다. ⑥ 재혼의 경우 대혼기간(待婚期間)의 폐지. 여자의 경우 "혼인관계의 종료 후 6월이 지나지 않으면 혼인할 수 없다"는 규정을 폐지한 것으로 문구로만 보기에는 단순한 개정에 불과할지 모르지만 실제로는 풀기 어려운 상황이 빚어질 수 있음을 주의할 필요가 있다. ⑦ 친생부인(親生否認)의 소(제847조)에 관한 규정의 정비. ⑧ 친양자제도(親養子制度)의 신설(제908조의2 내지 제908조의8; 입양제도에 의한 사회구제의 한 부면을 구현하려는 측면은 이해할 수 있지만, 우리사회의 친족감정에 비추어 그 실효성은 두고 보아야 할 일이다). ⑨ 신분적 법률관계에 관련된 기간의 연장 또는 단축(제864조, 제865조, 제1057조), ⑩ 특별 한정승인제도(限定承認制度)의 도입(제1019조 제3항). 11) 기타 용어의 정리. ⅰ) 미성년자가 친권에 "복종한다"는 것을 친권에 "따른다"로 고쳤고(제910조, 제921조 제2항), ⅱ) "친권행사자"를 "친권자"로 고쳐서 친권의 위압적 색채를 제거하려는 흔적을 남겼다.[12]

이와 같은 개정은 실로 친족법을 다시 제정한 것이나 마찬가지의 충격을 던져주는 것이다. 우리사회의 현실을 좀 더 정성껏 살펴보았다고 하면 이러한 개정의 추진도, 입법화도 이루어지지 않았을 것이다. 당시 어설픈 정치체제의 변화에 붙좇아

---

12) 박동섭, 전게서, 22-28면.

마치 그 기초이념이 의심스러울 정도의 풋내기 정치세력의 기
존의 전통관념체계를 무너뜨리려는 시도의 일환으로 호주제도
의 개정을 밀어부쳤으니 이러한 개정의 실효성 여부는 개정에
의 찬반을 떠나 진지하게 다시 한번 점검되어야 할 것으로 생
각한다.

Ⅳ. 개정법규의 현실적합성과 발전적 과제

1. 개정규정의 적합적 한계성

친족법의 개정된 과정과 그 개정사항을 간추려 소개해 보
았는데, 이러한 추이는 우리 가족생활(家族生活) 내지 친족생활
(親族生活)이 어떠한 기틀 위에서 영위되어야 하는지를 한 눈에
알 수 있게 해주는 것이기도 하다. 지난 수십 년에 걸쳐 사
회・경제의 각 부면에서 그 변화가 다양하고 급격하게 이루어
졌음은 누구나 잘 아는 사실이고, 그 변화에 따른 존속원리(存
續原理)도 크게 달라졌음은 두말할 필요도 없다. 즉 기존의 존
속기반을 유지하면서 새로운 자기 발전도 모색해야 하는 것은
그 가장 두드러진 구조적 요구라 할 수 있을 것이다.

가족법의 개정에 따른 해석・적용도 이에 못지 않는 유의
할 점을 안고 있는 법의 한 부면이라 할 수 있다. 그 몇 가지
만을 예로 들어 논급해 보고자 한다.

첫째, 법정분가제(法定分家制)와 같은 것은 그 장단점을 고
려하지 못하고 수많은 "가(家)"의 출현을 가져오게 한 제도의 변
모였다고 할 수 있는 일이다.[13] 그에 따라 우리 전통의 "가(家)"

원리는 반쯤 죽어버렸다. 즉 아버지의 사망시를 주로 하여 이루어지던 분가가 "혼인하면"이라는 제도의 틀에 묶여 할 수밖에 없는 형태로 바뀐 것이다.

둘째, 상속분(相續分)의 조정은 실제로 심각한 문제를 현실적으로 빚어낸 것이 사실이다.[14] 전래의 가족생활 내지 친족생활에서 재산상속과 관련하여 문제를 일으키는 경우는 거의 없고, 그것도 숨겨진 채로 해결되는 것이 보통이었다. 그렇지만 상속분이 달라지다 보니, 잠복적이던 이해분쟁의 고리는 여러 측면에서 각양각색으로 터져 나오게 되었다. 이에 관한 법적용은 매우 어려운 일이 되고 말았다. 가족법의 경우 법의 해석은 엄격하고 그 적용은 공정하게 할 수밖에 없지만 그것이 몰고 올 생활현실의 또 다른 면을 놓쳐서는 안 되는 일면이 있다. 상속분과 관련된 분쟁이 제대로 해결되지 못하여 형제자매나 근친자와의 불화로 이어지는 경우 실로 법으로는 풀 수 없는 난제가 되고 만다.

셋째, 친족의 범위(제777조)를 문제삼아 개정한 점이다. 사회마다 똑같지는 않겠지만 우리사회 전래의 생활형태로는 부계(父系)와 모계(母系) 사이, 혈족(血族)과 인척(姻戚) 사이에 일정한 한계를 다르게 정했던 것은 사실이다. 그것은 사회현실의 생활양상을 기초로 하여 짜 맞춘 하나의 틀이다. 그것이 남녀평등에 반한다는 아주 초보적이고 유치한 주장은 사회생활의 실상을 모르고, "안다고 한다면 정말 모르는" 쪽의 말이라고 할 수밖에 없다. 더구나 개정의 결과 일괄적인 친족의 범위가 크게 늘어난 결과를 빚어낸 것은 우스운 일이다.

---

13) 졸고, "한국가족법의 구조적 특색과 낙후성의 문제," 「강원대 논문집」 제14집, 강원대학교, 1980.12, 365면.
14) 대법원 2001.11.27. 선고 2000두9731 판결.

넷째, 유류분제도(遺留分制度)의 채택과 관련하여서도 지금까지의 적용실례 또는 판례를 통하여 알 수 있는 바이지만,[15] 그 적용은 결국 형제자매의 결별, 더 나아가 가족생활의 파탄으로까지 비화하는 경우가 적지 않다. "그렇게까지 하지는 말았어야지"하는 때는 이미 늦어버린 시점이다. 유언의 자유를 제한하면서까지 확립된 이 제도의 목적성과 현실적 한계성이 아주 다르게 드러난 한 부분이기도 하다.

다섯째, 이혼시의 재산분할청구권(財産分割請求權)은 그 본래의 취지[16]는 좋지만, 현실적으로 "부부 당사자 쌍방의 협력으로 이룩한 재산의 액수"를 따져내기란 쉽지 않고, 현행 민법상의 부부별산제(夫婦別産制)의 원칙에 비추어 볼 때, 당사자 간의 문제일 뿐만 아니라 이해관계 있는 제3자와의 관계와 중첩될 가능성이 매우 높은 사항이다. 이러한 점을 생각하면 그 문구의 해석과 실제의 적용에 어려움이 따를 수밖에 없는 문제이다. 여기에 어느 정도의 공정성이 확보될 수 있을지 의문이 아닐 수 없다.

여섯째, 동성동본불혼제(同姓同本不婚制)의 폐지에 관해서 각 개인이나 목적단체의 추구하는 바에 따라 그 견해가 다를 수 있지만, 지금까지 일반인에게까지 보편적으로 알려져 있는 일종의 사회금률(社會禁律)을 떨어버린다는 점에서는 그 수긍의 폭이 좁을 수밖에 없을 것으로 생각한다. 실제로 동성동본불혼의 원칙은 혼인과 관련된 사회질서의 중요한 부분이다. 이 금률(禁律)의 폐지는 그것으로 그치는 것이 아니고, 성(姓)에 관한 전반적인 뜻을 다시 생각하게 하는 계기를 꽂은 셈이다. 우리사회에

---

15) 대법원 2005.6.23. 선고 2004다51887 판결; 대법원 2002.4.26. 선고 2000다8878 판결; 대법원 2001.9.14. 선고 2000다66430, 66447 판결.
16) 김용한, 전게서, 157면.

서 성이 차지하는 중요성은 아직까지 의미 있게 살아 있다. 어느 정도의 규범력을 지니고 신분관계에 영향을 미치게 될 것인지는 우리사회의 진운에 따라 달라질 것이다.

일곱째, 호주제도(戸主制度)에 관하여는 그 폐지의 논란이 너무나 오랜 동안, 여러 사람이 관여해 전개되었기 때문에 자세하게 말할 필요는 없고, 다만 그 폐지가 가족생활에 어떠한 영향을 미칠 것인지는 미지의 변수다.[17] "일정한 사람을 중심으로 한 가족생활의 기본적인 틀"이라고 보는 입장에서는, 우리사회에서의 가족생활의 변모를 염려하지 않을 수 없는 것은 분명한 사실이다. 어쨌든 폐지된 대로 가족원의 공동생활이 안정적으로 정착하게 되면 사회질서의 유지에는 물론 사회발전에도 크게 도움이 되는 것이라 할 수 있다.

2. 아직도 남아 있는 과제

(1) 인공출산자의 법적 지위

임신의 기피 또는 불능과 함께 인공적 임신(人工的 妊娠)에 의한 자녀의 출산은 적지 않은 사회적 또는 법률적 문제를 야기시킨다. 인공적 임신이 출산을 위한 보조수단으로 사용되는 한에서는 현재의 적출추정규정(嫡出推定規定)만으로는 해결하기 어려운 경우가 너무 많이 생길 수 있다. 그것은 단순히 "혼인중의 출생자로 되느냐", "혼인외의 출생자로 되느냐"와 같은 문제에 그치는 것이 아니고, 때로는 "부모가 없는 자녀의 출산"이 생겨날 수도 있을 것이기 때문이다.

물론 자녀의 출산은 철저하게 혼인의 결과로 한정시켜 버

---

17) 졸고, "호주권의 변화를 통해 본 가족법," 「법학논총」 제17집, 한양대학교 법학연구소, 2000.10, 170면.

리면 그다지 큰 문제가 없겠지만, 그렇지 못한 현실을 감안한다
면 이에 관한 적절한 법적 근거가 마련되어야 할 것으로 본다.

(2) 자녀의 복리

부모와 자녀는 혈연(血緣)에 기초하여 생래적으로 맺어지므
로 다른 어느 관계보다도 긴밀한 신분관계이다. 당사자의 이해
가 엇갈리는 것이 아니라 부모의 이익이 곧 자녀의 그것으로
이어지는 관례이다.

그러나 부모의 자녀에 대한 우월적인 지위 또한 부인할 수
없는 사실이다. 그렇기 때문에 부모의 자녀에 대한 권리의무관
계를 어떻게 짜느냐에 따라서 자녀의 성장과 관련된 복리는 크
게 달라진다.

현행 민법상의 친권도 의무성을 띤 권리[18]라고 보아야 하
겠지만, 개별적인 조항은 자녀의 복리 또는 의사존중을 충분히
반영하였다고 보기 어려운 점이 있었다. 또한 지난 몇 차례의
개정에서 이 점을 크게 중요시하지 않은 것도 사실이다. 친권
의 부모공동행사(父母共同行使), 이혼 후의 양육권(養育權)을 부모
중 누가 갖느냐에 개정의 주안이 주어졌던 것만을 보더라도 그
실상을 잘 알 수 있다. 사실 자녀는 부모의 친권에 따라야 함
은 물론이지만, 또한 "그 신체와 의사에 기초하여 자라나는 성
장주체"임이 더 중요하다. 이렇게 보면 친권이 부모의 지배권일
수 없고 "감호교육의무(監護敎育義務)"라는 것이 바로 나온다. 최
근 친권행사에 자녀의 의사가 존중되어야 한다는 논의가 진지하
게 제기되는 것도 이러한 추이에서 이해되어야 한다고 본다. 한
걸음 더 나아가 친권에 따른 보호·양육을 기대할 수 없는 경우

---

18) 김용한, 전게서, 171면.

를 위한 방도가 강구되어야 할 것이다. 이론뿐만 아니라 사건·
사고에 따른 미성숙 독신아의 보호·양육은 어느 사회에서든지
최선의 해결책이 강구되어야 하는 난제가 아닐 수 없다.

(3) 노인부양

의술의 발달과 약품의 보급에 따라 사람의 평균수명은 점
차적으로 연장되어 왔다. 또한 산아제한이나 출산기피로 신생아
가 적어지다 보니 인구 중에 노인의 수는 상대적으로 더욱 많
아져, 고령화사회(高齡化社會)라는 말도 그렇게 낯설지 않게 주
고받게 되었다.

노인의 수가 많아진다는 것 자체가 일반적으로는 크게 문
제될 바 없겠으나, 그 구체적인 생활을 누가 어떻게 가능하게
해주느냐의 문제는 그렇게 간단하지 않다.

사회보장(社會保障)과 연금제도(年金制度)가 충분하지 못한
현재의 우리 실정으로는 노인문제가 너무나 갑작스럽게 대두된
현안이 되어 버렸다. 자기의 재산이나 노동에 의거하여 살아나
갈 수 없는 노인, 그 수가 적지 않을 때 이는 실로 아주 심각
한 사회문제가 아닐 수 없다.[19)]

현행 민법의 규정으로는 노인부양은 직계혈족 간의 상호부
양(제974조 제1호)에 맡겨져 있는 셈이다. 부모와 자녀 또는 조
부모와 손자녀로 이어지는 직계혈족, 이들 사이에서 일정한 정
도의 생활을 가능하게 해 주는 것이 그렇게 어렵지 않음도 사
실이다. 그러나 그 어렵지 않은 일이 제대로 이루어지지 않을
때, 자기의 부모이고 조부모인 노인(老人)은 바로 제대로 살아갈
수 없게 되고 만다. 직계혈족이 있으면서도 부양받을 수 없는

---

19) 신영호, "고령사회의 도래와 친족법상의 과제,"「안암법학」Vol. 20,
    안암법학회, 2005, 149면.

노인, 이는 곧 가족생활이 변모해가는 일단상이다.

현실적으로 강제이행(强制履行)에 의거한 부양이 쉽지 않은 우리의 생활실제를 감안할 때 노인부양은 단순한 친족부양의 한 형태로 존치하는 것보다 자녀의 직접적인 의무로 이어지는 부양으로 정비하는 것이 바람직한 것으로 생각한다. 또한 그 방법과 정도를 명시하여 그 실천의 기준으로 삼아야 할 것이다.

(4) 기　타

이 밖에 가족법의 개정에 의하여 더 많은 역할을 떠맡게 된 가정법원(家庭法院)의 인적·물적 조직이 확충되어야 하겠다. 기존 조직 및 할당공무원만으로는 점증하게 될 가사사건(家事事件)을 세밀히 신중하게 처리하기 어려울 것이기 때문이다. 또한 가사사건의 특수성에 맞추어 담당 재판관도 전문화되어야 할 것으로 본다.

이와 함께 많은 조항이 개정된 가족법의 해석·적용도 우리 생활의 실제와 괴리되지 않게 이루어져야 할 필요성이 절실하다. 그 적용에 의하여 신분생활의 혼란 또는 가족의 해체가 촉발·가중되는 경우 그것은 다시 사회 일면이 무너지는 혼란으로 이어질 것이기 때문이다. 가족생활은 구성원 각자의 생활이자 그 전부의 공동생활임을 주의할 필요가 있다. 그리고 그 분쟁사건으로 드러난 신분관계는 판결의 정밀도 못지않게 상호의 관련성까지 고려하여 체계적으로 정비해 나감으로써 현재의 가족생활뿐만 아니라 앞으로의 변화에도 대처할 수 있는 생활구도를 짜나가야 한다 하더라도 그렇게 잘못된 것이 아닐 것이다.[20]

---

20) 졸고, "친족법개정의 한계와 발전적 과제,"「민사법학」제9·10호, 한국민사법학회, 1993.7, 489면.

V. 결　어

　　민법의 제정 이래 수차의 개정으로 가족법의 규정사항은 크게 달라졌고, 더 나아가 당해 법의 기본 틀이 바뀌어 버렸다고 해도 지나친 말이 아니다. 그 중의 몇 가지를 간추려 맺음말로 삼고자 한다.

　　지금까지의 민법개정으로 바뀐 부분이나 내용이 전래의 친족 내지 가족생활에서 지켜졌던 내용들과는 크게 다르고, 그에 따라 현실적으로 빚어지는 문제점도 어느 일정한 기준에 맞추어 정리하기가 어렵다.

　　가족법의 규정사항으로 되어 있으면서 개정요구에 따라서는 그 근거가 달랐고 어느 경우에는 임시방편적인 헛소리까지 끼어들어, 가족법의 실상은 한마디로 말하여 억지로 쌍꺼풀수술을 시킨 모습과 크게 다르지 않다. 그렇게 개정된 원인 중의 책임적인 요인은 가족법의 개정이 정치적인 필요성과 맞아떨어져 나름대로의 결실로 이루어졌음에 있다 할 수 있는데, 그러한 연결에 의한 개정작업은 결국 가족법을 매끄럽지 못한 법이 되게 하기에 충분했다.

　　한국사회의 낙후적인 병폐가 가족제도 내지 호주제도에 있었던 것으로 몰아붙였던 흥덕으로 결국 가제도(家制度)가 없어지게는 되었지만, 가족이라는 것이 일정한 신분연결자(身分連結者)들의 모임으로는 자연스러울지 모르겠지만 다른 한편으로는 이것저것 모여 사는 공동체로 비치기에 부족함이 없다. "자기(自己)로서의" 개인은 의미 있게 자라나게 될지 모르겠지만 "가족원으로서의" 개인은 그 의미를 찾아보기 힘들다. 그냥 가족원일 따름이다.

이러한 가족사회의 변모에 가족법의 개정은 적지 않은 영향을 미쳤다고 본다. 법정분가제의 채택으로 대가족제도의 기틀이 무너지게 된 것을 비롯하여, 친족범위의 조정, 상속분의 가감적 조정, 유류분제도의 채택, 이혼시의 재산분할청구권, 동성동본불혼제의 폐지, 그리고 호주제도의 폐지 등등 실로 민법제정 당시의 가족법규정과는 사뭇 다르게 변형되었고, 그것은 각각 작금의 그 사회적 필요성에 맞추어 폐지, 개정, 채택되었다고 하겠지만, 가족생활의 구심점을 이루는 "가(家)"라는 구성체의 유대를 약화 내지 이완시키는 데 직접·간접으로 연결되어 있음은 어렵지 않게 추단할 수 있는 일이다. 그것이 좋은 생활부면으로 나타나리라는 보장은 전혀 없다. 반대로 부부의 갈등, 자녀의 양육, 노인의 생활보장, 심지어 혼인의 기피, 출산의 거부 같이 사회의 존립을 위태롭게 하는 현상의 출현도 "그저 어쩔 수 없지"하고 돌리고 말아야 하니 참으로 안타까운 일이다.

이와 같은 점을 곰곰히 생각해 보면 이들 각 사항에 관한 문제점의 파악 그 대책수립이 뒤따라야 할 것임은 뒤늦기는 했지만 서두르지 않을 수 없는 일이다. 그렇지 못할 경우 신분관계를 깔고 이루어지는 사회진전은 어두운 쪽으로 기울어질 수밖에 없다. 이에 덧붙여 새로이 개변·채택된 법조항의 해석·적용에 있어서 다각적으로 검토되어야 할 것은 물론 "안정된 사회의 요구"에 맞는 합목적성이 제대로 구현되어야 한다고 본다.

제3장

이혼원인의 다양성과 법적용의 문제점

I. 머 리 말

배우자가 되어 살아가는 부부는 가깝고 멀고를 따지는 것이 필요 없을 만큼 그 자체 처음이자 끝이요, 바로 목적으로서의 공동생활체이다. 그렇기 때문에 여유 있게 잘 살아가면 살아가는 대로, 어렵게 산다 하더라도 그런대로 뜻이 있다. 잘 살고 못 사는 것이 문제가 아니라 그저 살아가면 거기에 뜻이 서리게 된다.

그러나 살아가기 어렵게 되거나 심한 파국이 생긴 경우에는 문제가 다르다. 당사자의 배우자관계가 해소되는 데 그치는 것이 아니라 그것은 곧 한 가정의 어려움으로 심한 경우에는 파멸까지 몰고 오게 되기 십상이다. 더 나아가 그것이 쌓이고 겹쳐 사회의 안정기반이 흔들리게 되는 한 요인이 되기도 한다.

최근 우리사회의 급격한 변모는 극을 달리는 지경이라 할 수 있고, 이와 함께 각 가정의 생활도 크게 달라지고 있다. 그 중에서 부부의 지위가 실생활 곳곳에서 같아진다든지, 자녀의 건전한 양육이나 복리 그리고 노인의 복지안정이 제고되는 일은 좋은 예라 할 수 있다. 이와 달리 가정의 불화, 더 나아가 부부의 이혼 등도 뒤따르는 것은 부정적이면서도 어쩔 수 없는 양상인지도 모른다. 또한 그 원인도 다양하고 복잡한 것으로 되어 있다. 우리의 생활안정을 그르치는 심각한 요인이 아닐 수 없다.

이 장에서는 이혼을 촉발시키는 여러 요인을 사항별로 검토해 보고, 그것이 우리 사회에서 지니는 특성 내지 영향을 고찰하고자 한다. 그것은 곧 현행 가족법에 규정되어 있는 이혼사유(離婚事由)가 어느 정도의 실효성을 가지고 적용될 수 있는지를 살펴보는 것이 되기도 할 것이다. 그렇게 하여 이혼에 관한 기본원리인 유책주의(有責主義)와 파탄주의(破綻主義)의 적용에 따른 한계적인 단면을 적시해 보고자 한다.

II. 이혼의 불가피성

한 사람의 남자와 한 사람의 여자로 하여금 부부(夫婦)가 되게 하는 것은 당연한 숙명적인 측면이 있는가 하면 그 목적적인 측면도 결코 묵과할 수 없는 속성을 지닌다. 그 답은 그저 "부부답게 잘 살아야 한다"라고 간단하다. 부부로서 정상적인 공동생활을 해나가는 데 그 오묘한 뜻이 깃들어 있다고 해도 지나친 말이 아니다. 처에 대한 남편 또는 남편에 대한 처의 신분은 다른 어느 것과도 비교할 수 없는 특별한 지위이다. 그리고 이에 못지않게 남편과의 생활, 처와의 생활은 중요하다.

부부생활을 해서 일정한 결과를 생겨나게 하는 것, 그것은 부차적인 것일 따름이다. 재산을 모으거나 명예를 얻거나 심지어 자녀를 두는 것까지도 부부생활에 갈음할 수 있는 성질의 것은 아니다.

부부생활은 그 자체 자기를 자기 되게 하고 아울러 남과의 어우러짐이고, 육체와 정신 모두에 걸쳐 영향을 미치는 합일작용이라 할 수 있다. 따라서 그 속에 즐거움과 만족이 있다. 다른 어느 생활이 그 호화 여부를 떠나 부부생활만큼 즐거운 영역은 없다. 부부생활보다 다른 생활이 더 즐거우면 그것은 잘못된 일이다. 다른 생활이 지나치거나 부부생활을 제대로 해나가지 못한 것이거나, 아니면 비교의 잣대가 잘못된 결과일 것이다. 부부생활에는 그저 웃음이 따른다.

부부생활은 복리(福利)의 창출이다. 남자나 여자 혼자만으로는 이루지 못할 복됨과 이로움을 부부생활을 통해 끼고 품에 안을 수 있다. 그것은 정신적이거나 물질적이거나 아니면 이 둘을 아우를 수도 있다. 이 밖에 다른 것일 수도 있다.[1]

부부생활은 인간성이 총체적으로 발현되는 삶의 장이다. 인간생활은 어느 것이든지 곧 각자의 자기실현이다. 그러나 부부생활처럼 자기를 그대로 실현할 수 있는 생활 영역은 없다. 부부생활에서는 자기(自己)는 곧 생활이다. 생활을 해 나가는 ·사람이 아니라 그 사람이 곧 생활이다. 즐거움도 자기이고 어려움도 자기다.

이와 같은 부부생활은 하나하나가 양 당사자의 뜻이 그대

---

1) 정동호/신영호 공역, 『인류혼인사(人類婚姻史)』(Edward Westermarck, A Short History of Marriage), 세창출판사, 2013, 50면.

로 각인된 결과이고, 따라서 그 당사자를 그대로 드러내는 것이
기도 하다. 이러한 생활은 한시적인 것이 아니다. 조건적인 것
도 아니다. 그저 부부로 살아가면 되는 자족·충만의 그것이다.

　그런데 여기에 균열이 생겼을 때 그것은 사소한 것으로 끝
나는 것이 될 수 없다. 그것은 그 생활 전부에 걸쳐서, 그리고
각 당사자의 몸과 마음을 떨리게 하는 일이 아닐 수 없다. 그
생활기반 자체가 송두리째 흔들리는 일이다. 그리고 자녀를 비
롯한 가까운 일족 모두에 아픔의 아쉬움을 가지게 하는 것이
다. 그런데도 이 정황을 풀어내기는 결코 쉽지 않다. 그리하여
안출된 것이 헤어짐 곧 이혼이다. 아주 오랜 옛적부터 이혼제
가 있었음은 우연한 일이 아니다.[2] 그리고 근대적 사조의 영향
을 받아 혼인의 성립이 의사에 기초하고 있음에 비롯하여 합의
에 기초한 협의이혼(協議離婚)을 도출하게까지 되었다. 우리사회
의 사정도 이와 크게 다르지 않고 다만 그 구체적인 사유나 원
인이 조금씩 다름은 각 사회의 특성상 당연하다 하겠다.

　부부로서 살아가기 어렵게 만드는 원인이나 사유는 그 생
활이 다양한 만큼이나 많다. 그리고 가지각색이다. 그것은 부부
각자의 특정한 잘못에서 생겨날 수도 있고 그렇지 않을 수도
있다. 살아갈 수 없는 원인이 부부의 어느 일방 또는 쌍방의
잘못 즉 책임사유(責任事由)가 있는 경우에는 그 잘못을 기준으
로 하여 이혼을 해야 하는지의 여부를 따지면 된다.[3] 이러한
경우에는 그 처리가 그렇게 어려운 것이 아니다. 왜냐하면 잘
못의 규명이나 평가를 정확하게 하면 그런대로 해결의 실효를

---

2) 현승종, 『로오마법원론』, 일조각, 1969, 262면; 김두헌, 『조선가족제도
　연구』, 을유문화사, 1949, 595면.
3) Bromley P. M., Family Law(5th. Ed.), Butterworth & Co., 1976, p.
　163.

거둘 수 있을 것이기 때문이다.

이와 달리 부부 각 사람에게 잘못이 없는데도 살아가기 어렵게 된 경우에는 그 해결의 실마리를 찾기 쉽지 않다. 어느 한 사람 또는 두 사람 모두에게 책임을 물을 수 없기 때문이다. 더욱이 부부는 서로 잘 아는 사이이다. 그러므로 "상대방이 그렇게 하지 않았더라면 살아가기 어렵게 되지 않았으리라"는 탓이 바로 나온다. 혼인하기 전에는 몰랐던 성격차이, 새로이 생겨난 질병, 그리고 게으른 타성 등으로 말미암아 부부생활을 하기 어렵게 된 경우가 이에 해당된다. 서로 다른 취미생활이나 자녀교육에 대한 견해 차이도 마찬가지다. 서로 양보하고 고쳐야 하겠다는 말은 쉽게 하지만 실제로 그렇게 하기는 쉽지 않다. 서로 헤어져야 하겠다는 것은 곧 타협이나 생활 자체를 할 수 없게 된 한계국면이라고 보아야 할 것이다.

일정한 책임사유(責任事由)에 기하여 또는 그렇지 않은 경우라 하더라도 부부생활을 할 수 없게 된 것은 결국 이혼으로 해결할 수밖에 없다.4) 부부생활이 아니라면 잘못에 대한 사과(謝過) 또는 손해배상(損害賠償)을 하고 그런대로 살아갈 수 있을 것이다. 그러나 부부이기 때문에 그렇게 하는 것만으로 끝나질 않는다. 그러한 시도조차 무의미하다. 그것은 부부생활의 본지에 반하기 때문이다. 부부에 과실이 없는데도 살아갈 수 없다고 하였을 때 그대로 살아가게 하는 것은 어려운 생활의 강요에 지나지 않는다.

혼인이 계약으로 성립하고, 부부생활이 당사자의 의사에 기초하고 있음을 생각하면, 이러한 생활은 혼인의 제도적 목적에 반한다. 한쪽의 의사요소는 죽어 있는 꼴이기 때문이다. 그러한

---

4) Bromley P. M., a.a.O., pp. 240, 241.

생활 속에서 자기실현이 가능할까? 그렇지 못하다. 도리어 자기의 계발에 저해요인이 된다.

이혼을 조장하거나 지나치게 쉽게 할 수 있도록 해서는 안 되겠지만, 부부생활을 어렵게 만든 책임을 묻거나, 살아갈 수 없는 파탄상태(破綻狀態)를 끝나게 하는 한 방도가 이혼일 것임은 의문의 여지가 없다. 선택적인 방책이 아니라 어쩔 수 없는 방도임을 주의할 필요가 있다.[5]

이와 같이 이혼을 불가피한 법률제도로 인정한다 하더라도, 그 운용은 각 사회의 전통, 혼인관, 이혼 후의 생활, 자녀문제를 고려하여 이루어져야 할 것이다. 그렇지 않을 경우 이혼은 결국 혼인질서에 나쁜 영향을 줄 것이고, 그 혼란을 가져올 것이기 때문이다.

Ⅲ. 유책적 이혼사유

1. 배우자의 부정행위

혼인의 본질을 어떻게 보느냐에 따라 각각 다를 수는 있겠지만, 부부가 된 남녀는 혼인하지 않은 남녀, 또는 일상적인 사회생활 속에서 만나고 헤어지는 남녀관계와는 본질적으로 다르다. 혼인한 두 사람이 부부로서 살아간다는 의미 속에는 상대방 아닌 이성(異性)과의 문란행동 특히 성적 교접은 하지 않겠다는 것이 전제되어 있기 때문이다. 혼인을 하더라도 남자는

---

5) Harry D. Krause, Family Law(2nd Ed.), West Publishing Company, 1983, p.405.

남자이고, 여자는 여자다. 그렇기 때문에 남편은 부인 이외에 다른 여자를 생각할 수도 있고, 아내는 남편 이외에 다른 남자를 생각할 수도 있다. 그러나 그것은 생각일 뿐, 혼인을 한 이상 부부는 최소한 배우자로서의 의무에 구속되지 않을 수 없다. 남자도 그렇고 여자도 마찬가지다. 설령 동성(同性)끼리의 장난이라 하더라도 허용될 수 있는 성질의 것이 아니다. 상대방을 전제로 하는 성적 순결이라는 것은 혼인을 뜻 있는 사회제도로 남게 하는 핵심이라 할 수 있다.[6]

정절(貞節)의 의무에 위반하는 것은 부부로서의 상대방에 대한 결례 정도가 아니라 죄악이다. 한두 번의 잘못이 영원한 끝장으로 이어지는 경우가 있다. 가문의 명예를 실추시킨다든지, 사람의 생명을 잃게 되는 경우가 그것이다. 그것은 한 번으로 끝나는 것이다. 그러나 부부의 경우는 그렇지 않다. 아침에도 만나고 저녁에도 만나 늘 함께하는 셈이다. 그것도 특별한 필요에서 만나는 것이 아니다. 그저 함께하는 것이다. 여기에 문제가 있다. 어제 저녁에 외박을 한 남편이면서도 다른 일은 없었으려니 하고 그대로 대하는 것이 부부다.

부부로서의 남녀관계를 유지해 나가는 것은 그렇게 쉬운 일이 아니다. 그러면서도 없어서는 안 될 사회제도이기 때문에 그 개인적인 사정의 특수성이나 어쩔 수 없었음을 제시하는 경우가 많다. 그러한 사유 가운데 결코 넘을 수 없는 것이 남녀의 성적 순결이다. 그것은 곧 혼인이 배우자의 상대방에 대한 성적 순결을 전제로 한 것이라는 데서 그대로 명백하다.

혼인과 정절은 불가분의 관련성이 있다. 정절은 상대방에 대한 최소한의 기본적 예의이다(대법 1974.6.11.선고. 73므29 판

---

6) 신영호, 『가족법강의』, 세창출판사, 2010, 102면; 박동섭, 『친족상속법』, 박영사, 2009, 127면.

결). 예의를 제대로 갖추지 못했을 때는 그 갖추지 못한 사람은 마음이 편치 않고, 무한한 미안함을 느끼게 된다. 미안으로 생각하는 것은 자신일 뿐 그것은 상대방에게는 그것으로 끝나지 않는다. 그것은 상대방에 대한 죄악이다. 그것은 성적 결합이라는 혼인의 본지에 정면으로 반하는 것이다. 그렇기 때문에 부정행위는 바로 이혼사유가 된다. 그것도 가장 전형적인 이혼사유가 되는 것이다.

현행 민법에 배우자의 부정행위가 이혼사유로, 그것도 첫번째의 가장 중요한 이혼사유로 규정되어 있는 것(제840조 제1호)은 너무나도 당연하다. 그것은 배우자의 성(性)에 대한 배타적 지배에 대한 위반의 결과다. 거기에는 변명은 가능해도 그대로의 반박은 안 된다. 그만큼 부부 사이의 정절은 부부생활이 계속되어 나갈 수 있는, 나가기 위한 최소한의 요구라 할 수 있다.

유책적 이혼사유로 규정되어 있는 부정행위는 일부일처제(一夫一妻制) 또는 다른 혼인형태를 유지해 나갈 수 있게 하는 최소한의 장치다. 일부일처제에서는 특정한 1인의 상대방과의 성적 교접이 허용되고, 일부다처제(一夫多妻制)나 일처다부제(一妻多夫制)에서도 일정한 배우자와의 성적 교접만이 정당시됨을 주의해 볼 필요가 있다.

최근의 사회변동과 관련하여 부정행위로 인한 이혼이 증가하고 있는 것은 주목할 만한 사실이다.[7] 부정(不貞)은 혼인에 관한 의식과 관련하여 또는 당사자로서의 남녀에게서 그 원인을 찾을 수 있다. 어떻든 사회제도로서의 혼인과 관련시켜서는 매우 부정적인 요인임에 틀림없다. 혼인한 이상 배우자로서 한

---

7) 1991년 이혼사건 중 「배우자의 부정(不貞)」에 의한 것이 44%였던 것으로 밝혀진 바 있었다.

평생 살아나가야 할 것은 제도로서의 혼인의 최소한의 요구이기 때문이다.8)

다른 한편 남자로서의 본성(本性), 여자로서의 본성은 혼인하였다고 하여 달라지거나 지워지는 것이 아니다. 혼인한 남녀는 동체(同體)이면서도, 성으로서는 이성이다. 그것이 뒤바뀐다면 지금까지의 혼인개념은 크게 달라져야 한다. 여기에 혼인에 따른 성적 결합을 최대한으로 보장해 주면서도, 그렇지 못한 경우까지 보호해 주는 규정이 있으니, 그것이 「다른 일방이 사전에 동의하였거나 사후에 용서를 한 때에는 이혼을 청구하지 못한다」(제841조)는 것이 그것이다. 이것은 부부가 성적 공동체이면서도 그 개별적 특수성이 전제된 한정적 규정이라 할 수 있다(대법 1966.3.22.선고. 66므2).9)

2. 악의의 유기

혼인은 배우자가 된 남녀의 총체적인 공동생활을 본지로 하므로, 이를 위해서는 최소한 동거를 해야 하고, 부양을 해야 하며 협조를 하지 않으면 안 되는 것은 너무도 당연한 필연적 요구다. 이 최소한의 의무는 부부생활을 위하여 없어서는 안 될 것이기 때문에, 그 정도나 질이 문제되겠지만 이에 위반하는 것은 바로 이혼할 수 있는 사유가 되는 것으로 규정하고 있다.

동거(同居)는 부부로서 "같이 살아간다"는 것을 뜻하지만 단순히 일정한 장소에서 함께 지내는 것만을 가리키는 것은 아니

---

8) 교회법의 혼인불해소의 원칙은 부부 양 당사자의 성적 순결을 기본으로 하여 뜻을 지니게 되는 것, 불교에서의 오계(五戒)의 하나인 불사음(不邪淫)이 특히 혼인한 부부에게 긴요한 계율임을 상기해 볼 필요가 있다.

9) 신영호, 전게서, 131면.

다. 그렇기 때문에 장소적으로 떨어져 사는 부부라 하더라도 동거가 될 수 있으며, 같은 집에서 지내기는 하지만 동거라고 할 수 없는 경우도 있다. 한 집에서 기거하기는 하지만 육체적인 접촉이 없음은 물론 의사소통이나 즐거움을 함께하지 않고 지내는 것은 동거라고 할 수 없는 경우가 될 것이다.

부양(扶養)이라 함은 주로 먹고 사는 것에 관해서라고 하겠지만 "도와서 지낼 수 있게 해주는" 것을 말한다. 특별한 필요에 맞추어 각자 살아가기로 정한 경우라면 모르겠지만 그렇지 않은 경우에는 부부는 같은 정도의 의식주생활(衣食住生活)을 해야 한다. 남편은 잘 지내면서 아내는 곤궁하게 버려둔다든지, 아내는 호화롭게 지내면서 남편은 걸인행색(乞人行色)으로 전전하는 것은 정상적인 부부생활로 볼 수 없다. 이와 함께 한평생 각자 알아서 살아가기로 부부가 되는 것은 허용될 수 없다고 봐야 한다. 그렇기 때문에 이에 반하는 것은 바로 이혼사유가 되는 것으로 하고 있다(제840조 제2호). 그런데도 식생활조차 해결할 수 없어 우리의 간장을 싸늘하게 하는 것은 누구의 탓이라고 해야 할 일인지 쉬울 것 같지만 풀리지 않는 사회적 고민이 아닐 수 없다.

협조(協助)는 부부의 총체적인 생활 중 앞에 설명한 동거나 부양을 제외한 모든 부면에 걸쳐서 "힘껏 도와주는" 것을 말한다. 부부생활이 육체적 정신적 물질적으로 모든 면에 걸친 생활이고 보면, 협조는 이들 각 경우에 모두 잘 이루어져야 하는 것이라 할 수 있다. 경제적으로 풍요로우면서도, 육체적으로 건장하면서도, 모르는 것이 없는 두 사람이 부부생활을 원만하게 해나가지 못하는 경우는 어렵지 않게 찾아볼 수 있다. 조그만 무관심이 끝내 끝장으로 가기는 그렇게 어렵지 않다. 협조는 부부생활을 그 생활답게 꾸려나가기 위한 최소한의 요구라 할

수 있다. 부부로 살아가면서 협조를 잘 해야 하는 까닭이고, 아
울러 이에 기본적으로 반하는 것이 이혼사유가 됨은 당연하다
할 것이다.

이러한 세 가지 요소는 부부로서 생활해 나가는 데 없어서
는 안 될 사항이다. 그렇지 못할 특별한 사정이 있는 경우에는
이들 의무가 유보될 수도 있다. 부부이기 때문에 그러한 유보
가 의미를 지니는 것이다. 이해관계를 따져야 하는 남남의 경
우에는 기대하기 어려운 일이다. 그것을 현행 민법에서는 정당
한 이유로 파악하고 있다. 같이 살아서는 안 되거나 같이 살
수 없는 사유, 상대방을 위해주고 싶어도 그럴 수 없는 형편,
도와주려고 해도 그렇게 하지 못하는 사정 등은 그것을 왜 못
하느냐고 다그쳐 요구하거나 강요할 수 없는 예외가 될 수밖에
없다. 그러한 사정이나 형편이 풀리면 정상적인 부부생활을 해
나갈 수 있는 경우이다. 이를 현행 민법은 「정당하다」고 봐주
는 것이다.

정당하다고 인정할 수 없는 사유인데도 상당한 기간 또는
정도로 그 의무를 이행하지 않는 것은 결국 부부생활의 포기라
고 할 수 있다. 상대방과의 혼인생활을 하지 않겠다는 의사의
행동적 표시라고 할 수 있다. 따라서 이혼사유가 되기에 충분
하다.

경제적으로나 정서적으로 상위로 치닫는 요즈음 동거나 부
양 또는 협조의 의무에 위반하여 이혼하는 경우가 늘어나는 것
도 이들 여러 의무가 부부생활의 본질에 없어서는 안 될, 최소
한의 요구임을 보여주는 것이라 하겠다.[10]

---

10) 신영호, 전게서, 132면; 박동섭, 전게서, 177면.

3. 배우자 또는 그 직계존속에 의한 부당한 대우

부부생활은 일시적으로 살아버리고 끝내는 것이 아니고, 한 평생 또는 이혼하기까지는 지속적으로 이어져가는 데 그 특징이 있는 것이기도 하다. 경제적으로나 정신적으로 여유가 있으면 나름대로 그 생활에 따른 불편이 적겠으나 그렇지 못한 경우에는 생활상 갖가지의 어려움이 뒤따른다.

그것은 생활상 불가피한 것이요, 이겨내야 하는 것이다. 한 남자와 한 여자로 만나 부부로 살아가는 것은 참고 참으면서 서로를 이해하며 행복을 추구해 가는 시간과 공간의 엮음이다. 상대방을 계속적으로 이해하며 배우자로 대우하기란 그렇게 쉬운 일이 아니다. 더욱이 어려운 속에서 그렇게 하기란 일정한 구속이고 더 나아가 강요된 질곡이라고까지 할 수 있는 일이다. 자칫 부부로서 결합한 잘못, 앞으로의 희망, 자식에 대한 기대, 이 모두가 회한으로 묶이는 경우가 있다. 여기에 부부생활에 금이 가는 한 단면이 있다. 불편에 따르는 욕설, 구타, 폭행, 심지어 상해에 이르기까지 이 모든 것은 배우자로서의 상대방을 제대로 대우하는 것이 아니다. 그것도 한두 번에 그치는 것이 아니고, 때로는 계속적으로 이어지는 것이 보통이다.

부부로서 살아가더라도 상대방을 인격적으로 대우해야 하는 것은 기본이자 최소한의 요구라 할 수 있다. 자기를 하나의 존엄스런 인격체로 여기는 것과 마찬가지로 상대방도 똑같음을 알아야 한다. 상대방으로부터 배우자로서 정당하게 대우를 받는 것은 당사자로 하여금 혼인의 의미를 제일 쉽게 느끼게 하는 생활측면이다. 그것은 개인의 자연스러운 정감의 상대방에 대한 표출인지도 모른다.

배우자 간의 갈등은 사회의 발전과 함께 줄어들 것으로 생각되지만, 반대로 생활조건이 복잡하게 됨에 따라서는 도리어 그 반대일 수도 있다. 우리사회에 아직까지 남편의 폭력 내지 가정폭력이 크나큰 문제가 되고 있는 것은 그 단상이라 할 수 있다.

배우자의 직계존속에 의한 심히 부당한 대우는 부부로서의 당사자관계에서 생겨나는 것이 아니기 때문에, 그것을 이혼원인으로 삼을 필요가 있겠느냐가 문제된다. 그러나 이는 우리 전래의 부부생활이 대가족적인 또는 친족적인 공동생활 속에서 이루어진 데서 연유하는 것이라 할 수 있다. 그러므로 배우자의 직계존속과의 관계도 부부관계에 상당한 영향을 미치지 않을 수 없고, 그러면서도 원만하게 유지되어야 가족 전체의 생활은 물론 부부생활 자체도 안정을 도모할 수 있다. 그렇지 못해 시부모 등으로부터 제대로 대우를 받지 못하든가 때로 심한 학대를 받게 되면 그것은 부부생활을 계속해나가기 어렵게 만드는 당사자 외적인 요인이 되기에 충분하다. 우리의 전통적 생활구조에서는 불가피한 생활양상이라고까지 할 수 있을 것이다. 다른 한편 혼인의 계약적인 특성 또는 부부생활의 독자성에 비추어 보면, 배우자의 직계존속으로부터의 심히 부당한 대우를 이혼원인으로 삼기 어려운 면이 있다.[11] 그러나 당사자 이외의 친족에 의한 부당한 대우의 의미를 아무리 좋게 해석한다 하더라도 거기에는 분명히 참을 수 없는 한계가 있을 수밖에 없다. 이렇게 되면 혼인생활을 계속할 수 없는 상황이 만들어지게 되는 경우가 있음도 주의할 필요가 있다.[12]

---

11) 김용한, 『친족상속법론』, 박영사, 1979, 194면; 김주수, 『친족상속법』, 법문사, 1991, 206면.
12) 신영호, 전게서, 131면; 박동섭, 전게서, 177면.

4. 자기의 직계존속에 대한 심히 부당한 대우

부부생활은 혼인한 당사자로서의 남녀가 해나가는 것이지만, 상대방의 직계존속은 각 사람에게 특별한 의미를 지니게 됨은 두말할 필요도 없다. 우리사회와 같이 전래의 생활의 실제가 신분적으로나 재산의 모든 부면에 걸쳐 선대로부터 꾸며온 가(家)와 밀접한 관계 아래 지내야 하는 경우는 그 심도가 더욱 깊을 수밖에 없다. 다시 말하여 배우자의 부모 등은 자기에게도 똑같은 의미를 가지는 것으로 생각하는 것이 보통이다. 이렇게 보면 배우자의 직계존속에 대하여 예경심(禮敬心)을 가져야 하는 것은 당연한 일이지 특별한 부담이 아니다.

우리 전래의 생활 속에서도 며느리가 시부모에게 잘하는 것은 당연한 일로 여겼고, 사위가 처가에 대하여도 예의 벗어나지 않게 하는 것이 기본도리로 되어 있었다.13) 오늘날에도 크게 다를 바 없다. 생각하기에 따라서는 너무 고식적인 생활상이 아니냐고 할 수 있지만, 그것이 단순한 풍속상의 문제가 아님은 곧 당사자의 부부생활로 이어진다는 데서 찾을 수 있다. 배우자에게 잘하는 사람은 그 직계존속에 대하여도 잘하기 마련이고, 똑같이 그 반대의 경우도 성립한다. 그러므로 자기의 직계존속에 대한 배우자의 심히 부당한 대우는 당사자 외적인 것이면서도 이혼원인이 되기에 충분하다. 다만 전항에서도 지적한 바와 같이 혼인을 당사자의 계약, 부부생활을 혼인한 남녀의 생활로만 보는 경우 이것을 이혼원인으로 삼는 데는 일정한 한계가 있다.14) 이 경우에도 그에 뒤이은 사정의 악화 정도에 따

---

13) 이에 관하여는 옛날 전형적인 이혼근거였던 칠출사유(七出事由)의 하나로 되어 있던 불사구고(不事舅姑)를 떠올려 볼 만하고, 오늘날에도 "참고 살아가기 어려운 사유"가 되는 경우가 많음은 사실이다.

라서 "혼인생활을 계속할 수 없는 상황"이 될 수 있을 것이다.

5. 3년 이상의 생사불명

부부생활은 혼인한 남녀 두 사람이 일정한 장소에서 해나가는 것이 보통이고, 정당한 사유가 있는 경우에는 일시적으로 별거하거나 떨어져 지내도 아무런 지장도 없다. 그것은 일정한 필요에 맞춰 살아가는 적극적인 생활부면으로 여기고 그대로 허용된다. 이러한 점까지 포함하여 부부생활은 어디까지나 늘 동거할 수 있음을 전제로 하는 데서 비롯한다. 그렇기 때문에 배우자가 서로 어디에 사는지를 알고, 살아서 돌아오리라는 기대 아래 살아가게 된다.

그러나 생사불명의 경우에는 그 사정이 전혀 다르다. 그 원인이 무엇이든지 생사가 명확하지 않게 된 것은 혼인생활상 중대한 문제가 되는 것이라 하지 않을 수 없다. 부부로서의 생활을 해나갈 수 없는 경우가 되기 때문이다.

생사불명의 기간을 3년으로 한 것은 그 기간 자체에 절대적인 의미가 있는 것이라기보다는 설령 소식을 전하지 않는 경우라 하더라도 이 정도를 지나도록 그 상황을 알 수 없을 정도라면 혼인생활의 본지에 반하는 것으로 보았기 때문이라고 할 수 있다.

생사불명의 원인을 묻지 않기 때문에, 전장에 임하여 출전한 다음이거나, 탐험을 떠난 다음 소식이 끊긴 경우이거나, 천재지변으로 인한 참변이 있은 다음이거나, 직업에 종사하기 위하여 타지로 갔다가 소식이 끊긴 경우 등 모두를 포함한다고

---

14) 신영호, 전게서, 132면.

할 수 있다. 그리고 요즈음 점차 문제되어 가는 정신질환에 따른 귀소기피(歸巢忌避)의 현상도 마찬가지이다.

3년 이상의 생사불명을 이유로 하여 이혼한 경우에 당사자가 살아서 돌아오더라도 이전의 혼인이 당연히 부활하지는 않는다. 생사불명 자체는 설령 당사자의 고의에 의거하지 않는 경우라 하더라도 혼인의 본지에 반하는 특성을 지닌다는 데서 오는 당연한 결과라 할 수 있다.15)

IV. 파탄과 그 촉발원인

1. 파탄의 뜻

부부생활은 정감적, 육체적, 경제적, 윤리적 등 여러 부면에 기초를 두고 해나가는 남녀 두 사람의 의식주의 엮음이다. 그러므로 그 파탄(破綻) 즉 「혼인생활을 계속해 나가기 어려운 상태」는 일률적으로 따지기 어렵다. 그리고 부부생활의 면모도 각양각색이다.

이들 요인 중 한 가지만을 원인으로 하여 도저히 살아갈 수 없는 경우가 생기는가 하면, 여러 가지 요인이 결합되어 살아갈 수 없게 되는 예도 많기 때문이다. 그런가 하면 이와는 달리 남들이 보기에는 도저히 살아갈 수 없을 만큼 어려움이 뒤얽혀 있는데도 그런대로 잘 살아가는 부부도 얼마든지 있음도 사실이다.

이렇게 보면 「혼인생활을 계속해 나가기 어려운 상태」는

---

15) 박동섭, 전게서, 180면.

구체적인 부부에 따라 각각 다를 수밖에 없다. 당사자의 성격, 성장배경, 취미, 종교, 학력, 신념, 자녀관, 인생관, 수입, 교류관계 등이 어떠냐 하는 것은 그 정도 또는 차이에 따라 혼인생활을 계속할 수 없게 만들기에 충분하다. 또한 이들 요인 중 상대방을 고려하여 다소의 변경이 가능한 것도 없지는 않고, 반대로 그렇게 중요한 것 같지는 않지만 개인적으로는 절대로 변경하지 못할 것도 있다. 여기에 파탄상태 자체도 문제이거니와 그 회복가능성의 여부도 따져야 할 필요성이 제기된다. 일반적으로 「기타 혼인을 계속하기 어려운 중대한 사유」로 이혼이 용인되기 위해서는, 혼인관계가 심각하게 파탄되어 다시는 혼인에 적합한 생활공동관계를 회복할 수 없을 정도에 이른 객관적 사실이 있고, 그러한 혼인생활이 당사자 또는 어느 일반의 배우자들에게도 참을 수 없을 정도의 고통이 되어야 하는 것으로 본다.[16)]

이러한 경우에는 파탄상태를 회복시키려는 당사자의 노력이 결여되어 있는 것이 보통이고, 있었다 하더라도 회복시키지 못한 것이 대부분이라고 볼 수 있다.

이에 덧붙여 파탄상태를 따지는 경우, 배우자의 일방 또는 쌍방의 유책사유나 유책행위가 있어야 하는지의 여부도 부수적으로 문제될 수 있다. 엄격한 의미로 파탄상태 자체만을 따진다면, 그러한 행위나 사실은 전혀 따질 필요가 없을 것이다. 그러나 부부생활은 시간적으로나 공간적으로 많은 부분이 매우 밀접한 관계 속에 이루어진다. 그러므로 양 당사자의 아무런 잘못 없이 파탄지경에 이르는 경우는 그렇게 많을 수 없다. 대부분의 경우는 아무리 사소할지라도 일정한 원인에 기인하여

---

16) 이화숙 외 『가족법판례해설』, 세창출판사, 2009, 133면; 김주수, 전게서, 208면.

그러한 상태에 이르게 된다. 이러한 점을 고려하면, 파탄의 여부를 따짐에 있어서 어느 일방 배우자의 유책행위가 반드시 있어야 할 필요는 없겠으나, 일방 또는 쌍방의 유책행위에 기인하여 혼인생활을 계속할 수 없게 된 경우도 당연히 포함되는 것으로 보아야 할 것이다.[17]

배우자의 일방 또는 쌍방의 유책행위에 의하여 파탄상태가 생겨난 경우, 그 유책행위는 제840조 제1호 내지 제5호의 사유 정도로 중대한 것이어야 하느냐가 문제된다. 동조 제6호의 규정이 「혼인을 계속하기 어려운 중대한 사유」로 규정되어 있는 것을 보면, 어느 면에서는 그 "중대성" 내지 "정도"가 문제됨에 틀림없다. 그러나 혼인을 계속하기 어렵게 만드는 중대한 사유가 있으면 족하고 앞에 규정된 바의 사유와 같은 정도로 심각함 내지 중대성이 있을 필요는 없다고 본다. 왜냐하면 파탄의 원인이 배우자 누구에게 있는지를 따지지 않고, 더 나아가 그 원인이 없는 경우까지를 파탄상태에 포함시키므로, 그 "중대성"을 그렇게 엄격하게 따질 필요가 없겠고 또한 그 기준도 일정하지 않을 것이기 때문이다.

2. 개별적 요인

(1) 정신적 요인

부부생활의 포괄적 특성에 비추어 보아 각자의 정신적 협조 내지 정신상태에 의존하는 바는 매우 크다. 두 사람의 의견이나 노력이 합치된 경우에는 아무리 어려운 일이라도 쉽게 해낼 수 있는가 하면, 불화(不和)의 경우에 그렇지 못한 것이 보

---

17) 김주수, 전게서, 208면; 신영호, 전게서, 134면; 박동섭, 전게서, 181면.

통이다. 그러나 부부의 의견이 척척 들어맞기는 그렇게 쉽지 않다.

구체적으로 어떠한 일을 할 경우에는 자기의 의견을 말하고 상대방의 의견을 들어 그것을 조절하게 된다. 그렇지만 일상적인 일에서는 그렇지 못하다. 상대방이 의례 이렇게 해주겠지 하며 지내는가 하면, 자기는 자기 나름대로 타성적으로 지내는 것이 보통이다. 이렇게 지내는 가운데 아주 사소한 데서부터 견해 차이를 일으키게 되어 끝내는 심각한 병적 증세까지 일으키기도 한다.

정신적 요인으로 들 수 있는 경우는 성격불일치, 애정상실, 신앙의 차이, 자녀에 대한 교육관, 언행의 신뢰도 등을 들 수 있다. 이들 각 사항에 관한 것은 부부생활 자체에서 비롯하는 것도 있고, 간접적으로 관련되는 것도 있다. 그것이 바로 혼인을 계속할 수 없는 중대한 사유로 되지 않는 경우도 있겠지만, 이로 말미암아 그러한 실패가 유발될 수 있음은 충분히 인정할 만하다.[18)

(2) 육체적 요인

부부생활은 이성인 남자와 여자의 결합을 기초로 하고, 무엇보다도 육체적 결합까지 포함하는 것을 그 특성으로 한다. 이것은 곧 상대방에 대한 배타적인 성적 지배를 뜻한다. 건전한 성생활은 부부생활을 제대로 하게 되는 최소한의 요구다.

부부로 살면서 성교(性交)를 제대로 할 수 없는 것은 매우 불행한 일이다. 일시적으로 성교를 하지 않거나, 질병의 치료 등을 이유로 하여 성교를 할 수 없는 경우도 있다. 그러나 이

---

18) 서울가정법원 판결 사건 91드73027(1992년 2월 12일).

러한 경우는 그로 말미암아 혼인파탄의 상태가 생겨나지 않게 됨은 물론이다.

이러한 의미에서 부부 각자 전전한 성생활을 할 수 있도록 신경을 쓰고, 그러한 생활을 할 수 있는 신체를 유지하여야 한다. 이에 위반하는 것은 단순한 성적 문제로 그치지 않고 부부생활 자체의 파행으로 이어질 수 있음을 주의할 필요가 있다.

이와 같은 경우로 들 수 있는 것은 성교불능, 부당한 성교거부, 성병의 감염, 부당한 피임, 불성실한 성교태도, 지나친 외박 등이다. 이들 각 사유는 일시적인 것으로 치유될 수도 있겠지만, 그렇지 못한 경우에는 불화의 요인이 되기에 충분하다.[19)]

이와 관련하여 지나친 성교요구나 성교행위는 또 다른 성적 문제로 제기될 수 있다. 부부 각자의 성적 취향이 다름에서 생겨날 수 있는 일이다. 성교거부가 혼인파탄을 일으키는 것과는 반대로, 지나친 성교요구나 성교행위도 혼인파탄을 일으키는 것으로 보아야 하겠고, 그 정도가 심할 경우에는 배우자에 의한 심히 부당한 대우로 보아야 할 것이다.

다른 한편 부부 각자의 육체적인 문제로서, 어느 일방의 신체불구나 노동력의 상실 등은 그 자체만으로 혼인파탄의 직접적인 요인이 된다고 볼 수 없다. 그 원인이나 상태 또는 그 이후의 생활을 별도로 파악하여 그 파탄 여부를 결정하여야 할 것이기 때문이다.

(3) 경제적 요인

부부생활은 정신적, 육체적 공동생활임과 동시에 경제적 공동생활이기도 하다. 다시 말하여 동일한 물질적 기초 위에서

---

19) 대법원 판결 사건 65므65(1966년 1월 31일).

살아나갈 수밖에 없는 단일공동체이다. 부부에 따라서는 상당한 재산이 있어서 경제적인 어려움을 모르든지, 아니면 그러한 것을 그다지 대수롭지 않게 여기고 살아가기도 하겠지만, 일반적으로는 생활밑천 없이 부부생활을 해나가는 것은 불가능하다. 요즈음처럼 산업화, 도시화된 사회에서 살아나가기 위해서는 더 말할 나위도 없다.

부부의 생활비용, 생활자재는 부부의 어느 일방 또는 공동의 힘으로 해결하여야 한다. 다른 사람으로부터의 도움은 항상 예외일 따름이다. 사회 또는 국가에 의한 제도적 보장 또한 구호적일 따름이다. 그에 의거하여 완전한 생활비용을 확보할 수는 없다.

경제적 파탄요인으로 들 수 있는 것은 남편의 방탕, 가계를 돌보지 않는 처의 난맥행위, 터무니없는 낭비, 지나친 사치, 불필요한 기대 등을 들 수 있다.[20] 이들 각 사유는 그로 말미암아 경제생활을 어렵게 만드는 것들이고, 살려고 노력을 하는 한에서는 생활비를 제대로 벌지 못하는 경제적 무능력은 포함되지 않음을 주의할 필요가 있다.[21] 부부가 서로 돕고 살아가는 공동체이고, 이 속에는 생활비의 조달은 함께 해결한다는 것이 포함되어 있음을 보여주는 것이라 할 수 있다.

(4) 환경적 요인

사람은 그 태생이나 생활 그리고 마지막의 사망까지 어느 면에서는 일정한 환경 속에서 이루어지므로 부부의 이혼도 다소나마 그 영향을 받지 않을 수 없다. 우선 부부로서의 결합이 남녀 두 사람에게 주어진 여건 아래 이루어지게 됨은 물론이고

---

20) 서울가정법원 사건 91드73751(1992년 2월 22일 화해).
21) 박동섭, 전게서, 182-184면; 김주수, 전게서, 194면.

그 생활이라는 것도 일정한 인적 연결, 그 생활행태에 맞추어 이루어짐이 대부분이다. 그렇기 때문에 이에 적절히 맞춰나가지 못하면 사소한 불화 내지 분규를 일으키다 결국 부부의 파탄으로 이어지는 예가 드물지 않다. 예컨대 일정한 모임의 주선, 의식에의 참여, 잦은 손님접대, 친인척의 특이한 구성, 배우자의 직종의 특이성 등은 어쩔 수 없이 다른 배우자의 생활에도 때로는 심한 타격이 될 수 있다. 이를 잘 극복하고 살아가는 경우에는 별 문제로 되지 않지만, 그렇지 못한 경우에는 쉽게 해결될 사항이 되지 않음을 유의할 필요가 있다. 예컨대 자기의 친구가 시아버지의 후처 즉 새시어머니가 되어 들어오는 경우, 남편의 이상한 업소경영, 가까운 친족과의 계속적인 불목(不睦) 내지 다툼 등을 생각해 봄직하다.

(5) 기　타

이상에서 예를 들면서 설명한 요인 이외에 혼인생활의 파탄을 일으킬 수 있는 것으로는 다음과 같은 경우가 있다. 이러한 경우도 역시 개별적인 부부에 따라 그 의미가 다를 것임은 물론이다.

첫째, 자녀의 출산에 관한 문제로 자녀를 몇이나 둘 것인가, 출산시기, 아들 몇 명 등이 이에 해당된다. 이전의 생활에서와 같이 처가 주부로서 가정생활을 주로 하는 경우에는 그렇게 문제되지 않았던 것이지만, 요즈음처럼 여자들의 직장생활이 일반화되어 있거나, 임신 자체를 꺼려하는 경우에는 자녀의 출산은 부부생활에 중대한 영향을 미치게 된다. 여기에 부부의 일방이 남아(男兒)를 선호하는 경우에는 그 어려움이 더욱 심하게 된다. 그러나 임신불능 자체만으로는 부부생활의 파탄이라고 볼 필요가 없을 것이며, 그것도 그럴 것은 부부 중에는 자녀를 두지 않고 사는 경우도 적지 않음을 감안할 필요가 있다.

둘째, 자녀의 양육이나 교육에 관한 문제를 들 수 있다. 자녀의 양육이나 교육은 당사자의 발육이나 적성에 맞추어 시켜야 하는 것이지만, 이를 둘러싼 부모의 의견합치가 그렇게 쉬운 일은 아니다. 양육이나 교육이 하루 이틀에 끝나는 것이면 부부생활에까지 영향을 미치지 않겠지만, 자녀의 그것은 그렇지 않다. 오랜 시간을 두고 그 방향이나 진로 등을 따져 이루어지는 것이고 보면, 이것이 혼인생활에 상당한 영향을 미치는 것은 충분히 인정할 만하다. 한편 자녀의 양육이나 교육 자체에 비추어, 어린 아이에 대한 정신적이거나 육체적인 모욕 또는 가해행위는 부부생활에 상당한 영향을 줄 만한 것들이다.

셋째, 비정상적인 생활태도를 들 수 있다. 부부생활이 배우자로서의 공동생활이지만, 그것은 각자 건전한 개인생활을 기초로 한다. 그렇기 때문에 어느 생활 자체가 일반적인 사회통념에 비추어 보아 용납할 수 없는 경우에는 그것이 혼인생활의 파탄을 일으키기에 충분하다. 예를 들어 지나친 음주나 마약흡입, 도박 그리고 과소비욕은 그 정도에 따라 파탄요인이 될 만하고, 일방의 취미생활도 그것이 지나칠 때는 혼인생활의 파탄을 일으킬 수 있을 것이다.

V. 유책주의의 적용과 한계

혼인은 당사자들의 합의에 기초한 것이면서도 어느 부부든지 한평생 그대로 살아갈 수 있는지는 또 다른 문제로 남게 된다. 어떤 방식으로 혼인을 하게 되든지 그 사정은 마찬가지라고 본다. 객관적으로 보아서는 더없이 잘 맞는 배필인데 이혼하고 마는 경우는 얼마든지 있다. 그 이유는 무엇일까? 그 하나의 주된 원인은 혼인할 당시의 당사자의 의사는 상대방의 현재를 기초로 하면서 미래까지 걸쳐 생각하는 점에 있다. 또한 지금의 상대방을 영원한 그대로의 상대방으로 생각하기 때문이다.

그러나 혼인생활의 다각적인 부면에 비추어 볼 때, 그 잘 살고 못사는 이유는 하나가 아니고, 살 수 있느냐의 여부도 그렇게 간단하지 않다. 돈이 있어서가 아니고, 힘이 있어서가 아니고, 권력이 있어서가 아니다. 어렵더라도 잘 살고, 아무런 권위 없이도 잘 사는 사람은 얼마든지 있다. 그러므로 부부로 살 수 있는지의 여부는 어느 한 가지의 요인에 비추어 결정할 것이 아니다. 따라서 이혼할 수 있는 경우도 일시적인 상태 또는 어느 한 사실만으로 결정하기 어려운 일임을 잘 인식해야 한다.

그럼에도 불구하고 여러 근대 민법에서는 몇몇 이혼원인을 설정하고, 그에 의거하여 이혼을 할 수 있게 하고 있다. 이른바 유책주의의 원칙에 따라 사건을 해결하도록 하고 있는 것이다. 그리고 이것은 부부생활의 안정성을 도모하거나 되찾게 하는 방책이기도 하다. 이렇게 보면 법정되어 있는 이혼원인은 그 하나하나 정형화된 혼인생활의 파행적인 국면의 촉발 근거라고 보아야 할 것이다.22)

각 이혼원인을 빚어낸 당사자는 그것이 자기의 전적인 책임사항이든지 아니든지 그와 관련하여 정상적인 부부생활을 할 수 없게 됨에 책임이 있다고 할 수 있다. 그러나 이혼을 하게

---

22) 한봉희, "파탄주의이혼원인," 「법정」 25권 8호(238호), 법정사, 1970. 8, 14-18면.

까지 된 상태는 어느 누구의 명백한 단일의 원인사실에서만 비롯되었다고 하기 어려운 경우가 많음도 사실이다. 현행 민법상의 이혼사유도 개별적으로 당사자의 잘못에 근거한다고 보기 어렵거나 그다지 관련이 없는 경우도 있다. 그러나 상대방으로서는 그 사유 때문에 "배우자와 함께 살 수 없는 경우"가 되는 것은 마찬가지다.

이러한 점을 고찰하여 현행 민법에 규정되어 있는 다섯 가지의 이혼사유는 그 하나하나 어느 부부로 하여금 이혼하게 할 수 있는 충분한 원인이 될 수 있다고 보아야 한다. 그러나 거기에 깃들어 있는 각 당사자의 과실의 정도는 각각 다를 수 있고, 때로는 과실이 뒤얽혀 그 실상을 제대로 밝히기 어려운 경우도 있기 마련이다.

그러므로 현행 민법 제840조 제1호 내지 제5호의 사유를 들어 이혼이 제기된 경우에는 그 각 사유를 뒷받침하는 사실을 명확히 하고 그것만으로 이혼하게 할 수 있는지를 신중히 결정해야 한다. 그렇게 결정되어야만 어느 사실이 이혼을 하게 만든 유책사실로서의 과실사유라고 할 수 있을 것이다.[23] 그렇지 않을 경우 명문규정이 지니는 규범의 모호성, 그러면서도 적용하지 않을 수 없는 불가피적 한계성을 벗어나기 힘들다.

아주 흔한 예로 부정행위나 배우자의 심히 부당한 대우를 원인으로 하여 이혼청구를 하였을 때 그에 따라 이혼판결을 내릴 수는 있지만, 그렇지 못한 경우 동일 사안을 "혼인생활을 계속할 수 없는 중대한 사유"를 근거 삼아 이혼판결을 내릴 수 있는지, 즉 제6호에 따라서 이혼청구를 한 경우를 생각해 봄직하다. 이 경우 각 사건에 깃들어 있는 일정한 부정행위나 심히

---

23) 박동섭, 전게서, 182면.

부당한 대우가 개연적으로 문제됨은 이미 논의된 바대로라 하더라도 그것만으로 이혼판결을 내릴 수는 없다. 그리하여 혼인생활을 계속할 수 없는 상태인지의 여부, 그리고 그 원인이 앞에 말한 부정행위나 심히 부당한 대우인지, 아니면 이와 별도로 다른 중대한 사유 즉 그 원인으로 삼을 수 있는 책임사유를 피청구인 당사자에게서 찾아내어 그에 따라 이혼판결을 내리게 되면 아무런 문제가 없다. 그러나 여기에 앞에 문제로 삼았던 부정행위 등이 중대한 사유로 둔갑하는 것은 허용되어서는 안 된다는 점이다. 후자의 사안은 그것만으로 또 다른 유책사유를 따져야 하는 문제가 아닐 수 없다. 물론 편의적으로 "어차피 못 살 것"하고 이혼할 수 있게 하는 경우라면 모르지만, 그렇지 않다면 "혼인생활을 계속할 수 없음"은 현재의 어려운 상황을 문제 삼되 앞으로의 회복가능성 여부를 꼼꼼히 따져서 이혼의 한 근거로 삼을 수 있는지의 여부를 결정해야 된다고 본다. 이러한 해석은 제1호 내지 제5호의 개별사유를 의미 있게 하는 동시에 제6호 "혼인생활을 더 계속해 갈 수 없음"을 폭넓게 살려 나가는 길임을 명심할 필요가 있다.[24] 사실 어느 한 사유를 이유로 하여 이혼청구를 하였다 하더라도 그 생활의 실제를 시각을 달리 하여 파악해 보거나 다른 사정까지 고려하여 판단하게 되면 혼인생활의 계속 내지 회복의 가능성을 찾을 수 있는 예는 그렇게 드물지 않다.

이와 같이 제1호 내지 제5호의 사유와 제6호의 규정 내용을 연결시킬 때, 부정행위라든지 3년 이상의 생사불명의 독자적인 의미는 그대로 인정되고, 제6호의 "혼인생활을 계속할 수 없는 중대한 사유"의 의미도 살리면서 점점 더 복잡해지는 가사

---

24) 신영호, 전게서, 133면; 박동섭, 전게서, 181면; 이화숙 외 전게서, 134면.

분쟁을 법의 테두리 안에서 해결할 수 있는 길이라 생각한다.

VI. 맺 음 말

　지금까지 최근 증가추세를 보이고 있는 이혼의 원인을 현행 민법상의 이혼사유를 중심으로 그 연혁이나 사회 실제에 걸쳐서 간략하게 살펴보았다. 현행 민법에 규정되어 있는 이혼사유는 아무리 많은 이혼분규도 이에 맞추어 판결을 얻어내게 되어 있는 한 발판이다. 그에 근거하여 책임 여부를 따져 이혼판결이 내려짐을 다시 한 번 상기해 볼 필요가 있다.

　우선 현행 민법 제840조 제1호 내지 5호에 규정되어 있는 사유는 대체로 전형적인 유책주의에 따른 이혼근거라고 할 수 있지만 이 사유에 의해서 점점 증가하는 이혼사건을 해결하는 데는 어려움이 뒤따르고 그 한계성이 노정될 수밖에 없다. 이 가운데 제1호 내지 제5호에 규정된 사유에 딱 들어맞는 원인사실을 인정할 수 있으면 그것을 유책근거로 하여 이혼판결을 내리면 그만이다. 그러나 그렇지 못한 경우에는 각 사건의 사실관계를 세밀히 파헤쳐 유책근거가 될 만한 사유를 찾아내야 한다. 어떻게 보면 이들 각 경우가 제1호 내지 제5호의 규정을 의미 있게 해주는 셈인지도 모른다.

　이러한 경우를 포함하여 그 유책적 이혼사유가 뚜렷하지 않아 제6호 즉 혼인생활을 계속할 수 없는 중대한 사유를 원인으로 하여 이혼청구를 한 경우 그 판결의 근거를 확실하게 내리기는 결코 쉽지 않다. 이것은 현행 민법의 재판상의 이혼이 원칙으로 삼고 있는 유책주의에 따른 각 규정을 어떻게 적용해

야 할 것이냐의 문제이기도 하다. 다음에 이에 관한 몇 가지
사항을 지적하여 결론을 삼고자 한다.

첫째, 부부의 어느 일방이 「혼인생활을 계속할 수 없는 중
대한 사유」를 원인으로 하여 이혼청구를 한 경우, 그 파탄상태
의 심각성을 야기한 중대한 사유가 타방에게 있는 경우에는 그
것을 판결이유로 하여 이혼판결을 내리면 된다. 다만 파탄의
심각성은 개별적인 사정에 의거하는 것이 아니라 일반인의 객
관적 판단기준에 비추어 그 중대성이 "심각한 정도"이어야 된다
고 해야 할 것이다.

둘째, 파탄상태의 심각성은 어디까지나 생활의 정상을 파헤
쳐 따져서 정해야 하는 것이므로 그것을 야기한 중대한 사유가
상대방에게 없는 경우에는 이혼판결을 내리기 어렵다. 왜냐하면
심각한 파탄상태를 빚어낸 유책적 사유는 아니라 하더라도 그
러한 상황이 되게 한 유책적 개연성은 있어야 할 것이기 때문
이다. 여러 사실이 합쳐져 파탄상태를 빚어내는 경우까지 해결
할 수 있는 해석지침이다.

셋째, 심각한 파탄상태를 빚어낸 중대한 사유가 이혼청구자
에게만 있는 경우에는 어떻게 할 것인지가 문제다. 현행 민법
의 규정태도에 견주어 보아서는 받아들이지 말아야 한다고 본
다. "혼인생활을 계속할 수 없는"이라는 제6호의 규정내용이나
그렇게 만든 중대한 사유는 다분히 유책을 문제 삼는 기초 위
에 따져야 하는 것이라고 보아야 하기 때문이다.

넷째, 심각한 상태를 빚어낸 중대한 사유가 이혼청구자와
상대방에 걸쳐서 있는 경우에는 문제가 복잡해진다. 이러한 경
우는 편의적으로 파탄상태의 심각성이 인정되지만 각 당사자의
책임을 질 만한 사유가 아주 사소한 것에서 비롯된 경우라든지
파탄상태는 그렇게 심각하지 않은데 그 원인된 사유가 자못 넘

어가기 어려운 사유인 경우라면 한마디로 이혼 여부를 결정하기 어렵다. 이러한 경우에는 일응 현행의 재판상의 이혼제 아래에서는 이혼판결을 내려서는 안 된다고 본다. 어느 경우에나 정상적인 혼인생활에로의 회복가능성을 배제할 수 없고 이후의 생활양상을 보아 파탄상태의 심각성과 책임사유의 중대성을 논한다 하더라도 문제될 바 없기 때문이다. 다만 지금까지의 생활사실이나 처벌 등의 조치에 의하여 이전의 유책요인이 걸러진 경우는 새로운 이혼분규에 준하여 따져 볼 만하다고 생각한다. 그리고 이렇게 뒤얽힌 가사분규를 해결할 수 있는 협의이혼의 방식이 열려 있음을 생각해 봄직하다.

다섯째, 어느 부부가 이혼하게 되는 경우라 하더라도 그에 딸린 자녀의 양육은 어느 일방의 선택에 의해서가 아니라 양 당사자의 필요적 의무사항으로 삼아 그늘진 면이 배제된 환경에서 자랄 수 있도록 해주어야 한다. 그렇지 못할 경우 양육비용은 유책사유의 여부를 떠나 이혼하는 부부 두 사람이 부담하는 것으로 하여 근친 또는 공적 보육기관이 떠맡는 차선책도 이혼판결에서 해결되어야 바람직할 것으로 생각한다.

이혼의 건수가 많아지는 것은 혼인의 굴레에서 벗어나 보람된 생활을 해 나갈 수 있는 길을 터주는지의 여부를 차치하고, 자기 이외의 모든 사람에게 어둠의 먹구름을 드리게 하고, 사회의 어느 누구도 피기 어려운 주름의 매듭을 짓는 일이다. 핵가족이 자리 잡아 예절을 갖출 줄 아는 가족생활과 함께 경제발전 못지않게 이혼건수도 줄어들어 삶의 건전성이 확보되어 가는 사회가 도래하기를 기대해 본다.

제**4**장

대학생의 친족적 혈연의식

I. 머리말

　　지난 이삼십 년 동안 우리사회는 크나큰 변혁을 겪어 왔고, 이러한 변혁은 앞으로도 계속될 것이다.

　　농업중심의 정적 사회에서 공업이나 상업 더 나아가 서비스업이 중요시되는 동적 사회로 바뀌었다. 그런가 하면 인구의 구성비도 농·어민의 수가 70% 이상을 차지하던 것이 30% 이내로 줄어들고, 그에 반해 도시인구는 급격히 늘어났다. 또한 국민소득도 어마어마한 수치상의 증가를 가져왔다. 이러한 변화는 단순한 사회구조 내지 실질요인의 변화에 그치지 않고, 종래의 전통적인 가치나 의식에도 적지 않은 영향을 미칠 것으로 생각한다. 왜냐하면 일반인의 의식이나 가치체계도 어느 사회의 소산물일 수밖에 없기 때문이다. 그중에서도 특히 혈연의식에 어떠한 변화가 있었는가는 흥미 있는 관심거리가 아닐 수 없다. 왜냐하면 종래 우리사회는 혈연의식이 매우 강했고, 또한 그것이 다른 사회부면에도 적지 않은 영향을 미쳤던 것이기 때문이다.

아직도 두메산골 어느 양반촌에서는 조상의 유업(遺業)을 받들고 문중(門中)을 지키며 살고 있는 노인들이 있다. 그런가 하면 도회의 어느 제조업소에서는 하루하루를 살아가는 생활밑천을 버느라 조상의 제일(祭日)조차 모르고 지나치는 젊은이도 많다. 자기 형제, 4촌 형제보다 일터에서 만나는 동료가 더 가깝다. 또한 현실적으로도 어려움을 함께 하고 즐거움을 나누며 지내는 수가 많다. 이러한 속에서 어떻게 지난날의 혈연의식이 그대로 유지되어 나갈 수 있겠는가? 아니 그러함에도 불구하고 일정한 정도의 혈연의식이 변치 않고 함유되어 갈는지도 알 수 없는 일이다.

이 장에서는 이러한 의식성향의 변화가, 젊은 세대의 경우 더욱 현저하게 나타날 것으로 생각하여, 대학생을 중심으로 그 설문조사를 하기로 하였다. 마침 가족법의 개정논의도 한참이어서, 그 결과분석이 상당한 시사성도 있을 것으로 생각하였으나, 이 논문의 발표 즈음에는 이미 가족법이 개정되어 버려 적지 않은 아쉬움이 남는다. 다만 해당되는 가족법규의 해석·적용이나 그 적정성을 검진하는 데는 그대로 중요한 자료가 되리라 생각한다.

II. 의식조사와 분석

1. 설문사항

혈연의식조사라 하더라도 그 필요에 따라서는 여러 부면 내지 사항에 관하여 실시될 수 있겠으나, 이 조사는 친족·상속에 관한 것으로 한정하여 실시하였고, 그 설문사항은 첫째 혈연의식 일반, 둘째 성과 본, 셋째 친족범위, 넷째 혼인, 다섯째 친자, 여섯째 부양, 일곱째 후견, 여덟째 상속에 걸쳐 29문항으로 잡았다.

혈연의식 일반에서는 ① 혈연의 중요성 ② 생활수준의 향상과 혈연의식, ③ 부계혈연과 모계혈연의 비교, 성과 본에서는 ① 자녀의 성과 본, ② 부부의 성, ③ 양자의 성, ④ 성의 변경, 친족범위에 관하여는 ① 부계혈족, ② 모계혈족, ③ 부계혈족과 모계혈족의 비교, 혼인에서는 혈족자 간의 혼인, 친자에 관하여는 ① 혼인중의 자와 혼인외의 자, ② 부(夫)의 혼인외의 출생자와 처의 관계, 부양에서는 ① 부계혈족으로서의 피부양자, ② 모계혈족으로서의 피부양자, 후견에서는 피후견인의 범위, 상속에서는 ① 가계의 계승, ② 재산상속인의 범위, ③ 여자의 상속분 등에 관하여 각 문항을 설정하였다.

이러한 설문사항과 함께 배경에 따라 어떠한 차이가 있을지를 알아보기 위하여 성별, 종교, 거주지를 참고사항으로 조사하였다.

2. 조사대상과 지역

이 설문조사는 혈연의식에 관한 것이므로 성별, 연령, 학력, 지역, 직업에 관계없이 광범위하게 실시되어야 하겠으나, 조사에 따르는 어려움이 너무 많기 때문에 조사대상을 대학생으로 한정하였다. 그리고 그 지역도 서울을 중심으로 경기, 충청의 몇몇 대학에 국한하여 실시하였다.

조사대상인 학생의 전공은 특별히 제한하지 않고, 법학을 하는 학생을 중심으로 사회과학, 인문과학, 그리고 이공계를 전공하는 학생도 포함시켰다. 조사대상으로 삼은 남녀대학생의 수는 각각 400명으로 하였으나, 수거된 설문지의 수에는 다소의 차이가 있었다. 우리나라 남녀대학생의 비율에 차이가 있으므로 다소의 차이는 특별한 문제가 없으리라 생각하여 차이나는 그대로 분석대상으로 삼았다.

3. 조사결과의 분석

상기 지역 대학의 남녀대학에게 배포하였던 설문지는 모두 800매였다. 이러한 조사에 익숙하지 않은 까닭도 있고 설문사항에 관심이 적은 탓도 곁들여 수거된 설문지는 610매에 불과하였다. 특별히 설문지를 가져오라고 독려하지 않고 특별한 조건을 붙이지도 않았기 때문에 나름대로 임의성은 있으리라고 생각한다.

수거된 610매의 설문지를 응답표시, 참고사항의 기재를 중심으로 검토하여 적절하지 못한 것은 제외시켜 555매를 분석대상으로 확정하였다. 남녀대학생의 수는 남학생 291명, 여학생 264명이다.

각 문항에 대한 응답은 사항별로 집계하고, 그 수치를 다시 백분비로 처리하여 각 설문사항에 대한 의식성향을 파악하였다. 응답자의 수가 지나치게 적다든지 또는 응답하지 않은 사람의 수나 비율은 특별한 의미를 갖지 못할 것으로 생각하여 일반적인 설명에서는 제외하고, 의식성향을 가름할 수 있는 사항을 중심으로 하여 설명하였다. 배경에 따른 분석은 성별을 기본으로 하고, 거주지라든지 종교에 따른 비교는 특색을 보이거나, 아니면 일반적인 생각과는 다른 경우에 한하여 도표와 함께 설명을 덧붙였다.

Ⅲ. 혈연의식 일반

1. 혈연의 중요성

(1) 의식성향 일반

출생을 매개로 일정한 친족관계를 맺게 해 주는 계연(契緣)이 혈연이다. 그것이 부계로 이어지면 부계혈연이고, 모계로 이어지면 모계혈연이다. 누구든지 부모에게서 태어나기 때문에 이들 혈연적인 연결은 생래적인 것이라고 할 수 있다.

사회에 따라서 혈연을 얼마만큼 중요하게 생각할 것인지는 각각 다르겠으나 우리사회는 혈연을 매우 중요시해 온 것으로 되어 있다. 대체로 오랜 동안 농경정착의 생활을 하게 되면 자연적으로 혈연을 중요시할 수밖에 없을 것이다. 왜냐하면 이들 혈연을 기초로 기본적인 친족집단이 생겨나게 되고 이주를 하게 되지 않는 한 이 집단은 개인생활을 포함하는 친족생활의

〈그림 1〉 혈연의 중요성에 관한 의식 일반

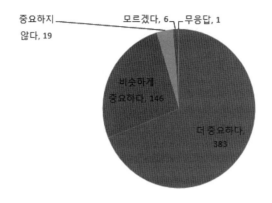

기본을 이룰 것이기 때문이다. 우리사회 농촌이나 어촌에서의 성씨촌락은 이러한 특성을 아주 잘 반영하면서 형성·존속되어 온 것이라 할 수 있다. 혈연이 차지하는 일반적인 중요성을 알아보기 위하여 「지연이나 학연 등에 비추어 혈연이 얼마만큼 중요하다고 생각하십니까?」라는 문항을 만들었다. 이에 대하여 「비슷하게 중요하다」 26.3%, 「더 중요하다」 69.0%의 응답을 보였다(그림 1 참조).

　　동일한 지역에 산다든지 또는 고향이 같다는 것도 사회생활을 하는 데 크나큰 인연이고, 또한 교육이 보편화되어 있는 요즈음 같은 학교를 졸업한 것도 매우 뜻 있는 인연이다. 그리고 이들이 우리사회의 특성을 만들어내는 중요한 요인이 됨도 부인하지 못할 사실이다. 그러나 상기의 비율을 보면 아직도 혈연을 매우 중요시하고 있음을 알 수 있다. 더욱이 응답자들이 대학생임을 생각하면 앞으로 혈연에 대한 기본적인 중요성은 변하지 않을 것으로 생각된다. 다만 어느 범위까지를 혈족으로 생각하느냐는 조금씩 달라질 수 있을 것이다.

(2) 배경별 고찰
1) 성별에 따른 비교

혈연의 구조적 특성상 남자대학생과 여자대학생 사이에 어느 정도의 차이를 보일 수도 있을 것이다. 「비슷하게 중요하다」에 남자대학생 23.7%, 여자대학생 29.2%, 「더 중요하다」에 남자대학생 72.2%, 여자대학생 65.5%의 응답을 보이고 있다(표 2 참조). 전체적인 성향이 혈연을 모두 중요시하지만, 이들 비율로 보아서는 남자대학생이 여자대학생보다 혈연을 더 중요시하는 것으로 되어 있다. 이것은 혈연하면 부계혈연으로 이어지는 관행상 다소의 차이를 보이는 것으로 생각된다.

〈표 2〉 성별에 따른 비교

사항 \ 구분	남	여	계
중요하지 않다	9	10	19(명)
	3.1	3.8	3.4(%)
비슷하게 중요하다	69	77	146
	23.7	29.2	26.3
더 중요하다	210	173	383
	72.2	65.5	69.0
모르겠다	2	4	6
	0.7	1.5	1.1
무응답	1	0	1
	0.3	0.0	0.2
계	291	264	555
	52.4	47.6	100.0

2) 종교에 따른 비교

종교에 따라 혈연의식에 어떠한 차이가 있는지는 그 교리와 관련하여 크게 다를 수 있다. 이 배경에 따른 비율을 보면, 「비슷하게 중요하다」에 불교 23.9%, 기독교 24.0%로 되어 있고, 무교 27.7%로 되어 있고, 「더 중요하다」에 불교 69.0%, 기독교 68.5%, 무교 69.1%로 되어 있다(표 3 참조). 불교나 기독교의 교리는 크게 다르지만 이들 수치는 다소의 차이는 있어도 너무나 비슷한 비율로 되어 있다. 신앙적인 면에서 보면 교리가 매우 중요하지만, 그것이 현실적인 생활 특히 혈연과 같은 부면에서는 뚜렷한 차이를 보이지 않음을 주목할 필요가 있다. 이것은 불교나 기독교나 우리사회의 기본적인 특성의 하나가 혈연이라는 점을 감안하여 그 중요성을 근거로 하여 전파되었기 때문에 이러한 성향을 보인다고 보아도 괜찮을 것이다.

〈표 3〉 종교에 따른 비교

사항 \ 구분	유교	불교	기독교	천도교	기타	무교	계
중요하지 않다	0	5	6	0	0	8	19(명)
	0.0	7.0	4.1	0.0	0.0	2.5	3.4(%)
비슷하게 중요하다	2	17	35	1	5	86	146
	40.0	23.9	24.0	50.0	25.0	27.7	26.3
더 중요하다	3	49	100	1	15	215	383
	60.0	69.0	68.5	50.0	75.0	69.1	69.0
모르겠다	0	0	5	0	0	1	6
	0.0	0.0	3.4	0.0	0.0	0.3	1.1
무응답	0	0	0	0	0	1	1
	0.0	0.0	0.0	0.0	0.0	0.3	0.2
계	5	71	146	2	20	311	555
	0.9	12.8	26.3	0.4	3.6	56.0	100.0

2. 생활수준의 향상과 혈연의식

(1) 의식성향 일반

사회전체의 경제성장에 따라 일반인의 생활수준이 높아지면 그것은 다른 부면에 영향을 주고 혈연의식도 다소나마 달라질 것이다. 실제로 혈연의식이 크게 고조된 것은 상호부조의 연대생활 체계의 구축에 그 한 요인이 있다 하여도 잘못이 아닐 것이다. 최근 우리 국민의 1인당 연간 소득은 2만 달러 이상에 달하는 것으로 되어 있고, 종래 농업을 주된 생산기반으로 하던 때에 비하면 놀라울 정도라 하지 않을 수 없다.

생활수준의 향상에 따른 혈연의식 성향을 알아보기 위하여 「소득이 많아지고 생활수준이 높아지는 것은 혈연의식에 어떠한 영향을 미친다고 생각하십니까?」라는 문항을 제시하였다. 이에 대하여 「혈연의식을 약화시킨다」에 63.6%, 「영향을 미치지 않는다」에 15.3%, 「혈연의식을 강화시킨다」에 14.6%의 응답을 보였다(그림 4참조).

〈그림 4〉 생활수준의 향상과 혈연의식 일반

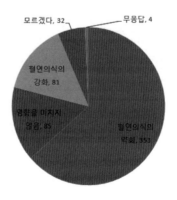

「혈연의식을 약화시킨다」는 응답이 상당수 나온 것은 일반 적으로 이해할 수 있지만, 「혈연의식을 강화시킨다」는 항목에 적지 않은 수의 응답이 나온 것을 보면, 경제적으로 안정된 생활을 할 수 있게 되면 도리어 혈연에 관심을 갖게 될 수 있는 일면이 있음을 보여 주는 것으로 생각된다.

(2) 배경별 고찰

1) 성별에 따른 비교

「혈연의식을 약화시킨다」에 남자대학생이 67.4%, 여자대학생이 59.5%, 「영향을 미치지 않는다」에 남자대학생이 10.3%, 여자대학생이 20.8%, 「혈연의식을 강화시킨다」에 남자대학생이 16.5%, 여자대학생이 12.5%로 되어 있다(표 5 참조). 현재로서는 남녀 모두 학생인 점을 고려하면, 생활수준이 향상된 것을 직접 체험하지 못한 경우도 많을 것이므로 의식성향이 다소 분산되어 나타나는 것이 당연하다 하겠다. 다만 「혈연의식을 강화시킨다」에 남자대학생의 비율이 16.5%로 되어 있는 것은 부계혈연 내지 문중 등에 의거하여 생겨나는 성향으로 보아도 괜찮을 것이다.

2) 거주지에 따른 비교

거주지를 중심으로 보면, 「혈연의식을 약화시킨다」에 농촌 62.5%, 중소도시 57.7%, 대도시 64.6%, 「영향을 미치지 않는다」에 농촌 12.5%, 중소도시 18.3%, 대도시 15%, 「혈연의식을 강화시킨다」에 농촌 18.8%, 중소도시 16.9%, 대도시 13.9%의 비율로 되어 있다(표 6 참조). 이들 각 수치는 성별에 따른 비교에서도 말한 바와 같이, 지나치게 분산되어 있어 두드러진 특징을 잡아낼 수 없지만, 「혈연의식을 강화시킨다」에 농촌거주 대학생

〈표 5〉 성별에 따른 비교

사항 \ 구분	남	여	계
혈연의식의 약화	196	157	356(명)
	67.4	59.5	63.6(%)
영향을 미치지 않음	30	55	85
	10.3	20.8	15.3
혈연의식의 강화	48	33	81
	16.5	12.5	14.6
모르겠다	16	16	32
	5.5	6.1	5.8
무응답	1	3	4
	0.3	1.1	0.7
계	291	264	555
	52.4	47.6	100.0

〈표 6〉 거주지에 따른 비교

사항 \ 구분	농촌	중소도시	대도시	계
혈연의식의 약화	20	41	292	353(명)
	62.5	57.7	64.6	63.6(%)
영향을 미치지 않음	4	13	68	85
	12.5	18.3	15.0	15.3
혈연의식의 강화	6	12	63	81
	18.8	16.9	13.9	14.6
모르겠다	2	3	27	32
	6.3	4.2	6.0	5.8
무응답	0	2	2	4
	0.0	2.8	0.4	0.7
계	32	71	452	555
	5.8	12.8	81.4	100.0

이 상대적으로 높은 비율을 보인 것은 의미가 있는 것으로 생각된다. 왜냐하면 농촌에 그대로 살고 있으면서 생활수준이 향상되면 도리어 혈연의식이 강화되는 면을 보일 수 있을 것이기 때문이다.

3. 부계혈연과 모계혈연의 비교

(1) 의식성향 일반

아버지 쪽으로 이어지는 혈연을 부계혈연이라 하고, 어머니 쪽으로 이어지는 혈연을 모계혈연이라 한다. 사람의 출생은 부계혈연과 모계혈연의 합일점이라고도 할 수 있다. 종래 우리사회의 친족생활은 부계혈연을 중심으로 영위되어 왔기 때문에, 이에 따라 혼인이나 입양 등에서도 특색 있는 제도가 생겨났던 것이다. 부계혈연을 중심으로 친족생활을 하였다고 하여 모계혈연을 경시하였던 것은 결코 아니다. 기본적으로는 부계나 모계나 똑같이 중요시하면서도, 생활 자체가 부계를 중심으로 이루어지는 것과 관련하여, 다소의 차이를 인정하였던 것으로 보는 것이 더 정확할 것이다.

부계혈연과 모계혈연을 비교하기 위하여 「부계혈연과 모계혈연 중 어느 쪽을 더 중요하게 생각하십니까?」라는 문항을 설정하였다. 이에 대하며 「똑같이 생각한다」에 54.4%, 「부계혈연이 더 중요하다」에 39.3%, 「모계혈연이 더 중요하다」에 4.9%의 응답을 보였다(그림 7참조).

부계혈연이나 모계혈연 중 어느 쪽을 더 중요시하여야 된다는 당위성이 있는 것은 아니다. 앞에 나타난 수치를 중심으로 보면 대학생들의 일반적인 성향은 「똑같다」 내지는 「부계혈연이 더 중요하다」에 크게 몰려 있음을 알 수 있다.

〈그림 7〉 부계혈연과 모계혈연의 비교 일반

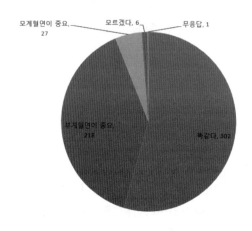

(2) 배경별 고찰

1) 성별에 따른 비교

〈표 8〉 성별에 따른 비교

사항 \ 구분	남	여	계
똑같다	116	186	302(명)
	39.9	70.5	54.4(%)
부계혈연이 더 중요	164	54	218
	56.4	20.5	39.3
모계혈연이 더 중요	8	19	27
	2.7	7.2	4.9
모르겠다	1	5	6
	0.3	1.9	1.1
무응답	2	0	2
	0.7	0.0	0.4
계	291	264	555
	52.4	47.6	100.0

「똑같이 생각한다」에 남자대학생이 39.9%, 여자대학생이 70.5%, 「부계혈연이 더 중요하다」에 남자대학생이 56.4%, 여자대학생이 20.5%, 「모계혈연이 더 중요하다」에 남자대학생이 2.7%, 여자대학생이 7.2%의 응답을 하였다(표 8 참조).

부계혈연과 모계혈연이 남녀에 따른 구분이기 때문에 이에 관한 남녀대학생의 의식성향도 크게 다르게 조성되어 있음을 알 수 있다. 「똑같이 생각한다」에 여자대학생의 70.5%가 응답한 것은 종래 우리의 가족생활에 깃들어 있는 남아(男兒) 중심의 생활형편, 그에 따른 직접·간접의 차별에서 생겨난 의식성향으로 보아야 할 것이다. 「부계혈연이 더 중요하다」에 남자대학생의 56.4%가 응답한 것은 우리사회 종래의 생활형편에 비추어 당연한 수치라고 생각된다. 그리고 여자대학생도 「모계혈연이 더 중요하다」고 생각하는 사람이 그렇게 많지 않은 것 또한 우리사회의 혈연적 특성을 잘 보여 주는 것이라 생각된다.

2) 거주지에 따른 비교

거주지를 중심으로 보면, 「똑같이 생각한다」에 농촌 25.0%, 중소도시 66.2%, 대도시 54.6%, 「부계혈연이 더 중요하다」에 농촌 71.9%, 중소도시 28.2%, 대도시 38.7%, 「모계혈연이 더 중요하다」에 농촌 3.1%, 중소도시 4.2%, 대도시 5.1%의 비율이다(표 9 참조). 「똑같이 생각한다」에 농촌거주 대학생의 의식성향이 아주 낮고 도시거주 대학생이 높다든지, 「부계혈연이 더 중요하다」에 농촌거주 대학생이 상대적으로 낮은 것은 지역적 특성을 잘 보여 주는 것이다. 아직도 농촌이나 어촌 등에는 우리 전래의 혈연적 특색이 상대적으로 많이 남아 있는 것과 관련이 깊은 것으로 보아야 할 것이다. 종교에 따라서는 거의 차이가 나타나지 않는 것과 크게 대조를 이루는 점이다.

〈표 9〉 거주지에 따른 비교

사항＼구분	농촌	중소도시	대도시	계
똑같다	8	47	247	302(명)
	25.0	66.2	54.6	54.4(%)
부계혈연이 중요	23	20	175	218
	71.9	28.2	38.7	39.3
모계혈연이 더 중요	1	3	23	27
	3.1	4.2	5.1	4.9
모르겠다	0	1	5	6
	0.0	1.4	1.1	1.1
무응답	0	0	2	2
	0.0	0.0	0.4	0.4
계	32	71	452	555
	5.8	12.8	81.4	100.0

IV. 성과 본

1. 친생자녀의 성과 본

(1) 의식성향 일반

부모가 출생한 자녀의 성(姓)과 본(本)을 어떻게 정하느냐는 편의적인 하나의 방법에 의할 수도 있지만, 그것은 아버지나 어머니 또는 그 혈족 그리고 더 나아가 자녀에게도 적지 않은 이해관계가 얽히게 된다.

아버지 또는 어머니의 성을 따르도록 하는 것은 하나의 방편일 뿐 반드시 그렇게 해야 할 필요성이 있는 것은 아니다. 다시 말하여 아버지의 성과 본을 따르도록 하는 것은 그 부계

〈그림 10〉 친생자녀의 성과 본에 관한 의식 일반

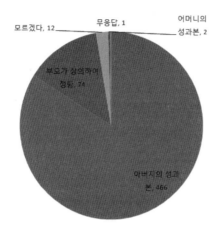

의 연속성을 드러내기 위한 방편이고, 어머니의 성과 본을 따르
도록 하는 것도 마찬가지다.

자녀의 성과 본을 정하는 것에 관하여, 「자녀의 성과 본은
어떻게 정해야 한다고 생각하십니까?」라는 문항을 만들었다. 이
에 대하여 「부모가 상의하여 정해야 한다」에 13.3%, 「아버지의
성과 본을 따라야 한다」에 84.0%, 「어머니의 성과 본을 따라야
한다」에 0.4%의 응답을 하였다(그림 10 참조).

종래 우리사회에서 성이라는 것은 부계혈연의 표시로 되어
왔으며, 그렇기 때문에 그것을 정하는 데도 그저 아버지의 성과
본을 따르면 되는 것으로 생각해 왔다. 상기의 비율로 나타난
의식성향도 대체로 이를 그대로 보여 주는 것이라 생각된다.
부모가 합의하여 정한다는 것이 나름대로의 합리성을 지니고
있음에도 불구하고, 그다지 높은 비율을 나타내고 있지 못한 것
은 성과 본을 정함에 있어서 부계혈연의식이 얼마나 짙게 깃들
어 있는지를 보여 주는 것이라 하겠다.

(2) 배경별 고찰

1) 성별에 따른 비교

「부모가 상의하여 정해야 한다」에 남자대학생이 5.8%, 여자대학생이 21.6%, 「아버지의 성과 본을 따라야 한다」에 남자대학생이 93.1%, 여자대학생이 73.9%이며, 「어머니의 성과 본을 따라야 한다」에 남자대학생이 0.3%, 여자대학생이 0.4%의 비율로 대답하였다(표 11 참조).

이들 수치 가운데, 「부모가 상의하여 정해야 한다」에 여자대학생이 21.6%로 남자대학생의 응답비율에 비하여 그 수치가 아주 많지는 않지만 현저하게 높은 것은, 부계혈연의 표지를 그대로 사용할 필요가 있느냐에 대한 불만적인 의식성향으로 볼 수 있을 것이다. 그러나 여자대학생의 73.9%가 「아버지의 성과

〈표 11〉 성별에 따른 비교

구분 사항	남	여	계
부모가 상의하여 정함	17	57	74(명)
	5.8	21.6	13.3(%)
아버지의 성과 본	271	195	466
	93.1	73.9	84.0
어머니의 성과 본	1	1	2
	0.3	0.4	0.4
모르겠다	2	10	12
	0.7	3.8	2.2
무응답	0	1	1
	0.0	0.4	0.2
계	291	264	555
	52.4	47.6	100.0

본을 따라야 한다」는 응답을 보인 것도 그에 못지않게 중요한 의미를 지니는 것으로 보아야 한다. 왜냐하면 이것은 우리사회에 남아 있는 부계혈연의식을 젊은 세대에서 임의적으로 무너뜨릴 수 없는 것임을 보여 주는 것이라 할 수 있기 때문이다.

2) 종교에 따른 비교

종교에 따라 응답한 분포를 나누어 보면, 「부모가 상의하여 정해야 한다」에 불교 11.3%, 기독교 17.1%, 무교 12.9%이고, 「아버지의 성과 본을 따라야 한다」에 불교 85.9%, 기독교 78.1%, 무교 85.2%의 비율로 되어 있다(표 12 참조). 이 가운데 특히 문제시할 만한 차이를 보이는 수치는 없지만, 기독교의 경우 불교보다 「부모가 상의하여 정해야 한다」에 높은 수치를 보이고 있는 것이 의미 있을 것으로 생각한다. 왜냐하면 기독교

〈표 12〉 종교에 따른 비교

사항 \ 구분	유교	불교	기독교	천도교	기타	무교	계
부모가 상의하여 정함	0	8	25	0	1	40	74(명)
	0.0	11.3	17.1	0.0	5.0	12.9	13.3(%)
아버지의 성과 본	5	61	114	2	19	265	466
	100.0	85.9	78.1	100.0	95.0	85.2	84.0
어머니의 성과 본	0	0	0	0	0	2	2
	0.0	0.0	0.0	0.0	0.0	0.6	0.4
모르겠다	0	2	6	0	0	4	12
	0.0	2.8	4.1	0.0	0.0	1.3	2.2
무응답	0	0	1	0	0	0	1
	0.0	0.0	0.7	0.0	0.0	0.0	0.2
계	5	71	146	2	20	311	555
	0.9	12.8	26.3	0.4	3.6	56.0	100.0

신자인 경우 불교나 유교를 믿는 사람보다 부계혈연의식이 다소나마 낮을 수 있을 것이기 때문이다.

3) 거주지에 따른 비교

거주지를 중심으로 보면, 「부모가 상의하여 정해야 한다」에 농촌 3.1%, 중소도시 12.7%, 대도시 14.2%이고, 「아버지의 성과 본을 따라야 한다」에 농촌 96.9%, 중소도시 87.3%, 대도시 22.5%의 비율로 답하였다(표 13 참조). 이들 수치 가운데 농촌의 경우 「부모가 상의하여 정해야 한다」가 현저하게 낮고, 「아버지의 성과 본에 따라야 한다」의 비율이 현저하게 높은 것이 특징적이다. 성과 같은 핵심적인 혈연문제에 관한 한, 아직도 농촌에서는 부계혈연의식이 아주 강함을 잘 말해 주는 것이라고 생각한다.

〈표 13〉 거주지에 따른 분포

사항 \ 구분	농촌	중소도시	대도시	계
부모가 상의하여 정함	1	9	64	74(명)
	3.1	12.7	14.2	13.3(%)
아버지의 성과 본	31	62	373	456
	96.9	87.3	82.5	84.0
어머니의 성과 본	0	0	2	2
	0.0	0.0	0.4	0.4
모르겠다	0	0	12	12
	0.0	0.0	2.7	2.2
무응답	0	0	1	1
	0.0	0.0	0.2	0.2
계	32	71	452	555
	5.8	12.8	81.4	100.0

2. 양자의 성

(1) 의식성향 일반

입양을 하는 경우 동성동본인 경우는 부자의 성이 동일하기 때문에 문제가 없지만, 이성(異姓)인 경우에는 납득하기 어려운 문제가 발생하게 된다. 즉 성이 같지 않은 부자관계가 생겨난다. 우리의 전통적인 입양관행은 동성동본이 원칙이고, 이성(異姓)인 경우는 예외적으로만 인정되었기 때문에, 그다지 문제될 것이 없었으나, 현행 민법은 이성(異姓)입양을 일반적으로 허용하고 있기 때문에 양자(養子)의 성은 당사자뿐만 아니라 일반인에게도 아주 중요한 문제가 되지 않을 수 없다.

양자의 성을 어떻게 정하면 좋은지를 알아보기 위하여 「성이 다를 사람을 입양한 경우 양자의 성은 어떻게 정해야 한다고 생각하십니까?」라는 문항을 제시해 보았다. 이에 대하여 「양부의 성에 맞춰 바꾸어야 한다」74.2%, 「자기의 성을 그대로 사용하게 한다」22.7%의 비율로 답하였다(그림 14 참조).

〈그림 14〉 양자의 성에 관한 의식 일반

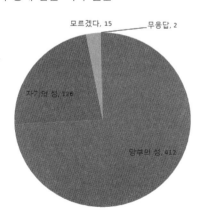

입양을 하였다 하더라도 자기의 혈연표시인 본래의 성을 그대로 사용하겠다면 그만이지만, 새로이 부자관계를 맺은 이상 양부의 성을 따르고자 하는 것이 나름대로의 의미가 있다. 앞에 나타난 의식성향의 수치는 이를 잘 말하여 주고 있다. 즉 자기 본래의 성도 중요하지만 아버지와 같은 성을 갖는 것이 현실적으로 더 중요한 것이기 때문에 이러한 의식성향을 보인 것으로 생각된다.

(2) 배경별 고찰

1) 성별에 따른 비교

「양부의 성에 맞춰 바꾸어야 한다」에 남자대학생 75.3%, 여자대학생 73.1%, 「자기의 성을 그대로 사용하게 한다」에 남자대학생 22.0%, 여자대학생 23.5%의 비율로 응답하였다(표 15 참조). 성별에 따라 차이가 없을 것이기 때문에 거의 비슷한 의식성향을 펼친 것으로 생각된다.

2) 거주지에 따른 비교

거주지에 따라서 응답한 분포를 나누어 보면, 「양부의 성에 맞춰 바꾸어야 한다」에 농촌 81.3%, 중소도시 76.1%, 대도시 73.5%, 「자기의 성을 그대로 사용하게 한다」에 농촌 18.8%, 중소도시 19.7%, 대도시 23.5%의 비율이다(표 16 참조).

대체로 비슷한 수치이기 때문에 특별한 것은 없지만, 농촌의 경우 「양부의 성에 맞춰 바꾸어야 한다」의 수치가 상대적으로 높은 것을 보면, 농촌거주 대학생의 경우에 부자의 성이 일치되어야 한다고 생각하는 성향이 더 강함을 알 수 있다.

〈표 15〉 성별에 따른 비교

사항 \ 구분	남	여	계
양부의 성	219	193	412(명)
	75.3	73.1	74.2(%)
자기의 성	64	62	126
	22.0	23.5	22.7
모르겠다	6	9	15
	2.1	3.4	2.7
무응답	2	0	2
	0.7	0.0	0.4
계	291	264	555
	52.4	47.6	100.0

〈표 16〉 거주지에 따른 비교

사항 \ 구분	농촌	중소도시	대 도 시	계
양부의 성	26	54	332	412(명)
	81.3	76.1	73.5	74.2(%)
자기의 성	6	14	106	126
	18.8	19.7	23.5	22.7
모르겠다	0	3	12	15
	0.0	4.2	2.7	2.7
무응답	0	0	2	2
	0.0	0.0	0.4	0.4
계	32	71	452	555
	5.8	12.8	81.4	100.0

3. 성의 변경

(1) 의식성향 일반

아버지의 성을 따라서 자기의 성이 정해졌거나 예외적으로

〈그림 17〉 성의 변경에 관한 의식 일반

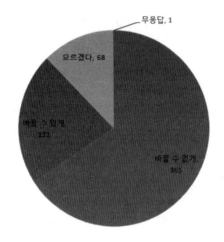

나마 어머니의 성을 따라 성이 정해진 경우 그 성을 바꿀 수 있게 하느냐, 아니면 바꿀 수 없게 하느냐 하는 것은 매우 중대한 문제다. 그것은 더 나아가 부계혈연 자체에 관한 크나큰 변혁이기 때문이다. 이에 관한 의식성향을 알아보기 위하여 「자기의 성과 본을 바꾸는 것에 대하여 어떻게 생각하십니까?」라는 문항을 설정하였다. 이에 대하여 「바꿀 수 있게 해서는 안 된다」 65.8%, 「바꿀 수 있도록 해 주어야 한다」 21.8%, 「모르겠다」에 12.3%의 응답이 나왔다(그림 17 참조).

우리의 전통적인 의식에 따르면 성을 바꾸는 것은 도저히 허용될 수 없다. 그것은 곧 부모에 대한 불효의 표현이요, 가문에 대한 배반이 되는 것이다. 그리하여 현행 민법에서도 모계혈연 또는 부계혈연에 맞추어 성을 변경할 수 있도록 하는 경우(모나 부를 모르거나 찾게 된 경우) 이외에는 어떠한 경우에도 성의 변경을 허용하고 있지 않다. 앞에 나타난 수치에 따르면

「바꿀 수 있게 해서는 안 된다」에 관한 의식성향이 대체로 높
지만, 「바꿀 수 있도록 해 주어야 한다」의 21.8%와 「모르겠다」
의 10.3%도 일정한 의미가 있을 것으로 생각된다. 즉 「모르겠
다」는 12.3%는 성의 변경이라는 것이 도대체 있을 수 있는 일
이기나 하냐는 사람의 응답으로 보아야 할 것이다. 그리고 「바
꿀 수 있도록 해 주어야 한다」는 비율이 21.8%나 되는 것도
상당한 수치라 할 수 있다. 이것은 곧 성이 부계혈연의 표칭으
로 뜻을 가지는 이외에, 단순히 자기를 표칭하는 일부로서의 의
미를 가지는 성향으로 보아야 할 것이다. 앞으로 자라나는 세
대의 성의 변경에 관한 의식성향의 추이가 주목된다.

(2) 배경별 고찰

1) 성별에 따른 비교

「바꿀 수 있게 해서는 안 된다」에 남자대학생 71.1%, 여자
대학생 65.8%, 「바꿀 수 있도록 해 주어야 한다」에 남자대학생

〈표 18〉 성별에 따른 비교

사항 \ 구분	남	여	계
바꿀 수 없게	207	158	365(명)
	71.1	59.8	65.8(%)
바꿀 수 있게	63	58	121
	21.6	22.0	21.8
모르겠다	21	47	68
	7.2	17.8	12.3
무응답	0	1	1
	0.0	0.4	0.2
계	291	264	555
	52.4	47.6	100.0

21.6%, 여자대학생 22.0%의 비율로 답하였다(표 18 참조). 남자의 경우 「바꿀 수 있게 해서는 안 된다」의 비율이 높은 것은 역시 부계로 이어지는 성을 굳이 바꿀 필요가 있겠느냐의 의식 성향으로 생각된다. 「바꿀 수 있도록 해 주어야한다」에는 남녀 비슷한 의식성향을 보이고 있어 새로운 세대의 공통적인 의식의 일면임을 보여 주는 것으로 생각된다.

2) 종교에 따른 비교

종교를 중심으로 해서 보면, 「바꿀 수 있게 해서는 안 된다」에 불교 70.4%, 기독교 63.7%, 무교 65.0%, 「바꿀 수 있도록 해 주어야 한다」에 불교 18.3%, 기독교 18.5%, 무교 4%의 비율로 답하였다(표 19 참조).

대체로 비슷한 수치를 보이고 있어 특별한 것은 없지만, 불교의 경우 「바꿀 수 있게 해서는 안 된다」에 상대적으로 높은 비율을 보인다. 많은 차이는 아니라 하더라도 나름대로 부

〈표 19〉 종교에 따른 비교

구분\사항	유교	불교	기독교	천도교	기타	무교	계
바꿀 수 없게	2	50	93	2	16	202	365(명)
	40.0	70.4	63.7	100.0	80.0	65.0	65.8(%)
바꿀 수 있게	3	13	27	0	2	76	121
	60.0	18.3	18.5	0.0	10.0	24.4	21.8
모르겠다	0	8	26	0	2	32	68
	0.0	11.3	17.8	0.0	10.0	10.3	12.3
무응답	0	0	0	0	0	1	1
	0.0	0.0	0.0	0.0	0.0	0.3	0.2
계	5	71	146	2	20	311	555
	0.9	12.8	26.3	0.4	3.6	56.0	100.0

계혈연을 중요시하는 의식의 일단이 아닌가 생각된다.

3) 거주지에 따른 비교

주거지를 중심으로 응답비율을 살펴보면, 「바꿀 수 없도록 해 주어야 한다」에 농촌 75.0%, 중소도시 59.2%, 대도시 66.2%, 「바꿀 수 있도록 해 주어야 한다」에 농촌 21.9%, 중소도시 19.7%, 대도시 22.1%이다(표 20 참조)

「바꿀 수 있도록 해 주어야 한다」의 응답비율은 비슷하기 때문에 일반적인 경향으로 보아야 할 것이나, 「바꿀 수 있게 해서는 안 된다」에 대한 농촌 75.0%의 응답비율은 지역적인 특성이 반영된 것으로 보아야 할 것이다. 즉 농촌에 거주하는 남자대학생의 경우 확실하게 성의 변경을 반대하는 성향이 높음을 보여 주는 것이라 할 수 있다.

〈표 20〉 거주지에 따른 비교

사항 \ 구분	농촌	중소도지	대도시	계
바꿀 수 없게	24	42	299	365(명)
	75.0	59.2	66.2	65.8(%)
바꿀 수 있게	7	14	100	121
	21.9	19.7	22.1	21.8
모르겠다	1	15	52	68
	3.1	21.1	11.5	12.3
무응답	0	15	52	68
	0.0	0.0	0.2	0.2
계	32	71	452	555
	5.8	12.8	81.4	100.0

V. 친족범위

1. 부계혈족

(1) 의식성향 일반

아버지 쪽의 혈족으로 이어지는 일단의 사람을 부계혈족이라 한다. 세대를 달리하게 됨에 따라 원근(遠近)이 달라지기는 하지만 후손이 끊이지 않는 한, 가승적으로 확산되어 나간다. 그렇기 때문에 이들 모두를 친족으로 생각할 수도 없고 또한 그렇게 할 필요도 없다. 여기에 어느 범위까지를 친족으로 할 것인지가 문제된다.

이를 알아보기 위하여 「부계혈족은 몇 촌까지 친족으로 생각하십니까?」라는 문항을 만들었다. 이에 대하여 「4촌까지」 17.3%,

〈그림 21〉 부계혈족에 관한 의식 일반

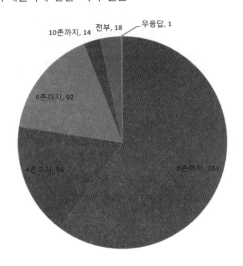

「6촌까지」 16.6%, 「8촌까지」 60.2%, 「10촌까지」 2.5%의 비율로 응답했다(그림 21 참조).

종래 부계혈족은 8촌까지 친족으로 파악해 왔다. 그것은 상복제(喪服制) 및 제례(祭禮)와 관련하여 그 연원이 매우 오래다. 「8촌까지」에 응답자가 많은 것은 그러한 영향 때문인 것으로 생각된다.

그런 반면 「4촌까지」와 「6촌까지」에도 적지 않은 응답자가 있는 점은 부계혈족으로서의 친족범위에 관하여 상당히 의미 있는 시사를 하는 것으로 보아야 할 것이다. 종래 8촌까지는 당연히 친족이라는 의식에 크나큰 변화가 일어나고 있음을 보여 주는 것이다. 부계혈연의 약화와 그 성격을 같이하는 것이라고 생각된다.

(2) 배경별 고찰
1) 성별에 따른 비교
「4촌까지」에 남자대학생 15.5%, 여자대학생 19.3%, 「6촌까지」에 남자대학생 14.4%, 여자대학생 18.9%, 「8촌까지」에 남자대학생 62.5%, 여자대학생 57.6%의 응답을 보였다(표 22 참조). 남녀에 따라서 크게 차이가 있는 것은 아니지만, 대체로 여학생이 부계혈족으로서의 친족범위를 좁게 의식하는 경향이 있음을 알 수 있다.

2) 거주지에 따른 비교
거주지를 중심으로 보면 「4촌까지」에 농촌 6.3%, 중소도시 16.9%, 대도시 18.1%이고, 「6촌까지」에 농촌 15.6%, 중소도시 21.1%, 대도시 15.9%, 「8촌까지」에 농촌 75.0%, 중소도시 59.2%, 대도시 59.3%의 비율로 답하였다(표 23 참조).

〈표 22〉 성별에 따른 비교

사항 \ 구분	남	여	계
4촌까지	45	51	96(명)
	15.5	19.3	17.3(%)
6촌까지	42	50	92
	14.4	18.9	16.6
8촌까지	182	152	334
	62.5	57.6	60.2
10촌까지	12	2	14
	4.1	0.8	2.5
전부	10	8	18
	3.4	3.0	3.2
무응답	0	1	1
	0.0	0.4	0.2
계	291	264	555
	52.4	47.6	100.0

〈표 23〉 거주지에 따른 비교

사항 \ 구분	농촌	중소도시	대도시	계
4촌까지	2	12	82	96(명)
	6.3	16.9	18.1	17.3(%)
6촌까지	5	15	72	92
	15.6	21.1	15.9	16.6
8촌까지	24	42	268	334
	75.0	59.2	59.3	60.2
10촌까지	1	1	12	14
	3.1	1.4	2.7	2.5
전부	0	1	17	18
	0.0	1.4	3.8	3.2
무응답	0	0	1	1
	0.0	0.0	0.2	0.2
계	32	71	452	555
	5.8	12.8	81.4	100.0

거주지가 농촌이냐 도시냐에 따라서 의식성향이 하루이틀에 달라지지는 않겠지만, 앞에 나타난 수치는 농촌에 거주하는 대학생과 도시에 거주하는 대학생 사이에 의식성향이 크게 다름을 쉽게 알 수 있다. 사실 도시생활에서 8촌이라고 특별한 의미를 가진다기보다는 가깝게 지내는 사람이어야 더 가깝다고 생각하는 것이 보통인 것을 생각하면, 이러한 의식성향은 자연스러운 경향이라 할 수 있다.

2. 모계혈족

(1) 의식성향 일반

어머니 쪽의 혈족으로 이어지는 일단의 사람을 모계혈족이라 한다. 부계혈족과 마찬가지로 당연히 친족으로 파악된다. 다만 그 범위를 몇 촌까지로 할 것인지가 문제될 따름이다. 이를 알아보기 위하여 「모계혈족은 몇 촌까지 친족으로 생각하십니까?」라는 문항을 만들었다. 이에 대하여 「4촌까지」 64.1%, 「6촌까지」 12.6%, 「8촌까지」 18.6%의 비율로 답하였다(그림 24 참조).

모계와 부계를 차별적으로 생각할 필요는 없지만, 종래 우리의 친족생활은 부계를 중심으로 이루어졌고, 그와 함께 친족으로 생각하는 범위도 부계와 모계에 다소의 차이가 있었다. 「4촌까지」에 64.1%의 응답을 보인 것도 대체로 이러한 지난날의 생활전통의 특성에서 비롯하는 것이라고 보아야 할 것이다.

〈그림 24〉 모계혈족에 관한 의식 일반

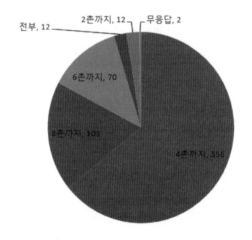

한편 「6촌까지」에 12.6%, 「8촌까지」에 18.6%나 되는 응답은 대체로 부계혈족과 차이를 둘 필요가 있겠느냐는 데서 나온 것으로 보아야 할 것이다. 남녀평등이라는 기본원칙을 전제로 한 사회에서 자라난 세대의 자연스러운 의식성향으로 생각된다.

(2) 배경별 고찰
1) 성별에 따른 비교

「4촌까지」에 남자대학생 71.5% 여자대학생 56.1%, 「6촌까지」에 남자대학생 11.0%, 여자대학생 14.4%, 「8촌까지」에 남자대학생 12.7%, 여자대학생 25.0%의 비율로 답하였다(표 25 참조).

남자대학생은 4촌까지를 친족으로 생각하는 비율이 현저하게 높은데, 여자대학생은 8촌까지를 친족으로 생각하는 비율이

〈표 25〉 성별에 따른 비교

사항 \ 구분	남	여	계
2촌까지	7	5	12(명)
	2.4	1.9	2.2(%)
4촌까지	208	148	356
	71.5	56.1	64.1
6촌까지	32	38	70
	11.0	14.4	12.6
8촌까지	37	66	103
	12.7	25.0	18.6
전부	5	7	12
	1.7	2.7	2.2
무응답	2	0	2
	0.7	0.0	0.4
계	291	264	555
	52.4	47.6	100.0

25%나 된다. 모계혈족이 성별에 따라서 부계혈족과 구별되는
일단의 친족이라는 데서 이러한 의식성향의 차이가 생기는 것
으로 생각된다.

2) 종교에 따른 비교

종교를 중심으로 살펴보면, 「4촌까지」에 불교 62.0%, 기독
교 64.4%, 무교 65.3%이고, 「6촌까지」에 불교 14.1%, 기독교
12.3%, 무교 12.5%이며, 「8촌까지」에 불교 15.5%, 기독교
17.8%, 무교 19.0%의 비율로 응답하였다(표 26 참조).

앞에서 분석한 몇몇 사항에서도 말한 바와 같이 이 경우에
는 종교에 따라서 거의 차이가 나지 않는다. 혈족과 같은 사항
은 우리사회에 자리잡은 각 종교를 믿는 사람이거나 또는 종교

〈표 26〉 종교에 따른 비교

구분 \ 사항	유교	불교	기독교	천도교	기타	무교	계
2촌 까지	1	1	7	0	0	3	12(명)
	20.0	1.4	4.8	0.0	0.0	1.0	2.2(%)
4촌 까지	1	44	94	2	12	203	35
	20.0	62.0	64.4	100.0	60.0	65.3	64.1
6촌 까지	1	10	18	0	2	39	70
	20.0	14.1	12.3	0.0	10.0	12.5	12.6
8촌 까지	2	11	26	0	5	59	103
	40.0	15.5	17.8	0.0	25.5	19.0	18.6
전부	0	5	1	0	1	5	12
	0.0	7.0	0.7	0.0	5.0	1.6	2.2
무응답	0	0	0	0	0	2	2
	0.0	0.0	0.0	0.0	0.0	0.6	0.4
계	5	71	146	2	20	311	555
	0.9	12.8	26.3	0.4	3.6	56.0	100.0

를 믿지 않는 사람이 똑같은 의식을 갖고 있음을 잘 보여 주는 것이라 할 수 있다.

3. 부계혈족과 모계혈족의 비교

(1) 의식성향 일반

부계혈족이나 모계혈족이나 그 계원(系源)만을 달리할 뿐 혈연적 가치는 마찬가지다. 다시 말하여 부계혈족이기 때문에 더 소중하고 모계혈족이기 때문에 소중하지 않다고는 할 수 없다. 다만 똑같이 소중한 가치를 지니는 혈족이지만 현실적으로 멀게 느끼거나 가깝게 느끼는 점에는 차이가 있을 수 있다. 그러한 차이는 시간이 흐름에 따라 변할 수도 있다.

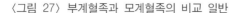
〈그림 27〉 부계혈족과 모계혈족의 비교 일반

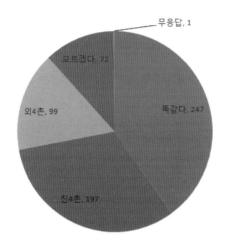

부계혈족인 사람과 모계혈족인 사람의 친소(親疎)를 알아보기 위하여 친4촌과 외4촌 중 어느 쪽을 더 가깝다고 생각하십니까?」라는 문항을 설정하였다. 이에 대하여 「똑같다」에 44.5%, 「친4촌」에 35.5%, 「외4촌」에 17.8%의 비율로 답하였다 (그림 27 참조).

이러한 수치는 친4촌이 외4촌보다 더 가깝다고 하는 일반적인 의식성향과는 크게 다른 것으로, 부계혈족과 모계혈족은 혈연적 가치에서 차이가 없음을 보여주는 경향으로 보아도 괜찮을 것이다. 물론 부계혈족으로서의 8촌인 사람과 모계혈족으로서의 8촌인 사람을 비교하였으면, 친8촌이 더 가깝다는 성향이 높았을지도 모른다. 그러나 이러한 것은 종래 우리사회의 친족생활에서 조성된 친족개념의 성향이라고 보아야 할 것이다. 그렇다 하더라도 그 혈연적 가치에 차이가 있는 것은 아님을 주의할 필요가 있다.

(2) 배경별 고찰

1) 성별에 따른 고찰

「똑같다」에 남자대학생 39.2%, 여자대학생 50.4%, 「친4촌」에 남자대학생 48.5%, 여자대학생 21.2%, 「외4촌」에 남자대학생 11.7%, 여자대학생 24.6%의 비율로 답하였다(표 28 참조).

친4촌과 외4촌은 촌수는 같지만, 부계와 모계로 구분되는 친족이라는 점에서 성별에 따른 차이가 현저하다. 여자대학생의 절반 이상이 똑같다고 생각하는가 하면, 24.6%나 되는 학생은 외4촌이 더 가깝다고 생각한다. 반면 남자대학생의 절반가량은 역시 친4촌이 더 가깝다고 생각한다.

이러한 비율의 차이는 결국 실제의 생활에서 어느 쪽과 더 가깝게 지내느냐에 따라서 생겨나는 것이라고 생각된다.

〈표 28〉 성별에 따른 비교

구분 / 사항	남	여	계
똑같다	114	133	247(명)
	39.2	50.4	44.5(%)
친4촌	141	56	197
	48.5	21.2	35.5
외4촌	34	65	99
	11.7	24.6	17.8
모르겠다	2	9	11
	0.7	3.4	2.0
무응답	0	1	1
	0.0	0.4	0.2
계	291	264	555
	52.4	47.6	100.0

2) 거주지에 따른 비교

거주지를 중심으로 하여 보면 「똑같다」에 농촌 31.3%, 중소도시 49.3%, 대도시 44.7%, 「친4촌」에 농촌 62.5%, 중소도시 28.2%, 대도시 34.7%이며, 「외4촌」에 농촌 6.3%, 중소도시 18.3%, 대도시 18.6%의 비율로 답하였다(표 29 참조).

농촌의 경우 친4촌을 가깝게 생각하는 성향이 짙고, 도시의 경우 농촌보다 똑같다고 생각하거나 외4촌이 더 가깝다고 생각하는 사람이 많음을 알 수 있다. 우리사회 전래의 친족생활 그것이 농촌에는 아직도 많이 남아 있음을 생각할 때 이와 같이 대비적인 응답이 나오는 것은 너무도 당연하다.

〈표 29〉 거주지에 따른 비교

구분 사항	농촌	중소도시	대도시	계
똑같다	10	35	202	247(명)
	31.3	49.3	44.7	44.5(%)
친4촌	20	20	157	197
	62.5	28.2	34.7	35.5
외4촌	2	13	84	99
	6.3	18.3	18.6	17.8
모르겠다	0	2	9	11
	0.0	2.8	2.0	2.0
무응답	0	1	0	1
	0.0	1.4	0.0	0.2
계	32	71	452	555
	5.8	12.8	81.4	100.0

VI. 부   양

1. 부계혈족으로서의 피부양자

(1) 의식성향 일반

자기의 재산이나 노동력에 의하여 살아갈 수 없는 사람은 다른 사람의 도움을 받아야만 살아갈 수 있다. 그것은 당사자로서는 생존에 직결되는 문제이고 사회전체로 보아서는 구성원의 생활안전 내지 복지적인 차원의 심각한 문제이다. 일찍이 친족적 부양이라든지 사회단체나 국가에 의한 구호가 제도화되었던 것도 모두 그 중요성에서 비롯된 것이라 할 수 있다.

부계혈족의 경우 어느 범위의 사람까지 도와주어야 하는지를 알아보기 위하여 「부계혈족으로 생활이 어려운 사람이 있으면 몇 촌까지 도와주어야 한다고 생각하십니까?」라는 문항을 만들었다.

이에 대하여 「2촌까지」 8.8%, 「4촌까지」 52.1%, 「8촌까지」 22.1%, 「전부」 16.2%의 비율로 응답하였다(그림 30 참조).

부계혈족인 사람이라 하더라도 최근의 생활양태로 보아서는 생계를 달리하는 경우가 대부분이므로 여기에 응답한 것은 「조금이라도」 도와주어야 하지 않겠느냐로 보아야 할 것이다. 그렇게 한정시킬 때 4촌까지라는 것은 상당한 의미가 있을 것으로 본다. 현실적으로도 4촌이 어려우면 조금이라도 도와주게 되는 것은 흔히 볼 수 있는 일이다. 「전부」에 16.2%라는 많은 응답이 나온 것은 직계인 경우 전부라고 응답한 것으로 생각된다. 최근 심각한 어려움을 불러일으키고 있는 노인문제와 관련해 볼 때 이런 응답은 상당한 시사를 해 주는 것이다. 우리의

〈그림 30〉 부계혈족으로서의 피부양자에 관한 의식 일반

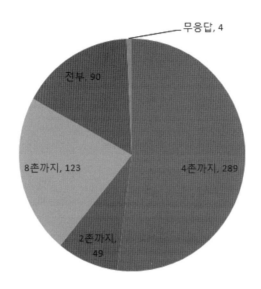

사회현실에 비추어 볼 때, 직계인 경우 아직까지는 촌수와 관계
없이 부양해 주는 것이 당연한 것으로 받아들여짐을 부인할 수
는 없을 것이다.

(2) 배경별 고찰

1) 성별에 따른 비교

「4촌까지」에 남자대학생 46.4%, 여자대학생 58.3%이고, 「8
촌까지」에 남자대학생 30.2%, 여자대학생 13.3%, 「전부」에 남자
대학생 16.2%, 여자대학생 16.3%의 비율로 답하였다(표 31 참조).

이러한 수치로 보아 남녀대학생 모두 대체로 비슷한 성향
이라고 할 수 있고, 다만 남자의 경우 「8촌까지」로 생각하는

〈표 31〉 성별에 따른 비교

사항 \ 구분	남	여	계
2촌까지	18	31	49(명)
	6.2	11.7	8.8(%)
4촌까지	135	154	289
	46.4	58.3	52.1
8촌까지	88	35	123
	30.2	13.3	22.2
전부	47	43	90
	16.2	16.3	16.2
무응답	3	1	4
	1.0	0.4	0.7
계	291	264	555
	52.4	47.6	100.0

사람이 여자보다 많은 것을 보면 부양에 관한 한, 다소 확대적
인 의식성향이라고 할 수 있다.

　2) 종교에 따른 비교

　종교를 중심으로 보면, 「4촌까지」에 불교 43.7%. 기독교
54.1%, 무교 54.3%, 「8촌까지」에 불교 28.2%, 기독교 17.1%,
무교 21.3%, 「전부」에 불교 12.7%, 기독교 21.2%, 무교 15.1%
의 비율로 답하였다(표 32 참조).

　「8촌까지」에 불교가 다소 높고, 「전부」에는 도리어 기독교
가 높은 비율을 보인다. 이러한 수치로 보아 종교에 따른 두드
러진 특징은 잡아낼 수 없다. 어느 종교이든지 어려운 사람이
나 친족에 대하여는 자선적인 경향 또는 그저 도와주어야 한다
는 입장을 취하기 때문에 그러하리라고 생각한다.

〈표 32〉 종교에 따른 비교

사항 \ 구분	유교	불교	기독교	천도교	기타	무교	계
2촌까지	0	10	9	0	2	28	49(명)
	0.0	14.1	6.2	0.0	10.0	9.0	8.8(%)
4촌까지	1	31	79	2	10	166	289
	20.0	43.7	54.1	100.0	50.0	54.3	52.1
8촌까지	4	20	25	0	5	69	123
	80.0	28.2	17.1	0.0	25.0	21.3	22.2
전부	0	9	31	0	3	47	90
	0.0	12.7	21.2	0.0	15.0	15.1	16.2
무응답	0	1	2	0	0	1	4
	0.0	1.4	1.4	0.0	0.0	0.3	0.7
계	5	71	146	2	20	311	555
	0.9	12.8	26.3	0.4	3.6	56.0	100.0

2. 모계혈족으로서의 피부양자

(1) 의식성향 일반

　모계혈족의 경우에도 부계혈족과 마찬가지로 생활이 어려운 경우에 부양을 필요로 하게 된다. 그러나 종래의 생활현실에 비추어 모계혈족과 생계를 같이하는 경우는 아주 드문 경우이므로 그에 따라 피부양자의 범위도 다르리라 생각된다.

　이를 알아보기 위하여「모계혈족으로 생활이 어려운 사람이 있으면 몇 촌까지 도와주어야 한다고 생각하십니까?」라는 문항을 만들었다. 이에 대하여「2촌까지」15.3%,「4촌까지」58.4%,「8촌까지」10.1%, 그리고「전부」에 15.7%의 비율로 응답하였다(그림 33 참조). 이러한 수치를 총괄해 볼 때「4촌까지」로 생각하는 성향이 많음을 알 수 있고, 특히「2촌까지」

〈그림 33〉 모계혈족으로서의 피부양자에 관한 의식 일반

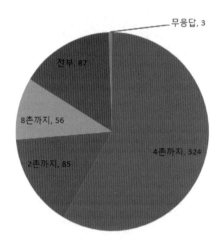

에 부계혈족의 경우보다 많은 사람이 응답한 점을 지적할 수 있다.

(2) 배경별 고찰

1) 성별에 따른 비교

「2촌까지」에 남자대학생 15.8%, 여자대학생 14.8%, 「4촌까지」에 남자대학생 57.7%, 여자대학생 59.1%, 「8촌까지」에 남자대학생 11.3%, 여자대학생 8.7%, 「전부」에 남자대학생 14.4%, 여자대학생 17.0%의 비율로 응답하였다(표 34 참조).

이들 여러 수치를 보면 각 사항에 대한 남녀의 의식성향이 거의 비슷함을 알 수 있다. 부계혈족의 경우 남자대학생이 다소 확대적인 성향을 보였던 것과 대조를 이룬다.

〈표 34〉 성별에 따른 비교

사항＼구분	남	여	계
2촌까지	46	39	85(명)
	15.8	14.8	15.3(%)
4촌까지	168	156	324
	57.7	59.1	58.4
8촌까지	33	23	56
	11.3	8.7	10.1
전부	42	45	87
	14.4	17.0	15.7
무응답	2	1	3
	0.7	0.4	0.5
계	291	264	555
	52.4	47.6	100.0

2) 거주지에 따른 비교

거주지를 중심으로 보면, 「2촌까지」에 농촌 15.6%, 중소도
시 11.3%, 대도시 15.9%, 「4촌까지」에 농촌 56.3%, 중소도시
54.9%, 대도시 59.1% 「8촌까지」에 농촌 12.5%, 중소도시
11.3%, 대도시 9.7%, 「전부」에 농촌 15.6%, 중소도시 21.1%,
대도시 14.8%의 비율로 응답하였다(표 35 참조).

이들 각 사항에 대한 수치를 보면 대체로 비슷하다. 모계
혈족을 부양하는 것이 그렇게 많지 않은 일임을 생각할 때, 이
러한 사항에 관하여는 거주하는 지역에 관계없이 비슷한 의식
성향을 보임을 알 수 있다. 다른 문제에 관하여 적지 않은 특
징을 보였던 것과는 아주 대조적이라 할 수 있다.

〈표 35〉 거주지에 따른 비교

구분 사항	농촌	중소도시	대도시	계
2촌까지	5	8	72	85(명)
	15.6	11.3	15.9	15.3(%)
4촌까지	18	39	267	324
	56.3	54.9	59.1	58.4
8촌까지	4	8	44	56
	12.5	11.3	9.7	10.1
전부	5	15	67	87
	15.6	21.1	14.8	15.7
무응답	0	1	2	3
	0.0	1.4	0.4	0.5
계	32	71	452	555
	5.8	12.8	81.4	100.0

VII. 맺음말

　　지금까지 대학생의 혈연의식을 몇 가지 친족사항을 중심으로 조사·분석해 보았다. 처음 계획하기로는 일반인까지 포함하여 1,200매 정도를 수거하여 분석하려고 하였던 것이나, 여러 가지 어려움이 겹쳐 대학생의 응답만을 분석한 것이다. 그러나 각 항목에 관해 결과는 나름대로의 의미가 있는 것으로 생각된다. 응답분포를 분석한 결과를 요약하면 다음과 같다.

　　첫째, 현재 대학에 다니고 있는 남녀학생들은 아직도 혈연을 다른 요인, 예컨대 학연이나 지연보다 더 중요시하는 것으로 나타난다. 다만 이러한 사실은 앞으로의 사회변화, 예를 들어 도시화나 소득증가에 따라 다소 변하게 되리라는 것도 확인할 수 있었다.

둘째, 이러한 의식성향은 성과 본, 친족범위, 부양에 걸쳐 비슷하게 나타난다. 즉 성과 본은 아버지의 성과 본에 따라 정해야 한다는 사람이 압도적이고, 그 변경을 허용하는 것도 원하지 않는다. 또한 친족범위도 부계나 모계 모두 지금까지 관행이나 법으로 규정하고 있는 범위와 대체로 일치하고, 부양의 경우에도 피부양자를 매우 넓게 생각하는 경향이 있다.

셋째, 이러한 각 항목에 대한 의식성향은 각 배경에 따라 다소 차이가 있음을 알 수 있었다. 즉 부계나 모계에 따라 설정된 문항의 경우에는 남녀에 따라 그 성향이 각각 다르고, 그렇지 않은 문항에 관하여는 남녀에 따른 차이가 거의 없었다. 또한 종교에 따라서는 의식성향의 차이가 거의 나타나지 않았으며, 지역에 따라서는 아직도 농촌에 거주하는 대학생이 도시에 거주하는 대학생보다 혈연의식이 강한 것으로 나타난다.

끝으로 남녀대학생의 이와 같은 혈연적 의식성향은 비록 그것이 전체 대학생을 대상으로 하여 분석한 것이 아니라 하더라도, 관계되는 친족범위를 해석·적용하는 데 참고로 할 만한 것이다. 왜냐하면 혈연과 같은 의식성향은 대체로 보편성을 많이 띠고, 그 변화경향도 비슷하게 나타나기 때문이다. 관행적인 혈연의식은 고식적이라 하여 지나치게 진취적으로 친족법규를 해석·적용하는 것은 일반인의 의식을 크게 뛰어넘거나, 자의적인 것이 될 수 있음을 주의할 필요가 있다. 특히 가족법의 개정추진에 있어서 전통적 생활양식이나 혈연의식과 밀접한 관련이 있는 동성동본불혼의 원칙이나 호주제도의 승계·존립을 송두리째 없애버리려고 하는 제안을 펴대는 것은 한낱 무모한 부르짖음에 지나지 않는 것임을 주의하지 않으면 안 될 것임을 다시 한 번 밝혀두고자 한다.

제5장

대학생의 재산상속에 관한 의식성향

Ⅰ. 머 리 말

사회의 발전 속도가 빠르면 빠를수록 그에 따라 일정한 정도의 의식변화는 일어나게 마련이다. 특히 전근대적인 속성이 강한 사회에서는 그러한 변화의 편차는 한층 더 크고, 그 영향 또한 막대할 수밖에 없다.

우리사회에서 1960년대 중반까지만 하더라도 전래의 생활모습이나 의식에 크나큰 변화가 없었음은 여러 부면에서 지적되고 있는 바와 같다. 급격히 추진된 경제개발, 그에 따른 사회구조의 변모, 밀어닥친 서양문물, 일일이 열거하지 않는다 하더라도 전래의 의식에 영향을 미칠 수 있는 요인은 너무도 많았다. 여기저기 대도시가 조성되는가 하면, 농어촌 지역을 떠나 산업도시로 모여 살게 되었으니, 그에 따라 상당한 의식의 변화가 있었음도 사실이다. 혈연이나 지연을 기초로 하여 친족이나 향민의식(鄕民意識)이 약화되고, 각자의 필요에 따른 당사자로서의 관계가 사회생활의 중추를 이루게 되었다고 할 수 있다.

이러한 점을 고려하여 이 논문에서는 재산상속에 관한 대학생의 의식을 조사하여 분석해 보았다.

재산상속(財産相續)은 어느 사회에 있어서나 매우 중요한 법률제도이고, 그것이 각 상속인에게 미치는 이해관계 또한 매우 크다. 그리고 우리사회는 나름대로의 전통이나 사회적 요구에 맞춘 재산상속제를 수립·실시해 왔음도 사실이다. 어느 집안이든지 적장자손(嫡長子孫)을 우대하고 잘 살아나갈 수 있도록 배려하였던 점도 상속제와 무관한 일이 아니다. 그리고 갖가지 요인에 따라 상속분도 차등이 있었다. 이러한 상속제를 인식하고 뒷받침해 주는 의식은 법의 해석·적용이 아니라 하더라도 생활자체를 위해서도 중요하다.

이 조사는 친족적 혈연의식과 함께 1989년 말부터 1990년 초에 걸쳐 이루어진 것이기 때문에 가족법이 개정되고 난 지금에는 그 의미가 다소 적다고 할 수 있다. 그러나 이 조사 당시는 가족법의 개정논의 내지 개정작업이 한창이었을 때이기 때문에 그러한 시점에서의 의식성향이라는 점에서는 그 나름대로의 독특한 뜻이 있다고 생각한다. 이 분석자료는 앞의 논문과 같은 조사에서 확보된 것임을 밝히고, 그 조사지역이나 대상, 분석방법 등의 서술은 생략하기로 한다.

II. 재산상속인의 범위

1. 의식성향 일반

어느 사람이 사망하였을 때 그와 일정한 신분관계에 놓여 있는 사람들이 상속인이 된다. 그 범위를 얼마만큼 인정하느냐, 또는 그 순차를 어떻게 정하느냐 하는 것은 사회마다 각각 다르다. 그 범위와 순차에 따라 각 상속인의 이해관계가 크게 달라지기 때문이다.

우리나라에서는 지난날의 오랜 전통과 혈연의식과 맞물려 상속인의 범위가 비교적 넓게 인정되어 왔다. 그것이 지니는 현실적인 의미는 보는 입장에 따라 다르겠지만, 가능한 한, 자기와 일정한 신분에 걸쳐 있는 사람에게 재산을 물려주고 싶어 하는 정리(情理)의 반영이라고 볼 수 있을 것이다.

직계비속에게 재산을 물려주는 것은 너무나 당연하지만, 친족적 공동생활이 느슨해지고, 신분적 연계도 점차로 완화된다는 뜻에서 재산상속인의 범위도 달라질 수 있다. 재산상속인의 범위를 몇 촌까지 하면 될까를 알아보기 위하여 「재산상속을 할 때 자녀가 없는 경우 어느 범위의 방계혈족까지 상속인으로 하여야 한다고 생각하십니까?」라는 질문을 하였다. 이에 대하여 「2촌까지」에 87명(15.7%), 「3촌까지」에 60명(10.8%), 「4촌까지」에 309명(55.7%), 「8촌까지」에 88명(15.9%), 「16촌까지」에 7명(1.3%)이 답하였다(그림 1 참조).

이들 가운데 「8촌 이내」의 응답자가 거의 전부인 것을 보면, 전래 우리나라의 친족생활과 일치하는 응답임을 알 수 있다. 특히 「4촌까지」에 아주 많은 수가 응답한 것을 보면, 방계

〈그림 1〉 재산상속인의 범위에 관한 의식 일반

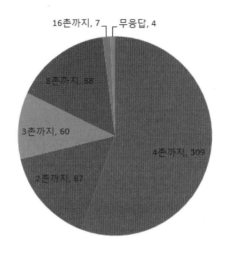

혈족 중 4촌이나 8촌이 차지하는 분한이 현격함을 보여 주는 것이라고 할 수 있다. 더구나 「2촌까지」에 답한 사람이 87명이나 되는 것은 촌수의 현실적인 의미를 실감나게 하는 것이다.

자녀의 수가 한 명이나 두 명씩으로 아주 줄어든 현실에 비추어 보면, 이러한 응답의 비율은 앞으로 더욱 달라질 것으로 보아도 괜찮을 것이다. 4촌이나 8촌으로 이어질 연계가 끊어지고 그에 따라 원근의 의식도 변할 것이기 때문이다.

2. 배경별 고찰

(1) 성별에 따른 비교

재산상속을 받게 되는 범위는 일정한 촌수를 한정으로 정하여지므로 남녀에 따라 다르게 생각할 필요가 없을 수도 있다. 그러나 종래 남녀를 각 상속인으로 하여 그 상속분에 따라 상속이 되어 왔음을 고려하면, 다소의 차이가 나타날 수도 있을 것이다. 「4촌까지」에 남자대학생 56.0%, 여자대학생 55.3%, 「8촌까지」에 남자대학생 20.6%, 여자대학생 10.6%의 응답을 보이고 있다(표 2 참조). 이를 통해 보면 남자대학생이 더 넓은 혈족에까지 상속을 인정하려는 성향을 띠고 있음을 알 수 있다. 이러한 경향은 「2촌까지」에 남자대학생이 11.0%, 여자대학생 20.8%의 응답을 한 것을 통해 보면 더욱 뚜렷하다.

    상속이 현실적인 생활조건을 정해주는 재산과 관련된 중요한 제도이고, 그 상속인은 대체로 혈연으로 이어지는 친족이며, 그 주도적인 수혜자가 남자였던 점을 생각하면, 이상에서 나타난 수치의 차이는 그대로 인정할 수 있는 것이 아닌가 생각된다.

〈표 2〉 성별에 따른 비교

사항 \ 구분	남	여	계
2촌까지	32	55	87
	11.0	20.8	15.7
3촌까지	28	32	60
	9.6	12.1	10.8
4촌까지	163	146	309
	56.0	55.3	55.7
8촌까지	60	28	88
	20.6	10.6	15.9
16촌까지	6	1	7
	2.1	0.4	1.3
무응답	2	2	4
	0.7	0.8	0.7
계	291	264	555
	52.4	47.6	100.0

(2) 종교에 따른 비교

종교에 따라 재산상속인의 범위를 어떻게 달리 생각할 것인지는 그 종교가 우리나라 전체의 생활습관을 어떻게 수용하였느냐와 관련하여 다소 다를 수 있을 것이다. 「4촌까지」에 불교 54.9%, 기독교 61.6%, 무교 54.3%로 되어 있고, 「8촌까지」에 불교 18.3%, 기독교 13.0%, 무교 15.8%로 되어 있다(표 3 참조). 기독교 신자의 경우 4촌까지로 하여야 한다는 데 많은 수치가 몰려 있음에 비하여, 불교의 경우 8촌까지에 상대적으로 많은 수치를 보이는 다소의 차이가 있다. 종교에 따라 두드러진 특색을 보이지 않는 점은 종교를 갖지 않은 대학생의 응답 수치와도 거의 비슷함에서도 쉽게 알 수 있다. 이러한 응답성향은 곧 지난날 우리나라에 들어온 각 종교가 친족생활 또는

〈표 3〉 종교에 따른 비교

사항 \ 구분	유교	불교	기독교	천도교	기타	무교	계
2촌까지	1	10	17	0	3	56	87
	20.0	14.1	11.6	0.0	15.0	18.0	15.7
3촌까지	0	8	18	1	2	31	60
	0.0	11.3	12.3	50.0	10.0	10.0	10.8
4촌까지	1	39	90	1	9	169	309
	20.0	54.9	61.6	50.0	45.0	54.3	55.7
8촌까지	3	13	19	0	4	49	88
	60.0	18.3	13.0	0.0	20.0	15.8	15.9
16촌까지	0	1	1	0	2	3	7
	0.0	1.4	0.7	0.0	10.0	1.0	1.3
무응답	0	0	1	0	0	3	4
	0.0	0.0	0.7	0.0	0.0	1.0	0.7
계	5	71	146	2	20	311	555
	0.9	12.8	26.3	0.4	3.6	56.0	100.0

이와 관련된 기본제도와 저촉을 빚지 않고 그대로 긍인하면서 정착하였음을 보여주는 것의 한 예가 아닌가 생각된다.

(3) 거주지에 따른 비교

거주지에 따라 재산상속인의 범위를 어떻게 생각할 것인지 는 도시생활이 농촌생활과 다르다는 점에서 어느 정도 차이가 있을 수도 있을 것이다. 「4촌까지」에 농촌 43.8%, 중소도시 64.8%, 대도시 55.1%로 되어 있고, 「8촌까지」에 농촌 21.9%, 중소도시 12.7%, 대도시 15.9%로 응답하였다(표 4 참조). 크나 큰 차이는 없지만 중소도시에 거주하는 대학생은 4촌까지로 생 각하는 성향이 다소 많고, 농촌에 거주하는 대학생은 8촌까지로 확대·분산되어 있음을 알 수 있다.

〈표 4〉 거주지에 따른 비교

사항 \ 구분	농촌	중소도시	대도시	계
2촌까지	3	9	75	87
	9.4	12.7	16.6	15.7
3촌까지	5	6	49	60
	15.6	8.5	10.8	10.8
4촌까지	14	46	249	309
	43.8	64.8	55.1	55.7
8촌까지	7	9	72	88
	21.9	12.7	15.9	15.9
16촌까지	3	1	3	7
	9.4	1.4	0.7	1.3
무응답	0	0	4	4
	0.0	0.0	0.9	0.7
계	32	71	452	555
	5.8	12.0	01.4	100.0

이와는 달리 「2촌까지」에는 농촌 9.4%, 중소도시 12.7%, 대도시 16.6%로 되어 있어, 도시 쪽이 상대적으로 높은 수치를 보이고 있다. 중소도시든지 대도시든지 거기에 살고 있는 일정한 수의 대학생들은 재산상속인의 범위를 그렇게 널리 확대시킬 필요가 없다고 생각함에 틀림없다. 도시에 거주하다 보면 친족적인 공동생활의 긴절함이 그렇게 높지 않고, 재산상속과 같은 예민한 사항에까지 그 관련성을 살려나가기는 그렇게 쉽지 않을 것이다.

Ⅲ. 자녀의 상속분

1. 의식성향 일반

상속재산을 상속인끼리 얼마만큼씩 나누어 갖느냐 하는 것은 재산상속에 있어서 가장 중요한 핵심이다. 그중에서도 아들과 딸의 상속분을 얼마로 하느냐 하는 것은 성별에 따른 차별성을 지닌다는 점에서 법리적으로도 매우 어려운 문제일 수밖에 없다.

우리나라에서는 지난날의 생활관습 등과 관련하여 아들의 상속분을 더 많이 하는 것을 당연하게 여겨 왔다. 그러나 상속재산액의 증가, 자녀 수의 감소 등에 따라 이러한 전통은 크나큰 도전을 받게 되었다. 상속재산이 얼마 되지 않았던 때에는 일정한 차이의 비율로 나누더라도 그 상속분의 차이도 그다지 많지 않지만, 그 액수가 많은 경우에는 그 차액도 자연히 많게 된다. 또한 자녀의 수가 적다 보니 아들의 상속분과 딸의 그것이 바로 대비적으로 드러나게 된다. 이러한 사정에 비추어 자녀의 상속분을 균등하게 조정되어야 한다는 주장이 계속되어 왔고, 나름대로 의미가 있는 일이 아닐 수 없다.

자녀의 상속분을 어느 정도로 하면 되겠는가를 알아보기 위하여 「재산상속을 할 때 아들과 딸의 상속분은 어느 정도여야 한다고 생각하십니까?」라는 문항을 제시하였다. 이에 대하여 남녀대학생을 합쳐서 그 수치를 살펴보면, 「똑같아야 한다」에 342명(61.6%), 「아들에게 더 많이 주어야 한다」에 196명(35.3%), 「딸에게 더 많이 주어야 한다」에 7명(1.3%) 등의 응답이 나왔다(그림 5 참조). 이들 응답 중 자녀의 상속분이 똑같아야 한다고 생각하는 사람이 많은 것을 보면 전래의 상속분은 그대로 의미를 가질 수 없게 되어 감은 틀림없는 것 같다. 아들과 딸의 대비적인 뜻이 그대로 반영된 것으로 보아야 할 것이다. 즉 아들이나 딸이나 마찬가지이고 다를 것이 없다는 의식이 강하게 표명되어 있다. 다만 아직도 아들에게 더 많이 주어야 한다는 수치가 상당히 많은 것은 지난날의 의식이 한꺼번에 바뀔 수 없음을 보여 주는 것으로 보아야 할 것이다. 아들과 딸의 상속분을 균등하게 하는 것이 남녀평등의 이념에 들어맞고, 합리적이라 하더라도, 그것이 바로 사람들의 의식에 파고들어갈 수 없는 한계가 있는 것임을 그대로 보여 주는 것이다. 이러한 추향은 딸에게 더 많이 주어야 한다는 수치가 그렇게 많지 않음에서 반대로 입증되고 있음을 주목할 필요가 있다.

상속분에 관하여 이렇게 의식변화가 일어나는 것은 가(家)의식이나 장남(長男) 편중이 급격하게 퇴조하는 것과 그 궤를 같이하는 것이라 할 수 있고, 또한 새로운 가족생활상(家族生活相)이 생겨나는 일면이라고도 할 수 있다.

〈그림 5〉 자녀의 상속분에 관한 의식 일반

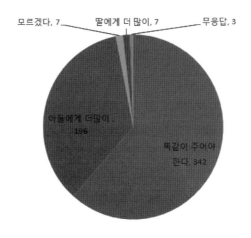

모르겠다, 7　　딸에게 더 많이, 7　　무응답, 3

아들에게 더많이, 196

똑같이 주어야 한다, 342

2. 배경별 고찰

(1) 성별에 따른 비교

　　재산상속에 관한 일반사항이 아니고, 자녀 즉 남성과 여성을 전제로 한 상속분에 관하여는 성별에 따라 그 의식성향이 크게 다를 것으로 생각된다. 「똑같아야 한다」에 남자대학생 43.0%, 여자대학생 82.2%이고, 「아들에게 더 많이 주어야 한다」에 남자대학생 53.3%, 여자대학생 15.9%로 응답하였다(표 6 참조). 이들 수치만으로도 남녀대학생의 의식차이는 아주 심함을 알 수 있다. 여자대학생의 경우 아들보다 적게 받을 이유가 없다는 생각이고, 남자대학생의 경우 그래도 아들인데 딸보다 더 받아야 되지 않겠느냐는 생각이 아직도 많이 남아 있음을 알 수 있다. 이와는 달리 여자대학생의 경우에는 아들보다 더 받아야 되겠다고 생각하는 사람은 아주 적어서 상대적인 대조를

〈표 6〉 성별에 따른 비교

사항＼구분	남	여	계
똑같게	125	217	342
	43.0	82.2	61.6
아들에게 많이	155	41	196
	53.3	15.5	35.3
딸에게 많이	4	3	7
	1.4	1.1	1.3
모르겠다	5	2	7
	1.7	0.8	1.3
무응답	2	1	3
	0.7	0.4	0.5
계	291	264	555
	52.4	47.6	100.0

이룬다. 이것은 지금까지의 의식변화 정도가 실제의 생활과 결부하여 전반적으로 심도 있게 굳혀져 온 것임을 그대로 보여주는 것이라 생각된다.

(2) 종교에 따른 비교

종교에 따라서 자녀의 상속분을 어떻게 생각할는지는 그 교리상 남녀문제가 어떻게 다루어지고 있느냐에 따라 다를 수 있을 것이다.

자녀의 상속분에 관한 질의에 대하여, 「똑같이 주어야 한다」에 불교 49.3%, 기독교 65.1%, 무교 62.7%이고, 「아들에게 더 많이 주어야 한다」에 불교 46.5%, 기독교 32.9%, 무교 34.1%로 응답하였다(표 7 참조). 불교를 믿는 신자의 경우 아들에게 더 많이 주어야 한다는 성향이 다소 강함을 알 수 있다. 불교의 경우 그 교리상 남녀에 다소의 차이를 두는 예가 있음

〈표 7〉 종교에 따른 비교

구분＼사항	유교	불교	기독교	천도교	기타	무교	계
똑같게	1	35	95	2	14	195	342
	20.0	49.3	65.1	100.0	70.0	62.7	61.6
아들에게 많이	4	33	48	0	5	106	196
	80.0	46.5	32.9	0.0	25.0	34.1	35.3
딸에게 많이	0	0	2	0	1	4	7
	0.0	0.0	1.4	0.0	5.0	1.3	1.3
모르겠다	0	2	0	0	0	5	7
	0.0	2.8	0.0	0.0	0.0	1.6	1.3
무응답	0	1	1	0	0	1	3
	0.0	1.4	0.7	0.0	0.0	0.3	0.5
계	5	71	146	2	20	311	555
	0.9	12.8	26.3	0.4	3.5	56.0	100.0

을 고려할 때 그대로 수긍할 수 있는 수치이다.

(3) 거주지에 따른 비교

거주지에 따라서 자녀의 상속분을 달리 생각할 수 있음은 농촌지역이 대체로 보수적이라는 점, 그리고 농촌과 도시는 그 상속재산에 차이가 많음에서 생겨날 수 있다.

「똑같이 주어야 한다」에 농촌 37.5%, 중소도시 63.4%, 대도시 63.1%이고, 「아들에게 더 많이 주어야 한다」에 농촌 56.3%, 중소도시 31.0%, 대도시 34.5%로 응답하였다(표 8 참조). 이들 수치는 아주 좋은 대비를 보여준다.

농촌에 거주하는 대학생의 경우 아들에게 많이 주어야 한다는 수치가 상대적으로 높고, 똑같이 주어야 한다는 수치가 낮으며, 중소도시와 대도시는 그 반대다.

농촌에서는 아직도 상속재산이 농토가 주를 이루고, 또한

〈표 8〉 거주지에 따른 비교

구분 \ 사항	농촌	중소도시	대도시	계
똑같게	12	45	285	342
	37.5	63.4	63.1	61.6
아들에게 많이	18	22	156	196
	56.3	31.0	34.5	35.3
딸에게 많이	0	3	4	7
	0.0	4.2	0.9	1.3
모르겠다	2	1	4	7
	6.3	1.4	0.9	1.3
무응답	0	0	3	3
	0.0	0.0	0.7	0.5
계	32	71	452	555
	5.8	12.8	81.4	100.0

그것을 자녀에게 똑같이 나누어 준다는 것 자체를 긍정적으로 생각하지 않는 데 따른 의식성향이라고 생각한다. 도시의 경우 일정한 부동산이라 하더라도 그것을 매각해서라도 똑같이 가지려는 생각을 쉽게 하게 되지 않을까 싶다.

IV. 미혼녀와 기혼녀의 상속분

1. 의식성향 일반

상속분의 비율을 정함에 있어서는 성별에 따라 그 차이를 인정할 것이냐의 여부도 중요하지만, 미혼녀와 기혼녀의 상속분을 어느 정도로 할 것이냐도 나름대로 의미가 있다. 특히 우리나라와 같이 혼인이 가문적인 결합이며 혼인을 하게 되면 친가에서 나오게 되고, 이후 상속을 하게 되어 다시 친가 쪽에서 재산을 물려받게 됨을 생각한다면, 기혼녀의 상속분이 적을 것은 너무도 당연하다.

그렇지만 재산상속을 피상속인과 일정한 신분관계에 있는 사람들이 그 재산을 승계하는 것이라는 점만을 고려하게 되면 미혼녀와 기혼녀의 상속분이 달라야 할 까닭은 전혀 없다. 그리하여 종래 가족법 개정논의가 있을 때마다 균등하게 하여야 한다는 주장이 되풀이되었던 것이다. 자녀의 수가 적은 현실까지 감안한다면 매우 실속 있는 의견의 표명이라 하지 않을 수 없다.

미혼녀와 기혼녀의 상속분을 어느 정도로 하면 좋겠는지를 알아보기 위하여 「혼인하지 않은 딸의 상속분과 혼인한 딸의 상속분은 어느 정도여야 한다고 생각하십니까?」라는 문항을 설시하였다. 이에 대하여 「똑같아야 한다」에 217명(39.1%), 「혼인하지 않은 딸에게 더 많이 주어야 한다」에 326명(58.7%)의 응답이 있었다(그림 9 참조).

「혼인하지 않은 딸에게 더 많이 주어야 한다」에 상대적으로 다수의 응답이 있는 것은 우리나라 전래의 상속제와 같은 성향의 반영임을 쉽게 알 수 있다. 또한 이것은 혼인한 딸은 이미 혼수(婚需) 등으로 일정한 재산이 옮겨 갔음을 감안한 응답일 것이다. 다만 똑같이 주어야 한다는 수치가 상당히 많음도 매우 주목할 만한 사실이다. 이러한 추향은 자녀평등이념이 크게 보편화되고 있음을 보여 주는 것이라 하겠고, 또한 자녀의 수가 적어짐에 따라 일정한 비율의 차이가 현실적으로 매우 많은 차액을 빚어낸다는 사실에 기인한다고 볼 수도 있다.

〈그림 9〉 미혼녀와 기혼녀의 상속분에 관한 의식 일반

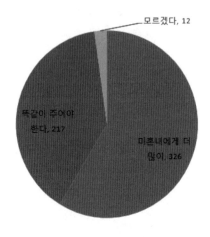

2. 배경별 고찰

(1) 성별에 따른 비교

미혼녀와 기혼녀의 상속분이 성별에 따라서 어떻게 다르게 생각할 수 있는 것은 혼인을 함에 있어서 일정한 재물이 필요하고, 그것은 부분적으로나마 상속분의 일부로 파악될 수 있기 때문이다. 특히 우리나라의 경우 기혼녀의 상속분은 미혼녀의 그것보다 적게 되어 왔었기 때문에 남녀대학생의 의식성향이 각각 다르게 나타날 수 있다. 「똑같아야 한다」에 남자대학생 30.9%, 여자대학생 48.1%이고, 「미혼녀에게 더 많이 주어야 한다」에 남자대학생 67.0%, 여자대학생 49.6%의 비율로 응답하였다(표 10 참조). 남자대학생의 경우에는 전래의 상속제를 알고 있기 때문인지 미혼녀에게 더 많이 주어야하는 것으로 편향되어 있지만, 여자대학생의 경우에는 거의 비슷한 비율로 답한 점

〈표 10〉 성별에 따른 비교

사항 \ 구분	남	여	계
똑같게	90	127	217
	30.9	48.1	39.1
미혼녀에게 더 많이	195	131	326
	67.0	49.6	58.7
모르겠다	6	6	12
	2.1	2.3	2.2
계	291	264	555
	52.4	47.6	100.0

이 다르다. 종래의 상속원칙에서 벗어나 균분상속을 지향하는 의식의 반영이라고 생각된다.

(2) 종교에 따른 비교

미혼녀와 기혼녀의 상속분이 종교에 따라서 달라져야 할 특별한 이유는 없지만, 각 종교를 믿는 대학생들이 전래의 상속제를 어떻게 생각하느냐에 따라서는 다소의 차이가 생겨날 수도 있다.

「똑같이 주어야 한다」에 불교 26.8%, 기독교 34.9%, 무교 42.4%이고, 「미혼녀에게 더 많이 주어야 한다」에 불교 70.4%, 기독교 64.4%, 무교 54.7%의 비율로 답하였다(표 11 참조). 불교를 믿는 대학생의 경우 미혼녀에게 더 많이 주어야 하는 것으로 생각하는 사람이 상대적으로 더 많은 것을 알 수 있다. 불교와 기독교가 우리사회에서 다소의 차이가 있는 것과 크게 다르지 않다고 생각한다. 즉 불교의 경우가 우리의 토속적인 색채를 좀 짙게 띠고, 그에 따라 빚어지는 몇몇 차이 중의 하나쯤이 아닌가 싶다.

〈표 11〉 종교에 따른 비교

사항＼구분	유교	불교	기독교	천도교	기타	무교	계
똑같게	2	19	51	1	12	132	217
	40.0	26.8	34.9	50.0	60.0	42.4	39.1
미혼녀에게 더 많이	3	50	94	1	8	170	326
	60.0	70.4	64.4	50.0	40.0	54.7	58.7
모르겠다	0	2	1	0	0	9	12
	0.0	2.8	0.7	0.0	0.0	2.9	2.2
계	5	71	146	2	20	311	555
	0.9	12.8	26.3	0.4	3.6	56.0	100.0

(3) 거주지에 따른 비교

미혼녀와 기혼녀의 상속분을 거주지에 따라서 다르게 생각할 수 있는 것은 각 지역에 따라서 전래의 가족생활을 답습하는 성향이 다를 수 있기 때문이다. 「똑같이 주어야 한다」에 농촌 21.9%, 중소도시 35.2%, 대도시 40.9%이고, 「미혼녀에게 더 많이 주어야 한다」에 농촌 75.0%, 중소도시 62.0%, 대도시 57.1%의 비율로 답하였다(표 12 참조). 농촌에 거주하는 대학생

〈표 12〉 거주지에 따른 비교

사항＼구분	농촌	중소도시	대도시	계
똑같게	7	25	185	217
	21.9	35.2	40.9	39.1
미혼녀에게 더 많이	24	44	258	326
	75.0	62.0	57.1	58.7
모르겠다	1	2	9	12
	3.1	2.8	2.0	2.2
계	32	71	452	555
	5.8	12.8	81.4	100.0

의 경우 도시에 사는 대학생보다 미혼녀에게 더 많이 주어야 하는 것으로 생각하는 성향이 높음을 알 수 있다. 전래의 일반적 생활의식 또는 상속재산의 다과에서 비롯되는 당연한 차이라고 생각된다.

V. 유증액과 상속분

1. 의식성향 일반

재산상속은 일정한 사람이 사망한 후 그와 일정한 신분관계에 있는 사람이 그 재산을 나누어 가지는 것이면서, 다른 일면 상속인으로 하여금 그렇게 되리라는 기대 속에 살아가게 하는 제도적 특성을 지닌 것이기도 하다. 특히 우리나라의 전래 가족생활은 이러한 성향이 짙었다고 할 수 있다. 상당한 성장기(成長期)까지 부모의 재산에 의존하여 사는 것은 물론 부모의 재산은 곧 자기의 재산으로까지 생각하기 일쑤이다.

이렇다 보니 어느 사람이 다른 사람에게 증여(贈與)를 한다거나 일정한 단체에 발전기금(發展基金)을 내놓는 일은 아주 예외적인 일에 해당한다. 그러나 어느 개인이 모은 재산이든 당해 사회 내에서 축적한 것이라면 그 사회발전을 위하여 환원되어야 함은 사회존립의 한 기초원리라 할 수 있다.

사회가 발전하면 할수록 그에 맞추어 기증을 기대하는 요구도 점점 많아지게 됨은 당연하다 할 수 있다. 그러나 이러한 요구 내지 그에 따른 기증은 어쩔 수 없이 상속인의 재산상속과 저축을 빚어내기 마련이다.

이에 관한 의식성향을 알아보기 위하여 「유언에 의하여 타인이나 자선단체에 재산을 주면서 자기의 혈족에게는 주지 않았다면 이를 어떻게 생각하십니까?」라는 문항을 제시해 보았다. 이에 대하여 「그래서는 안 된다」에 106명(19.1%), 「혈족에게도 똑같이 주어야 한다」에 107명(19.3%), 「그래도 괜찮다」에 323명 (58.2%)의 응답이 있었다(그림 13 참조).

　이들 가운데 「전액을 타인이나 자선단체에 주어도 괜찮다」에 아주 많은 응답이 있었음은 자못 놀라운 일이다. 앞에서도 지적한 바와 같이 우리 전통적인 생활에서는 상속인에 의한 재산상속이 거의 전부였다고 하더라도 지나친 말이 아니다. 그럼에도 불구하고 이렇게 많은 응답이 있었음은 이례적인 일이 아닐 수 없다. 젊은이, 그것도 대학에 다니는 사람을 대상으로 한 조사 결과라는 점에서 수치가 전체적인 평균보다 다소 높아진 것으로 보아야 할 것이다. 이에 반해 「그래서는 안 된다」에 응답한 수와 「혈족에게도 똑같이 주어야 한다」의 수는 이를 합

〈그림 13〉 유증액과 상속분

치더라도 절반에 이르지 못한다.

이러한 추향은 곧 혈족의식이 약화되는 점과 일치하는 것으로 보아야 할 것이다. 순수하게 혈연적인 부면에 관하여는 아직도 그 의식성향이 비교적 강하게 남아 있지만, 재산과 관련된 부면에서는 그 의식성향이 크게 달라지고 있음을 알 수 있다.

2. 배경별 고찰

(1) 성별에 따른 비교

자기의 재산을 유언에 의하여 기증하는 것에 관한 의식이 성별에 따라 특별히 다를 까닭은 없다. 다만 종래 우리사회의 여러 부면이 남자 위주로 짜여져 있고, 유증을 하는 것도 일정한 사회의 요구에 맞추어 재산을 가진 사람이 하게 되는 것임을 생각해 보면 다소의 차이가 나타날 수도 있을 것이다.

〈표 14〉 성별에 따른 비교

사항 \ 구분	남	여	계
전액유증은 안 된다	77	29	106
	26.5	11.0	19.1
같은 정도로	54	53	107
	18.6	20.1	19.3
전액유증도 괜찮다	151	172	323
	51.9	65.2	58.2
모르겠다	7	10	17
	2.4	3.8	3.1
무응답	2	0	2
	0.7	0.0	0.4
계	291	264	555
	52.4	47.6	100.0

「전액유증은 안 된다」에 남자대학생 26.5%, 여자대학생 11.0%, 「혈족에게도 똑같이 주어야 한다」에 남자대학생 18.6%, 여자대학생 20.1%, 「전액유증도 괜찮다」에 남자대학생 51.9%, 여자대학생 65.2%로 응답하였다(표 14 참조). 남자대학생이 전액유증을 꺼려하는 성향이 짙고, 반대로 여자대학생은 전액유증도 괜찮다고 생각하는 사람이 많다. 남자대학생이 혈족으로 이어지는 재산상속을 더 관심 있게 생각하는 의식의 표출로 볼 수 있겠다.

(2) 종교에 따른 비교

종교에 따라서 유증의 정도를 달리 보아야 할 필요는 없겠으나, 각 종교의 자선활동이나 그 간접적인 영향을 받아 다소의 다른 성향을 띨 수도 있을 것이다. 「전액유증은 안 된다」에 불교 23.9%, 기독교 17.8%, 무교 19.9%, 「혈족에게도 똑같이 주어

〈표 15〉 종교에 따른 비교

사항 \ 구분	유교	불교	기독교	천도교	기타	무교	계
전액유증은 안 된다	0	17	26	0	1	62	106
	0.0	23.9	17.8	0.0	5.0	19.9	19.1
같은 정도로	3	11	24	0	8	61	107
	60.0	15.5	16.4	0.0	40.0	19.6	19.3
전액유증도 괜찮다	2	40	89	2	10	180	323
	40.0	56.3	61.0	100.0	50.0	57.9	58.2
모르겠다	0	3	6	0	1	7	17
	0.0	4.2	4.1	0.0	5.0	2.3	3.1
무응답	0	0	1	0	0	1	2
	0.0	0.0	0.7	0.0	0.0	0.3	0.4
계	5	71	146	2	20	311	555
	0.9	12.8	26.3	0.4	3.6	56.0	100.0

야 한다」에 불교 15.9%, 기독교 16.4%, 무교 19.6%, 「전액유증
도 괜찮다」에 불교 56.3%, 기독교 61.0%, 무교 57.9%의 비율
로 답하였다(표 15 참조). 수치상으로 많은 차이는 아니지만, 불
교를 믿는 대학생의 경우 전액유증은 안 된다고 생각하는 사람
이 많고, 이와 달리 기독교를 믿는 대학생의 경우 전액유증도
괜찮다고 생각하는 사람이 많다. 우리사회에서 기독교의 특색이
더 드러나게 되어 있고, 적극적인 활동을 많이 하는 측면의 반
영이 아닌가 생각된다.

(3) 거주지에 따른 비교

종래 우리의 생활양상에 비추어 보면 거주지가 어디냐에
따라서 유증에 관한 관심이 다를 수도 있을 것이다. 급격한 도
시화나 산업화에 맞춰 거주지가 도시 위주로 정해질 수 있기
때문이다.

「전액유증은 안 된다」에 농촌 15.6%, 중소도시 11.3%, 대
도시 20.6%, 「혈족에게도 똑같이 주어야 한다」에 농촌 25.0%,
중소도시 25.4%, 대도시 17.9%, 「전액유증도 괜찮다」에 농촌
59.4%, 중소도시 59.2%, 대도시 58.0%의 비율로 답하였다(표
16 참조). 혈족에게도 똑같이 주어야 한다는 의식성향이 농촌과
중소도시에 사는 대학생에 있어서 다소 높다. 그러나 이 특색
은 대도시에 사는 대학생이 전액유증은 안 된다고 생각하는 쪽
이 더 많음을 감안하면 그다지 의미 있는 것이 아니다. 결국
거주지가 어디냐에 따라서는 두드러진 의식의 차이가 없음을
알 수 있다.

〈표 16〉 거주지에 따른 비교

사항 \ 구분	농촌	중소도시	대도시	계
전액유증은 안 된다	5	8	93	106
	15.6	11.3	20.6	19.1
같은 정도로	8	18	81	107
	25.0	25.4	17.9	19.3
전액유증도 괜찮다	19	42	262	323
	59.4	59.2	58.0	58.2
모르겠다	0	3	14	17
	0.0	4.2	3.1	3.1
무응답	0	0	2	2
	0.0	0.0	0.4	0.4
계	32	71	452	555
	5.8	12.8	81.4	100.0

VI. 맺 음 말

지금까지 재산상속의 몇 가지 항목에 걸쳐 대학생의 의식 성향을 살펴보았다. 그 대체적인 추향은 각 사항에 관한 민법의 규정내용 또는 일반인의 의식과 대체로 같다고 할 수 있다. 그렇지만 그러한 가운데에서도 다소 특징적인 다음 몇 가지는 지적해 두고자 한다.

첫째, 재산상속인의 범위에 관하여는 4촌까지 하여야 한다는 생각이 절반 이상으로, 종래 8촌까지로 확대되어 있었던 것과는 다르고, 개정된 민법규정의 내용과 일치한다. 친족의식이 달라지고 그에 맞는 법의 개정이 뒤따른 대표적인 예라 할 수 있다.

둘째, 자녀의 상속분(相續分)에 관하여는 똑같이 주어야 한다고 생각하는 사람이 절반 이상이다. 종래 아들에게 더 많이, 특히 장남에게 가급분(加給分)을 더 주던 것과는 크게 변모되어 왔음을 알 수 있다. 이것도 개정된 민법 규정의 내용과 들어맞는 성향이다.

셋째, 미혼녀와 기혼녀의 상속분에 관하여는 미혼녀에게 많이 주어야 한다고 생각하는 사람이 상대적으로 많다. 요즈음의 혼사에서도 문제가 되는 혼수 등도 상속분의 일부로 보아야 한다는 데 연유하는 것이 아닌가 하는 생각이 든다.

넷째, 배경에 따라서 크게 차이를 나타낸 항목은 거의 없다. 성별이나 종교 그리고 거주지에 따라서 그다지 다른 특색이 없다. 다만 자녀의 상속분에 관하여 여자대학생의 경우 거의 모두 남녀 똑같아야 한다고 생각하는 반면, 남자대학생의 상당비율은 아직도 남자의 상속분이 더 많아야 한다고 생각한다. 최근의 생활형편상 재산이 차지하는 중요성이 그대로 반영된 의식성향이라고 생각된다.

끝으로 이러한 의식성향은 조사된 대학생의 한정적인 의식이지만 요즈음의 의식성향이 대체로 비슷한 점을 감안한다면, 그것은 또한 다른 대학생들의 의식과 그렇게 많이 다르지 않을 것으로 생각해도 무방할 것이다. 더구나 현실적으로 극복하기 어려운 빈부(貧富)의 차이를 빚어내는 시원적 고리라는 점에서 젊은 세대에 공통의 의식성향을 빚어내는 것은 당연한 일이라 할 수도 있다. 재산상속의 기초를 이해하는 데, 그리고 해당 규정의 해석·적용에 조금이나마 도움이 되길 바란다.

제3편

핵가족제도의 확산과
가족법

제1장 / 호주권의 변화를 통해 본 가족법

제2장 / 상속분의 개변추이와 그 특성

제3장 / 호주제도 폐지 이후의 가족생활의 변모와 그 점검

제4장 / 대학생의 혈연에 관한 의식성향

제5장 / 경인지역 대학생의 재산상속에 관한 의식성향

호주권의 변화를 통해 본 가족법

Ⅰ. 머 리 말

　　호주제도(戶主制度)는 가부장적 사회를 뒷받침해 주는 대표
적 기틀이고 그와 함께 존폐의 운명을 같이한다고 할 수 있다.
여러 사람이 모여 사는 공동생활의 규제는 그렇게 쉬운 것이
아니다. 공통적인 합의에 기초한 생활이라 하더라도 이를 뒷받
침해 주는 원리나 규칙이 있어야 하겠고, 권위에 기초한 생활이
라면 이에 상응하는 질서의 확립이 필수적인 것임은 두말할 필
요도 없다.

　　가부장적 사회구조체계는 여러 곳에서 보편적으로 출현하
고 유지되었던 것이 사실이고, 그와 함께 가장(家長) 내지 호주
(戶主)를 두고 지내는 것은 오랜 동안 인간사회를 지배해 온 원
리이자 제도였고, 이러한 점은 우리사회도 마찬가지였다. 그런

데도 불구하고 우리 전래의 고유풍습이 아니라느니, 우리의 생활에 적합한 것이 아니라고 하는 것은 풍속이나 습속의 근원이 무엇인지 알고나 하는 말인지 의심스럽다. 호주의 가부장적 속성을 알고, 우리나라의 전래생활의 실상을 조금이라도 짐지한다면 그런 견해는 나오지 않을 것이다.

호주제도의 현실적 실효성을 따지기 이전에 이 제도의 전통성과 보편성은 인정되어야 한다. 왜냐하면 어느 사회에서나 이와 유사한 제도나 공동생활원리가 있었고, 또한 우리 전래의 호주제도는 사회의 갖가지 면모의 기틀, 특히 가족생활의 전부를 비춰주는 한 단면이기도 하기 때문이다. 지난 수십 년 내지 수백 년의 가족생활은 호주(戶主)제도·가장(家長)제도를 빼고는 설명이 불가능하다. 호주제도는 호주만을 위한 것이 아니다. 여러 사람의 생활을 공동체로 꾸려 이끌어 나가게 해 주는 제도이다. 그리고 이 틀 속에서 다수의 사람이 상호조정을 해가면서 생활을 해 왔다. 이 장에서는 호주제도 중에서 호주의 법률적 지위 내지 호주권의 변화와 그 영향을 중점적으로 살펴보고자 한다. 이것은 어느 면에서 우리사회 특히 가족생활의 변모 전부를 일별해 보는 것이기도 하다.

II. 구관(舊慣)에서의 호주의 법적 지위

1. 호주제 일반

가(家) 또는 호구(戶口)는 조선사회(朝鮮社會) 존립을 위한 중요한 기초였기 때문에 그 전반에 걸쳐 각 필요에 상응하는 규정이 마련되어 있었다.[1) 이 중에 가장 중요한 것은 징병, 부역(賦役) 또는 부세(賦稅)였으므로, 이에 관하여 각 당사자는 물론 가장(家長) 또는 호장(戶長)으로 하여금 일정한 의무를 부과하는 사항이 규정으로 마련되어 있었다. 호구신고와 관련된 사항, 가족의 혼인에 관한 사항, 가족으로 하여금 법령으로 금지된 행위를 하지 못하도록 할 의무 등이 그것이다. 이들 각 항목은 호주와 가족의 법률관계를 정해주는 것이 아니라 공적 필요를 위한 것이기 때문에 그 의무위반에 대하여는 가혹한 벌칙이 가해지기도 했다. 경우에 따라 장(杖) 60에 처하거나 장(杖) 100에 처하는 것이 그 예다.[2)

이러한 호주제를 기초로 하면서 영위된 가족생활 내지 친족생활은 가부장(家父長)을 중심으로, 각종의 예제(禮制)에 맞추어 자기가 맡은 일을 하거나 직분을 지켜가면서 지내는 것이 보통이다. 종래 사회윤리의 기초가 되었던 삼강오륜(三綱五倫)이라든지 혼례(婚禮)또는 상제(喪制) 등에서 부분적이나마 가족생활과 관련된 관습이 생겨나 지켜지는 것은 자연스러운 생활의 한 부면이었던 것이다. 그리고 예제를 따지거나 그것을 받아들이는 정도는 시대별로 다를 수 있고, 각 지방이나 가문에 따라 조금씩 다르기도 하였다. 그중에서도 조선조 사회에서는 말기까지 전통적인 유교윤리(儒敎倫理)나 예제(禮制)가 기본이 되는 가

---

1) 조선 이전에도 호(戶) 또는 호구(戶口)에 관한 기록은 삼국사기나 고려사 등에 적지 않게 들어 있다. 다만, 호구(戶口)라는 것이 호주와 일정한 가족구성원의 신분직책, 신분변동 및 그 후손 등을 파악하는 사회조직의 한 단위였다고 할 수 있어서, 일정한 사람의 공동생활관계를 기초로 하여 꾸며지는 가족제도와는 전혀 다르다(최승희, 『조선후기 사회신분사 연구』, 지식산업사, 2003, 181면 이하).
2) 정기웅, "가의 승계와 호주제의 역할,"『가족법의 변동요인과 현상』, 세창출판사, 1998.2, 73-43면.

운데 가부장을 중심으로 하는 신분구조 아래 가족생활이 이어져 왔다고 할 수 있다. 가족생활에 관한 구관(舊慣)은 공적 필요에 따라 조사·실시된 호구제, 이에 기초하면서 가부장을 중심으로 하는 가족생활을 연결적으로 이해하는 가운데 파악되어야 할 것이다. 아울러 조선 말기에는 각종의 개혁조치와 함께 「민법이나 형법을 제정할 것임」이 천명되었고,[3] 1905년 형법대전(刑法大全)이 반포되었는가 하면, 1909년에 민적법(民籍法)을 공포·실시하게 되었음도 간접적으로나마 전래의 가부장제에 따른 가족생활의 실제를 알 수 있게 해 주는 것들임을 주의할 필요가 있다.

2. 관습조사에 나타난 호주의 법적 지위

관습조사는 1906년부터 1910년에 걸쳐서 일본 동경대학 우메가네 지로(梅兼次郎) 교수에 의해 주도되어 실시되었으며, 이 결과를 모아서 간행한 것으로, 그 순수성이나 내용파악의 진실성이 다소 문제될 수 있으나, 종래 이러한 것이 없었다는 점에서 상당한 의미를 지니는 것이다. 호주에 관한 사항으로 중요한 것을 들어 보면 다음과 같다.[4]

ⅰ) 호주는 가족 중 독립의 생계로 자활할 수 없는 자에 대하여 부양의무가 있다(제120항).

ⅱ) 가산(家産)은 호주의 전유이며 가족의 특유재산을 인정

---

3) 1895년에 선포된 홍범십사조(洪範十四條) 중 제13조에 「열셋째는 민법과 형법을 엄명하게 작정하고 … 」라 되어 있는 것을 보면 근대법제(近代法制)에로의 변화 조짐이 있었음은 분명하다.

4) 조선총독부 편, 『관습조사보고서』, 조선총독부 법전조사국, 1913, 291-346면.

하나 호주가 직계존속인 경우에는 가족의 재산도 자유로이 처분할 수 있으며, 가족은 자기의 특유재산을 처분할 경우에는 호주의 허가를 얻어야 하므로 실제로는 호주의 재산과 구별이 없으며 가족인 처(妻)의 재산도 부(夫) 또는 부의 직계존속인 호주가 처분할 수 있다(제121항).

iii) 존장(尊長)인 호주는 비유(卑幼)인 가족에 대하여 거소지정권이 있으며, 가족이 이 지정을 따르지 않는 경우에는 호주의 부양을 받을 수 없다(제122항). 가족에는 호주의 존장이 있으나 존장에 대하여는 관습상 호주권이 미치지 않기 때문에 호주는 존장에 대하여는 거소지정권이 없다.

iv) 호주는 가족의 혼인과 입양에 대하여 동의권이 있으며 가족은 호주의 의사에 반하여 혼인·입양을 할 수 없다(제123항).

v) 존장인 호주는 가족에 대하여 교육권, 감호권(監護權), 징계권이 있으며, 호주의 의견과 가족인 부(父) 또는 모(母)의 의견이 다를 때에는 호주의 의견에 따라야 한다(제124항). 그러나 사실상 가족이 독립하여 생계를 영위하는 경우에는 호주는 가족에 대하여 교육권, 감호권, 징계권을 행사할 수 없다.

vi) 호주는 비유(卑幼)인 가족의 직업 기타 행위에 대하여 동의권이 있으며, 그 가족의 부(父) 또는 모(母)의 동의권에 우선한다(제124항).

vii) 호주는 가족의 재산에 대한 영리권(營利權)이 있다(제124항).

viii) 상속에는 제사상속, 유산상속, 호주상속의 세 가지가 있다(제158항).

관습조사에 의하여 확인된 상기의 호주의 법적 지위 이외에, 일제(日帝)시에 정무총감(政務摠監)의 회답이나 법무국장(法務

局長)의 회답 또는 구관 및 제도조사위원회(舊慣 及 制度調査委員會)의 결의 등에 의하여 호주권으로 확인된 것이 있다.5)

이들 각 사항을 종합해 보면 호주(戶主)는 가(家)를 중심으로 한, 전(全) 구성원(構成員)의 신분생활 및 재산관계를 총괄적으로 관리·지배하는 지위를 차지하고 있었다고 할 수 있다. 그러나 그것은 호주만을 위한 것이 아니라 공동생활체인 가(家)의 유지·존속을 위한 것이고, 가족원의 생활도 그 휘하의 일부로 해결되었다고 할 수 있다. 가족원의 피통솔적인 특성을 부인할 수 없으나 그것도 가족원의 생활 자체를 위하는 측면이 깃들어 있음을 주의할 필요가 있다.

3. 일제하에서의 호주제의 추이

1910년 우리나라를 집어삼킨 일제는 1912년 조선민사령(朝鮮民事令: 1912년 3월 18일 제령 제7호)을 제정하여 동년 4월 1일부터 시행하였다. 조선민사령에 의하면, 조선인의 민사에 관한 사항은 조선민사령이나 그 밖의 법령에 특별한 규정이 없는 한 일본 민법을 의용하는 것으로 되어 있다(민사령 제1조). 그러나 민법 중 능력과 친족·상속에 관한 규정은 조선인에 이를 적용치 않고, 전적으로 조선인의 관습(慣習)에 의한다고 하여(공포 당

---

5) 박병호, "일제 하의 가족정책과 관습법 형성과정," 『가족법논집』, 1996, 진원, 103면. 다음의 각 경우는 호주권의 내용이라 할 수 있다. ① 가족의 사생자가 모가에 입적한 경우에 호주의 동의권, ② 가족의 서자가 부가(父家)에 입적할 경우에도 호주의 동의권, ③ 친족입적에 관한 동의권, ④ 가족의 분가, 절가재흥(絶家再興)에 대한 동의권, ⑤ 귀속불명재산은 호주의 재산으로 추정, ⑥ 가족의 타가상속(他家相續)을 위한 거가(去家)에 대한 동의권, ⑦ 호주상속에 수반되는 재산상속의 경우의 분재비율(分財比率)의 가늠 등이다.

시 민사령 제11조), 조선인의 성장·발육에 맞춘 제도나 관행의 존속이나 실시에는 영향이 없게 하고 또한 혈연이나 친족적 기반 위에 영위되는 신분생활에 관한 급격한 변화에 따른 민심의 동요를 막고자 하였다. 이후 민사령 제11조는 일제로부터 해방되기까지 여러 차례 개정되었는데, 그중 중요한 것으로는 1921년 11월 14일 제령 제14호, 1922년 12월 7일 제령 제13호, 1939년 11월 10일 제령 제19호의 개정이다. 이러한 제령의 개정에 의하여 일본 구민법 중 친족·상속편 규정을 한국인에게 점차적으로 확대하여 적용하였으며, 1939년 11월 10일 이후부터는 일본 민법의 가족법 규정은 사실상 가족법의 모든 분야에 걸쳐서 의용되는 것이 되고 말았다.

호주의 권한에 대하여는 1939년 11월 10일 개정에 의하여 일본 가족법이 전면적으로 적용되기까지는 그 실제에 있어서는 상당한 변모가 있었겠지만, 제도적으로는 전래의 관습이 중요한 의미를 지니고 지켜졌던 것으로 되어 있다. 그러나 이것은 조선 전래의 관습을 유지·보전을 위한 것이 아님은 두말할 필요도 없고, 도리어 이렇게 하여도 자기들의 침략정책을 펴나가는 데 아무런 지장이 없었기 때문에 방치해 두었던 것에 지나지 않는 것이라고 해야 할 것이다. 그것도 그럴 것이 호주제도라는 것이 신분적 특색이 강하지만, 그 실제에 있어서 재산적 기초 위에 이루어지는 친족의 공동생활을 바탕으로 하는데, 일제의 침략으로 친족적 유대가 일그러지고 재산적 생활기반을 거의 잃게 되었으니, 사실상 호주제도는 겉치레의 권위적인 모습으로 존치되었을 따름이다.

이하에서 1898년부터 시행되어, 침략(侵掠)을 주도하면서 자기들의 신분생활에 있어서 막중한 역할을 해낸 일본 구민법의 호주제도에서의 호주권의 내용을 살펴보면 다음과 같다.[6]

ⅰ) 가족에 대한 거소지정권과 이에 수반된 이적권(離籍權: 일본 구민법 제749조)

ⅱ) 입가동의권(동법 제735조 1항, 제737조 제1항, 제738조 제1항·제2항)

ⅲ) 가족의 거가동의권(동법 제735조 제1항 단서, 제737조 제1항·제2항, 제743조 제1항·제2항)

ⅳ) 가족의 혼인·양자에 대한 동의권 및 이에 수반한 이적권과 복적거절권(동법 제750조 제2항, 제776조 단서, 제849조 제2항)

ⅴ) 가족의 혼인·입양의 취소권(동법 제780조 제1항, 제854조)

ⅵ) 가족인 양자가 양친의 사망 후 이연(離緣)할 경우의 동의권(동법 제862조 제2항)

ⅶ) 가족의 금치산·준금치산 선고청구권과 그 취소청구권(동법 제7조, 제10조, 제13조)

ⅷ) 가족의 후견인·보좌인이 될 권리(동법 제903조, 제907조, 제909조)

ⅸ) 친족회에 관한 여러 권리(동법 제944조, 제948조, 제951조)

ⅹ) 가족에 대한 부양의무(동법 제747조)

ⅺ) 소유가 불분명한 가내(家內)재산의 소유추정을 받는 권리(동법 제748조)

가장(家長)을 중심으로 하는 공동생활이 어느 모로는 상당한 유사성을 띠는 것이므로 우리 전래의 가장 내지 호주 위주의 가족생활이 일본에서의 그것과 비슷했기 때문이라고도 할 수 있지만, 여기에 나오는 대부분의 호주권은 우리 관습에서의 호주권과 일치하거나 유사한 것임을 알 수 있다. 이것은 종래 우리 관습에서의 호주권이 일본 민법상의 그것과 그대로 일치

---

6) 정기웅, 전게 논문, 78면.

하는 것은 아님에도 불구하고 비슷한 호주와 가족의 생활상의
연계관계를 일본식의 호주제를 기본으로 하여 파악하여 정리했
었기 때문이라고 할 수 있다. 다른 법규정을 이해함에 있어서
도 반드시 유념해야 할 사항이다.

Ⅲ. 민법 제정 당시의 호주의 법적 지위

1. 가족법의 입법방침과 호주권

민법 제정 당시에 작성된 입법방침에 관한 기초안의 일단
을 옮겨서 당시의 호주권의 채택 여부를 둘러싼 정황을 살펴보
기로 한다.

「이에 현행 친족상속관습법을 고래의 미풍양속(美風良俗)을
폐풍이 되지 않게 하는 한도에서 유지·조장하는 동시에 시세
에 맞지 않는 인습은 양기함으로써 세계의 진운(進運)에 뒤떨어
지지 않도록 민족의 발전과 국운의 흥륭을 도모하기 위하여 하
기의 입법방침에 의거하여 수정·성문화함이 긴절하다. 이것이
국가민족의 발전을 친족생활공동체인 "가(家)"에만 의존치 않고
동시에 개인의 신장에 의존코자 하는 현금(現今)의 개인주의, 자
유주의, 민주주의의 이념에도 적응하는 것이다」라고 하여,[7] 가
족법 전체의 입법방침을 밝히고 있다. 그리고 이에 기초하여
다음의 각 사항이 호주권의 내용이 되어야 할 것임을 적시하고
있다.[8]

---

7) 장경근, "친족상속법 입법방침 및 친족상속법 기초요강,"『민법안심의
자료집』, 민의원법제사법위원회 민법안심의소위원회, 1949, 3면.

ⅰ) 대가족제도로부터 가급적 현실적 친족공동생활체에 부합하는 소가족제도(小家族制度)로 하는 동시에 현행 친족상속관습법은 가(家)를 공동시조 봉사단체라는 성격에만 치중하고 공동경제단체인 성격을 간과 내지 경시한 것을 수정하여 친족적 공동생활의 정신적 관념적 방면보다 현실적인 경제면에 비중을 가하고 있는 현실에 감하여 경제적 공동생활을 하는 가족단체를 경제적으로 보호·유지하기 위하여 서서(瑞西) 민법이 가재단(家財團; family foundation, Familenstiftung), 가택(家宅; homeslead, Farnilienheimstette) 등의 가산제도(家産制度)를 수용하고 이를 통솔·운용하는 것을 호주의 주요임무로 할 것.

ⅱ) 호주권·친권·부권을 축소하고 개인의사 자치의 범위를 확대할 것.

ⅲ) 가족제도의 미풍을 근본으로 파괴치 않는 한도 내에서 남녀를 원칙적으로 평등으로 할 것.

ⅳ) 제사상속제도는 법률제도로부터 제외하여 도덕의 범주에 위호하고 그 정신을 가급적 호주상속인을 정하는 데 참작하도록 할 것.

ⅴ) 남계혈통자(동성동본자)로 하여금 호주상속을 시키는 원칙은 유지하고 따라서 가(家)의 계속을 위한 양자, 환언하면 양사자(養嗣者)는 동성동본자라야 하는 동시에 "어버이를 위한 양자" 또는 "자를 위한 양자"도 병행 인정할 것」 등이 그것이다.

이와 같은 입법방침은 어디까지나 급진이나 보수를 피하여 새로운 사회에 대처할 수 있는 가족법의 제정을 구현하려는 것이었다고 할 수는 있지만, 이에 기초하여 성안된 호주권의 내용은 「① 특정한 입가, 거가에 대한 동의, ② 가족의 거소지정,

---

8) 전게 『민법안심의자료집』, 2면.

③ 가족의 이적(離籍), ④ 가족의 금치산, 준금치산청구권과 그 선고취소청구권, ⑤ 후견인이 될 권리 및 친족회에 관한 권리 ⑥ 가재단, 가택의 운영 기타 가정의 주재」 등이다. 이 가운데 ③ 가족의 이적과 ④ 가재단, 가택의 운영 기타 가정의 주재라는 항목은 실정에 맞지 않는다 하여 삭제되었다.9) 이렇게 하여 입법에서 제외시켜야 한다는 거센 반발을 어렵게 물리치고 호주제도는 다소 그 범위가 축소된 면이 있기는 하지만, 그 존립기반을 확보하게 된 것이다. 그러나 사회구조의 변모, 법사상의 추이에 따라서는 개폐의 논란 대상이 될 수밖에 없음이 깔려 있는 것임은 주의할 만한 점이다. 그렇다고는 하지만 호주권은 가(家)의 변동을 기초로 하는 것이고 더욱이 재산상속에 있어서 가급분이 주어졌기 때문에 호주가 되는 것은 명분상의 신분변동에 그치는 것만이 아니라 실질적인 면에서도 일종의 특권이라 할 만한 것이었다.

2. 호주의 법적 지위

(1) 가봉자녀의 입적에 대한 동의권

민법 제748조는 「처가 부의 혈족 아닌 직계비속이 있는 때에는 부가(夫家)의 호주와 부의 동의를 얻어 그 가에 입적하게 할 수 있다. 전항의 경우에 그 직계비속이 타가의 가족인 때에는 그 호주의 동의를 얻어야 한다」라 하여, 이른바 인수입적(引收入籍)을 할 경우에는 부가의 호주의 입적동의뿐만 아니라 그 떠나는 가(家)의 호주의 거가동의(去家同意)를 얻게 하고 있다.

---

9) 정광현, 『한국가족법연구』(서울대학교 출판부, 1967), 부록 「친족상속법입법자료집」6면.

(2) 호주의 직계혈족의 입적권

호주는 타가의 호주가 아닌 자기의 직계존속이나 직계비속을 그 가에 입적케 할 수 있다(제785조). 이 경우에 그 직계존속 및 직계비속이 타가의 가족일 때에는 그 가의 호주의 동의를 얻어야 하는 것으로 해석하여야 할 것이다.[10] 호주의 혈족인 자를 가능하면 그 가에 입적시키려고 하는 것은 당연한 일이라 하겠으나, 가족의 가적 변동을 호주와 관련시키는 것도 가의 단체성에 비추어 그렇게 이상스러운 일은 아니다.

(3) 가족에 대한 후견적인 지위

가족인 미성년자·금치산자 또는 한정치산자에 대하여 배우자 또는 지정후견인이 없는 경우에 호주가 그 후견인이 되는 것은 그의 권리임과 동시에 의무이고(제932조, 제933조), 또 기혼여자가 미성년자이거나 금치산 또는 한정치산의 선고를 받은 경우에도 그의 지위는 위와 마찬가지이다(제934조). 또 호주는 친족회의 결의를 요할 사유가 있을 때에는 법원으로 하여금 친족회를 소집하도록 청구할 수 있고(제966조), 친족회에 출석하여 자기의 의견을 개진할 수 있으며(제968조), 친족회가 결의를 할 수 없거나 결의를 하지 아니한 때에는 그 결의에 갈음하는 재판을 법원에 청구할 수 있다. 또 호주는 그 가족에 대하여 금치산 또는 한정치산의 선고를 청구할 수 있고, 그 선고의 취소를 청구할 수 있는 권리를 갖고 있다(제9조, 제11조, 제12조, 제14조).

(4) 거소지정권·강제분가권

민법 제798조는 호주의 가에 대한 거소지정권을 인정하고

---

10) 이희봉, 『한국가족법상의 제문제』, 일신사, 1976, 240면.

있다. 거소지정권은 호주가 가족을 지배·통솔하는 권리이기
보다 호주가 가족을 부양할 때에 부양의 수단 및 방법으로 거
소를 마련해주는 의무적인 권리이다. 민법은 이러한 사정을 고
려하여 거소지정 위반에 대한 호주권의 작용범위를 축소시켜
부양의무의 면제만을 규정하고 있다(제798조 제1항). 나아가서
민법은 호주의 거소지정권과 부(夫) 또는 친권자의 그것이 경합
되었을 때에는 가족은 먼저 후자의 거소지정에 따르도록 하여
호주의 거소지정권을 배제한 점은 부부관계 및 부양관계의 성
질상 당연한 일이다(제798조 제2항). 그런데 호주의 거소지정에
응하지 않는 경우의 부양의무의 중단은 오로지 성년가족에 한
정되는 것이므로 거소지정이란 호주권은 사실상 거의 그 실효
성을 거두기 어려울 것이다.[11]

(5) 부양의무

민법 제797조는 「호주는 그 가족에 대하여 부양의 의무가
있다」라 규정하여 호주권의 호후적 기능의 의무성을 정면으로
부각시키고 있다. 민법상 호주의 부양의무는 가족인 요부양자의
필요에 맞추어 호주의 생활여력이 있는 범위에서 최소한으로
부과한 것에 지나지 않는다. 그러므로 의무의 정도는 우리사회
의 경제적·사회적 여건의 진전에 비례해서 감소해 갈 수밖에
없는 한계적인 것이라고 보아야 할 것이다.[12]

민법 제789조는 가족에 대한 호주의 강제분가권을 인정한
바, 호주는 직계존속 아닌 성년 남자로서 독립의 생계를 할 수
있는 가족을 분가시킴으로써 호주의 부담을 덜 수 있게 하는
방법을 갖추고 있다. 대가족화에 따른 호주의 부양책임을 덜게

---

11) 같은 책, 241면.
12) 같은 책, 241면(친족부양의 한계).

하고, 분가의 실효성을 도모하기 위한 것이라 할 수 있다.

(6) 소속불명재산에 대한 호주소유추정

호주 또는 가족의 누구에게 속한 것인지 분명하지 아니한 재산은 호주의 소유로 추정된다(제796조 2항). 이것은 불분명한 재산에 대한 추정이므로 소속이 분명한 경우에는 물론 적용되지 아니한다. 엄밀하게 말하면 호주가 재산상의 특권을 갖는 것은 아니다. 그러나 소속에 대하여 시비가 일어났을 때에는 그 거증책임이 가족에게 있어 그것이 증명되지 않으면 문제의 재산이 호주에게 돌아가게 되므로 상대적으로 호주에게 유리한 규정이라 할 수 있다.13) 호주를 중심으로 하는 가(家)가 일정한 재산의 기초 위에서 소기의 생활공동체로서 존속해 나갈 수 있는 것임을 감안하면 당연한 귀속원리라 할 수도 있다. 부부생활을 전제로 한 귀속불명재산이 생활비를 남편이 부담하는 경우, 남편의 것으로 하였던 것은 공동부담으로 하게 되면 공유로 추정하는 것과 대비하면, 그 각각의 적합성은 감지할 만하다.

(7) 분묘부속지 등의 승계

분묘에 속한 1정보 이내의 금양임야(禁養林野)와 6백 평 이내의 묘토인 농지·족보와 제구(祭具)의 소유권은 호주상속인이 이를 승계한다(제996조). 사실상 이러한 재산 등은 거래가치를 가지고 있지 못할 뿐만 아니라 호주상속인에게 승계되어 후손에게 물려져야 하는 성질의 것이므로 호주의 재산상의 이해를 가져다주는 것이기보다 조상숭배와 관련된 명분상 의미를 지니는 것이라 할 수 있다.14)

---

13) 이희봉, 전게서, 243면.
14) 같은 책, 243면.

(8) 법정상속분에 대한 가급권

호주는 재산상속시 공동상속인에 비하여 5할의 가급권(加給權)을 갖는다(제1009조 제1항 단서). 공동상속인인 직계비속남자가 1이면 1.5를 상속하게 되고, 더욱이 여자의 상속분은 0.5에 지나지 않음을 고려하면, 이 규정에 따른 가급권이 우선적으로 호주가 되는 직계비속남자에게는 적지 않은 특권이 되는 것이라 할 수 있다. 가족생활의 공동성이나 친족생활의 특성을 조금이라도 긍정적으로 이해한다면 납득할 수 있는 사항이다. 그렇지만 실제의 생활에 비추어 보면 그렇게 타인을 도와줄 형편이 아니고, 가계를 유지해 나가기 위한 상징적 조치로 이어져 내려온 것에 지나지 않는다.

위에서 설명한 권리 이외에 직계비속 장남자는 호주상속권을 포기할 수 없게 되어 있어 직계비속여자에 대하여는 물론 차남 이하의 중자에 대하여도 상당히 우월된 지위를 차지하고 있는 셈이었다. 또한 호주의 일신전속권이라 할 만한 권리가 몇 개 있다. 즉, 호주가 된 양자는 파양할 수 없게 되어 있고(제898조 제2항), 일가창립 또는 분가로 인하여 호주가 된 자는 타가입양을 위한 폐가를 할 수 있으며(제793조), 여(女)호주는 혼인을 위한 폐가를 할 수 있다(제794조).

Ⅳ. 가족법의 개정과 호주의 법적 지위

1. 법정분가제의 채택과 호주제

1962년 12월 29일자의 민법 중 개정법률은 민법 제789조

를 개정하여, 동조 제1항으로 「가족은 혼인하면 당연히 분가한
다」고 규정하고, 이에 관계되는 절차규정을 호적법 제19조의 2
제1항으로 신설함으로써 이른바 법정분가제(法定分家制)를 새로
이 채택하였다.

   법정분가(法定分家)라 함은 가족이 자기의 의사에 의하지 아
니하고 법률의 규정에 의하여 당연히 분가되는 것을 말한다.
혼인하면 당연히 분가하게 된다고 하여 혼인분가(婚姻分家)라고
도 한다. 여기서 말하는 법정분가제의 신설은 본래 당해 제도
의 도입을 목적으로 하는 민법개정에서 비롯된 것이 아니고, 혈
연에 의거하는 지방파벌(地方派閥)을 없애려는 당시 군사혁명정
부의 호적제도개정의 요구에서 발단되어 최소한의 개정안으로
만들어진 것이다.15) 그러나 당해 제도가 전래의 생활습속을 지
키면서 살아가던 당시의 사회현실로서는 민법뿐만 아니라 호적
제도 내지 실제의 생활에 미치는 뜻은 대단히 크다고 하지 않
을 수 없었다. 왜냐하면 민법상 호주제도를 하나의 법률제도로
존치하고 있기 때문에 대가족제도적 요소가 남아 있음은 부인
할 수 없지만, 이의 존속을 영구화해 주는 공부상의 기재(記載)
를 개선하는 것이면서, 더 나아가 현실적으로 부부 중심의 가족
으로 옮겨가고 있는 사회의 실정에 맞추어 가(家)의 단일화를
이루는 계기를 마련하였기 때문이다. 법정분가제의 철저한 실시
는 가(家)의 단일화 내지 소가족화를 이룩할 수 있게 하는 것임
은 물론이고 한 걸음 더 나아가 가족법의 민주화를 달성하는
초석이 된다 할 만한 것이었다.16) 이후의 사회현실의 변모도
이를 뒷받침해 주기에 부족함이 없었음은 누구나 잘 아는 사실

---

15) 이희봉, 전게서, 245-53면.
16) 최병욱,"한국친족상속법변천사," 「사회과학」 제10집, 성균관대학교 사
   회과학연구소, 1971, 123면.

이다.

다른 한편 법정분가제의 채택은 종래 대가족제도에서의 호주가 지니는 권위 또는 지배적 속성에 크나큰 변화를 가져오게 하는 것임을 주의할 필요가 있다. 가족생활에서의 가족이 호주에 복속하는 것은 그 호적에 들어 있는 자체에서 비롯되는 것이다. 그런데 이제는 호적을 달리하게 되고 더욱이 공동생활도 하지 않는 경우에는 단체적 연결성이 크게 약화되지 않을 수 없음은 너무도 자명하다. 또한 1960년대 중엽 이후 우리사회의 변모, 즉 도시의 발달과 산업화, 농촌이나 어촌으로부터의 주민이거, 소득의 증대, 교육수준의 향상 등은 종래 호주제도가 지니는 의미를 달리하게 만들기에 충분한 것이었다.

이러한 현상을 그대로 인정하면서도 우리는 호주제도가 지니는 제도적 장점을 전통적인 가문이나 혈연집단체에서는 그대로 선양시켜 나갔다. 특히 조상숭배, 혈연적 유대강화, 친족화합을 귀중하게 여기고 이를 뒷받침하는 것은 두말할 필요도 없이 호주제도라고 생각함에는 변함이 없었다.

이렇게 하여 법정분가제도의 채택 이후에는 본가호주와 분가호주 내지 창립호주는 전통적인 뜻과 법문상의 지위가 교착하는 가운데 우리의 신분생활 내지 가족생활을 규율하는 제도적 장치로 작용하면서 유지되어 갔다.

2. 1977년의 민법개정과 호주권

가족법개정에 관한 실마리는 1960년부터 시행되어 온 민법 중 가족법이 지니고 있는 이원성(二元性)에서 그 연원을 찾아야 할 것이다. 왜냐하면 앞에서도 지적한 바와 같이 우리나라 가족법은 정통성이 짙게 반영되어 있는 고유적인 특성과 새로운

생활에 적응하기 위한 근대적인 요소를 함께 지니고 있으므로,
이에 관한 문제를 학문적으로 다루어야 하는 것은 가족법학계
의 당연한 과제요, 의무이기도 하기 때문이다.

　그리하여 종래 가족법에 관한 개정 주장은 강론상으로 또
는 계몽적으로 끊임없이 전개되어 왔다. 그러나 가족법학계 또
는 법조계, 일반사회인 자체의 견해나 주장도 반드시 일치하는
것은 아니었다. 일부에서는 가족법을 전면적으로 개정하자는 전
면개정론을 강력하게 주장하는가 하면, 다른 일부에서는 한국의
전통성과 특수성을 고려하여 개정에 신중하여야 한다는 점진적
개정론이 주장되기도 했다. 어쨌든 이들 개정찬성론은 여성의
권리신장을 목적으로 조직된 여성단체들의 요구와 공통되는 점
이 많았으며, 이러한 가족법개정을 둘러싼 학계의 주장과 사회
단체 요구의 합일은 1974년 8월 마침내 범여성·가족법개정촉
진회의 이름으로 되어 있는 「민법 제4편 친족·제5편 상속개정
법안 및 이유서」를 작성하게까지 되었다. 그리고 당해 「법안
및 이유서」에 나타난 개정이유는 지금까지 학계에서 주장해 온
가족법개정의 논거가 되는 것이기도 한데, 그것은 대체로 첫째
로 인간평등원칙의 실현과 비합리성의 제거, 둘째로 한국고유의
사회가치관의 재구성, 셋째로 국민권리의 확대 등으로 요약된
다.17) 동 개정안은 이러한 논거 위에 가족법 전반에 관하여 크
게 12개 사항에 걸친 개정 및 신설요강18)을 마련하고 있다. 범

---

17) 범여성가족법개정촉진회 편, 『민법 제4편·제5편 친족·상속개정법안
　 및 이유서』, 범여성가족법개정촉진회, 1974. 8, 1-4면.
18) 당시 개정 내지 신설사항으로 되었던 것은 다음과 같다.
　 ① 호주제도의 폐지, ② 친족범위의 조정, ③ 동성동본 불혼제의 폐지,
　 ④ 소유불분명한 재산에 대한 부부공유추정, ⑤ 이혼배우자의 재산분
　 배청구권, ⑥ 협의이혼제도의 합리화, ⑦ 부모의 친권 공동행사, ⑧ 적
　 모서자 관계와 계모서자 관계의 시정, ⑨ 상속제도의 합리화, ⑩ 유류

여성·가족법개정촉진회가 작성한 가족법의 개정이유와 개정사항은 그대로 국회에 제출된 가족법개정안의 제안이유와 개정골자가 되었는데, 그 내용이 여권신장에 충실한 점은 찬성할 만하지만, 지나치게 사회적으로 무의미하거나 그대로 실효성이 없는 점도 내포하고 있기 때문에, 처음부터 원안대로 통과되리라는 전망은 없었다.

한편 이상과 같은 가족법개정의 추진의 움직임에 대하여 그것을 비판 또는 반대하는 세력이 적지 않은 작용을 하였다. 가족법개정에 관한 반대는 무엇보다도 「개정에 대한 반대」라는 점에서도 그러하거니와, 일단 현행의 가족법규정을 그대로 존속시키려는 입장이기 때문에, 상기 개정의 움직임과 상관적으로 각 사항에 대한 반대로 나타났다. 가족법의 보수성을 고려한다면 당해 법을 지나치게 경솔하게 개정할 수 없다는 것은 가족법 자체에서 나오는 본질적인 요구임에 틀림없다.

그런데 가족법개정의 반대는 이러한 정도를 넘어서 전개되었으며, 그 대표적인 경우는 일부의 법조인 및 유림(儒林) 측을 들 수 있다. 특히 유림 측에서는 가족법개정의 움직임이 있자, 곧 「전통문화의 유지를 위하여 우리 논리에 맞지 않는 악조건은 거부되어야 한다」는 요지의 성명서를 발표하여 그 반대의 기본입장을 밝혔다. 그리고 범여성·가족법개정촉진회의 법안 및 이유서의 작성에 즈음하여서는 가족법개정에 관한 지상공청회(紙上公聽會)를 여는 등의 방법으로 반대의 견해를 표명하였다. 또한 가족법개정안의 국회상정과 관련하여서는 「가족법개정안반대재천명」의 성명서를 발표하고, 뒤이어 가족법개정저지범국민협의회를 결성하는가 하면, 1975년 11월 25일에는 「가족법

분제도의 신설, ⑪ 기타 혼인성년의제 등.

개정저지범국민협의회안」을 작성하여 종래의 반대이유를 종합적으로 밝히기도 하였다.

당해 협회가 가족법개정의 반대논거로 삼고 있는 것은 대체로, 첫째로 민법의 기저성(基底性)과 윤리성(倫理性)에 따른 연구와 이상적 가족형의 제시결여, 둘째로 가족제도의 전통성과 관습성, 셋째로 새로운 가치체계의 미정립·미래방향의 불투명, 넷째로 가족제도의 급속한 파괴, 다섯째로 이기주의적인 서구문명의 침투방지, 여섯째로 전통윤리의 보전 등이다.[19]

이것은 곧 우리의 전통적인 윤리 및 제도의 보전을 위하여 가족법의 개정을 반대하자는 것임을 쉽게 알 수 있다. 그러나 개정을 반대하는 것은 좋지만, 반대에 철저하다 보니 사회의 변모에 따른 법의 개정 또는 지나친 낙후성의 보정까지도 반대하는 것처럼 되어 그 반대의 진정한 뜻이 불분명한 점도 없지 않았다.

가족법개정에 관한 찬성 및 반대의 양론이 제기되는 속에서 다소 명분적 색채만을 띠우는 듯한 감도 없지는 않았으나, 처음부터 끝까지 자못 진지하였고, 당해 논쟁의 결과야 어떠하든지, 이를 통하여 온 국민들의 가족법에 관한 관심도가 한층 더 제고되었으며, 가족법학계 자체로서도 일정한 범위에서나마 실리적 발전을 거둔 것만은 사실이다. 그리고 국회에서의 구체적인 개정작업은 주로 가족법개정이 현실적인 면에서 전 국민에게 미칠 영향 및 개정 찬반논의 장단점을 고려하여 추진되었다. 그리하여 1977년 12월 16일에는 가족법 개정안의 지나친 진취성을 감안하여 그것을 완화시키고 「여권(女權)의 신장을 위하여 필요하다고 인정되는 부분만」 개정한다는 대안이 제출되

---

19) 1975년 11월 25일자 유림월보.

기에 이르렀다. 그리고 1977년 12월 31일자로 통과된 민법중개정법률안도 대체로 대안[20]에서 제시한 개정방향에 충실히 개정된 것임을 보여주고 있다.[21]

이렇게 하여 완전히 폐지될지도 모를 처지에 놓였던 호주제도 및 이에 기초한 호주권은 그대로 유지·존치되어 가게 되었다. 그러나 기본적으로 자녀의 상속분을 균등하게 하였는가 하면, 상속인으로서의 유처(遺妻)의 상속분이 크게 증가된 것은 호주상속인에게 돌아갈 상속재산액을 크게 감소시켰다. 이것은 결국 현실적으로 호주상속인의 권위를 약화시키게 되고 그 주된 역할을 할 수 없게 만들 수도 있는 것임을 주의할 필요가 있다.

이와 같은 개정이 있었음에도 불구하고 여성단체 등의 그 개정 내지 폐지를 주장하는 견해가 결코 약화되거나 변질된 것은 아니다. 개정되지 않은 항목에 대하여 계속적으로 개정 또는 폐지의 명분이나 경륜을 쌓는 계기가 된 듯한 자족감에 호주권의 약화에 견주어 빈축을 사기에 충분했다.

여성단체 등에서 주장했던 바와 같은 소기의 목적이 달성되지는 아니하였다 하더라도 적어도 실질적으로 여성에게 이익을 가져다 줄 수 있는 상속분의 조정 및 유류분제도의 신설 등은 여성단체로서도 큰 성과라 할 것이다. 그리고 유림 측으로

---

20) 민법중개정법률안(대안) (1977년 12월 16일).

21) 폐지 또는 개정사항으로 되어 있던 것 중에서 호주제도의 폐지, 동성동본불혼제, 이혼배우자의 재산분배청구권, 적모서자관계와 계모서자관계의 시정은 제외되었고, 대안으로 마련된 ① 유류분제도의 신설, ② 혼인에 관한 부모 등의 동의에 관한 시정, ③ 혼인에 의한 성년의제, ④ 귀속불명재산의 부부공유추정, ⑤ 협의이혼절차의 개정 및 친권의 부부공동행사, ⑥ 특별수익자의 수여액과 상속분의 조정, ⑦ 법정재산상속분의 조정 등은 그대로 개정되었다.

서도 호주제도 등을 그대로 존치하도록 한 것은 반대한 만큼의 성과를 거둔 결과로 보아도 좋을 것이다. 호주제도의 존폐는 다음의 논의거리에 지나지 않는 것으로 되었다.

3. 1989년 민법 개정과 호주의 법적 지위

(1) 가족법 개정과 호주제

1978년부터 개정된 가족법이 시행되고 동성동본불혼의 원칙에 관한 예외를 정해 주는 「혼인에 관한 특별법」(1977년 12월 31일 법률 제3052호)이 시행되었음에도 불구하고 1980년대에 들어서도 가족법개정에 관한 요구는 그치질 않았다. 그 주된 사항은 동성동본불혼의 원칙과 호주제도 자체를 폐지하여야 한다는 것이다. 사실 이러한 주장은 민법제정 당시에 가족법사항과 관련하여 주장되었던 것이기 때문에 새로운 것은 아니다. 그렇지만 종래의 전통적 사회·경제구조에서 크게 변모한 가족생활 현실은 이러한 주장에 더욱 힘을 실어 주는 디딤목이 되었다. 형식적으로나마 높아진 국민소득, 여성의 급격한 사회진출의 성장, 자녀의 수가 급감한 점 등은 사회 각 분야에서의 여권신장과 함께 가족법분야에서도 그 개정의 목소리를 한껏 높게 만들고 말았다.

1989년 12월 정기국회를 통과하여 1991년 1월 12일부터 시행된 개정 가족법은 호주권의 전면적 폐지, 호주승계, 친족범위의 조정, 이혼한 부부의 자녀면접교섭권, 이혼한 부부의 재산분할청구권, 입양제도, 후견규정, 친족회규정, 부양규정, 상속인의 범위와 상속분, 기여분제도 및 특별연고자에 대한 재산분여(財産分與) 등에 걸친 것으로 부분적인 개정이 아니라 친족·상속법 전반에 걸친 것이고, 내용상으로도 종래와는 판이한 것으로 일종의 개변(改變)이라 할 수 있는 것이었다.

　이 중에서도 호주제도와 관련된 의미 있는 규정은 모두 폐지되어 명목상으로는 호주제도가 존치하지만 실제로는 폐지된 것과 마찬가지라고 하지 않을 수 없다.[22] 그것을 은폐하기 위해 가적(家籍)의 정리, 친족회와 관련된 아주 형식적인 규정 몇 개를 남겨 두었는가 하면, 호주상속을 호주승계로 바꿔 친족편의 맨 끝으로 끌어 올린 것은 법전의 편별이나 내용 자체의 기본을 아는 조치인가 하는 의문이 들게 하는 것이기도 하다. 이러한 개정은 정작 개정을 추진하여 온 사람들은 크게 환영할 일이겠지만, 다소 보수적이거나 개정을 반대하는 사람들로서는 받아들이기 어려운 것이었다. 그러나 한번 국회를 통과한 법에 관하여 그 당부를 따지는 것이 쉽지 않고 쓸데없는 논란만 불러일으킨다는 분위기에 휩싸여 잠자코 지나치게 되었다.

　이러한 결과는 1990년대에 들어 재산상속에 관한 분쟁이 노골화되었는가 하면, 재산분할 등에 고무되어 이혼율이 증가하

---

22) 1989년의 민법개정에 의하여 폐지된 호주와 관련된 항목을 들어보면 다음과 같다. ① 가봉자(加捧子) 입적시 부가(夫家)의 호주동의권(제784조), ② 강제분가권(제789조 제2항), ③ 소유불분명재산의 호주소유추정규정(제796조 제2항), ④ 호주의 부양의무규정(제797조, 제974조 제2호), ⑤ 호주의 가족에 대한 거소지정권(제798조), ⑥ 호주의 사고로 인한 직무대행권(제798조), ⑦ 가족의 한정치산·금치산선고에 대한 청구권과 그 취소청구권(제9조), ⑧ 가족의 후견인이 될 권리의무(제932조-제934조), ⑨ 상속상의 특권(제996조, 제1009조 제1항 단서).
　또한 호주상속을 호주승계로 변경시키는 것에 관련된 항목으로, ① 호주의 직계비속장남자의 거가금지(제790조), ② 여(女)호주의 가에 그 가의 계통을 계승할 남자의 입적(제792조, 제980조 제4호), ③ 호주상속권의 포기금지규정(제991조), ④ 호주상속 양자의 파양금지(제898조 제2항), ⑤ 사후양자(제867조), ⑥ 서양자(제876조), ⑦ 유언양자(제880조), ⑧ 직계비속 장남자의 입양금지(제875조), ⑨ 호주상속 양자의 동성동본성(제877조 제2항) 등이 있다.

는 실로 어이없는 현실로 드러났다. 이를 당연한 사회변화의 결실로 넘겨버리는 사람도 있겠지만, 종래의 생활방식에 의하면 아무런 문제도 없는 신분생활상의 문제를 법원으로 끌고 나오게 만드는 법의 개정이 과연 전적으로 옳다고만 할 수 있을지 의문이 아닐 수 없다. 또한 이러한 법적 기틀 위에 가사분쟁의 해결을 눈여겨보고 자라난 사람들이 완전한 인격의 결합체를 이루어 온전한 가정생활을 하리라는 보장은 더욱이 어려운 일이다. 지난 1977년의 가족법개정과 마찬가지로 이번의 개정에서도 짜임새 있는 개정 검토 없이 추진된 정부·여당의 개혁공적의 일환으로 이루어졌다는 점은 다시 한번 생각해 보아야 할 일이라 하겠다.

(2) 1989년 민법 개정 이후의 호주의 법적 지위

1) 직계존속이나 직계비속을 입적시키는 권리

호주는 타가(他家)의 호주가 아닌 자기의 직계존속이나 직계비속을 그 가에 입적하게 할 수 있다(제785조). 종래의 규정을 그대로 둔 것으로 호주 중심의 가족구성원을 함께 모여 살게 한다는 데 다소의 의미가 있을 수 있겠으나, 사회 실제에서는 그렇게 많지 않고 중요치도 않은 예에 속하는 것이 된다.

2) 가족의 거가에 대한 동의권

부의 혈족이 아닌 처의 직계비속, 즉 가봉자(加捧子)가 부가에 입적하기 위하여는 부의 동의를 얻어야 하는데(제784조 제1항), 그 가봉자가 타가의 가족으로 있을 때에는 그 가의 호주의 동의도 얻어야 한다(제784조 제2항). 부가 입부혼인(入夫婚姻)을 하는 경우에는 이 규정에 준하여 처의 혈족이 아닌 부의 직계비속이 처가에 입적하기 위해서는 처의 동의를 얻어야 한다.

3) 친족회에 대한 권리

① 호주는 가정법원에 대하여 친족회의 소집을 청구할 수 있다(제966조).

② 호주는 친족회에 출석하여 의견을 개진할 수 있다(제968조).

③ 호주는 결의를 할 수 없거나 결의를 하지 않는 경우에 친족회결의에 갈음하는 심판을 가정법원에 청구할 수 있다(제369조).

④ 호주는 친족회의 결의에 대하여 2월 내에 이의(異議)의 소를 제기할 수 있다(제972조).

4) 폐가할 수 있는 권리

일가창립(一家創立) 또는 분가(分家)로 인하여 호주로 된 자는 타가에 입양하기 위하여 폐가(廢家)할 수 있으며(제793조), 여호주(女戶主)는 혼인하기 위하여 폐가할 수 있다(제794조).

5) 기   타

현행 민법에서는 호주의 승계가 강제되지 않는다. 즉 호주의 지위를 승계할 자는 이를 포기할 수 있다(제991조). 호주에게 특별한 권위나 재산상의 특권이 주어지지 않는 것이기 때문에 당사자의 자유의사에 따라 결정하도록 하여야 한다는 것이 포기를 뒷받침해 주는 논거이다.[23] 그러나 선출에 의하여 호주가 되는 경우라면 그 포기를 일반적으로 허용하여도 될 것이나 결격사유(제992조)가 없는 경우에 한하여 승계하도록 하는 제도적 특성 또는 그것이 전래 호주제도의 본지를 조금이라도 살리는

---

23) 한봉희, 『개정가족법론』, 대왕사, 1990, 20면,

것이라면 그 포기를 인정하는 것은 잘못된 것이다.

더욱이 태아의 호주승계권을 인정하지 않고, 대습승계를 인정하지 않는 점을 고려한다면 현행 민법에서의 호주의 지위는 호주승계인의 포기가 없음을 전제로 하여 법률이 정하는 순서에 따라서 승계되어 가는 명목상의 것에 지나지 않는 것이 되고 말았다. 그렇기 때문에 거기에 특히 직계비속남자 특히 장남자(長男子)에 의한 가계계승의 의미를 부여할 필요도 없는 것이다. 이렇게까지 만들어 놓은 것이 과연 오랜 전통생활을 뒷받침해 주는 제도의 개정으로 옳은 것인지 심히 의심스럽다. 이렇게 하여 호주제도를 사실상 필요없게 만들어 고사시켜 폐지되게 한다는 거룩한 계산이 의미를 가지게 되는지는 몰라도, 기존의 사회에서 의미 없는 것 같지만, 사실상 가족생활의 정감성(情感性)을 살려나가게 해주었던 기틀이 죽어 감은 뒷날에나 후회의 한숨으로 남게 될 것이다.

4. 2005년의 민법개정에 의한 호주제도의 폐지

민법의 제정 당시부터 그렇게도 견해의 일치를 보지 못한 채 채택되었던 호주제도(戶主制度) 및 그에 기초한 호주권(戶主權)은 40년 넘게 가족법의 큰 기둥으로 자리해 오다 결국 폐지되고 말았다. 그 세부적인 것은 각 해당 부분에서 설명했으므로 중복을 피하기로 하고, 다만 이 제도가 직접·간접으로 우리의 가정생활, 더 나아가 사회생활에서 차지하던 몫이 다른 제도에 의하여 보충되어야 할 것임은 꼭 지적하고 넘어가고 싶다.

V. 맺 음 말

　지금까지 호주권의 개폐를 중심으로 우리 가족법이 거쳐온 과정을 살펴보았다. 호주를 실질적 생활측면과 관련하여 살펴보면 그는 여느 사람과 마찬가지로 하루하루를 살아가는 사람이면서 호주제도에 견주어 보게 되면 각 가족원에 대한 일정한 지위를 지니게 되어 있는 제도적 당사자이다. 여기에 그 실제적인 측면과 제도적인 측면이 교착하면서 공동생활을 위한 실질적인 역할을 하지 못한 점도 있다. 그러나 호주권을 기초로 한 호주제도는 호주의 권익을 위한 것이 아니라, 호주를 중심으로 한 다수인의 공동생활을 위한 제도적 소산물이다.

　호주권의 내용이 지배적이라고 하지만 그것은 공동생활을 영위하기 위한 필요적인 것이지 무조건 지배적인 것이 아니다. 다시 말하여 호주의 권리항목은 공동생활을 위하여 호주에게 주어진 권리, 아니면 지워진 의무로 이해하여야 한다. 구관에서의 호주권과 민법제정 당시의 호주의 권리사항이 무엇인지를 생각하여 보더라도 잘 알 수 있는 일이다. 최근의 호주의 지위 또는 실질적인 기능과 관련하여 그 제도의 무용성을 논하는 경우도 있다. 호주제도의 원리상 호주인 조부나 부와 반드시 동거하여야 하는 것이 아니다. 떨어져 살면서도 호주와 가족으로서의 관계가 유지될 수 있음은 물론이고, 그렇게 하더라도 아무런 문제가 없다. 하나의 제도가 정체성을 면할 수 없음은 누구도 잘 아는 사실이고, 생활의 실제는 여러 가지 요인에 맞추어 바뀌어 나갈 수 있는 것임을 생각해 보아야 할 일이다. 호주의 지위가 호주제도 본래의 뜻에 비추어 크게 달라졌음은 부인할 수 없는 사실이다. 그러나 이것은 호주제도의 존재적 필요성이나 현실적 기능에 비추어 그렇게 된 것이 아니라, 호주제도를 개정하려거나 가족법을 개정하려고 하는 사람들에 의하여 목적적으로 감행된 운동의 감퇴소치임을 주의할 필요가 있다. 자유주의나 인권평등이라는 너무나도 일반적인 척도를 구체적인 생활을 위한 호주제도에 들어 맞춰 그 결말을 이끌어 냄은 불합리의 극을 달리는 일이다. 그것이 몰고 오는 가족해체의 동기 유발, 가족생활의 파탄 또는 친족생활의 폐멸을 전혀 고려하지 않은 일이다. 개인을 위하여 모든 것을 희생하여도 좋다면 모를 일이다. 그러나 개인을 포함한 전체, 공동과 함께 개인이 살아남을 수 있는 제도의 운용이 절실하게 필요함은 비록 호주제도에 국한된 일만은 아니다.

이렇게 근근히 존속해 오던 호주제도는 결국 2005년의 민법 개정으로 폐지되었음은 앞에서 적시한 바와 같다. 한 제도의 채택, 운용, 사회적 요구 충족, 새로운 사조에 밀리는 실상, 그 존속에 대한 미련, 끝내 폐지, … 어느 한 사람의 짧은 숙명 편을 보는 듯하면서도 아쉬움이 남는 것은 그 제도에 대한 단순한 미련만은 아니리라.

제2장

상속분의 개변추이와 그 특성

I. 서 설

상속은 재산의 귀속원인의 하나라는 점에서 그 법적 특성도 중요하지만, 그것이 현실적으로 관련 당사자들에게 미치는 영향 또한 지대하다. 누구의 자손으로 태어나느냐에 따라 상속을 하게 되기도 하고, 그렇지 못한 경우가 있게 되며, 그것이 곧 삶을 위한 물질적 기초에 불평등을 만들어 준다는 비판적 시각에서부터 최소한 재산귀속의 기본원리를 정해 준다는 관점, 더 나아가 생산·창조의 적극성을 촉발한다는 긍정적 시각도 눈여겨볼 만한 일이다.

우리사회에서는 1958년에 제정된 민법이 1960년 1월 1일부터 시행되면서 여러 가지 변화가 있었음은 주지의 사실이거니와, 그중에서도 재산상속의 전반에 관한, 특히 상속분에 관한 개정은 다른 어느 규정보다도 의미가 있는 것이라고 할 수 있었다. 그것은 우리사회가 사상적으로나 경제·정책적으로 어디에 근간을 두고 있느냐를 보여주는 것이기도 하기 때문이다. 민법이 제정된 이후 계속적으로 가족법의 개정논의가 있어 왔음은 주지의 사실이거니와, 실제로 가족법의 개정에 맞추어 몇 차례의 상속분의 조정이 있었다. 그 개정마다 상당한 의미가 있고 사회변혁의 한 단면을 보여주는 것이기도 하였다. 그렇지만 정치적인 필요성 내지 상황변화에 따라붙어 "어떻게 하든 개정만 하면 된다"고 뛰어다니고 매달리던 꼴은 반성의 여지가 많은 부분이다.

　　종래 우리의 법제에서는 경국대전에서의 옛날 법적 상속분에 관한 특수한 경우는 차치하고서라도 이른바 근대적인 법제를 받아들여 상속을 하게 된 다음에도 남녀의 상속분에 차이가 있었다가 균등화가 이루어졌고, 처(妻)의 상속분은 현격한 변화가 있었던 점에서, 이러한 변화가 지니는 사회적 내지 법적 의미는 매우 크다고 하지 않을 수 없다. 그것은 곧 공동생활체로서의 가(家)의 결속, 이완 내지 해체(解體)와 맥을 같이하는 것이기도 하다.

　　이 장에서는 그 하나하나의 변화나 개정을 세밀하게 분석하는 것보다는 전체적인 흐름을 하나의 변화과정으로 보고, 거기에 깃들어 있는 변화요인 내지 흐름의 동향을 중점적으로 고찰해서 그 특색을 살펴보고자 한다.

II. 경국대전에서의 상속분

　　조선사회 전반의 상속제도를 일괄적으로 다룰 수 있는지는 별도로 논의되어야 하겠지만, 경국대전(經國大典)에서는 제주(祭主)나 호주(戶主)를 이어가는 원칙[1]과는 분리시켜, 형전(刑典) 사천조(私賤條) 「미분노비 물론자녀존몰분급(未分奴婢 勿論子女存沒分給)」[2]이라 하여, 보통상속재산은 자연혈족인 직계비속(直系卑屬)이 남녀를 불문하고 공동균분(共同均分)으로 상속하는 것을 원칙으로 하고 있었다. 이러한 상속법제는 동 시대의 다른 나라의 법제에 비추어 볼 때 매우 진보적인 내용을 지니는 것이라 하지 않을 수 없다.[3] 남녀를 가리지 않고 여러 자녀로 하여금 상속인이 되게 하는 것이 그러하고 상속분을 균등하게 정하고 있는 점도 매우 특이하다.

경국대전에 깃들어 있는 조종성헌주의(祖宗成憲主義)[4]라는

---

1) 가(家)의 계속은 곧 자손대대(子孫代代)의 영속이요, 조제(祖祭)에 의하여 상징적으로 드러난다. 조선제사(祖先祭祀)는 남계 남자손이 지내고 끊어져서는 안 된다는 것이 대원칙이다. 그러므로 제사의 상속은 가계계승의 중핵을 이루며, 아울러 입사(立嗣)와 불가분적으로 다루어진다. 그리고 그 단절을 메워주는 양자제(養子制), 즉 입후(立後)가 예제에 따른 원칙으로 자리한다. 그리하여 「약적장자무후즉중자 중자무후즉첩자봉사(若嫡長子無後則衆子 衆子無後則妾子奉祀)」라 하고, 「적첩구무자자고관 입동종지자위후(嫡妾俱無子者告官 立同宗之子爲後)」(經國大典 三 禮典 奉祀條 立後條)라 규정하여 지켜가게 하였다.

2) 경국대전 형전 사천조에는 「미분노비물론자녀존몰분급(未分奴婢勿論子女存沒分給) 미만분수자균급적자녀(未滿分數者均給嫡子女) 약유여수선급승중자(若有餘數先給承重子) … 우유여즉이장유차서급지(又有餘則以長幼次序給之) … 무양첩자녀즉천첩자녀동(無良妾子女則賤妾子女同)〈전지동【田地同】〉」이라 하여 생전에 미처 나누어 주지 못한 노비를 여러 자녀들에게 나누어 주는 원칙이 세밀하게 규정되어 있다. 그리고 그 말미의 주(註)로 되어 있는 전지동(田地同)은 당시의 사정으로 그렇게 많지는 않겠지만 전답 즉 경작지도 마찬가지라고 하여 노비뿐만 아니라 일반재산의 경우까지 공동균분의 상속이 원칙으로 되어 있음을 밝혀주고 있다.

3) 이희봉, 『한국가족법의 제문제』, 일신사, 1976, 165-167면; 곽동헌, "상속분," 『민법학의 회고와 전망』, 한국사법행정학회, 1993, 1007면.

치정원리의 특성이나 당시의 상속재산의 한정성에 비추어 볼 때 이러한 재산상속의 기본원칙이 얼마만큼 지켜지고 실효성이 있었는지는 의문이지만, 분여(分與)를 위반한 경우는 금제사건 (禁制事件)으로 다루었던 점을 생각하면, 일정한 양반 사대부가 (士大夫家)에서는 상당한 준거규범(準據規範)으로 되어 있었음을 알 수 있다. 그러나 각 가에서 가지고 있던 가산(家産)을 비롯한 재산적 기초에 비추어 볼 때 노비를 많이 차지하는 것만이 좋은 것도 아니었다. 왜냐하면 그들까지 포함한 식솔(食率)의 생활을 떠맡아야 하는 것은 그렇게 쉬운 일이 아니었기 때문이다.

이러한 재산상속의 기본원칙과 그 특성에도 불구하고 조선 사회의 신분적 구조나 그 유지의 필요에 맞추어 상속인의 상속 순위나 그 상속분에 많은 특징이 반영되어 있다. 즉 적자녀(嫡子女)인지 서자녀(庶子女)인지의 여부, 양자라 하더라도 사양자 (嗣養子)인지 그 밖의 양자인지의 여부, 의자녀(義子女)5) 등에 따라 상속분에 차등이 있었고 배우자 사이에서는 원칙적으로 상속이 허용되지 않았던 점 등이다. 그 특수한 것을 간추려 보면 다음과 같다.6)

---

4) 조종성헌존중주의라 함은 태조 6년 12월(1397년 12월)에 공포·시행된 경제육전(經濟六典)을 조종(祖宗)의 성헌(成憲)으로 삼아 변함없이 존중해야 한다는 원칙으로 이 방침은 경국대전(經國大典)이 제정된 다음에도 그대로 지켜져 내려왔다고 할 수 있다. 고종시대에 편찬된 대전회통 (大典會通)에도 그 이전의 법규정이 실려 있는 것은 이 방침에 따른 것이라 할 수 있다(박병호, 『한국법제사고』, 법문사, 1983, 400면).

5) 의자녀(義子女): 정의(情義)에 기초하여 맺어진 부모와 자녀를 지칭하는 용어의 총칭으로 의붓아들과 의붓딸, 그리고 수양아들이나 수양딸이 이에 해당한다. 경국대전 형전 사천조에는 「【의(義)자녀(子女)】 오분지일(五分之一) 승중자즉가삼분지일(承重子則加三分之一)」이라 하여 상속을 받게 되는 자녀의 일원으로 의자녀를 규정하고 있다.

6) 이희봉, 전게서, 186-188면.

첫째, 부모의 재산에 대한 자녀로서의 상속분은 상속인이 모두 적자녀이면 균등상속이 기본이고, 가계계승을 위한 승중자(承重子)에게는 고유의 상속분에 5분의 1을 가계유지나 제사를 지내는 경비의 충당을 위하여 가급(加給)하고, 제전(祭田), 제구(祭具), 묘토(墓土) 등도 승중자가 단독으로 상속하였다.

둘째, 부(父)의 재산에 대한 첩자녀(妾子女)의 상속분에 관하여는 양첩(良妾)인지 천첩(賤妾)인지의 구분에 따라서 양첩자녀의 경우 적자녀의 상속분의 7분의 1을 상속하고, 천첩자녀의 경우는 그 10분의 1을 상속한다.

셋째, 사양자(嗣養子)는 적자나 서자가 없는 경우에 가계계승을 위해 입양하는 것이 원칙이었으므로 그의 상속분은 승중자와 마찬가지였다. 조선조 중기 이후에는 서자가 있는 경우에도 가계계승을 위한 입양이 많이 행하여졌으므로 그 중요성이 적지 않았을 것으로 생각된다.

넷째, 적모(嫡母)의 재산에 대한 첩자녀의 상속은 그들이 자연혈족이 아니므로 원칙적으로 상속권이 부정되었으나, 적모에게 실자녀(實子女)가 없는 경우에는 예외적으로 양첩자녀는 자녀의 상속분에 비해 그 7분의 1을, 천첩자녀의 경우에는 그 10분의 1을 상속하고 나머지는 적모의 본족(本族)[7]에게 돌려주게

곽동헌, 전게 논문, 1007-1008면; 신영호, "조선조상속법상의 법정상속분,"『민사법학의 제문제』, 박영사, 1990, 194-200면.

7) 본족이라 함은 가산(家産)의 계승에 있어서 그것은 가계를 이어나갈 직계비속에게 상속될 것이나 그에 해당하는 사람이 없는 경우에 당해 재산을 계승할 최근의 친족을 지칭한다. 이 경우 상속의 제1순위인 직계비속이 없는 경우에는 우선 그 재산을 부(父)에 소급시켜서 피상속인의 동생 즉 형제자매에 미치고, 형제 중 사망자가 있으면 그 자녀, 즉 질(姪: 조카) 및 질녀(姪女: 조카딸)가 대습하고, 또 질이 사망자가 있으면 그 자 즉 종손과 종손녀[4촌]가 대습하여 누구나 공동상속인으로 된다. 여기에 주의해야 할 것은 남계(男系) 남자(男子)로 이어져 4촌으로

되어 있었다.

다섯째, 전모(前母) 또는 계모(繼母)의 재산에 대한 경우, 그 의자녀(義子女)는 자연혈족관계가 아니므로 후취(後娶) 소생의 자녀는 원칙적으로 전모의 재산을 상속하지 못하고, 계모의 재산도 선취(先娶) 소생의 자녀가 상속하지 못한다. 그러나 전모나 계모에게 자녀가 없으면 의자녀〔후취나 전취의 소생자녀〕가 적자녀(嫡子女)에 비해 각각 그 5분의 1을 상속하고 나머지 유산은 전모나 계모의 본족에게 돌려준다.

여섯째, 양부모의 재산에 대한 수양자녀(收養子女)의 상속분은 양부(養父)에게 적자녀가 있으면 그 상속분의 7분의 1을, 적자녀가 없고 첩자녀(妾子女)만 있다면 그들과 평등한 비율로 똑같이 상속하게 되어 있었다.

일곱째, 양모의 재산에 대한 호주의 사후양자(死後養子; 사양자〈嗣養子〉)의 상속분은 그 양모에게 실자녀(實子女)가 있는 때라도 그 여자와 같은 몫으로 하도록 되어 있었다.

여덟째, 피상속인의 배우자인 처의 상속분에 관해서는 원칙적으로 상속권을 인정치 않았기 때문에 상속에 대한 규정도 없다. 만약 피상속인이 처와 여자만을 남겨두고 사망한 때는 상속재산은 동일가적(同一家籍) 내에 있는 여자가 상속하는 것이 관습이었다. 여자가 피상속인과 동일가적 내에 없으면 재산상속인이 되지 못했다. 이러한 경우에는 예외적으로 배우자인 처가 상속한다. 즉 경국대전 형전 사천조(私賤條)에 직계비속인 자녀가 없는 때 망배우자의 유산을 생존배우자인 처가 상속할 수 있게 되어 있다. 그러나 이는 어디까지나 일시적이며 과부로서 종신토록 사용·수익함에 그치고 처분권을 갖는 소유권을 물려

_____

한정된다는 점이다.

받는 것과는 다르다. 「일시적」이라고 하는 것은 생존배우자인 과부가 직계비속 없이 사망하게 되면 후순위 상속인인 부(夫)의 본족(本族)이 그 유산을 모두 상속하기 때문이다.[8]

이러한 상속법리 내지 상속분의 배정은 사망한 사람이 가지고 있던 재산의 귀속을 정해주는 근대법적인 측면에서 보면 불합리 내지 낙후적이라고 할 수 있을지도 모르겠다. 그러나 앞에서 살펴본 대로 짜여진 제도의 타당성도 어느 정도 인정되어야 할 것으로 생각한다. 왜냐하면 당시는 엄격한 신분사회였고, 그에 따른 갖가지의 제약이 뒤따랐던 것과 마찬가지로 상속분을 정함에 있어서도 신분적 요소를 완전히 배제하는 것은 기대할 수 없을 것이었기 때문이다. 이에 비추어 보면 상기의 상속분은 나름대로 상당히 수긍할 만한 것이라 할 수 있다. 더욱이 자연혈연을 추급하여 갖가지 비속자녀에게 재산을 분급하였음은 주목할 만한 점이다.

Ⅲ. 일제점령기에 밝혀진 관습상의 상속분

조선조의 말기의 정치사회적 혼미상황은 1910년 일본 제국의 침략 및 그 강제적 합법화로 끝나고 말았다. 일제는 침략 후속조치의 하나로 1912년 조선민사령(朝鮮民事令)[9]을 제정하여

---

8) 곽동헌, 전게 논문, 1008면.
9) 조선민사령은 1912년 3월에 제정되어(제령 제7호) 같은 해 4월 1일부터 시행되었고, 이후 1921년의 제1차(제령 제14호), 1922년에 제2차(제령 제13호), 1939년에 제3차(제령 제19호)의 개정에 의하여 결국 일본민법이 거의 전부 적용되는 결과를 빚어냈다. 이것도 그들의 침략정책 그대로였다고 할 수 있다. 그리고 제3차 개정에 있어서는 조선민사령

그 제1조에서 「민사에 관한 사항은 본 령(令) 기타의 법령에 의하여 특별한 규정이 있는 경우를 제외하고는 좌의 법률에 의한다」라고 하여 민사생활 일반에 관한 적용법규를 손쉽게 마련하는 술수를 보였다. 이렇게 하여 우리의 일상생활의 대부분을 차지하는 민사생활은 일본민법의 테두리 안에서 할 수밖에 없는 꼴이 되고 말았다.

이렇게 하면서도 자칫 우리의 고유습속이나 감정에 저촉되는 것을 미연에 방지한다는 뜻에서 인신(人身)에 관한 법적 사항에 유예조치를 함께 끌어 붙였다. 즉 동령 제11조에서는 「민법 중 능력, 친족 및 상속에 관한 규정은 조선인에게 이를 적용하지 아니하고, 당해 사항에 관하여는 조선인의 관습에 의한다」고 한 것이 그것이다. 민사에 관한 기본적인 분류라고 할 수 있는 재산에 관한 법과 인신에 관한 법의 차이, 그리고 그 적용에 따르는 문제점을 미리 감지한 조치라 할 수도 있겠으나 침략술책의 일환으로 짜여진 것이라고 보는 것이 더 적절하다. 이후의 여러 차례 개정의 실제는 그것을 잘 말해 주는 것이라 할 수 있다.

상속분(相續分)에 관하여 조선인의 관습에 의한다고 하였더라도 그것은 당시의 사회에 유포되어 있는 현실적인 상속의 관습에 따른다는 것은 되지만, 조선조의 상속법제(相續法制)를 따른다는 것은 아니다. 이를 빌미로 하여 일제는 조선의 관습조사(慣習調査), 문답회신(問答回信) 등에 의하여 「인신(人身)에 관

제11조의2 「한국인의 양자연조(養子緣組)에 있어서 양자(養子)는 양친(養親)과 동성(同姓)임을 요하지 아니한다. 단 사후양자(死後養子)의 경우에는 차한에 부재(不在)한다」라는 규정을 신설하여 동성동본(同姓同本)의 양자를 맞아 가계(家系)를 이어가는 원칙에 크나큰 흠집을 내어 혈연적 전통을 깨뜨리려는 작태를 보였다.

한 법」의 상황을 세밀하게 파악하였고, 그것을 그들 나름대로의 요구와 법리(法理)에 맞추어 해석하였던 것이다.

이와 같은 시세의 변화 속에서 경국대전(經國大典)에 규정되어 있던 상속분에 관한 규정은 특히 재산상속과 관련해서는 기존의 관습을 어느 면에서 뒷받침해주는 요소가 되었을지는 모르지만 법적용 현실에서는 사라지고 만 것이다. 신분구조가 크게 달라지고 지배세력의 치정목적도 달라지고 말았으니 그것을 돌이켜 현실적 의미를 찾아볼 필요도 없어진 셈이다.

조선민사령은 일제의 침략정책에 맞추어 수차의 개정을 거쳤고, 그럴 때마다 친족상속에 관한 사항은 일본민법에 그대로 따르도록 짜 맞추어 밀어붙이는 것이 주된 목표였다. 그렇게 하면서도 상속에 관하여는 일본 민법 그대로 의용케 할 필요가 그렇게 절실하지 않았음을 주의할 필요가 있다. 조선인의 상속법제를 파악하는 것은 그렇다고 하더라도 굳이 일본 민법을 적용하지 않고 내버려두는 것이 당시 농경지를 무주(無主)의 것으로 강인하여 수탈 아닌 수탈로 빼앗아 가는 데 크게 도움이 되었기 때문이다. 이러한 방책으로 짧은 기간 동안에 일본인의 소유로 넘어간 토지는 비율적으로만 보아서도 아주 많았던 것으로 되어 있다.

일제의 침략기에 왜정의 조사 내지 회신 등으로 파악된 관습, 그리고 법원에서 내려진 판결례를 정리해 보면 다음과 같다.10)

첫째, 피상속인(被相續人)이 호주이거나 그 직계비속(直系卑屬) 장남인 경우, 상속재산은 일단 재산(단)으로 파악되며 본가계승(本家繼承)의 장남자(長男子)에 한하여 단독 상속케 하는 것

---

10) 이희봉, 전게서, 192-194면; 곽동헌, 전게 논문, 1009면; 김주수, 『친족상속법』, 법문사, 1987, 626-628면.

이 원칙이고, 만약 상속인이 수인으로서 공동상속하는 경우에는 승중 장남에 상속재산의 3분의 2를 상속시키고 나머지 3분의 1은 차남 이하의 중자(衆子)들이 균분하여 상속한다.

둘째, 피상속인이 호주의 차남 이하의 자손이거나 혹은 가족의 처(妻) 또는 호주의 처인 경우, 상속재산은 가산(단)이 아닌 피상속인의 특유재산으로 파악되어 그 직계비속 자녀들이 균분하여 상속한다.

셋째, 피상속인의 직계비속 중 적자와 서자 간의 상속분의 차이는 조선조 경국대전의 규정에서는 비교적 현격하여 7분의 1 혹은 10분의 1이었는데, 일제 침략기 즈음에는 그 차등이 2분의 1로 축소되었다.

넷째, 피상속인의 생존배우자인 처의 상속분은 의용민법상의 규정과 관계없이 우리나라 전래의 관습에 따른다는 원칙으로 인해 처(妻)는 상속권의 주체가 되지 못하였으므로 상속분과 관련하여 특별히 논의되지 않았다. 배우자로서의 처의 생활이 단일의 살림 속에서 남편이나 자녀와 밀접한 관련 아래에서 이루어졌던 당시의 현실을 고려하면 어느 정도 이해할 수 있지만, 다른 한편 그것은 여성의 지위향상이나 사회진출의 가능성을 원초적으로 막았던 것임에는 틀림없지만, 그럼에도 불구하고 일제 치하의 사회적 변모에 의해서만은 달라질 성질의 것도 아니었다. 그것은 여권신장(女權伸張)에 비추어 보더라도 뒤늦게나마 개변의 빛을 볼 수밖에 없는 것인지도 모른다.

IV. 민법의 제정과 상속법

민법의 제정 당시 전래의 생활의 실상은 대체로 유교적 예제(禮制)를 지키면서 살고 있었던 터임에도 불구하고, 친족·상속법의 입법지침에 관습존중론(慣習尊重論), 점진적 개혁론(漸進的 改革論), 헌법존중론(憲法尊重論) 등이 있었음은 주지의 사실이다. 실제로 제정된 친족·상속법은 정부에서 제출한 원안을 기초로 당시의 민의원법제사법위원회 민법심의소위원회의 입법방침에 맞추어 갖가지 수정이 가해진 것이었다.[11] 따라서 앞의 어느 한 입법지침에 따라서 그 상속분이 정해졌다고 할 수는 없다. 다만 당시의 사회경제적인 형편을 고려하면 상속분을 정함에 있어서는 전래의 상속원칙을 어느 정도 감안하지 않을 수 없었을 것으로 생각한다.

상속인의 범위에 있어서 직계비속이나 직계존속이 있으면 이들 범위 안에서만 상속이 이루어졌고, 방계(傍系)의 경우에는 형제자매 이외에 8촌 이내의 혈족까지 확대한 가운데 상속을 하였다. 이것은 단순히 상속인의 범위가 넓다는 것에 그치지 않고 상속 자체, 즉 상속재산을 얼마만큼 가지게 되는지에 영향을 미치게 되는 것이기도 하다. 배우자 사이에도 단독으로 또는 직계비속과 함께 상속함에 있어서 그 참여순위나 비율의 차이가 있을 수 있기 때문에 이에 관한 견해가 다를 수 있게 된다. 민법의 제정 당시만 하더라도 종족(宗族)이나 종손(宗孫), 적자(嫡子)인가 서자(庶子)인가, 남자인가 여자인가, 아울러 처(妻)와 첩(妾)의 구별이 엄연하게 살아 있음은 아직도 그 상속분을 정함에 중대한 제약요소였을 점도 결코 간과할 수 없는 일이다.

그러한 가운데서도 직계비속으로서의 자녀(子女), 즉 아들과 딸을 똑같이 쳐서 그 상속분을 균등하게 하여야 한다는 견해와 종래의 혈연을 중심으로 한 생활 현실에 맞추어 남자와 여자의

---

11) 정광현, 『한국가족법연구』, 서울대학교 출판부, 1967, 349-351면.

상속분에 차등을 두지 않으면 안 된다는 생각은 자연스럽게 각
각 달리 나올 수 있고, 당시로서는 어느 쪽의 견해가 반드시 옳
다는 입장을 취하기도 쉽지 않았을 것이다. 그때까지만 하더라도
남계혈연으로 이어지는 호주가 가(家)의 운세를 좌지우지하는 것
이면서 사회존속의 군건한 디딤돌이었던 것도 사실이다.

이와 같은 사정을 참작하여 상속분에 관하여 각기 제출되
었던 정부안(政府案)과 수정안(修正案)의 특징적인 사항을 골라내
어 적고, 이를 기초로 논의·수정하여 국회에서 통과된 내용을
간추려 소개하기로 한다.

우선 정부안과 수정안으로 제출되었던 사항 중 상속분과
관련된 몇 가지를 들어 적어보면 다음과 같다.12)

첫째, 호주상속인 또는 법정추정(法定推定) 호주상속인의 상
속분에 관하여, 정부안은 「그 공동상속인이 2인인 때에는 전
재산의 3분의 2로, 3인 이상인 때에는 전 재산의 2분의 1로, 5
인 이상인 때에는 전 재산의 3분의 1로 한다」(제1017조)로 되어
있음에 대하여, 수정안은 호주상속인의 상속분을 일률적으로 그
고유의 상속분에 5할을 가산하도록 하고 있다(동 조에 대한 수정
조항).

둘째, 피상속인의 처의 상속분에 관하여, 정부안은 호주상
속인 내지 법정추정호주상속인의 상속분을 제외한 잔여재산을
피상속인의 직계비속, 직계존속과 공동상속인으로서 균분상속한
다(정부안 제1017조). 이에 대하여 수정안은 피상속인의 처가 제
1순위의 직계비속과 공동상속인인 때에는 남자 자식(子息) 상속
분의 2분의 1로 하고, 제2순위의 직계존속과 공동상속인인 때
에는 「남자의 상속분과 균등으로 한다」고 규정하고 있다(동조에

---

12) 정광현, 전게서, 387-388면.

대한 수정 조항).

　셋째, 여식(女息)의 상속분에 관하여, 정부안은 재가(在家) 여식은 장남 이외의 중자와 균등하나(정부안 제1017조 2항), 출가 (出嫁) 여식은 제1순위의 상속인에서 제외되고, 피상속인의 직계 가족인 조부모(祖父母), 피상속인의 배우자인 친정모(親庭母)도 없는 때에 최종 순위의 상속인으로서 망부(亡父)의 호주(戶主)・ 형제(兄弟)・가족(家族)인 자매(姉妹)와 함께 공동상속인이 됨에 불과하다(정부안 제1011조). 따라서 그 상속분도 상대적으로 적 어질 수밖에 없다. 이에 대하여 수정안은 재가 여식의 상속분 을 남형제의 상속분의 2분의 1로 하고, 출가 여식의 상속분을 남형제의 상속분의 4분의 1로 규정하고 있다(정부안 제1017조에 대한 수정 조항).

　넷째, 서자(庶子)의 상속분은 종래 적출자(嫡出子)의 2분의 1 로 되어 있었으나, 정부안에서나 수정안에서 모두 적서를 구별 하지 않고 균등으로 하고 있다.

　여기에서 주목해야 할 점은 이 법안이 논의되고 있던 시점 이 1958년으로 다른 나라의 민법제정에 비추어 보게 되면 매우 뒤늦은 때였음에도 불구하고, 그 논의내용의 상당 부분은 자녀 상속분의 차이, 처의 상속상의 지위 내지 상속분, 적서문제까 지, 어떻게 보면 그야말로 수구적인 구렁에 빠져 있는 것이 아 닌가 하는 생각이 들기도 한다. 그러나 잠깐 멈칫 생각을 다듬 어 보면 우리의 신분생활 내지 가족생활이라는 것이 독자적인 개체로서의 개인이나 평등의 논리에 얽매여야 되는 것인지 반 문하고픈 생각이 든다. 다소 시대에 뒤떨어진 내용이라 하더라 도 우리식으로 다듬어 규범으로 지키고 살 때 어색한 평등에 따르는 것보다 훨씬 자연스러우리라는 감도 없지 않다. 사실 당시의 실정으로는 신분적 차등요소의 탈피, 남녀평등, 자녀로서의 독자적인 생활구축이라는 것이 거의 불가능한 한계의 벽을 넘어야만 가능했던 아주 드문 일이었다고 할 수 있다. 앞의 사안에 관한 수정논의를 거쳐 국회에서 통과시킨 재산상속에 관한 규정의 골간은 다음과 같다.[13]

상속인의 범위에 있어서 직계혈족으로서의 직계비속(제1순위), 직계존속(제2순위)이 있고, 방계혈족으로서 형제자매(제3순위)와 8촌까지를 상속인이 되게 하였다(제정 당시 민법 제1000조 1항). 배우자 상속의 경우에는 부(夫)가 상속인이면 직계비속과 공동상속하고 직계비속이 없으면 단독 상속하는 데 비해, 처가 생존배우자로서의 상속인이면 직계비속 및 직계존속과 공동상속하고 이 양자가 없으면 그대로 단독상속하게 되어 있었다(동 민법 제1002조, 동 제1000조). 그리고 이들 각 경우에 실질적인 의미를 가지게 되는 상속분의 내용은 다음과 같다.

첫째, 동 순위의 상속인이 수인인 때에는 그 상속분은 균분으로 한다. 그러나 재산상속인이 동시에 호주상속(戶主相續)을 할 경우에는 그 상속분은 그 고유의 상속분의 5할을 가산하고 여자의 상속분은 남자의 상속분의 2분의 1로 한다(동 민법 제 1009조 제1항). 재산상속의 순위와 상속분에 있어서 적서(嫡庶)의 차별을 없애버렸음은 당시까지의 사회생활이나 인식에 비추어 매우 주목할 만한 점이라 할 수 있다.

둘째, 동일가적(同一家籍) 내에 없는 여자의 상속분은 남자의 상속분의 4분의 1로 한다(동 민법 동조 제2항). 출가가 지니는 당시의 신분적 의미와 혼례비용을 그대로 반영한 것으로 자녀 간의 상속재산은 크게 차이가 나게 하는 것이라 하겠지만, 어느 개인의 상속재산이 지니는 가산성(家産性)을 조금이라도 생

---

13) 곽동현, 전게 논문, 1010-1011면; 졸고, "한국가족법에 있어서의 외국법의 계수," 고려대학교 대학원(박사학위 논문), 1978, 221-222면.

각하게 되면 금방 이해될 만한 내용이다. 즉 여식을 통하여 넘어가게 되는 재산은 남자 쪽의 가문에서 벗어나게 된다는 아주 단순한 이치에서 상속을 할 수 있게는 해 주면서도 그 차이를 심하게 하고 있음은 어느 면에서는 이해함직도하다.

셋째, 피상속인의 처의 상속분은 직계비속과 공동으로 상속하는 때에는 남자의 상속분의 2분의 1로 하고, 직계존속과 공동으로 상속하는 때에는 남자의 상속분과 균분으로 한다(동 민법 동조 제3항)는 것이었다. 종래 처의 상속능력이 인정되지 않았고, 가족생활의 현실에서도 뚜렷한 위치를 차지한 것이 아니었다는 점에 비추어 보면, 이번 민법제정에서의 상속분의 확보는 민법의 제정 못지않게 매우 중요한 뜻을 지니는 규정이 아닐 수 없는 것이라 할 수 있다. 배우자로서의 부(夫)의 상속상의 지위라든지 상속분이 빠져 있는 것은 아직도 실제의 부부의 경제생활이 남자 위주로 이루어지고 있음을 보여주는 것이라 할 수 있다.

V. 민법의 개정과 상속분

1. 1977년의 개정과 상속분

민법이 제정된 이후에도 남녀평등 내지 여권신장과 관련하여 개정의 요구는 그치질 않았고, 그 농도가 더 짙게, 그리고 깊이 있게 이어져 왔음은 괄목할 만한 일이다. 그 원인은 여러 측면에서 찾을 수 있겠지만 무엇보다도 교육기회의 평준화에 따른 여성의 사회진출, 농촌사회를 벗어난 도회 중심의 사회체

제, 여성의 수입증가에 따른 경제력확보, 서구사회와의 문물교
류 등이 주된 요인이라 할 수 있고, 외국 법제와의 비교연구도
한몫 한 것으로 칠 수 있다.

그렇지만 법의 개정, 더구나 일상생활의 기본이 되는 민법
의 개정요구는 그렇게 쉽지도 않고 단순하게 결말이 나지도 않
는다. 이번의 개정이 이루어진 것은 진보적인 여성단체를 중심
으로 한 끊임없는 개정요구운동의 결과라고 할 수 있다. 그 가
운데서도 상속분의 개변이 이루어진 것은 두드러진 성과라 할
수 있고, 이후의 여권운동의 독려에 비추어 보더라고 의미 있는
일이라 하지 않을 수 없다.[14]

상속분은 단순하게 피상속인의 재산을 상속인들이 나누어
가지는 비율이라고 하기에는 그 중요성이 너무나 크다. 단순한
분배비율이라면 그것은 복권(福券)이나 마권(馬券)을 사서 당첨
되었을 때 그 배당금을 나누어 가지는 것과 비슷하게 생각할
수도 있을 것이다. 그러나 상속의 경우는 그렇지 않다. 상속인
사이에서의 재산분배라는 점에서도 그러하고, 그것이 후에 이어
지는 상속에서 차지하는 자산적 내지 생산적 기능의 의미에서
는 분배적 비율의 한정적인 뜻을 훨씬 뛰어넘게도 된다. 왜냐
하면 어떠한 방식에 따르느냐에 따라 재산의 귀속향방이 기본
적으로 달라지고, 그것은 그대로 귀속의 주체를 다르게 하기 때
문이다.

1970년대 우리사회의 현실은 자녀의 수가 급격히 줄어들고
상속재산은 외형적으로나마 종전에 비해 매우 많아졌다. 그렇기
때문에 이번의 개정에 따른 상속분의 변화는 상속인 각자의 재
산상황을 달리하게 할 뿐만 아니라 우리사회의 재산의 흐름을

---

14) 배경숙, "가족법 개정의 경과과정과 그 배경," 『가족법개정의 제문제논
   문집』, 한국여성유권자연맹, 1985, 104면.

다르게 할 수도 있는 것이라 할 수 있다.[15)]

1977년 당시에 개정된 친족·상속법 중의 중요한 사항과 특징적인 상속분에 관한 규정을 살펴보면 다음과 같다.

첫째, 동 순위의 상속인이 수인인 때에는 그 상속분은 균분으로 한다. 그러나 재산상속인이 동시에 호주상속을 할 경우에는 그 고유의 상속분의 5할을 가산한다(당시 민법 제1009조 제1항).

둘째, 동일가적(同一家籍) 내에 없는 여자의 상속분은 남자의 상속분의 4분의 1로 한다(동법 제1009조 제2항). 여기에서의 동일가적은 그 문구대로 같은 호적에 있는지의 여부를 따지는 것이라기보다는 혼인을 한 적이 있는지의 여부를 기준으로 그 적용을 가름하여야 할 것이다.

셋째, 피상속인의 처(妻)의 상속분은 직계비속과 공동으로 상속하는 때에는 동일가적 내에 있는 직계비속의 상속분의 5할을 가산하고, 직계존속과 공동으로 상속하는 때에는 직계존속의 상속분의 5할을 가산한다(동법 제1009조 제3항).

넷째, 특별수익자(特別受益者)의 수증액(受贈額)과 상속분의 조정을 꾀하였다. 즉 종래 피상속인으로부터 재산의 증여(贈與) 또는 유증(遺贈)을 받은 경우 상속인은 수증재산이 상속분을 초과하더라도 그것을 반환할 필요가 없는 것으로 되어 왔으나 이 특혜규정을 삭제함으로써 상속분의 산정을 한층 더 공정하게 하였다.

다섯째, 유류분제도(遺留分制度)를 채택하여 유언상속과 법정상속의 교착에 생길 수 있는 한계적 틈을 메우려고 하였다.

---

15) 김용한, "가족법의 개정과 그 운동의 제상," 『현대가족법과 가족정책』, 삼영사, 1988, 443-445면; 곽동헌, 전게 논문, 1011-1012면; 졸고, 전게 논문, 1979, 236-237면.

즉 증여나 유언에 의해서 일정한 상속인이 자기의 고유 상속분의 전부 또는 상당부분을 상속할 수 없게 되는 불합리를 상속분의 확보에 의하여 보정시켜 준 것이다. 유류분(遺留分)으로 확보되는 비율을 떠나 종래의 상속권이 지니는 기대권(期待權)으로서의 의미를 그대로 살려준 것이라 할 수 있다. 이것은 외국의 법제를 받아들여 새로운 제도를 채용한 것에 그치질 않고, 종래의 상속에 기울였던 생각의 향방을 아주 바꿔 놓았다고 하더라도 잘못된 표현이 아니다. 특히 출가한 여식의 상속에서의 지위, 차남 이하의 중자녀의 지위, 생존배우자의 지위, 이 어느 하나 그대로 포기한다든지 조금만 받겠다든지 하는 것은 먼 옛날의 미담에서나 찾아봄직한 것이 되고 말았다.

이러한 개정의 추향은 종래의 개정방향과 다르지 않았기 때문에 가족법 전반에 걸친 특별한 변화의 조짐이라고는 할 수 없다. 그러나 그것이 현실적으로 적용됨에 따라 생겨나게 되는 재산귀속의 변화는 미루어 짐작할 수 있는 것이고, 그 이후 가족법 개정운동에서 상속분의 비율의 변화를 추진하려는 경향의 일면을 볼 수 있다. 호주상속을 하는지의 여부, 동일가적 내에 있는지의 여부에 따른 차별 등 법규상으로는 매우 간단하지만 실제로는 아주 중요한 차이나 변화의 실제를 예고하는 것이라고 하지 않을 수 없다. 왜냐하면 호주의 지위를 승계하는지의 여부나 가적이 같은지의 여부에 맞추어 상속분을 달리하는 것은 호주제도의 유지존속이라는 점과 궤를 같이하는 것이기 때문이다.

2. 1990년의 민법 개정과 상속분

1977년의 민법 개정에 의하여 상속법에도 상당한 변화가 있었음은 앞에서도 지적한 바와 같다. 그러나 그것은 일시적이고 과도적인 것에 지나지 않았다. 이른바 남녀평등론자(男女平等論者) 내지 여권신장운동권자(女權伸張運動權者)의 입장에서는 상속분에 관하여 남녀균분(男女均分)을 버릴 수 없는 잣대로 삼고 있기 때문이다. 상속분은 상속재산을 그에 맞추어 나누어 물려받게 되는 비율이지만 거기에 신분요소가 가미되면 남녀차별의 지표가 되고 만다.

지난번의 개정 이후에도 가족법의 개정요구는 계속되었고, 그 농도는 더욱 짙어졌다고 할 수 있을 만큼 거세졌다. 개정요구의 기본사항은 호주제도의 폐지였지만, 그에 부수되는 여러 사항이 있었고 그중의 하나는 상속분의 조정을 위한 개정이었다. 종래 직계비속으로서의 자녀이면서, 남녀인지에 따라 그 상속분에 차이가 있었기 때문이다.

상속에 의하여 취득하게 되는 상속재산이 각 개인의 재산총액이나 현실적인 생활에 어떠한 영향을 미치느냐 하는 것은 최근의 몇몇 비근한 현실이 그것을 그대로 방증해 준다. 더구나 최근에는 아들·딸을 많이 낳지 않는 형편이기 때문에 부모가 부유하면 자녀도 그대로 여유 있는 사람이 된다. 그중에 아주 나쁜 예는 엄청난 상속세의 포탈 내지 편법 증여지만, 그것은 제도의 미비 내지 법적용의 한계로 포장되어 지나가 버리는 것이 상례였다.

이러한 과정이나 실정은 도외시한 채, 단순히 직계비속의 상속분만 같이 하면 된다는 풋내기식 논리 아닌 말버릇에 의해 법개정이 추진되었고, 당 연대의 어정쩡한 정세나 정파의 이해득실에 맞물려 민법의 개정이 이루어졌다. 이번의 개정에 따른 상속분의 평준화는 이 변화가 지니는 의미가 무엇인지도 모르는 채 이끌어낸 단순평준화라는 것을 꼭 지적하고 싶다. 상속

분의 비율은 그 비율 자체로서 끝나는 것이 아니다. 그에 불가
분적으로 휘말려 있는 재산이 있다면 그것이 휘잡아 연결되어
사회적 기능을 해야 하는 것도 결코 도외시할 수 없는 것이다.

1989년은 우리사회와 관련하여서는 매우 중요한 시점이었
음을 알 수 있다. 무리하게 치러낸 88올림픽의 여파로 밀어닥
친 경제적인 불투명성, 북한과의 불편한 교접관계, 한 치의 양
보도 없는 정치상황의 불안정, 이러한 복잡한 일들이 꼬여 있는
속에 가족법 개정이 끼어 있었다는 것은 매우 불행한 일이고,
그래서도 안 될 일이었다. 왜냐하면 정치적인 필요에 맞춘 개
정의 졸속과 규정 상호간의 불균형은 법개정의 순수성을 잃게
할 것이기 때문이다. 그리고 그것이 당해 정권의 행적 쌓기에
그렇게 도움이 되지도 않는다.

다음에 친족상속법의 개정 중 상속분에 관한 규정을 검토
함으로써 그 변화의 일면을 살펴보고자 한다.[16]

첫째, 동 순위의 상속인이 수인인 때에는 그 상속분은 균
분으로 한다(제1009조 제1항). 종래의 민법에서 상속인이 호주상
속을 함께 하는 경우 고유의 재산상속분에 5할을 가산한다는
이른바 「가급분(加給分)」에 관한 단서(但書) 조항을 삭제하고, 또
한 동법 제1009조 제2항의 「동일가적 내에 없는 여자의 상속분
은 남자의 상속분의 4분의 1」이란 조항도 개정함으로써 피상속
인의 직계비속인 이상 남자·여자나 실친(實親)·양친(養親), 동
일가적에 있는지의 여부 혹은 호주승계(戶主承繼) 여부에 관계없
이 동등한 상속분에 따라 상속하게 되었다. 호주가 될 사람에
대한 가급분의 삭제는 단순한 법규의 개정인 것 같지만 그것이
몰고 올 파장은 호주제의 무력화에 직결되는 것임을 주목할 필

---

16) 곽동헌, 전게 논문, 1022-1023면.

요가 있다.

또한 피상속인의 직계존속이 수인으로서 공동상속하는 때에도 성별이나 실부모·양부모 혹은 동일가적 내에 있는지에 불구하고 모두 균분상속을 하게 된 것이다.[17]

둘째, 피상속인의 배우자의 상속분은 직계비속과 공동으로 상속하는 때에는 직계비속의 상속분의 5할을 가산하고, 직계존속과 공동상속하는 때에는 직계존속의 상속분의 5할을 가산한다(제1009조 제2항)는 것이다. 즉 종래의 민법 제1009조 제3항에 규정되어 있던 「피상속인의 처의 상속분 …」이라는 문구에서, 「처」를 「배우자」로 고침으로써, 민법 제1003조의 입법취지에 맞게 부부가 평등한 지위에서 서로 상속을 하게 되었다. 배우자로서의 처의 상속에서의 지위가 크게 향상된 것이라 할 수 있다.[18][19]

VI. 결   어

지금까지 조선조 이래 우리 법제에 규정되어 시행되어 온 상속분(相續分)에 관한 규정을 검토함으로써 상속분의 변동추이를 살펴보았다. 그것은 단순하게 상속인이 물려받게 되는 상속비율의 변화를 뜻하는 것이 아니다. 우리사회 자체의 변모를 보여주는 한 단면이라고도 할 수 있는 것이다.

일제의 침략으로 몰락한 조선조(朝鮮朝) 법제 내지 관습에

---

17) 한봉희, 『개정가족법』, 대왕사, 1990, 60-62면.
18) 곽동헌, 전게 논문, 1023면.
19) 조미경, "독일법상의 배우자상속법,"「가족법연구」제14호, 한국가족법학회, 254-257면 참조.

서의 상속분, 일제 지배에서 전반적으로 일본 민법이 적용되는 가운데 조사되었거나 판례로 확인된 관습상의 상속분, 민법의 제정과 상속분, 그리고 이후 민법 개정에 따른 상속분은 어느 법역에서나 찾아볼 수 없는 변화·개혁의 연속이었다.

그 변화의 큰 흐름은 상속분을 규정함에서 전래의 신분적 요소에 따라 규격화되었던 특혜가 배제되고 평등원칙에 들어맞아야 한다는 현실적인 필요에 따라 그 비율이 달라진 점이다. 적서차별(嫡庶差別)이나 남녀차별(男女差別)의 극복, 처(妻)의 상속능력의 인정 내지 상속분의 제고 등이 그것이다.

이렇게 되고 보니 근대적인 조류의 하나인 평등의 소용돌이에 휘말려 종래 신분적 차별에 따른 상속분의 차등을 견지하였던 우리사회의 실정으로는 어려운 개혁의 고비를 맞게 된 것이라 할 수 있다. 예를 들어 출가녀의 상속분이 동일가적에 있는 여식의 그것보다 현저하게 달랐던 점을 상기해 볼 만한 일이다. 우리는 그것을 당연한 것으로 여기기에 조금도 인색하지 않았다. 그야말로 「음, 출가외인 아닌가. 상속은 무슨 상속!」 이 말 한마디로써 더 이상 논급이 허용되지 않았다.

직계비속자녀의 상속분을 균등하게 하여야 한다는 당위성은 어느 누구나 그대로 수긍하고 인정할 수 있는 원칙이다. 그것은 이념까지도 뛰어넘는 평등원리에 기초하는 것이므로 오늘날 여러 법제에서 그대로 따르고 있다 할 수 있다. 그런데 이 원칙의 철저한 실시는 현실적으로 일정규모의 재산을 나누어 분산시키게 된다.

이러한 사정은 그 저초의 당위성에도 불구하고 경우에 따라 아주 어려운 문제를 수반하기도 한다. 예를 들어 일정한 사람을 곤궁하게 만든다든지, 더 심각한 경우로는 상당한 규모의 자산을 기초로 하여 작동하게 되어 있는 기업에 타격을 주는 예이다. "무슨 얘기, 당연한 일 아니냐!"라고 해버리면 그만이지만 그 다음의 해결이 그렇게 쉽지 않다. 여기에 상속재산의 분배비율에는 반하게 되지만 불균형의 상속도 고려해 봄직하다. 예컨대 자녀의 수까지 고려한다든지 상당한 기간 상속재산의 분할을 묶어두는 방법이 현실적으로 생활곤궁을 막아주고 기업의 생존기반을 잡아주는 방법이 될 수도 있을 것이다. 이러한 가운데 우리의 지금 사회가 떠맡고 해결해야 하는 노인문제, 궁핍문제, 가족의 해체, 기업의 도산 내지 파멸을 조금이라고 막아줄 수 있는 끄나풀이 숨겨져 있는지도 모를 일이다.

재산상속분의 문제가 이 정도까지 확대, 얽혀지게 되어도 괜찮은 것인지 스스로 반문해 보면서 앞으로 계속적인 연구를 다짐해 본다.

제3장

호주제도 폐지 이후의 가족생활의 변모와 그 점검

I. 머 리 말

지난 2005년 3월 31일의 민법 개정에 의하여 호주제도의
폐지와 함께 사회생활의 중요한 국면인 가족생활을 규율해주던
몇몇 규정이 함께 폐지됨으로써 그야말로 한국적 특색이 거의
사라진 친족·상속법(親族·相續法)이 되고 말았다.

그러나 어느 분야의 법이나 그것이 "규정된 대로의 의미만
지닌다"고 한다면, 그것은 "거지집단"에서의 우두머리의 지시 한
마디가 그대로 행동을 수반하는 효력을 지니게 되는 것과 다른
것이 없을 것이다. 거지대장의 한 마디의 지시에는 절대적인
위력(威力)이 실려 있고 현실적 강제가 뒤따르기 때문에 그 실
천은 예외가 있을 수 없다. 그러나 아무리 엄중한 법령(法令)이
있고 그 위반에 따른 제재가 뒤따른다 하더라도, 그것이 지켜지

거나 지켜지지 않거나 그 유지·존속은 보다 더 넓은 필요성에 맞추어 강구되어 왔음을 주목할 필요가 있다. 그것이 가족생활 과 같은 특수성을 지니는 분야의 안정적 기반과 관련되어 있는 경우에는 더욱 두드러질 것임은 너무나도 자명하다.

지난날의 우리의 친족·상속법은 나름대로의 특색을 지니 고 있으면서 우리들의 가족생활변모에 대처해 오는 데도 별다 른 문제점이 없었다. 물론 부분적으로 빚어지는 특수한 사건이 나 불편한 점은 그저 예외일 따름이었다. 그런데도 이러한 특 수성을 띠는 국면이 늘어나고 부각되다 보니, 사회의 구조변화 (構造變化)와 관련하여 반드시 없어져야 하는 것으로 생각하는 경향이 내용도 모르는 채 일반인에게까지도 유포되었다. 그러한 사례를 주워 모아, 아니면 조금이라도 부풀려 가족법의 개정까 지 떠올린 사람들은 나름대로의 특수한 가족법연구자라고 생각 할 것임에 틀림없다.

그렇지만 급격한 사회변화(社會變化)의 흐름을 가족생활에까 지 그대로 접목시키는 것은 크나큰 위험성이 뒤따를 수 있다는 것, 즉 가족생활공동체의 구성원 간의 관계를 이완시킬 수 있고 그에 따르는 공동생활 자체의 동요, 그 존속까지도 어렵게 만들 수 있음을 결코 가볍게 여겨서는 안 된다.

지나치고 나서 되돌릴 수 없는 것 중에서도 너무 소중한 것, 그것 중의 하나는 곧 가족생활의 실상 내지 그에 관한 규 칙임은 지난날의 뜻있는 가족적 생활모습, 어른을 어려워할 줄 알고, 형제자매나 친족끼리 서로 경애하면서 지냈던 점에 비추 어 어렵지 않게 인정할 수 있을 것이다. 그렇지 못할 때 각 당 사자의 생활이 어렵게 됨은 물론 가족생활의 혼란 내지 가족의 분규 내지 해체(解體)로까지 이어지게 될 것임은 그렇게 달갑지 않은 현실임에 틀림없다.

이 장에서는 호주제도의 변모 내지 폐지, 그중에서 수긍할
수 있는 점, 문제로 남겨져 또 다른 문제를 낳을 수 있는 것이
무엇일는지를 최근의 가족생활의 특징적인 몇 가지 점에 견주
어 살펴보고자 한다. 그렇다고 이 장의 구성이나 설명에서 전
통적인 생활이 그대로 지켜져야 한다는 것을 전제로 하고 짰거
나 전개한 것도 아니고, 그럴 필요가 있는 것은 더욱 아니다.
이러한 점은 아래의 생활모습에 관한 설명에서도 그대로 나타
날 것임을 미리 밝혀 두는 바이다.

II. 민법 제정 당시의 호주제도 채택에 관한 의론

1945년 8월 15일 일제의 침략에서 벗어나기는 하였지만 그
당시의 사회실정으로 보거나, 우리 자체의 의견 내지 이념의 차
이가 너무나도 잡다하게 흩어져 있었고, 미국의 군정치하에 있
었기 때문에 제도적·법적 틀을 함부로 바꿀 수 있는 형편이
아니었다.[1]

그렇기 때문에 왜정(倭政) 때의 법이나 제도가 그대로 시행
되었던 분야가 대부분이었다. 민법의 경우에도 그 예외가 아니
었다. 따라서 1945년 이후에도 일본의 구민법(舊民法)[2]을 그대
로 적용·실시하였던 것이다. 그러함에도 명분상으로는 법의
공백을 메우기 위한 조치였다고 하는 것이 보통이다.

그러한 가운데서도 민법의 제정은 대내외적으로 필요불가

---

1) 한국법제연구회 편, 『미군정총람』, 한국법제연구회, 1971, 1면.
2) 여기에서의 구민법(舊民法)은 일본(日本)에서 1945년에 개정되기 이전
   의 민법이다.

결한 급선무이면서 이른바 자주독립국가(自主獨立國家)의 면모를 살려주는 표징물의 하나로 삼을 만한 것이기도 하였다. 그리하여 민법을 제정하기 위한 1948년 9월 15일 대통령령 제4호 법전편찬위원회직제(法典編纂委員會職制)에 의거하여 법전편찬위원회(法典編纂委員會)가 조직되었고, 1948년 12월 15일부터 기초작업에 착수하여 중간에 정치·사회적인 혼란, 6·25 동란 등의 어려운 상황을 겪으면서도 준비위원들의 각고의 작업 끝에 "민법초안(民法草案)"을 만들어 국회에 상정하게 되었다.3) 실로 어려운 작업의 결실이었다고 하지 않을 수 없다.

우리 민법은 그 제정연대로 보아서는 20세기의 후반이어서 각국의 입법례를 참고할 수 있었음에도 불구하고, 당시의 사회상황은 여유 있게 그렇게 할 수도 없었고, 반드시 그렇게 해야만 될 필요성이 있었던 것도 아니었다. 일반적으로는 서구 여러 나라의 입법례와 동양 몇 나라의 입법례를 종합적으로 참작하였다고는 하나 실질적으로는 그렇게 할 만한 형편이 되지 못하였음도 유념할 필요가 있다.4)

그리하여 몇몇 안건에 관하여 외국의 법조문을 참조하거나 개인적인 의견을 받아들여 최종적으로 다듬어 정부안으로 제출하였던 것인데, 그 결과적 성안도 그렇게 매끄러웠던 것도 아니었다.5)

그러한 민법성안의 과정에서 재산법(財産法)의 경우에는 외국법의 계수의 차원에서라도 특별한 문제점이 없었지만, 친족·상속법(親族·相續法)의 경우에는 그 내용정립이 쉽지 않았다. 그 세부적인 것은 모두 소개할 수 없고 여기에서는 주요하게

---

3) 1959년 11월 5일.
4) 민사법연구회, 『민법안의견서』, 일조각, 1957, 1면.
5) 민사법연구회, 같은 책, 1-2면.

그 내용을 짜게 만들었던 요론만 소개하기로 한다.6)

당시 민법의 제정 중에서 친족·상속법과 관련하여 제기되었던 의론은 대체로 첫째, 현실 내지 관습존중론(慣習尊重論), 둘째, 점진적 개혁론(漸進的 改革論), 셋째, 헌법정신(憲法精神)에 입각한 급진적 개혁론(急進的 改革論)이었다.7) 이들 각각의 주장은 나름대로의 논거를 기초로 하여 민법시안(民法試案)을 만들어 제시하니, 이를 수합하여 정부는 1956년 10월 26일에 정부원안을 만들어 국회에 제출했던 것이다. 정부원안은 대체로 종래의 관행(慣行) 내지 관습법(慣習法)을 성문화하면서 새로운 서구의 입법례를 가미한 것이라고 할 수 있으며, 또한 당시 민의원법제사법위원회(民議院法制司法委員會)의 요강도 이와 유사하여, 그 전반적인 내용으로 보아 점진적 개혁론(漸進的 改革論)에 따른 것이었다고 할 수 있다. 점진적 개혁론의 요점은 "지금까지의 순풍미속(淳風美俗)을 폐풍(弊風)이 아닌 한, 유지·조장하는 동시에 시세(時勢)에 맞지 않는 인습(因習)은 양기(揚棄)함으로써 … 세계의 진운(進運)에 뒤떨어지지 않도록 … 수정·성문화함이 긴절하다. 이것이 국가민족의 발전을 친족공동체(親族共同體)인 '가(家)'에만 의존치 않고 동시에 개인의 신장(伸張)에 의존코자 하는 현금의 개인주의(個人主義)·민주주의(民主主義)의 이념에도 적응하는 것"이 그 핵심이다.8)

이렇게 되어 헌법존중론(憲法尊重論)에 따른 개변의 주장은 그대로 받아들여지지 않은 것으로 되었고, 이것은 끝내 이후 가족법개정(家族法改正)의 빌미가 되고 말았다. 그중에서도 동성동

---

6) 졸고, "한국가족법에 있어서의 외국법의 계수," 고려대학교 대학원(박사학위논문), 1978, 195-201면.

7) 졸고, 위 논문, 196-197면.

8) 졸고, 위 논문, 224-225면.

본불혼제(同姓同本不婚制)와 호주제도(戶主制度)의 채택·유지는 다른 어떠한 항목보다도 가족법개정 논란의 불씨로 남게 되었다.

호주제도를 채택하였기 때문에 그에 따라 호주상속(戶主相續)까지도 인정하였고, 그와 관련된 갖가지 규정도 마련되게 될 수밖에 없었다. 그 두드러진 규정사항으로, 예컨대 직계비속장남자(直系卑屬長男子)의 거가(去家)를 금지하고(제778조 제1항 단서, 제790조), 호주로 된 양자(養子)의 경우 그 파양을 하지 못하도록 규정하였다(제898조 제2항). 그런가 하면 호주상속인은 재산상속(財産相續)에 있어서 그 고유의 상속분(相續分)의 50%를 더 받을 수 있으며(제1009조 제1항), 분묘(墳墓)에 속한 1정보 이내의 금양임야(禁養林野)와 육백평 이내의 묘토(墓土)인 농지, 족보(族譜)와 제구(祭具)의 소유권을 승계하게 되어 있었다(제996조).

그러나 이러한 규정의 정립은 전래의 호주제도를 강화시키자는 것이 아니고, 최소한 사회변화에 따른 요구를 적절히 받아들이면서 사회안정의 유지에 한몫을 하도록 하자는 데 있었음을 우리는 주목할 필요가 있다.[9] 그것은 간접적이긴 하지만 5·16 이후 호주제도 내지 가족제도의 폐지를 시도하였다가 끝내 법정분가제(法定分家制)를 신설한 것으로 마친 것에서도 미루어 쉽게 알 수 있는 일이다. 당시의 상황으로서는 호주제도의 폐지쯤은 혹시나 명분이 있지 않을까 하고 들추어보았다가, 별 실효성 있는 반응이 없자 슬그머니 정책 일선에서 빼버린 표본적인 일일 것이다. 그 중심이 된 내용은 "가족(家族)은 혼인하면 분가한다(제789조 제1항)"는 것이었고, 이를 그냥 혼인분가(婚姻分家)라고도 지칭하였고, 이후 한자(漢字)를 한글로 바꾸는 신호적

---

9) 당시로서는 전통적 가족생활의식(家族生活意識)이 일반인들에게 그대로 있었음을 유념할 필요가 있다(이희봉, 『한국가족법상의 제문제』, 일신사, 1976, 146면).

(新戶籍)의 편제가 뒤따라 한글호적까지 생겨난 것이다. 이러한 방책은 당시 정부의 아주 가벼운 술책 중의 하나였음을 뒤늦게 나마 한 번쯤은 되새겨 볼 필요가 있다고 본다. 그 다음 얘기는 슬쩍 다음으로 넘기기로 한다.

III. 가족법 개정론에서의 호주제도의 폐지까지

호주제도의 제외는 민법 제정 당시 헌법존중론자(憲法尊重論者)들의 주장항목에 들어 있던 것으로 여러 사정으로 그렇게 되지 못하자, 결국 호주제폐지론(戶主制廢止論)으로 탈을 바꾸어 가족법개정의 요구로 그 주장을 계속하게 되었다.

그러나 1960년대나 1970년대 초까지만해도 호주(戶主)나 가장(家長)에 대한 관념이 특별한 의미를 지니고 있었기 때문에 그 폐지 운운은 그다지 많은 호응을 얻지 못했다.[10] 그렇기는 하였지만 가족법개정의 요구는 강론상으로 또는 계몽적으로 끊임없이 이어져 왔다. 그런가 하면 실제의 사회생활상이 달라진 면도 적지 않았다.

그 한 예의 실제를 들어보면, "너의 집 호주가 누구니 하고 물으면, 호주는 무슨 호주, 노친내 또는 그냥 어른이 호주 아니냐"라고 대답했던 것을 여러 번 들은 적도, 본 적도 있다. 이것은 곧 종래의 가족생활 모습이 달라지거나 해체되는 한 예라고 보아도 틀리지 않을 것이다. 종래 가(家)라는 조직의 후광(後光) 또는 가장(家長)의 위엄에 버팀 삼아 살아왔던 생활현실과는 너무나 다르고, "이제는 따로 떨어져 잘 살면 되지"하는 생각이

---

10) 졸고, 전게 논문, 226면.

자의적으로, 아니면 사회현실과 꿰맞춘 표본적 현실로 나타났던 한 시기의 생활현상이었던 것으로 생각된다.

1. 1977년 가족법 개정과 호주제도

우선 호주제도의 폐지주장은 민법의 제정에서부터 그 시행 이후에도 그대로 진행되었고, 이후에도 그 논거(論據)를 벗어나지 못한 채 폐지를 주장해 왔음은 앞에서도 지적한 바와 같다. 그리고 1970년대 세계적으로 불어 닥친 여권신장(女權伸張)의 풍파에 휩쓸려 우리나라에서도 여권(女權)과 관련하여서 한몫을 하였고, 그 결과의 표징은 가족법개정 요구에 힘을 실어 준 것이라고 할 수 있으며, 어쩌면 크나큰 변화가 일어나는 듯싶었다. 그러나 가족법에서는 수개의 조항을 개정 내지 신설하는데 그치고 말았다.11) 그야말로 법이나 제도 개정의 한계를 실감할 수 있는 한 단면이기도 하다. 그중에 호주제도의 폐지를 아주 강력하게 주장하지 못했음은 당시의 사회현실을 그대로 반영한 것이라고 할 수 있다. 계속된 가족법개정논쟁(家族法改正論爭)은 사회적 불안이 휘몰아친 1970년대 후반에 이르러 지난날 이루지 못한 한스러움은 바람직하지 못한 정치적 힘을 업고, 국회통과의 공과를 이끌어냈다. 시시덕거리는 사람 뒤에는 수많은 잠묵의 사람들이 있었다는 것을 조금이라도 인식을 하였으면 좋았을 텐데 그렇지 못했고 그렇게 하려고 하지도 않았다.

---

11) 그 개정 내지 신설을 요구하였던 조항은 다음과 같다.
① 호주제도의 폐지, ② 친권범위의 조정, ③ 동성동본불혼제의 폐지, ④ 소유불분명한 재산의 부부공유추정, ⑤ 이혼배우자의 재산분할청구권, ⑥ 협의이혼제도의 합리화, ⑦ 부모의 친권공동행사, ⑧ 적모서자관계와 계모자관계의 시정, ⑨ 상속제도의 합리화, ⑩ 유류분제도의 신설, ⑪ 기타 혼인성년의제 등

그러면서도 그 이후의 사회변화가 그 기대만큼 일어났는지 한 번쯤이라도 생각해본 사람이 몇이나 될까 심히 의심스럽지 않을 수 없다.

1977년 개정된 친족·상속법안은 지금까지 주장해 왔던 개정요구 즉, 첫째, 인간평등의 원칙의 실현과 비합리성의 제거, 둘째, 한국 고유의 사회가치관의 재구성, 셋째, 국민권리의 확대 등을 기초로 하고 있다고 요약할 수 있다. 이러한 논거 위에 개정된 사항은 가족법 전반에 걸친 것으로 12개 사항이 개정 내지 신설되었다. 그중에서 개정 내지 신설 통과된 중요 사항은 다음과 같다.

1) 성년자의 혼인(婚姻)에는 부모의 동의(同意)를 필요로 하지 않는 것으로 함(제808조)
2) 미성년자의 혼인에 따른 성년의제(成年擬制)의 효과부여 신설(제826조의 2)
3) 부부간의 소속불명재산(所屬不明財産)의 부부공유(夫婦共有) 추정(제830조 제2항)
4) 협의이혼(協議離婚)을 가정법원(家庭法院)의 확인(제836조 제1항)
5) 부모의 친권공동행사(親權公同行使)(제909조 제1항, 제2항)
6) 직계비속여자와 유처(遺妻)의 상속분(相續分)의 조정(제1009조)
7) 유류분제도(遺留分制度)의 신설(제1112조 내지 제1118조) 등이다.

그 성과는 차치하고라도 형식적으로는 우리 전래의 가족법이 지니고 있다고 지적되던 낙후성의 제거와 새로운 규정의 신설은 의미 있는 것으로 볼 수 있다.[12] 친권의 공동행사라든지 유류분제도의 채택은 괄목할 만한 성과라 할 수 있다.

　　이러한 개정이 이루어졌음에도 불구하고 아직도 다른 사항에 관하여 고쳐야 한다는 요구는 그치질 않았고, 그 주된 요점은 "사회변동(社會變動), 발전추세(發展趨勢)와 가족의식(家族意識)의 변화에 부응할 수 있는 법규범(法規範)으로 개혁하여야 한다"는 것이었다.[13] 이러한 주장은 당시의 들뜬 사회 분위기와 조금이라도 앞서 간다는 성향을 띄우려는 데 지나지 않고, 대체적인 가족생활은 전래의 모습 그대로였고 그 자체가 생활이었다. 이를 뒷받침해주는 논거는 여러 측면에서 잡아낼 수 있지만, 우리는 우리식대로 사는 것이 편리하다는 것, 호주제가 일제의 침략적 제도유입(侵略的 制度流入)만은 아니라는 것, 더 나아가 전통적 문화유산(傳統的 文化遺産)이라는 점 등이다.[14] 여기에 적극적인 반대를 하는 사람은 그렇게 많지 않을 것이다.

　　그러한 사회현실은 보는 사람의 입장에 따라서 다를 수 있고, 앞으로의 사회변모나 변화를 어떠한 시각으로 보느냐에 따라서 그 평가를 달리할 수 있다. 여기에 빠질 수 없는 것이 동성동본금혼(同姓同本禁婚)의 원칙을 폐지하여야 한다는 견해다. 우리나라의 가족법은 전근대적인 가부장적 성격(家父長的 性格)을 근저로 한 남녀불평등성(男女不平等性)에 충만하고 있으며, 그 전형은 동성동본불혼(同姓同本不婚)을 유지하고 있는 것이라

---

12) 종래의 가족생활 내지 가족법규정에 비추어 보면 크나큰 생활변모를 뒷받침해주는 개정이라 할 수 있다.

13) 한국여성유권자연맹 편, 『가족법개정의 제문제논집』, 한국여성유권자연맹, 1985, 서설 2면. 이때를 전후하여 오가던 이러저러한 요구에 맞춰 법무부에서 펴낸 것이 『가족법의 제문제(1984년 12월)』라는 책이다.

14) 기세훈, "호주제도에 관한 고찰," 『가족법의 제문제』, 법무부, 1984, 87-102면.

고 적시하는 경우도 있다. 이런 식의 논구는 그야말로 논의의
실익이 없는 하나의 얘깃거리에 지나지 않는 것이라고 본다.
제도의 본 뜻은 거들떠보지도 않은 채 그것에 따라붙는 취약점
만을 모아 그 소론의 뒷받침으로 삼고 있음은 마치 베개를 베
고 있으면서 반달을 베고 있는 것으로 생각하는 꼴이나 크게
다름이 없다.

2. 1990년의 가족법 개정

앞에서 말한 바와 같은 가족법 개정이 있었음에도 불구하
고 그 개정요구는 계속되었다. 그 개정의 요구사항은 종래와
크게 다를 바 없으나, 그 요구 정도가 좀 더 강화된 느낌을 갖
게 해주는 방향으로 진전되었음을 부인할 수 없다. 예컨대 정
부 주도에 의한 "민법개정위원회(民法改正委員會)의 설치요구, 사
회변동(社會變動)에 따른 가족법내용(家族法內容)의 개혁과 위헌
적 내용의 제거, 가족법개정을 위한 차원 높은 장기간의 연구"
등을 제시하기에 이르게까지 되었다.15)

여기에 한층 더 들뜨게 한 것은 UN여성차별철폐협약(女性
差別撤廢協約)의 비준동의안(批准同意案)이 1984년 정기국회(定期
國會)에 상정되어 통과·비준되었으므로 UN여성차별철폐협약은
앞으로 국내법(國內法)과 같은 효력을 가지게 되었다(헌법 제6
조).

이후 이른바 공적 성격을 띠는 책자를 통하여 또는 개인
논문을 통하여 개정의 요구는 계속되었다. 아마도 지금쯤 "그렇
게까지는 하지 안 했어야 했던 것이 아닌가?" 하고 무덤에서

---

15) 한국여성유권자연맹 편, 전게서, 2면 참조.

후회하고 있을 분도 많이 계실 것이다. 그런가 하면 처(妻)의 가사노동(家事勞動)을 적합하게 평가해 주어야 한다는 견해16)까지 맞물려 개정의 폭이 훨씬 더 넓어졌다. 이후 한 가정의 주부였던 처(妻)의 지위는 가사노동을 해나가는 노무자의 일종으로 변질된 감이 없지 않다.

이로써 가족법개정의 움직임은 그 세를 높여 당연한 개정몰이의 경향인 것으로 생각하여 그 판도를 짜 나갔다. 여기에 적절히 보조를 맞춰준 것이 "돈 안 들이고 한몫 보는 것이 가족법개정"이 아니냐 하는 것이 정치적인 판단이 아니었던가 싶다.

그 정황은 1990년 1월 13일 개정 민법(법률 제4199호, 1991년 1월 1일 이후 시행)의 내용을 조금이라도 의미 있게 훑어보면 쉽게 알 수 있다. ① 친족범위의 조정(제777조 등), ② 호주제도의 개선(제790조 등), ③ 적모서자관계(嫡母庶子關係)와 계모자관계(繼母子關係)(제773조, 제774조)의 변경, ④ 약혼해제사유의 일부개정, ⑤ 혼인의 효력에 관한 규정의 개정(제833조 등), ⑥ 이혼에 관련된 규정의 개정(제837조의 2),17) ⑦ 양자제도의 개정(제871조 단서, 제872조 등), ⑧ 후견인 순위의 개정(제932조 등), ⑨ 상속제도의 개정(제1001조 제1항, 제1003조)과 같은 광범위한 가족법역(家族法域)에 걸쳐 이루어졌다.18)

이 범위가 광범위함은 언뜻 보아도 알 수 있거니와 이 논문과 관련하여서는 "호주제도의 개선"에 관해서만 조금 더 부연 설명하기로 한다. 종래의 해당 규정은 "호주(戶主)의 직계비속장

---

16) 한봉희, "이혼법개정의 제문제," 『가족법의 제문제』, 법무부, 1984, 290-297면 참조.

17) 자녀와의 면접교섭권의 성문화. 기존의 판례에서도 인정해 왔던 내용이다(서울고판 1987.2.23, 86르313).

18) 이 개정은 누가 보아도 정치적 요구의 필요와 맞아떨어진 필요·충족의 소산물임을 쉽게 알 수 있다.

남자(直系卑屬長男子)는 본가상속(本家相續)과 직계존속(直系尊屬)
에 수반하는 경우 이외에는 거가(去家)할 수 없다(제790조)"라고
되어 있었다. 이 조문을 개정하자는 저의는 남자위주로 이어져
가는 가(家)의 연속성 즉 가계구도(家系構圖)를 흩트러 놓자는
데 있었던 것이고, 단순히 이 한 조문의 폐지에 있었던 것이
아니었음을 이후의 가족법개정추이와 관련하여 되새겨 볼 필요
가 있을 것 같다.

호주제도와 가족제도는 여권(女權)의 인정여부나 그 신장과 관
련된 것이 아니라 전체 국민의 가족생활의 필요나 정서에 맞추어
정립된 제도 내지 생활질서라는 점이 더 중요성을 가짐을 잘 알고
지낼 필요가 있다고 생각한다.19) 그런가 하면 남녀를 가름하는 사
회에서는 그 필요에 맞추어 별도의 조치를 취하고 있는 것이고,
근본적으로 또 다른 필요성이 있기 때문이 아닌가 생각해 보아야
할·일이 아닌가 생각한다. 그러나 우리사회에서는 그렇지 못하고,
다소 부정적인 측면도 없지 않다. 그 근저에는 호주제도(戶主制度)
자체가 직접·간접으로 해준 역할도 매우 크다고 본다.20)

3. 2002년 1월 14일의 개정

이번의 개정은 헌법재판소(憲法裁判所)의 결정21)에 따라 개
정된 것이라는 점에서는 다소의 특색이 있지만 가족법 전체의
구조변경이나 발전향방과 관련하여서는 특별한 의미가 있는 것

---

19) 정환담, "'호주와 가족'의 제도는 보존되어야 한다,"「유림춘추」, 2000
   년 9월 1일, 유림춘추사, 31면.
20) 조준하, "'호주'제도는 보존되어야 한다,"「유림춘추」, 2000년 9월 1일,
   유림춘추사, 46면.
21) 헌재결 1998.8.27, 96헌가22, 97헌가2·3·9, 98헌바81, 98헌바24·
   25(병합), 헌공 29호.

은 아니다.

그 내용은 상속의 한정승인기간(限定承認其間)의 개정(제1019
조 제3항 신설), 상속회복청구권(相續回復請求權)의 행사기간(行使
其間)의 개정이었다(제999조 제2항). 종래 겪어 와야 했던 재산상
속과 관련된 불편을 완화시켜 주었다는 의미는 있었지만, 호주
제도의 개정 내지 폐지와는 특별한 뜻을 부여할 만한 개정은
아니었다. 그렇지만 이러한 개정의 요구와 움직임은 가족법개정
의 연결선상에서 가족법개정논의(家族法改正論議)의 실마리를 깔
아 주었다는 지난 얘기의 한 소절이 되기도 한다.

4. 2005년 3월 31일의 개정

이번의 민법개정은 형식상으로나 내용상으로나 매우 중요
한 것임에도 불구하고 개정을 책임져야 할 국회의원 관련 당사
자들조차 실질적인 사실관계나 의미를 제대로 몰랐다는 점은
오래도록 잊혀지지 않을 것이다. 사실 호주제도의 장단점을 사
회에 풍미하는 논란에 편승하여 개정의 단추를 누르려고 한다
는 것이 얼마나 무모한 일인지는 사회의 운명적 가치의 소치라
고밖에 할 수 없다. 그 하나하나의 내용을 짚어 나가기에는 지
면의 부족이라는 핑계로 돌릴 수밖에 없고, 사항에 따라 간단히
언급만 하고, 세부적인 검토는 그 적용과 함께 논의가 될 수밖
에 없는 것이므로 다음 기회로 미루기로 한다.

(1) 호주제도(戶主制度)의 폐지

종래 호주제도의 존폐에 관한 논란은 많았지만 이번의 국
회에서는 헌법재판소(憲法裁判所)의 결정22)에 따라 호주제도와
관련된 모든 법 조항을 폐지하고, 제2장의 제목도 "가족의 범위

와 성(姓)과 본(本)"으로 고쳐버렸다. 각 경우에 따라서 다를 수도 있겠지만, 민법뿐만 아니라 다른 법, 예를 들어 형법, 민사소송법, 형사소송법 및 그 밖의 특별법에서도 예상치 못한 어려움이 뒤따를 것으로 생각한다. 호주(戶主)라는 용어를 사용하지 않게 되어 속이 시원할지는 모르겠지만, 어느 날 겪게 될 자신의 처지를 생각하면 조금은 생각이 뭉클할지도 모를 일이다.

함께 사는 여러 사람을 호주제도(戶主制度)와 같은 공동생활원리(共同生活原理)로 묶어 일정한 법률관계가 있는 것으로 엮어 지켜지게 하는 것은 결코 쉬운 일이 아니다. 또한 "호주제도의 폐지가 곧 경로사상(敬老思想)을 말살시키는 것이 된다고 하는 것은 논리의 비약이요, 불필요한 기우(杞憂)이다. 그것은 도의(道義)와 인륜(人倫)으로써 충분한 것이다"라든지, 다른 한편 기존에 문제시되었던 "여성의 정치적 권리, 국적(國籍), 민사문제, 교육 및 경제적·사회적 생활에 관한 여러 권리"에 걸쳐 예측대로 좋은 결과를 낳게 될지는 앞으로 관심을 기울여 지켜볼 일이다. 우리나라의 법제에서는 이미 그 차원을 넘어 법이 제정·실시되었고, 그에 따라붙는 일부의 현상은 어느 사회에서나 있게 마련인 일시적 또는 잠묵적 현상과 겹쳐 있음을 조금이라도 알고 지나쳤으면 좋겠다.

호주제도가 폐지되었다 하더라도 실제로 사회의 균형적인 발전이 이루어지고, 그 이후의 사회존립(社會存立)의 기반이 짜여지기를 바라는 마음은 누구나 똑같을 것이다.

(2) 기타의 개정사항

이 밖에 개정사항은 그 제목만 밝히고 넘어가기로 한다. ①

---

22) 헌재결 2005.2.3. 2001헌가9-15, 2004헌가5 헌법불합치결정.

가족(家族)의 범위(제779조), ② 자녀의 성과 본(제781조), ③ 입부
혼인제도(入夫婚姻制度)의 폐지, ④ 동성동본금혼원칙(同姓同本禁
婚原則)과 이혼 후 재혼금지기간(再婚禁止期間)의 폐지, ⑤ 친생
부인(親生否認)의 소(訴)에 관한 규정의 정비, ⑥ 친양자제도(親
養子制度)의 신설, ⑦ 인지(認知)의 취소, 친생자존부확인(親生子
存否確認)의 소(訴), 상속인수색(相續人搜索)의 공고(公告) 등에 관한
기간(期間)의 연장 또는 단축(제864조, 제865조, 제1057조), ⑧ 특
별한정승인제도(特別限定承認制度)의 도입에 따른 규정의 정비,
⑨ 기타 용어의 정리(미성년자는 친권에 "복종한다"를 친권에 "따른
다"로 고치고〈제910조·제921조 제2항〉, "친권행사자〈親權行使者〉"를
"친권자"로 고쳤다). 이러한 개정사항은 각 조문에 의거해 보면
부분적인 것이지만 넓게 보아서는 가족법 전반에 걸친 것이어
서 실제의 가족생활이나 그 파급적 분야에서 지대한 영향을 미
칠 것으로 생각된다. 더구나 친양자(親養子)의 도입 같은 것은
자녀의 복리확보라는 긍정적인 측면에도 불구하고 전래의 혈연
적 특색에 비추어 보아 얼마만큼의 실효성(實效性)이 있을지 심
히 의심스럽다.

　　이 가운데 "가족의 범위"라고 되어 있는 제2장 1절은 이
논문과 특별한 관련성이 있으므로 장을 바꾸어 좀 더 자세히
설명하기로 한다.

IV. 현행 민법에서의 가족 및 그 효과

　　친족법 아래에서의 여러 법률관계 내지 제도 가운데서 매
우 중요성을 지니게 되어 있는 가(家) 내지 가족(家族)에 관하여

는 그 구조적 실체가 무너졌다고 해도 지나친 말이 아니고, 그
와 관련된 문제도 그렇게 매끄럽게 정리되었다고 보기 어렵다.
그렇기 때문에 개정된 가족법에서의, 특히 가족의 구성과 그 법
률효과에 관하여는 신중하게 검토할 필요가 있다고 생각한다.

아무리 초라하게 생각하더라도 가족은 일정한 신분관계(身
分關係)에 있는 사람끼리 구성하게 되거나 제도적 집단(制度的
集團)의 성격을 띠게 됨을 쉽게 알 수 있다. 이와 관련하여서는
종래의 민법상 가(家)에 관한 제도적 측면, 예를 들어 가의 존
속, 가에의 귀속, 가족의 구성, 가족의 법률적 지위 등을 한 번
쯤 상기해 볼 필요가 있다.

이에 갈음하는 현행 민법의 규정은 가족이 왜 "가족(家族)"
들이 생활공동체(生活共同體)로서 묶이어 살아가야 하고, 일정한
권리의무관계에 놓인 채 살아가야 하는지를 전혀 무시하고 있
다. 요즈음 사회의 후미진 여기저기 흩어져 사는 노숙자(路宿者)
들의 가족관계를 기초로 해서 법규화하더라도 이보다 나은 규
정, 아니면 나은 제도의 구성이 나왔을 법하다.

우선 가족이라고 하면 기본적으로 공동생활을 하고, 그 구
성원 사이에 최소한이라도 권리·의무관계로 드러나는 생활상
의 연계(連繫)가 의미를 가져야 되는 것임은 당사자들의 생활이
익, 즉 권익을 보장하기 위함이라고도 할 수 있다. 그렇지 않고
완전히 구성원의 관계를 개별적으로만 파악할 경우에는 아예
"가족"이라는 용어는 쓰지 않는 편이 나을 것이다.

그러나 지금까지의 우리사회에서의 가족생활(家族生活)을 그
렇게 파악할 수는 없는 것으로 여겼기 때문에, 지난번의 개정에
서도 가족이라는 용어와 그에 관련된 다소의 규정은 그대로 남
겨 두려고 하였던 것이 아닌가 생각된다.

무엇보다도 기본적으로 문제되는 것은 가족의 구성과 그

법률효과에 관한 것이다. 현행 민법에서는 "가(家)"의 근간이 되는 "호주(戶主)"를 폐지하였으면서도 "가족(家族)"은 인정하고 있다(제779조). 그 연원이나 확실한 구분선, 당사자들 사이의 개별적 신분관계 및 그 법률효과가 명백하여야 하는데 현행 민법의 규정은 그렇지 못하다. 이에 관한 두 가지 점만을 짚어서 좀 더 설명을 덧붙여 볼까 한다.

첫째, 가족의 구성원과 관련하여, 배우자, 직계혈족(直系血族) 및 형제자매를 가족으로 정하고 있다(제779조 제1항). 개별적으로 사용된 용어는 그렇다 하더라도, 그 연결을 따져보면 얽히고 뒤섞이어 가족으로 짜여지게 되어 있다. 예를 들어 직계혈족이라고 되어 있으니, 여러 자녀 및 그 자손이 직계비속(直系卑屬)에 걸리게 됨은 말할 필요도 없고, 또한 그 직계존속(直系尊屬)까지 연결적으로 풀어보면 일정한 관계는 있지만 그저 여러 사람의 모여 삶에 지나지 않는다. 혼인한 형제자매로서 서로 가족이 될 수도 있다. 차라리 근친혈족(近親血族)이라고 하면 그 연결성이, 그 관계가 표현되는 바가 좀 더 일반성을 띠지 않을까 생각한다.

둘째, 직계혈족의 배우자, 배우자의 직계혈족 및 배우자의 형제자매도 가족이 될 수 있게 하고 있고, 다만 이 경우에는 그 소원관계(疏遠關係)를 고려하여 생계를 같이하는 경우로 한정하고 있다(제779조 제2항). 여기에 해당되는 사람을 하나하나 따져서 연결시켜 보면 그야말로 가족이라는 의미 자체를 다시 한번 생각하지 않을 수 없게 된다.

이러한 법규(法規)의 규정양식이나 내용은 핵가족화(核家族化) 내지 핵가족(核家族: core family)을 기준으로 한 것이라고 하는 견해가 일반적인데, 그 확산범위를 생각해 보면 핵가족과의 관련성이 얼마나 정리되어 반영되었는지 의심을 갖지 않을 수 없다.

또한 한 가족으로 파악되더라도 가족성원(家族成員)이라는 이유만으로 그들 사이에 일정한 권리가 주어지고 의무가 부과되는 것은 없다. 가족이라는 신분에 의하여 일정한 법률효과가 발생하는 유일한 경우로 후견인의 가족은 후견감독인이 될 수 없는 것으로 규정되어 있다(제940조의 5). 이 규정의 실효성은 그렇게 높지 못하다. 그러한 것은 개별적인 사항에 맞추어, 예를 들어 부양의무(扶養義務)(제974조 이하)나 상속권(相續權)(제1000조 이하) 등은 해당 규정이 정하는 대로 처리하면 된다는 전제를 깔고 있다. 그러나 여기에서 우리가 주목해야 할 점은 개별적인 사건·사고는 당해 규정에 의하여 처리하더라도, 가족구성원(家族構成員) 각 사람의 신분관계(身分關係)나 법률관계(法律關係)가 그렇게 처리되는 것으로 그만이냐 하는 점이다. 그렇게만 생각한다면「각 사람의 신분관계를 밝힐 이유가 무엇이냐?」라는 질문까지도 나오지 말라는 법도 없다. 그러한 경우는 구체적으로 사건화되었을 때의 문제이고, 일반적으로 가족구성원의 관계는 그야말로 "가족"이라는 명칭을 같이하는 사람, 아니면 일정한 생활공간을 함께하면서 살아가는 사람으로 일반인과는 여러 측면에서 그 이해관계를 달리한다. 이러한 생활관계에서 생겨나는 특수성은 법률효과로도 의미 있게 파악해 줄 필요가 있는 것이 아닌가 하는 생각이 든다.

V. 호주제도 폐지 이후 드러나는 가족생활의 문제점

1. 부부의 개체상

남녀가 배우자로서의 부부가 되는 것은 오랜 옛날부터 있었던 일이지만, 계약당사자(契約當事者)로서 계약(契約)에 기초하여 부부(夫婦)로 된 것은 1804년 프랑스 민법에서부터이고(제146조 등), 이를 본받아 대부분의 국가에서도 그렇게 하고 있다. 그런데 이 프랑스의 민법 조문은 상당한 위험을 안고 입법화된 것임을 잘 알아야 할 필요가 있다. 우선 당시 지배적 법칙으로 되어 있던 기독교의 혼인관(婚姻觀)을 깨뜨린다는 것은 누구도 하기 어려운 일이고, 이에 못지않게 새로운 계약적 혼인관을 일반 세속인이 그대로 받아들이느냐 하는 것도 쉽지 않은 일이었다.

그러함에도 불구하고 프랑스 민법의 제정에서는 이러한 것을 도외시하고 당시의 사상적 조류, 즉 여러 사회사상가 위주의 학자들이 오랜동안에 걸쳐 확립한 개인주의(個人主義), 자유주의(自由主義), 평등주의(平等主義)를 받아들여 "계약에 기초한 부부상(夫婦相)"을 그대로 정립하였다. 이것은 참으로 획기적인 일이고, 누구 하나 종교적인 교리를 근거로 하여 극한적으로 반발한 사람도 없었다. 이렇게 하여 신분법분야에 관하여도 계약의 포괄적 원리성(原理性)을 차용하여 크나큰 변화를 맞게 된 것이다. 그러나 그것은 시민의 자기결정권을 드높이기 위한 것이 아니라 당시의 나폴레옹(Napoleon) 황제의 법전편찬에 편승한 자기 위세의 드높힘이었음을 조금이라도 알고 넘어가는 것이 어떨까

하는 생각이 든다. 그것이 대세의 추이에 아무런 영향을 주는 것이 아님은 참 다행스러운 일이었다.

근대사회의 일반적 조류와 함께 이러한 법규 등장에 일부일처제(一夫一妻制)의 원리는 남녀의 결합원리로뿐만 아니라 다른 신분사항에도 직접·간접의 영향을 미치게 되어 가족생활하면 부부생활로 인식하게까지 되었음은 주지의 사실이거니와 우리나라 민법에서도 그것은 다를 바 없게 되었다.

이렇게 되다 보니 부부이면서 남편과 아내의 개체성(個體性)은 부부별체(夫婦別體)의 원리에 짜 맞춰진 것으로 남편이거나 아내이거나 각 경우의 생활의 필요에 좇아 할 일만 하며 지내면 그만인 것으로 되었다. 부부로서의 당사자관계에서 동체적(同體的)인 특성이 없어지게 됨은 그것으로 그치는 것이 아니라 다른 혈족이나 인척과의 생활관계도 소원해질 수밖에 없게 되고, 그 유대성(紐帶性)도 느슨해질 수밖에 없는 것은 당연한 결과라 할 수 있을 것이다.

이러한 현상에 따라 생겨나는 다른 부수적 사례는 부부관계의 불안, 불화 그리고 어쩔 수 없이 이어지는 별거(別居)나 이혼(離婚)의 증가로 이어짐을 주목할 필요가 있다. 그것은 혼인에 따른 부부생활을 시원적으로 태동시킨 것이 계약이라는 점에서 찾아야 하겠지만, 다른 일면 부부(夫婦)라면 "어디까지나 참고 살아야 한다"는 계율(契律)이 약화되었거나 아예 흐지부지되어 버렸기 때문이 아닌가도 생각된다. 그것은 결국 부부불화(夫婦不和)의 불씨로 남게 됨은 어느 제도 아래에서의 부부관계에서나 마찬가지이다. 여기에서 그림 같은 가정, 아니면 꽃 같은 가족생활을 일구어 낼 수 있을지 매우 의심스럽다.[23]

---

23) Williamson Robert C., Marrige and Family Relations, John Wilyand Sons, Inc., 1965. pp. 404-508.

2. 친자의 한계적 연결성

종래의 우리나라 친족·상속법(親族·相續法)은 각 신분관계에서 부계연계(父系連繫)를 기초로 깔고 있었기 때문에, 아들 그 중에서도 장자(長子)를 우대하여 자라게 하였던 것은 사실이다. 그렇다고 하여 여식(女息)의 경우에는 "자식으로 취급하지도 않았다"와 같은 표현은 사실상 지나친 억측에 지나지 않고, 그러한 현상이 있었다 하더라도 지난날 우리의 궁핍상(窮乏相)을 생각하면, 어쩔 수 없었던 생활국면이기도 하다. 그것은 딸도 잘 키워야 시집 잘 보낸다고 했던 세속담(世俗談)에서도 쉽게 알아차릴 수 있는 일이다. 친자(親子) 내지 직계혈족(直系血族)의 관계는 우리사회 전래의 습속과 크게 달라지는 않겠지만, 개정 민법이 정하는 바에 따른 가족구성원의 짜임새에 비추어 보아서는(제779조) 친자관계가 종래와 같이 특별한 의미를 지니게 되기 어려운 면도 있다.[24]

그 단적인 이유의 하나는 가족구성원이라고 되어 있으면서 개별적인 법률관계는 모두 각 사항별로 파악하여 해결할 수밖에 없기 때문에 친자, 조손(祖孫)으로 이어짐에 따른 그 전반적인 특수성은 아주 특별한 경우를 제외하고는 인정되지 않는다. 그렇지만 적어도 가족이라고 하면 그 생활상의 유대관계(紐帶關係)가 일반인과는 달리 나타나고 그 구심점은 친자이어야 할텐데 실제로는 그렇지 못하구나 하는 것이 이렇게 저렇게 얘깃거리가 될 것으로 생각한다.

---

24) 호주제도가 의미를 가지는 예로, "호주가 부양의무를 지는 경우에는 별도의 부양의무자가 있거나 없거나에 불구하고, 제1순위로 이를 이행하여야 하는 것이라고 함은 한국에서의 관습이다(조고 31·5·19. 민집 18권 100면)."

그렇지 못할 때 그에 수반하여 발생하게 되는 문제, 예를 들어 노인문제, 가출청소년문제, 아무런 생각 없이 이리저리 나도는 사람, 이들을 모두 사회·국가적으로 처리하고 다스릴 수 있겠는가? 심히 어려울 것이라는 생각이 앞선다. 적어도 가족이라고 지칭되는 경우, 그 생활상의 유대(紐帶)가 일반인 사이의 관계보다는 달라야 하고, 그 기초 위에 직접·간접적으로 해결되는 가사문제(家事問題)가 적지 않을 것임은 누구든지 인정할 것이다.

이보다 더욱 성(姓)을 달리하는 친자(親子)까지도 인정하고 있으니 그 연결의 필요성에 못지않게, 반대로 그 실효성이 어느 정도나 긍정적으로 나타날지는 앞으로 진중하게 지켜볼 일이다.

특히 호주 내지 가장으로서의 지위가 없어지고 아울러 가계관념(家系觀念)이 없어진 상황에서는 생활을 같이하면 가족이고, 그렇지 않으면 그저 직계혈족(直系血族)일 따름이거나 방계혈족(傍系血族), 반대로 인척(姻戚)인 특정한 사람이 가족으로 되어 있다든지 하는 것은 현재의 상태와는 다른 제도의 밑바탕을 만들어 주는 것일지도 모른다. 이러한 점을 생각하면서도 우리는 "어느 정도까지 관계를 유지할 것인가를 정해야 한다. 흔히 부모가 도움이 되는 일을 해주실 때만 관심을 갖는 것은 그 존경이 아니라 교묘한 술책일 뿐이다. 우리는 부모님과의 애정의 유대관계를 유지해야만 하며, 그 사랑을 이용해서는 안 된다" (제909조, 제974조 제1호 등).

그렇다고는 하지만 이러한 가운데서 파생하게 되는 문제, 예를 들어 노인문제, 아무 일도 하기 싫어하는 사람들은 풀기 어려운 사회문제로 될 것임은 깊이 생각하지 않아도 그대로 자명한 일이 아닐 수 없다. 거리에 주저앉아 있는 노인이나, 아니면 쭈그리고 앉아 있는 아이들을 생각해 보면 이게 바로 현실적인 문제구나 하는 사람이 조금은 있을 것이다.

3. 친족관계의 소원 · 이완상

　　친족관계에 포함되는 사람은 각 법률관계에 따라서 사회 또는 국가마다 다를 수 있는 것이기 때문에 그 범위나 친소관계(親疎關係)를 일률적으로 따질 수도 없고, 따질 필요도 없다. 그러한 가운데 우리나라 민법은 일반적인 친족범위를 정하고(제777조), 그 기초가 될 수 있는 특징을 갖추고, 또한 실제의 친족생활과 결부되는 점도 많기 때문에 나름대로의 일정한 의미를 지니고 있다고 할 만하다.

　　친족은 그 범위를 일정한 범위로만 한정시킬 수 있는 것이 아니기 때문에 경우에 따라서는 그 범위가 축소되거나 확장될 수도 있다고 보아야 할 것이다. 부계(父系)나 모계(母系)를 똑같이 하여야 한다는 것은 우리 전래의 생활상과도 들어맞지 않고 앞으로의 생활상으로도 그렇게 되기 어렵고, 되더라도 그렇게 바람직스러운 것이 아니라고 생각된다. 그럼에도 불구하고 친족끼리의 상부상조(相扶相助)는 본래 현실적인 필요성과 맞물려 아직까지도 상당한 기능을 하게 되는 경우가 있음은 부인할 수 없다. 일반적으로 보더라도 즐거운 일이나 슬픈 일에 서로 도와주거나 더 나아가 권학(勸學)이나 구휼(救恤)에 힘을 모으는 것은 경애로운 일이 아닐 수 없다.

　　그런데 개정 민법은 이러한 사회적 요구나 일정한 원칙에 따르고 있지도 않고, "친족"이나 기타의 규정내용을 보아도 친족의 중첩이나 인척의 생활상의 혼동 등에 관하여 특별히 고려하고 있지 않기 때문에 그와 관련된 문제는 별도의 친족관계의 법해석 문제로 될 수밖에 없다.

이러한 생활방식이나 관계법규의 연결 등은 종래의 친족관계와는 달라진 현실을 나름대로 파악하여 만들어낸 표현이라고 하여도 지나친 말이 아닐 것이다.

그렇기 때문에 친족관계의 소원·이완은 자연스럽게 따라 붙을 수밖에 없고, 이러한 현상을 한국사회의 지나친 혈연주의(血緣主義)의 해소라고 할지도 모르지만 그것은 어느 한 측면만을 본 것이고, 다른 요소와의 잡다한 부합이 그러한 면을 더 드러나게 했던 것도 결코 간과할 수 없는 사실임에 틀림없다.

그 필요에 딱 들어맞는 유대관계와 그 실효성을 바라는 그대로 기대할 수 있을까? 현실적으로도 앞으로의 개별적인 좋은 현실적인 생활모습이 구현되기를 바라는 것도 개인적인 소망에 그치는 것으로 보아 넘겨야 할 것이다.

4. 안정적 가족생활에 대한 기대

지금까지 지켜오던 호주제도(戶主制度)가 폐지되고 난 다음 염려되는 아주 평범한 것 같으면서도 중요한 다른 하나는 가족생활의 안정적 기조가 그대로 유지될 수 있느냐 하는 점이다. 그만큼 호주제도가 가족생활을 사실상 뒷받침해 준 점이 있었음은 부인할 수 없다. 그리하여 호주라는 말은 그렇게 쉽지 않은 말이면서도 어린아이까지 어렵지 않은 일상용어처럼 알고 지냈음은 그 제도적 특성을 말하는 일면이었다 할 수 있다.

어느 때인지 필자는 당시로서는 저명한 여사라고 알려져 있던 분께 "우리의 가족생활상(家族生活相)은 어떻게 되어야 옳다고 생각하고 계십니까?"라고 여쭈어 본 적이 있는데, 그 여사의 하는 말 그대로 옮겨서 적어 보면 너무나도 가볍게 "가족생활상? 가족생활상은 무슨 놈의 가족생활상, 그저 남녀가 만나서 애 낳고 살다 죽으면 그만이지”라는 게 그 유명한 여사의 답변이었다. 그 순간 내가 잘못 여쭈어 보았구나 하는 생각이 지금까지도 잊혀지지 않는다.

가족법의 경우 그 기초에는 기본적으로 최소한의 혈연, 밀접한 공동생활, 그 필요에 따른 협조를 짙게 깔고 있음은 누구든지 인정하는 바이고, 특히 생활현실과 직결되어 있음을 생각하면 어느 누구도 그렇게 쉽게 얘깃거리로 지껄이고 넘어갈 일은 더욱 아니다.

이런 말은 다른 기회에 좀 더 자세히 논급하기로 하고, 가족생활에 있어서 중요한 것으로 그 “안정성(安定性)”만을 조금 더 설명해 보고자 한다. 이것이 누구와의 관계에서 깨어지든 그것은 그 가족생활기반(家族生活基盤)을 어렵게 할 뿐만 아니라, 사회의 불안으로 이어지는 것은 사회변혁(社會變革)의 자취가 그대로 보여주는 바가 너무나 많다. 이것은 어쩌면 동서양(東西洋)에 다소의 차이는 있을지 몰라도 같은 것으로 생각한다. 안정적 가족생활(安定的 家族生活)은 가족 누구든지 “자기 삶”의 길이요, “사회존속”의 터전이라고 하지 않을 수 없다.

부부는 단순한 남녀 두 사람의 만남과 생활로 그치는 것이 아니고, 그들 사이에서 태어난 자녀도 어느 남녀의 출산자녀(出産子女)에 그치는 것이 아니라 이들의 공동생활은 각자의 자기존재와 사회존립(社會存立)의 기초임을 확실하게 인식할 필요가 있다.

지난날 우리사회에서의 가족생활을 뒷받침해 주는 안정적 기초의 하나는 호주제도(戶主制度)이었는데 그 폐지 이후의 가족생활상은 어떻게 나타날지 누구도 장담할 수 없다. 종래의 나쁜 현실로 나타날 때 “그것은 그들 나름대로의 문제일 따름일 뿐이다."라고 말할 사람이 적지 않을 것으로 알고 있지만, "사회변화(社會變化)의 길과 법(法)을 조금이나마 제대로 알았었으면 얼마나 좋았을까" 하는 생각이 들고, "가족생활은 가파른 언덕을 돌아 올라가는 산타기와 비슷한 걸세!"라고 하셨던 옛 선생님의 말씀이 새롭게 떠오름은 내 생활이 산타기의 어디쯤에 와 있는지를 잘 몰라서 그렇겠지 하면서 쓴웃음을 지어본다. 그러나 "가족생활의 안정(安定)"은 그 자체로서 의미가 있을 뿐만 아니라, 다른 한편으로는 에너지 충만한 다수인의 조용한 생활모습이라고 할 수도 있을 것이다.25)

5. 너와 나로서 웃으며 만나는 가족생활상

지금까지 몇 가지 예를 짚어 앞으로의 가족생활의 변모상을 걱정스럽게 생각하다 보니 하게 된 푸념이다. 이 밖에도 특징적인 점이 많이 있겠지만, 그중에서도 "가족(家族)"이라는 표징이 약화되고 퇴색하다 보니 가족인 것 같으면서도 "네가 누구지"라고 하며 만나게 되는 생활국면까지도 어렵지 않게 떠올릴 수 있다.

자기를 낳아준 부모는 직계혈족이면서 "아버지"와 "어머니"가 되겠고, 여러 자녀가 부모를 같이 하는 형제자매가 되겠지만, 아버지나 어머니를 달리 하면서 "가족"으로 파악되는 사람, 또한 그들과 세대를 달리하는 직계혈족이나 직계인척은 그 관계도 일정치 않을 뿐만 아니라 그에 따른 호칭도 애매모호할 수밖에 없다. 예를 들어 아버지나 장인의 후처(後妻)를 어떻게 불러야 하나? 남편의 전처소생자(前妻所生子)와 아내의 전부소생자(前

---

25) Ibid., 『Marriage and Family Relations』, p. 509.

夫所生子)와의 관계는 어떻게 정립하는 것이 올바른 것인가?

누구나 나름대로는 "관계도 원만하고 충돌 없이 살아가야지"라고 인식하는 것이 보통이지만 실제로는 그렇게 살아가지 못하는 것이 현실이고, 법규정도 그렇게 되어 있지 않다.

이러한 사회변화 속에서 우리의 생활양태는 달라지거나 각양각색으로 흐트러져 가고, 그런데도 전래의 가족규범(家族規範)으로도 이를 어떻게 해야 할지 모르는 혼란상은 무심코 보고 지내고만 있을 일이 아니다. 조금이라도 멀리 내다보면 떠오르는 갖가지 변화의 모습은 예측하기 쉽지 않다. 그중에서도 이혼의 증가추세, 우리로 보아서는 변태혼인(變態婚姻), 그에 따라 붙는 자녀문제는 가족생활 내지 친족생활에 어려움을 가중시키는 것에 틀림없다.

이러한 가운데 "가족(家族)"이라고 하면서 "너와 나", 아니면 "네가 누구지"하고 지나치면서 살아가는 가족, 우리는 그 생활상이 얼마만큼 바람직한 결과를 빚어낼지 모르지만 받아들이기 어렵고 또한 받아들일 필요도 없다고 본다. 즐거울 때는 물론 어려울 때도 서로 다독거리며 "웃고 즐기며 살아갈 수 있는 가족생활모습", 그 속에는 너도 있고 나도 있고, 우리 모두가 있을 수 있다. 그것은 또한 우리사회를 키워나가고 살찌우는 밑거름이 되기도 할 것이다. 이렇게 볼 때, 요즈음 확대일로에 있는 후생·복지는 다른 곳에 있는 것이 아니라 우리가 함께 살고 있는 "가족" 안에, 잊혀진 도덕적 규범 속에 있음을 똑바로 인식할 필요가 있다.

우리는 어쩌면 변화하는 사회현실에 따라가지 않을 수 없으면서도 잊어버린 생활모습을 다소라도 되찾으려고 하는 길목에서 서성이고 있는지도 모른다. 그렇다고 하여 헌법(憲法)에 규정되어 있는 "개인의 존엄(尊嚴)과 양성(兩性)의 평등(平等)을 기

초로 하는 가족(家族) 또는 가족생활(家族生活)(헌법 제36조 제1항)
이 얼마나 빠르게, 그리고 의미 있게 진척될지는 앞으로 두고
보아야 할 일이다. 그렇다 하더라도 이상적 가족관계(理想的 家
族關係: ideal family relations)에 이르게 될지는 사회변모 그 자체
에 맡길 수밖에 없다.26) 그렇다 하더라도 가족생활과 도덕규범
과 법이 어우러진 생활모습은 우리 곁에 있음을 잊어서는 안되
겠다.

VI. 맺 음 말

　지금까지 호주제도(戶主制度)의 채택에서 폐지까지에 관한
개괄적인 변모를 살펴보았고, 그와 함께 부수적으로 생겨날 수
있는 문제점을 짚어 보았다. 호주제도의 채택은 처음부터 논란
이 많았던 사안이었기 때문에 여기에서 지적한 것 이외에도 다
른 문제점도 깃들어 있는 것이지만, 그 개정요구의 타당성 여부
및 수반되는 문제점의 해결책의 모색과 더불어 자세히 논구될
기회가 있을 것으로 생각한다.
　호주제도의 존치를 비판해 온 학자(學者) 내지 법조인(法曹

---

26) 정동호/신영호 공역, 『법과 사회변동』(Roger D. Wimmer/Joseph R.
Dominick, Law and Society in Transition, Octagon, 1978), 나남,
1986, 132-144면 참조. 고대사회의 연구에서 명명된 혈연가족, 푸날루아
가족, 가부장제 가족, 일부일처제 가족 등 어느 가족형태의 생활에서도
"가족생활이라는 것이 그저 남녀가 만나서 애나 낳고 살다 죽으면 그만
이지"와 같은 귀결의 실마리는 찾아볼 수도 없고[최달곤/정동호 공역, 『고
대사회』(Lewis Henry Morgan, Ancient society, H. Holt and
Company, 1877), 문화문고, 2005, 437면 이하], 아무리 짧은 글이라도
그렇게 파악해서는 안 된다고 본다.

人)들이 내거는 몇 가지의 주장은 처음에서부터 폐지될 때까지
① 부계혈통(父系血統)의 유지를 위한 편법, ② 남녀차별(男女差
別)의 공식문헌으로서의 역할, ③ 가장권적 호주권(戶主權)의 유
지·존속 등이었다. 그러함에도 불구하고, 아니면 그러한 사회
상황(社會狀況)이었기 때문에 똑똑한 여성들이 그렇게 많이 사회
에 진출하였는지도 모른다.

　　사회변화의 흐름은 누구도 정확하게 예측할 수 없다. 또한
비리(非理)와 정상(正常)의 판단기준도 애매모호한 경우가 많이
있다. 윤리(倫理), 도덕(道德), 철학(哲學), 교리(敎理)에 각종의 좋
은 선현의 말씀이나 원리가 제시되어 있어도 그대로 실천된 적
이 있는가? 돌아보면 논리(論理)의 전개와 현실(現實)이 그렇게
일치하는 경우가 많지 않았다. 가족생활이나 신분생활의 분야에
서는 특히 더 그러하였다고 할 수 있다.

　　이러한 점을 사회현실(社會現實)의 근간적 제도였던 "호주제
도(戶主制度)의 폐지"와 연결적으로 고려해 보면, 그야말로 "대책
(對策) 없는 변화의 추구"라고밖에 할 수 없다. 이후에 따라오는
"사회적 혼란은 과연 누가 책임을 져야 할 것인가?", "호주제도
의 폐지"라는 다소는 무모한 주장(主張)이 받아들여져 개정 내지
폐지됨은 끝내 어떠한 현실변화(現實變化)로 이어질지, 그리고
그것이 어떠한 결과를 빚어낼지는 이와 관련된 모든 학문분야
의 관심사가 되지 않을 수 없으리라고 본다.

　　생활을 같이하는 부모(父母), 직계혈족(直系血族) 및 형제자
매(兄弟姉妹)는 그 연결이 독특하고 그렇게 살아갈 수밖에 없기
때문에 그에 관계되는 규정은 엄격하게 짜여져 지켜나가야 함
은 두말할 필요도 없다. 그리하여 종래 가족법이 우리 전래의
관습이 짙게 남아 있으면서도 사회발전과 균형을 깨지 않고 지
켜져 왔음은 참으로 이례적이면서도 가족생활의 안정을 지켜주

는 발판이었다고 할 수 있다. 호주제도의 폐지를 시발점으로
하여 꾸며나가는 "가족생활(家族生活)"에서는 예상하지 못했던
갖가지 현상이나 어려움이 따라붙게 됨은 어렵지 않게 짐작할
수 있다.

호주제도의 폐지는 실로 하나의 제도를 없애버리는 조치에
그치는 것이 아니라 제도, 법, 관습 그리고 의식까지 한꺼번에
뒤틀릴 수밖에 없는 결과를 빚어낼는지도 모른다. 그렇기 때문
에 그 폐지의 옳고 그름은 각 경우에 그 원인을 따지는 과정에
서 나오게 되겠지만, 그에 앞서 현재로서는 이 제도가 없어지더
라도 우리의 가족생활을 제대로 해 나가려고 하는 노력과 인내
심이 있어야 함을 잊어서는 안 된다.

부모는 부모대로, 자녀는 자녀대로 자기 분수에 맞게 자기
의 일을 해나갈 때 세대를 이어가면서도 흐트러지지 않는 가족
생활상의 정립의 실마리를 찾을 수 있을 것이고, 거기에 종래
호주가 개재하던 잔상을 떨쳐버리면서 참으로 애정을 기초로
다져지는 부부의 생활을 찾아볼 수 있을 것이며, 자녀를 키워가
는 애육(愛育)의 장을 보게 될 것이고 또한 근친자와의 친족적
화목도 어우러질 것이다. 이렇게 될 때 일단은 최소의 공동생
활을 해나가는 사람끼리의 유대 속에 단란한 생활이 도모될 수
있을 것이다. 그리고 이러한 모든 가치가 각 사람의 생활에 그
대로 젖어 들게 된다면 그때에는 일정한 의미를 가지는 가족의
생활과 그 존속가치가 함께 인정될 수 있을 것이다. 그렇게 되
면 기아문제, 청소년문제, 노인문제 같은 것은 그렇게 심각한
난제가 될 필요도 없을 것이다.

그렇지 못할 때 그것은 가족이 되어야 하는 사람끼리의 불
화로, 생활상의 파행으로, 그리고 그것은 결국 의미 있는 가족
생활의 대두나 존립을 어렵게 하고, 기존의 가족생활도 파행,

그리고 가족의 해체라는 어려운 상황으로 몰고 갈 수밖에 없을 것이다. 호주제도가 폐지된 지 수년밖에 되지 않은 지금도 이러한 염려의 생각에는 변함이 없다.

　　누구나 수긍할 수 있는 가족생활상과 그것을 뒷받침해주는 법규는 하루 이틀에 짜여지고 일반화되지 못함은 지금까지의 사회변화에서 생생하게 찾아볼 수 있다. 호주제도의 폐지는 그 특수성에 비추어 직접·간접적으로 일정한 파장을 끌고 올 것임에 틀림없고, 그것을 이겨내고 가족생활의 안정을 도모해야 하는 것은 우리 모두의 책무라 하지 않을 수 없다. 그렇게 하여 가족생활상의 웃음을 되찾게 되고 호주제도의 폐지 염려가 한낱 지나친 기우였구나 하는 안도와 함께 우리의 가족생활을 다시 한 번 높이 평가하는 그때가 오리라는 것을 소망스럽게 기대해 본다.

제4장

대학생의 혈연에 관한 의식성향
- 혈족의 법률효과를 평가하기 위한 자료로서 -

Ⅰ. 머 리 말

어느 법규정이나 제도의 실효성이나 적합성을 따지는 것은
그 자체의 뜻을 파악하거나 그 기능의 일면만을 뒤적이는 것만
으로는 충분하지 못하다. 왜냐하면 그 적용이나 실시가 다른
규범이나 제도와의 충돌이나 더 나아가 그것이 몰고 올 부정적
인 부면도 충분히 검토되어야 할 것이기 때문이다.

가족법의 상당한 규정은 그 적용이 우리의 가족생활에 직
접적으로 영향을 미치게 마련이다. 일반인이 그 구체적인 적용
의 실제를 알고 모르고는 관계없이 그 적용 상황에 놓이게 되
면 그 적용을 피할 수 없다. 한편 어느 사회의 특성을 잃지 않
기 위해서는 그 자체의 구조나 규범의 기틀이 있고 보존되어야
한다. 이러한 뜻에서 가족법 규정은 전통적인 생활범주를 벗어

나서는 안 된다.

가족법의 기초가 되는 가족관계를 뒷받침해주는 원리에는 여러 요인이 영향을 미치게 마련이다. 그 상당 부분이 계약에 의해서 맺어지는 것은 두말할 필요가 없다. 그리고 계약의 원리가 적용되는 경우 비교법적으로 보아서도 그 보편적 특색은 그대로 살아나게 된다. 예를 들어 당사자의 지위가 대등하다든지 그 적용 효과가 동일하게 나타나는 것이 그것이다. 이와 관련된 부수적이거나 확장적인 경우도 마찬가지이다.

그러나 혈연에 의하여 그 가족관계 내지 친족관계가 맺어지는 경우 그 신분관계의 연결이나 그 법률 효과에는 비교적 보편성이 그대로 반영되어 살아남을 수는 없다. 왜냐하면 계약에 의한 신분관계의 경우 그 발생이 전적으로 당사자의 의사에 달려 있기 때문에 보편적 원리에 맞을 수 있지만 혈연에 기초한 신분관계의 경우에는 이미 주어진 사회 여건 속에서 맺어지고 생겨나는 것이기 때문에 당사자의 합의가 그대로 반영될 수 없음이 일반이다. 더욱이 보편적 원리에 들어 맞춘다 하여 법적이나 제도적 수월성이 높아진다고 말할 수도 없다. 왜냐하면 그 생활과의 괴리가 심각하게 수반될 것이기 때문이다.

이러한 신분관계나 그 법 적용상의 특성이 있음에도 불구하고 가족법 개정의 추향에서는 그 보편성의 제고를 위하여 전래의 혈연적 특성까지도 송두리째 말살해 버리려고 한다. 소위 서구 선진 여러 나라의 가족법상의 신분관계에서 혈연적 특색이 배제된 것은 급격한 사회적 변화에 부응하지 못하고 끊긴 것이다. 그 비교적 장단점을 어떻게 한마디로 잘라 말할 수 있겠는가? 부계인지 모계인지를 제대로 따지지 못하고, 촌수도 모르고, 그에 따라 호칭도 뚜렷하지 못한 것이 좋은 점인가? 그러다 보니 근친혼이 생겨난 것은 너무도 당연한 일이 아닌가? 계보(系譜)나 촌수(寸數)를 따지고 금혼친(禁婚親)을 설정하는 것은 매우 높은 문화생활 및 그 필요에 따른 결실이다. 이 장에서는 혈연이 지니는 이러한 뜻의 일단면을 알아보기 위하여 대학생의 의식을 조사하여 분석하기로 하였다. 설문을 작성하고 조사를 시작할 때는 이전에 했던 조사와 연결시켜 혈연 의식의 변화에 관한 나름대로의 결론을 내리려고 하였던 것이나, 다시 가족법 개정의 논의가 있다 보니 그 관련성도 다소나마 있는 것 같다. 가족법 개정의 방향이 어느 쪽으로 설정되든지 간에 이러한 연구는 계속되어야 하겠고, 그것이 구체적인 가족법 규정의 해석·적용의 조그만 밑거름이 될 수 있도록 하여야 되겠다는 생각은 변함이 없다.

II. 의식조사와 분석

1. 설문사항

혈연에 관한 의식조사라 하더라도 그 연구 분야 및 그 필요성에 따라 실시되는 것이므로 그에 맞추어, 그 문항은 각각 다르게 설정될 것이다. 이 조사는 신분관계, 즉 친족관계와 상속관계 중에서 혈연과 관계되는 것을 알아보기 위한 것이므로 설문사항은 첫째 혈연의식 일반, 둘째 성과 본, 셋째 친족범위, 넷째 혼인, 다섯째 친자, 여섯째 부양, 일곱째 후견, 여덟째 상속에 걸쳐 28문항으로 잡았다. 그 가운데 이 논문에 관련된 것은 다음과 같다. 혈연의식 일반에서는 ① 혈연의 중요성, ② 생활수준의 향상과 혈연의식, ③ 부계혈족과 모계혈족의 비교, 성과 본에서는 ① 자녀의 성과 본, ② 부부의 성, ③ 양자의 성, ④ 성의 변경, 친족범위에 관하여는 ① 부계혈족, ② 모계혈족, ③ 부계혈족과 모계혈족의 비교, 혼인에서는 혈족자간의 혼인, 친자에서는 ① 혼인 중의 자와 혼인 외의 자, ② 부의 혼인 외의 출생자와 처의 관계, 부양에서는 ① 부계혈족으로서의 피부양자, ② 모계혈족으로서의 피부양자, 후견에서는 피후견인의 범위, 상속에서는 자녀가 없는 경우의 상속인의 범위 등이다.

　　이러한 설문사항과 함께 배경에 따라 어떠한 차이가 있을지를 알아보기 위하여 성별, 출생지, 종교, 거주지, 답변자의 형제자매의 수를 참고 사항으로 조사하였다.

2. 조사대상과 지역

　　이 설문조사는 혈연에 관한 의식 성향에 관한 것이므로, 성별에 따라 다르거나 연령에 따라 크게 다를 것이기 때문에 연소자에서부터 노년층까지 망라하는 조사를 하여야 할 것이나, 현실적인 어려움을 핑계 삼아 그 조사 대상을 남녀 대학생으로 한정하였다. 그것은 또한 이전에 조사한 의식 성향과의 비교를 염두에 둔 것이기도 하다. 조사 대상인 학생의 전공은 특별히 제한하지 않고 사회과학을 전공으로 하는 학생을 중심으로 인문과학, 그리고 이공과학을 전공으로 하는 학생까지 포함시켰다. 의식 성향의 일반성을 조금이라도 넓혀 보자는 뜻에서였다. 조사 대상인 남녀 학생의 수는 똑같이 맞추려고 하였으나 실질적인 남녀 대학생 수의 차이, 조사와 수거 과정에서 누락이 생겨 상당한 차이가 나게 되었다.

　　조사지역은 지난번의 경험에 비추어 굳이 전국적으로 할

필요가 없다고 생각하여 서울과 경기 지역으로 한정하였다. 지난번의 조사・분석에서 초・중・고등학교까지는 거의 동일하게 이루어지고 갖가지의 통신매체의 발달로 말미암아 대학 소재의 지역적 특성은 거의 나타나지 않음을 확인한 바 있다. 최근의 입시 경향에 비추어 보아도 대학 소재의 지역별 차이는 나타나지 않을 것으로 생각한다.

3. 조사결과의 분석

상기 지역 대학의 남녀 대학생들에게 배포하였던 설문지의 수는 900매였다. 이러한 조사에 익숙하지 않은 까닭도 있고, 부분적으로는 무관심하기도 할 것이므로 수거된 설문지는 730매였다. 배포된 수에 비하여 수거된 설문지의 매수가 상당히 떨어지지만, 조사에 응하거나 제출하라고 독려하지 않았기 때문에 그 임의성은 나름대로 높이 사줄 만하고 이하의 수치도 하나하나 뜻있는 답변의 취합의 결과인 셈이다.

수거된 730매의 설문지를 응답 표시, 참고 사항의 기재를 중심으로 그 적합성을 검토하여 적절하지 못한 것을 제외하고 700매를 분석 대상으로 삼았다. 남녀 대학생의 수는 남학생 430명, 여학생 270명으로 똑같이 맞추지 못하였으나, 실제로도 상당한 차이가 있을 것으로 생각하여 그대로 처리하기로 하였다.

각 문항에 대한 응답은 사항별로 집계하고 그 수치를 다시 백분비로 처리하여 각 설문사항에 대한 의식성향을 파악하였다. 응답자의 수가 지나치게 적다든지 또는 응답하지 않은 사람의 수나 비율은 특별한 의미를 갖지 못할 것으로 생각하여 일반적인 설명에서는 제외하고, 의식 성향을 가늠할 수 있는 사항을 중심으로 설명하였다. 배경에 따른 분석은 성별을 기본으로 하

고 거주지라든지, 종교, 형제자매의 수에 따른 비교는 특색을
보이거나 아니면 일반적인 생각과는 다른 경우에 한하여 도표
와 함께 설명을 덧붙였다.

Ⅲ. 혈연의식 일반

1. 의식성향 일반

　　사회현상이나 구조를 분석함에 있어 그 표준으로 삼는 것
은 여러 가지일 수 있지만, 혈연만큼 그 보편성이나 특성을 함
께 지닌 요인도 많지 않다. 혈연은 그 시원을 어떻게 따지든
자기의 신분을 밝히는 최소한이자 최대한이라 할 수 있다.
　　지난날의 경험에 비추어 보면, 그 신분의 높낮이를 따지는
기초가 혈연이었고, 그에 따른 역학적 비리도 부인할 수 없다.
그러나 그 부수적 결과의 여부에 불구하고, 현실적으로 어느
"사람"의 실제를 알아보는 중요한 자료가 됨은 부정할 수 없다.
지체가 높은 집안의 출신이라고 하여 득을 본다든지, 변변치 못
한 집안의 후손이라고 하여 불이익이 그다지 많지 않음은 누구
나 잘 아는 사실이다. 그렇다면 자연적인 연결원리인 혈연의
유무를 따진다고 하여 그렇게 잘못된 일은 아닐 것이다.
　　어느 사안이든지, 그 자체의 중요성과 기초자료를 판단의
기준으로 삼는 최근의 경향에 비추어 보면, 혈연이 비리조장의
온상이 된다든지 하는 부분은 자연히 제외되고 만다. 따라서
그 연결 방식을 따지거나, 중요성을 논하는 것은 혈연 자체의
분석과 관련된 것이라고 보아야 할 것이다.

　　이러한 관점에서 볼 때, 「고향을 같이하거나 학교를 같이 하는 것에 비추어 혈연이 얼마만큼 중요하다고 생각하십니까?」 라는 설문에 「비슷하게 중요하다」(35.0%) 내지 「더 중요하다」 (52.0%)에 매우 많은 응답이 있는 것은 상당한 의미를 지니고 있는 것으로 본다(그림 1 참조).

　　그 생활의 어떠함을 떠나서 출신학교라든지 출신지역은 변할 수 없고, 그에 따른 의미도 인정하지 않을 수 없다. 그러나 상대적으로 비교하여 볼 때 「혈연」은 옛날이나 마찬가지로 중요성을 인정받고 있음을 알 수 있다. 그것이 젊은 세대의 의식 성향에 그대로 나타나 있음은 앞으로의 전망과 더불어 우리사회 수구성(守舊性)의 일단면을 알아볼 수 있는 지표라고 보아야 할 것이다.

〈그림 1〉 혈연의 중요성에 관한 의식 일반

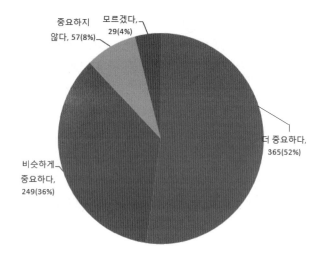

2. 배경별 고찰

(1) 성별에 따른 비교

남자대학생과 여자대학생의 구별에 따라서 보면, 「중요하지 않다」에 남대생 7%, 여대생 10%, 「비슷하게 중요하다」에 남대생 32%, 여대생 41%, 「더 중요하다」에 남대생 59%, 여대생 42%의 비율로 응답하였다(표 2 참조).

〈표 2〉 성별에 따른 비교

구분＼사항	중요하지 않다	비슷하게 중요하다	더 중요하다	모르겠다
남자	31(7%)	139(32%)	250(59%)	10(2%)
여자	26(10%)	110(41%)	115(42%)	19(7%)

전반적인 의식성향은 유사하지만 「비슷하게 중요하다」에 여대생이 9% 높게, 「더 중요하다」에 남대생이 17% 높게 응답함으로써 혈연의 중요성에 관하여는 남대생이 더 높은 관심을 보이는 것으로 생각할 수 있다. 한 걸음 더 나아가 이러한 것은 결국 부계혈연으로 이어져 온 전래의 관습과도 무관하지 않은 것으로 보아야 할 것이다.

(2) 거주지에 따른 비교

거주지를 중심으로 결과를 보면, 「중요하지 않다」에 농어촌 7%, 중소도시 6%, 대도시 9%, 「비슷하게 중요하다」에 농어촌 46%, 중소도시 45%, 대도시 30%, 「더 중요하다」에 농어촌 45%, 중소도시 43%, 대도시 57% 등의 비율로 응답하였다(표 3 참조).

전국의 생활권이 하루 안에 오가고 할 수 있는 범위로 좁혀지고, 대학생의 등·하교도 상당히 먼 거리에 걸쳐 이루어지

〈표 3〉 거주지에 따른 비교

구분 \ 사항	중요하지 않다	비슷하게 중요하다	더 중요하다	모르겠다
농어촌	3(7%)	20(46%)	20(45%)	1(2%)
중소도시	13(6%)	96(45%)	92(43%)	12(6%)
대도시	41(9%)	133(30%)	253(57%)	16(4%)

고 있는 것을 생각하면, 그 거주지에 따른 구별이 어떠한 의미가 있을까 하지만, 아직까지는 실제로 적지 않은 의미가 있을 것으로 생각하여 만들었던 배경사항이다. 그렇지만 그 결과는 그렇게 뚜렷한 것이 아니었고, 다만 대도시에 거주하는 대학생의 경우 다른 지역에 거주하는 경우보다 「비슷하게 중요하다」에는 낮고, 「더 중요하다」에 높은 비율의 응답을 보여 거주지역별 차이가 없음을 더욱 실감케 하였다. 그러나 생각하기에 따라서는 대도시에 거주하면서 대학교에 다닐 정도가 되다 보니 혈연이 어떻게 연결되는지, 어느 정도 중요한지에 관한 의식이 좀더 생겨났을지도 모를 일이다. 반대로 농촌이나 중소도시에 거주하는 경우 그 변화의 영향이 다른 요인보다 훨씬 적은 것이 아닌가 하는 생각도 든다.

(3) 종교에 따른 비교

종교를 중심으로 살펴보면, 「중요하지 않다」에 유교(기타) 10%, 불교 6%, 기독교 7%이고, 「비슷하게 중요하다」에 유교(기타) 34%, 불교 29%, 기독교 39%이고, 「더 중요하다」에 불교 57%, 기독교 52%, 유교(기타) 46%의 비율로 응답하였다(표 4 참조).

〈표 4〉 종교에 따른 비교

구분 \ 사항	중요하지 않다	비슷하게 중요하다	더 중요하다	모르겠다
불교	7(6%)	31(29%)	61(57%)	9(8%)
기독교	16(7%)	85(39%)	111(52%)	5(2%)
유교(기타)	5(10%)	17(34%)	23(46%)	5(10%)
무교	29(9%)	116(36%)	170(52%)	10(3%)

종교 내지 신앙의 자유가 일반적으로 보장되어 있고, 그 생활이 비슷한 공간에서 이루어지고 있는 점을 고려할 때 종교가 다름에 따라 얼마 만큼의 특색을 보일까 하는 생각이 드는 것이 보통이다. 또한 중첩적으로 종교를 갖고 있는 현실을 보면 더욱 그러한 것으로 생각된다. 그러한 가운데서도 기독교의 경우 「비슷하게 중요하다」에 39%로, 불교의 경우 「더 중요하다」에 57%의 비율로 응답하여 다른 종교의 경우보다 높은 비율을 보였다. 상대적인 수치로는 그렇게 크지 않지만, 불교가 먼저 토착화된 종교이고, 기독교가 훨씬 나중에 정착한 종교임을 기준으로 보면 다소의 의미가 있다. 즉 불교를 믿는 신자의 경우가 기독교를 믿는 신자의 경우보다 다소 전래의 혈통관념에 친숙할 것이기 때문이다. 그러나 유교로 되어 있는 경우 그 응답자도 얼마 되지 않지만, 그 특색도 그렇게 분명하지 못함은 종교에 따른 생활 내지 규범의식의 차이가 그렇게 크지 않음을 단적으로 보여주는 것이라 할 수 있다.

IV. 성과 본

1. 의식성향 일반

　성(姓)이라 함은 그 발생연원에 불구하고 자기가 태어난 부모와의 연결을 나타내주는 하나의 표지라고 할 수 있다. 그것이 친족이나 문중(門中)과 연결될 때는 더 큰 뜻을 지닐 수 있으나 어느 한 사람을 중심으로 해서 보면, 자기를 나타내는 한 방식이다. 우리사회의 전통적인 사용례에 따르면, 김, 이, 박씨 같은 예가 대부분이겠으나, 이것은 단지 한자를 따라서 표기한 것이라고 보아야 할 것이고 그 이상의 의미를 부여할 필요도 없고, 부여해서도 안 된다. 왜냐하면 성에 따른 제도적, 법적 의미는 본과 결합될 때 비로소 나타나기 때문이다. 그러므로 우리사회에서 한자를 같이 하는 성족(姓族)은 특별한 경우를 제외하고는 동일씨족이라고 할 수 있는 것은 아니다. 다만 동일한 한자를 사용하고 후대로 내려오는 일정한 단계에서 본관을 달리 정하게 된 경우에는 시원적으로는 동일씨족이면서도 동일혈족 내지 씨족으로 생각하지 않는 예라 할 수 있다. 그러나 특정한 가문(家門)에 따라서는 이러한 연결적 씨족까지도 동일혈족으로 생각하여 금혼친(禁婚親) 등으로 삼고 있음을 주의할 필요가 있다.

　그리고 한 걸음 더 나아가 동일한 성이 아니면서 동일한 혈족에 해당하는 경우도 있으니 동일한 혈족이라든지 씨족이라고 하는 것은 관행적 특성 내지 종족별 특성이 강한 것이라 하지 않을 수 없다.

　최근의 사회변화 예컨대 도시집중현상, 집성지역의 폐멸,

외국문물의 영향, 친족적 유대의식의 약화 등에 비추어 볼 때에
는 혈연의식 내지 성에 따른 특성이 크게 달라지거나 약화되었
을 것으로 생각할 수도 있다. 그런데 부분적이고 특수한 경우
라 할 수 있지만, 교육의 보편화, 통신수단의 발달, 조상이나
동족을 알아야 되겠다는 요구에 맞추어 상당한 정도로 혈연의
식이 제고되고 있다. 이러한 교착현상은 성과 관련해서의 특수
한 점이라고 할 수 없었지만, 그 분석이나 평가에 있어서는 상
당한 주의를 기울여야 할 사항이라고 하겠다. 성과 본에 대한
의식성향을 알아보기 위하여 이 설문에서는「자녀의 성과 본은
어떻게 정해야 한다고 생각하십니까?」라는 문항을 만들었다. 이
에 대하여「부모가 상의하여 정해야한다」25.4%,「아버지의 성
과 본을 따라야 한다」66.4%,「어머니의 성과 본을 따라야 한
다」1.7%,「모르겠다」6.4%의 비율로 응답하였다(그림 5 참조).

〈그림 5〉 성과 본에 대한 의식 일반

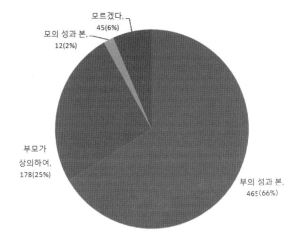

이 응답 중에서 현행 민법에 규정되어 있는 내용과 일치하는 것은 「아버지의 성과 본을 따라야 한다」이고, 나머지는 그 밖의 의식을 보여주는 것이라 할 수 있는데, 「어머니의 성과 본을 따라야 한다」에 아주 낮은 성향을 보이는 것은 부계에 따르는 성과 본의 정함이 그대로 의미를 지니는 것이라 할 수 있다. 「부모가 상의하여 정한다」에 상당한 응답이 나온 것은 종래의 전통 관념과는 크게 다른 것으로 그렇게 정하는 것이 나름대로 합리적이지 않느냐는 의식의 반영이라고 할 수 있을 것이다. 이렇게 될 경우 세대를 이어 파악될 수 있는 성과 본의 기능은 반감 내지 거의 상실되는 것이라고 보아야 할 것이다.

2. 배경별 고찰

(1) 성별에 따른 비교

남자인지 여자인지에 따라서 보면, 「부모가 상의하여 정한다」에 남대생 14%, 여대생 43%이고, 「부의 성과 본을 따른다」에 남대생 61%, 여대생 44%이며, 「모의 성과 본을 따른다」에 남대생 1%, 여대생 3%의 비율로 응답하였다(표 6 참조).

종래 자녀의 성이 아버지의 그것에 따라서 정해졌음은 매우 오랜 동안의 방식 내지 법례(法例)이지만, 최근의 남녀평등의 원리제고는 생활에 즉응한 부면뿐만 아니라 이와 같은 사항에 걸쳐서도 나타날 수 있는 것이다. 이 문항에서 나타난 의식성향

〈표 6〉 성별에 따른 비교

구분 \ 사항	부모가 상의하여	부의 성과 본	모의 성과 본	모르겠다
남자	62(14%)	347(81%)	4(1%)	17(4%)
여자	116(43%)	118(44%)	8(3%)	28(10%)

은 그것을 그대로 대변이라도 하는 듯하다. 즉 남대생의 경우
「부의 성과 본을 따른다」에 남대생이 61%인 데 비하여, 여대생
의 경우는 44%이고, 한편 「부모가 상의하여 정한다」에 남대생
14%인 데 비하여 여대생은 43%나 된다. 여대생의 경우 종래
일방적으로 아버지의 성과 본을 따르는 것보다 부모가 합의하
여 정하는 쪽을 선호하는 것으로 나타난 것이다. 이것은 단순
한 수치의 변화라고 보아 넘길 수도 있지만, 경우에 따라서 자
녀의 성과 본을 부모가 임의로 정하는 창성의 원리로 발전할
수 있다는 점에서 종래 부계혈연의 표지로서의 성(姓)과 본(本)
과는 전혀 다른 결과를 빚어낼 수 있음을 주목할 필요가 있다.

(2) 거주지에 따른 비교

거주지가 어디냐에 따라서 살펴보면, 「부모가 상의하여 정
한다」에 농어촌 25%, 중소도시 27%, 대도시 25%이고, 「부의
성과 본을 따른다」에 농어촌 64%, 중소도시 65%, 대도시 67%
이며, 「모의 성과 본을 따른다」에 농어촌 0%, 중소도시 3%, 대
도시 1%의 비율로 응답하였다(표 7 참조).

응답은 전체적으로 비슷하여 거의 특색이 없지만, 그중에서
도 「부의 성과 본을 따른다」에 대도시에 거주하는 대학생의 응
답비율이 다소나마 높은 것은 특징이 아닐 수 없다. 이것은 결
국 그 거주지가 농어촌이거나 도시이거나를 불문하고 아버지

〈표 7〉 거주지에 따른 비교

구분＼사항	부모가 상의하여	부의 성과 본	모의 성과 본	모르겠다
농어촌	11(25%)	28(64%)	0(0%)	5(11%)
중소도시	58(27%)	138(65%)	6(3%)	11(5%)
대도시	109(25%)	299(67%)	6(1%)	29(7%)

의 성과 본을 따르는 데 큰 문제가 없으며, 더 나아가 도시화
가 되더라도 다름이 없을 것임을 보여주는 것이라 하겠다.

(3) 종교에 따른 비교

종교를 중심으로 살펴보면, 「부모가 상의하여 정한다」에
불교 29%, 기독교 27%, 기타 16%, 무교 25%이고, 「부의 성과
본을 따른다」에 불교 66%, 기독교 64%, 기타 64%, 무교 68%
이며, 「모의 성과 본을 따른다」에 불교 2%, 기독교 2%, 기타
0%, 무교 2%의 비율로 응답하였다(표 8 참조).

이 응답비율은 각 사항별로 거의 똑같이 나타나 그 특징을
따지기 힘들다. 우리사회의 특성상 어느 종교이냐에 불구하고
부모와 자녀의 관계를 중요시하고, 부모에게는 사랑을, 자녀에
게는 효도를 강조하는 점에 비추어 보면 성(姓)과 본(本)을 정함
에 그 특성이 나타나지 않는 것이 오히려 당연하다고 하겠다.
다만 불교의 경우 기독교나 기타에 비하여 다소 높지만 그렇게
중요시할 바 되지 못한다 할 것이다.

〈표 8〉 종교에 따른 비교

구분＼사항	부모가 상의하여	부의 성과 본	모의 성과 본	모르겠다
불교	31(29%)	72(66%)	2(2%)	3(3%)
기독교	59(27%)	139(64%)	4(2%)	15(7%)
기타	8(16%)	32(64%)	0(0%)	10(20%)
무교	80(25%)	222(68%)	6(2%)	17(5%)

V. 친족범위

1. 부계혈족의 범위

(1) 의식성향 일반

어느 범위까지의 부계혈족을 일반적인 친족으로 할 것이냐 하는 것은 현행 민법에 어떻게 규정되어 있느냐에 불구하고 매우 중요한 의미를 지닌다. 아버지의 성과 본을 따라서. 자녀의 그것을 정하고, 아직도 친족적 공동생활 또는 동족의식은 부계혈족을 중심으로 이루어지고 있기 때문이다.

그러나 지난번의 민법개정에 의하여 친족으로서의 부계혈족과 모계혈족의 범위가 동일하게 되었고, 여러 가지 생활현실도 남녀평등을 기저로 하여 조정 내지 개편되고 있기 때문에 부

〈그림 9〉 부계혈족의 범위에 대한 의식 일반

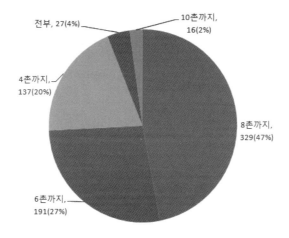

계혈족의 일반적인 뜻이 무엇이고, 심지어 실질적으로 어디까지가 친족으로서의 의미를 가지느냐가 의심스럽게 여겨지기도 한다.

혈족이 확대되어 가는 과정을 생각하면 꼭 몇 촌까지를 친족으로 하여야 된다고 단정하기 곤란하다. 여러 가지 요구에 맞추어 공동생활이 이루어진다든지 의식이 행하여짐에 따라서 별도의 유대의식(紐帶意識)을 갖게 되고, 그 결과 일단의 사람을 친족으로 삼게 된다고 보아야 할 것이다. 8촌까지에 상대적으로 높은 비율의 응답을 보인 것은 전래의 친족범위와 일치하는 것으로 나름대로의 의미를 부여할 수 있다. 이와 함께 6촌까지 또는 4촌까지도 상당한 비율의 응답을 보인 것은 종래의 친족범위보다 좁게 생각하는 일면의 반영이라고 생각할 수 있어 앞으로의 추이와 관련하여서 매우 주목할 만한 사실이다.

이와 같이 친족이면서도 그 개별성이 강조되다 보면 과연 일반적인 친족범위의 설정이 필요 없을지도 모른다. 그러나 지나치게 성급하게 판단하는 것은 금물이라고 생각한다. 최근의 사회변화가 급격하다 보니 종래의 제도나 관행이 무의미하게 여겨질지 모르지만, 일정한 안정선을 찾게 되면 그에 적합한 제도나 관행이 모색되어야 할 것이기 때문이다. 이러한 여러 가지 사항을 어느 정도 가름하기 위한 의식성향을 알아보기 위하여, 이 설문에서는 「부계혈족은 몇 촌까지 친족으로 생각하십니까?」라는 문항을 만들었다. 이에 대하여 「4촌까지」 19.6%, 「6촌까지」 27.3%, 「8촌까지」 47.0%, 「10촌까지」 2.3%, 「전부」 3.9%의 비율로 응답하였다(그림 9 참조).

(2) 배경별 고찰

1) 성별에 따른 비교

성별에 따른 응답을 살펴보면, 「4촌까지」에 남대생 16%,

〈표 10〉 남녀 성별에 따른 비교

구분＼사항	4촌까지	6촌까지	8촌까지	10촌까지	전부
남자	69(16%)	115(27%)	222(51%)	11(3%)	13(3%)
여자	68(25%)	76(28%)	107(40%)	5(2%)	14(5%)

여대생 25%, 「6촌까지」에 남대생 27%, 여대생 28%, 「8촌까지」에 남대생 51%, 여대생 40%의 비율이다(표 10 참조).

부계혈족인 친족의 범위를 따지는 것이기 때문에, 남녀대학생의 의식에 조금은 다를 수 있을 것으로 생각할 수 있는데 응답도 그대로 나왔다. 즉 남대생의 경우 「8촌까지」로 생각하는 쪽이 여대생보다 상대적으로 높은 비율을 보인 반면, 여대생의 경우에는 「4촌까지」에서 남대생보다 높은 비율의 응답을 보여 성별에 따른 차이가 있었다. 이 응답은 다음에 살펴보게 되는 모계혈족의 범위와 관계하여 앞으로도 상당한 변화가 있을 것으로 생각할 수 있다. 왜냐하면 남녀평등원칙의 적용영역이 이 경우에까지 획일적으로 확산되어 들어올 수도 있기 때문이다.

2) 거주지에 따른 비교

현재 살고 있는 곳을 중심으로 살펴보면, 「4촌까지」에 농어촌 11%, 중소도시 18%, 대도시 21%, 「6촌까지」에 농어촌 30%, 중소도시 27%, 대도시 27%, 「8촌까지」 농어촌 50%, 중소도시 48%, 대도시 47%의 비율로 응답하였다(표 11 참조).

〈표 11〉 거주지에 따른 비교

구분＼사항	4촌까지	6촌까지	8촌까지	10촌까지	전부
농어촌	5(11%)	13(30%)	22(50%)	1(2%)	3(7%)
중소도시	39(18%)	57(27%)	103(48%)	4(2%)	10(5%)
대도시	93(21%)	121(27%)	204(47%)	11(2%)	14(3%)

농어촌에 살고 있는 대학생의 경우 종래의 전통적인 친족 범위나 또는 보다 광범위하게 친족으로 생각하지 않을까 생각할 수 있는데, 응답한 결과는 그렇게 뚜렷하지 못하고 50%의 응답으로 중소도시나 대도시에 거주하는 대학생의 경우보다 다소 높다. 거꾸로 「4촌까지」라고 생각하는 대학생의 비율은 대도시의 경우가 농어촌에 비하여 높은데, 이것은 실제의 생활과 연관된 응답이 아닌가 생각한다.

3) 종교에 따른 비교

종교에 따른 차이를 살펴보면, 「4촌까지」에 불교 17%, 기독교 22%, 기타 20%, 「6촌까지」에 불교 24%, 기독교 27%, 기타 32%, 「8촌까지」에 불교 49%, 기독교 46%, 기타 40%의 비율로 응답하였다(표 12 참조).

이 경우에도 전체적으로 큰 차이가 나지 않아 종교에 따른 특색이 그다지 많지 않음을 그대로 보여 주는데, 다만 「4촌까지」에 기독교를 믿는 대학생의 응답비율이 다소 높고, 「8촌까지」에 불교를 믿는 대학생의 응답비율이 다소 높은 것은 두 종교가 지니는 특색의 반영이라고 볼 수 있을 것이다.

〈표 12〉 종교에 따른 비교

구분 \ 사항	4촌까지	6촌까지	8촌까지	10촌까지	전부
불교	18(17%)	26(24%)	54(49%)	4(4%)	6(6%)
기독교	48(22%)	59(27%)	99(46%)	2(1%)	9(4%)
기타	10(20%)	16(32%)	20(40%)	1(2%)	3(6%)
무교	61(19%)	90(28%)	156(47%)	9(3%)	9(3%)

2. 모계혈족의 범위

(1) 의식성향 일반

부계혈족과 마찬가지로 모계혈족의 일정한 사람을 친족으로 할 것인가가 문제되는 것은 그러한 사람들에게 일반적인 법률효과가 발생하도록 하는 데 뜻이 있다. 모계혈족의 경우는 지난번의 민법개정에 의하여 부계혈족과 친족으로서의 범위가 같아졌기 때문에, 과연 실질적으로 얼마 만큼 긍정적인 반응을 보일지를 알아볼 필요가 절실한 편이다. 최근 가족생활이나 친족적 공동생활의 변모에 비추어 보면, 어머니를 중심으로 또는 모계혈족과 밀접하게 생활하게 되는 경우도 적지 않은데, 이러한 생활의 측면이 의식상으로 어떻게 나타날지도 궁금한 일이다. 특히 자녀의 수가 아들, 딸 각각 1명씩이거나 딸만 있는 경우도 상당하다 보면 그에 따른 특색이 어느 정도는 나타날 수

〈그림 13〉 모계혈족 범위에 관한 의식 일반

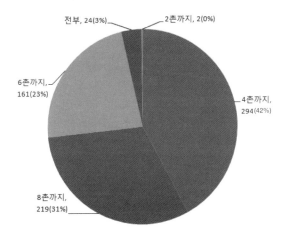

밖에 없을 것이다. 이러한 점을 알아보기 위하여 이 설문에서는, 「모계혈족은 몇 촌까지 친족으로 생각하십니까?」라는 문항을 만들었다. 이에 대하여 「2촌까지」 0.3%, 「4촌까지」 42.0%, 「6촌까지」 23.0%, 「8촌까지」 31.3%, 「전부」 3.4%의 비율로 응답하여, 부계혈족의 경우와는 상당한 차이를 보였다(그림 13 참조).

부계혈족의 경우에는 「8촌까지」에 47%로 최고의 비율을 보였음에 비하여, 모계혈족의 경우에는 「4촌까지」에 42.0%로 최고의 응답비율을 보였다. 이것은 종래의 친족으로 되어 있던 부계혈족과 모계혈족의 범위가 아직도 의식성향의 주류를 이루는 것을 반영한 것이라 할 수 있다. 다만 「6촌까지」나 「8촌까지」에 관하여도 상당한 비율의 응답을 보여 앞으로의 추이와 관련해서는 중요한 의미를 가지는 것이라고 보아야 하였다.

(2) 배경별 고찰

1) 성별에 따른 비교

남자대학생인지 여자대학생인지에 따라서 그 의식반응을 살펴보면, 「6촌까지」에 남대생 46%, 여대생 36%, 「8촌까지」에 남대생 20%, 여대생 27%, 「10촌까지」에 남대생 32%, 여대생 31%의 비율로 응답하였다(표 14 참조).

이 응답의 비율에 의하면 「6촌까지」에서 남대생의 응답비율이 여대생의 그것보다 높아 종래의 친족범위에 일치하는 성향을 보인 반면, 여대생의 응답비율은 「8촌까지」에서 높아 확장

〈표 14〉 남녀 성별에 따른 비교

구분＼사항	4촌까지	6촌까지	8촌까지	10촌까지	전부
남자	2(0%)	196(46%)	87(20%)	136(32%)	9(2%)
여자	0(0%)	98(36%)	74(27%)	83(31%)	15(6%)

적인 일면을 보여 주고 있다. 현행 민법의 규정이 부계혈족이
나 모계혈족을 동일하게 8촌을 친족으로 하고 있음에 비추어
볼 때 상당한 의미를 지니는 것이라 할 수 있다.

2) 거주지에 따른 비교

거주지에 따른 의식성향을 살펴보면, 「6촌까지」에 농어촌
54%, 중소도시 33%, 대도시46%, 「8촌까지」에 농어촌 23%, 중
소도시 27%, 대도시 21%, 「10촌까지」에 농어촌 18%, 중소도시
36%, 대도시 30%의 비율로 응답하였다(표 15 참조).

이 응답비율을 상대적으로 비교해 보면 「6촌까지」에 농어
촌에 거주하는 대학생의 의식성향이 높고, 「10촌까지」에 중소
도시와 대도시에 거주하는 대학생의 의식성향이 상대적으로 높
았다. 이것은 결국 농어촌에 살고 있는 대학생의 경우는 전통
적인 친족범위와 일치하는 의식성향을 보이고, 도심지에 사는
대학생의 경우에는 거주지를 옮겼거나 그대로이거나 현실적인
생활 또는 왕래 관계를 고려해 부계혈족과 마찬가지로 「8촌까
지」로 한 것이 아닌가 생각된다. 그러나 대도시에 거주하는 대
학생의 경우 「6촌까지」라는 데 상당히 높은 비율의 응답을 보
이고 있는 것을 보면 이 특색도 과도적이거나 부분적인 특색의
반영일지도 모름을 주의하여야 하겠다.

〈표 15〉 거주지에 따른 비교

구분＼사항	4촌까지	6촌까지	8촌까지	10촌까지	전부
농어촌	0(0%)	24(54%)	10(23%)	8(18%)	2(5%)
중소도시	0(0%)	70(33%)	58(27%)	77(36%)	8(4%)
대도시	2(0%)	200(46%)	93(21%)	134(30%)	14(3%)

3) 종교에 따른 비교

종교에 따라서 살펴보면 「6촌까지」에 불교 39%, 기독교 43%, 기타 38%, 「8촌까지」에 불교 20%, 기독교 24%, 기타 20%, 「10촌까지」에 불교 34%, 기독교 29%, 기타 36%의 비율로 응답하였다(표 16 참조).

부계혈족에서와 마찬가지로 종교에 따라 친족으로 생각하는 모계혈족의 범위는 그렇게 뚜렷하지 않다. 「8촌까지」에 불교를 믿는 대학생의 응답비율이 다소 높고, 「4촌까지」에 기독교를 믿는 대학생의 응답비율이 다소 높은 정도이다. 이 응답대로 하면 불교를 믿는 대학생이 기독교를 믿는 대학생보다 모계혈족에 관하여 더 넓게 친족으로 생각하고, 그것은 현행 민법의 규정과 보다 더 일치하는 셈이다.

그러나 이러한 수치의 차이도 양 종교의 기본적인 특성에 비추어 보아 그렇게 뚜렷할 것으로 생각하기 어렵고, 부분적이거나 과도적인 현상의 반영이라고 보아야 할 것이다.

〈표 16〉 종교에 따른 비교

구분＼사항	4촌까지	6촌까지	8촌까지	10촌까지	전부
불교	1(1%)	42(39%)	22(20%)	37(34%)	6(6%)
기독교	1(0%)	92(43%)	53(24%)	63(29%)	8(4%)
기타	0(0%)	19(38%)	10(20%)	18(36%)	3(6%)
무교	0(0%)	141(44%)	76(23%)	101(31%)	7(2%)

VI. 혈족 간의 혼인

1. 의식성향 일반

혈족인 사람끼리 혼인을 할 수 있느냐의 여부는 최근의 가족법 개정논의와 더불어 보편화되어 있다. 그러면서도 아직 어느 쪽으로 단정시키지 못함은 그만큼 특정한 부면이나 사회적 요구와 더불어 이해관계나 명분의 상충이 큼을 그대로 보여주는 것이라 할 수 있다. 혼인 자체의 계약성 즉 남녀의 의사에 기초한 결합임에 비추어 보면 혈족이라고 하여 혼인하지 못할 이유가 없을 것이다. 그러나 어느 한 남자나 여자가 이혼을 하고 일시적으로 살아보고 끝나는 것이라면 계약성이 크게 강조되어도 상관없다. 그러나 어느 사회에서나 그 안정성에 기초하고 사람끼리의 유대성이 중요한 뜻을 지니게 되면 혼인의 경우 그 계약성만을 강조하여 할 수 있다 없다를 정할 수 있는 것이 아니다.

이러한 뜻에서 혈족끼리의 금혼이 의미를 가지게 되고 그것은 부계혈족이나 모계혈족이나 마찬가지라고 보아야 할 것이다. 다만 부계에 따른 성을 채용하고 있기 때문에 동성불혼 내지 동성동본불혼이라고 하면 남녀차별을 전제로 한 원리라고 생각하기 쉽다. 그러나 이것은 성을 같이 하는 동족인 사이의 질서를 유지해 나가기 위한 기초원리임에 중요성이 있음을 정확하게 알 필요가 있다. 그러므로 동료의식, 동일한 성을 채용할 사람끼리는 일족 내지 일가라고 하는 의식이 살아 있게 되는 한, 동성동본금혼도 상당한 금혼원리로 작용하게 되리라고 보아야 할 것이다. 그럼에도 불구하고 혼인한 당사자에게 있어서는 쉽게 해결할 수 없는 제한원리로 작용하는 것임은 틀림없다.

이 설문에서는 부계혈족과 모계혈족을 나누지 않고 「혈족인 사람 간의 혼인에 대하여 어떻게 생각하십니까?」라는 문항을 만들었다. 이에 대하여 「할 수 없다」 12.7%, 「8촌을 넘으면 할 수 있다」 60.0%, 「32촌을 넘어야 할 수 있다」 20.3%, 「모르겠다」 7.0%의 비율로 응답하였다(그림 17 참조).

〈그림 17〉 혈족간 혼인에 대한 의식 일반

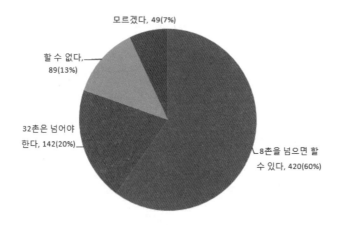

이 응답에 있어서 실질적으로 중요한 의미를 가진다고 할
수 있는 것은 혼인을 할 수 있다고 생각하느냐, 할 수 없다고
생각하느냐이고, 나머지 8촌, 32촌을 넘으면 혼인할 수 있다고
하는 것은 종래의 금혼원칙이 그 지지기반을 크게 잃어 가는
의식성향을 보여주는 것이라고 할 수 있다. 특히 「8촌을 넘으
면 할 수 있다」에 매우 높은 비율을 보여 줌은 종래의 부계혈
족의 친족범위가 8촌까지이고, 지난번의 민법개정으로 모계혈족
까지도 8촌까지로 되었음에 기인한 것이라고 해야 할 것이고,
헌법재판소의 동성동본불혼에 관한 결정도 영향을 미친 것이라
고 보아야 할 것이다.

이 설문조사가 현재의 대학생만을 대상으로 한 것이기 때
문에 우리사회 전반의 의식성향과는 상당한 차이가 있을 수 있
다. 그러나 반대로 젊은 연령층으로 얼마 안 있어 혼인을 하고
살아 나가야 할 사람들의 의식이라는 점에서는 앞으로의 의식

성향과도 무관하지 않으리라는 의미를 지니고 있음도 간과할
수 없다.

2. 배경별 고찰

(1) 성별에 따른 비교

성별에 따라서 응답비율을 살펴보면, 「할 수 없다」에 남대
생 12%, 여대생 14%, 「8촌을 넘으면 할 수 있다」에 남대생
62%, 여대생 58%, 「32촌을 넘어야 할 수 있다」에 남대생 20%,
여대생 20%와 같다(표 18 참조).

〈표 18〉 남녀 성별에 따른 비교

구분＼사항	할 수 없다	8촌을 넘으면 할 수 있다	32촌은 넘어야 한다	모르겠다
남자	51(12%)	265(62%)	87(20%)	27(6%)
여자	38(14%)	155(58%)	55(20%)	22(8%)

이 응답비율에 따르면, 여대생이 동성동본 간의 혼인을 반
대하는 비율이 다소 높고, 「8촌을 넘으면 할 수 있다」에 남대
생의 비율이 조금 높다. 여대생의 금혼의식이 어느 정도는 의
미가 있다고 보아야 하겠으나 전체적인 비율이 너무 낮다보니
그 의미는 그렇게 크다고는 할 수 없다고 생각한다.

(2) 거주지에 따른 비교

거주지에 따라서 살펴보면, 「할 수 없다」에 농어촌 25%,
중소도시 16%, 대도시 10%, 「8촌을 넘으면 할 수 있다」에 농
어촌 43%, 중소도시 59%, 대도시 62%, 「32촌을 넘어야 할 수
있다」에 농어촌 18%, 중소도시 18%, 대도시 22%의 비율로 응

〈표 19〉 거주지에 따른 비교

구분＼사항	할 수 없다	8촌을 넘으면 할 수 있다	32촌은 넘어야 한다	모르겠다
농어촌	11(25%)	11(43%)	8(18%)	6(14%)
중소도시	34(16%)	126(59%)	38(18%)	15(7%)
대도시	44(10%)	275(62%)	96(22%)	28(6%)

답하였다(표 19 참조).

　이 응답비율은 거주지별에 따른 특색을 어느 정도 보여 주는 것이 아닌가 생각된다. 즉 농어촌에 거주하는 대학생이 동성동본자 간의 혼인을 반대하는 비율이 높고, 중소도시나 대도시에 거주하는 대학생이 8촌을 넘으면 할 수 있다는 비율이 상당히 높다. 도시화되었기 때문에 혼인에 관한 의식이 바뀌었다거나 바뀌지 않았다를 떠나서 종래 「동성동본불혼」이 금기시되었던 것을 생각하면 농어촌에 거주하는 대학생의 금혼의식 내지 응답비율의 차이를 보이는 것은 당연한 일이라 하겠다.

(3) 종교에 따른 비교

　종교에 따른 응답비율의 차이를 살펴보면, 「할 수 없다」에 불교 19%, 기독교 12%, 기타 12%, 「8촌을 넘으면 할 수 있다」에 불교 53%, 기독교 64%, 기타 56%, 「32촌은 넘어야 할 수

〈표 20〉 종교에 따른 비교

구분＼사항	할 수 없다	8촌이 넘어야 한다	32촌은 넘어야 한다	모르겠다
불교	21(19%)	56(53%)	23(21%)	8(7%)
기독교	25(12%)	139(64%)	39(18%)	14(6%)
기타	6(12%)	28(56%)	12(24%)	4(8%)
무교	37(11%)	197(61%)	68(21%)	23(7%)

있다」에 불교 21%, 기독교 18%, 기타 24%와 같다(표 20 참조).

동성동본자인 사람끼리는 혼인할 수 없다는 응답에서 불교를 믿는 대학생의 비율이 높고, 「8촌이 넘으면 할 수 있다」는 응답에서는 기독교를 믿는 대학생의 비율이 높다. 불교를 믿는 대학생의 경우에 종래의 관행에 따르는 성향이 높음을 다소 인정할 수 있을 것이나 전체적인 비율이 낮음을 고려하지 않으면 안 될 것으로 생각한다.

VII. 부   양

1. 부계혈족 간의 부양

(1) 의식성향 일반

아무런 한정을 두지 않고 부계혈족이라고 하면 자기와 성과 본을 같이하는 사람의 전부를 뜻하는 것이고, 일정한 범위를 한정하여 친족이라고 하게 되면, 부계혈족도 친족으로서의 범위에 드는 사람만이 특별한 의미를 가지게 되는 셈이 된다. 그러나 어느 범위가 되든지 모든 부계혈족인 사람과 똑같은 관계를 갖고 살아갈 수는 없고, 더구나 그들 사이에 일정한 법률효과를 가지게 할 수도 없고, 특별한 경우를 제외하고는 가지게 할 필요도 없는 것이다.

그러나 부계혈족인 사람으로서 독자적으로 자기의 재산에 의하여, 또는 자기의 노동력에 의존하여 살아갈 수 없는 사람은 타인에 의하여 또는 사회기관이나 국가에 의한 도움을 받아야 살아갈 수 있게 된다. 이러한 부조는 자선이나 은급의 성격이

〈그림 21〉 부계혈족간 부양에 관한 의식성향 일반

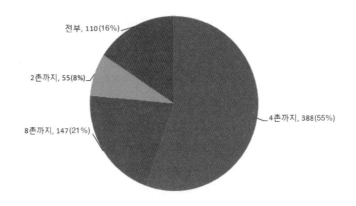

강하고 타인 중의 친족에 의한 그것은 필요불가결한 특성을 지니게 된다. 그렇지만 최근 생활원리 즉 자기생존법칙을 기본으로 하는 한에서는, 친족에 의한 부조 내지 부양마저도 예외일 수밖에 없다. 이 설문에서는 어느 범위까지의 친족을 도와주어야 할 것인가를 알아보기 위하여 「부계혈족으로 생활이 어려운 사람이 있으면 몇 촌까지 도와주어야 한다고 생각하십니까?」라는 문항을 만들었다. 이에 대하여, 「2촌까지」 8%, 「4촌까지」 55%, 「8촌까지」 21%, 「전부」 16%의 비율로 응답하였다(그림 21 참조).

이들 응답 중 「2촌까지」 또는 「4촌까지」는 현행 민법이 규정하고 있는 「직계혈족 및 그 배우자 사이」와 어느 정도까지 들어맞는 것이라 하겠으나 「8촌까지」 또는 「전부」는 부계혈족 전반에 대한 일반적인 의식의 반영이라고밖에 볼 수 없다. 그 가운데에는 문중행사나 종중행사에 참여하는 것도 부계혈족에 일종의 도움을 주는 것으로 생각하는 의식도 포함되어 있을 것이다. 다른 한편 「2촌까지」나 「4촌까지」를 방계혈족으로 해석하면, 현행 민법이 규정하고 있는 「형제자매(생계를 같이하는 경우)」보다 도리어 범위가 넓어진다. 이러한 의식성향은 전래의 친족적 부조의식과 부분적으로 연결되는 바가 없지 않을 것이나 단순한 의식과 지속적으로 부양해 주어야 하는 현실 사이에는 현저한 차이가 있을 수 있음을 감지하여야 할 것이다.

(2) 배경별 고찰

1) 성별에 따른 비교

성별에 따른 응답비율을 살펴보면, 「2촌까지」에 남대생 7%, 여대생 10%, 「4촌까지」에 남대생 53%, 여대생 58%, 「8촌까지」에 남대생 27%, 여대생 12%와 같다(표 22 참조).

〈표 22〉 남녀 성별에 따른 비교

구분＼사항	2촌까지	4촌까지	8촌까지	전부
남자	28(7%)	232(53%)	115(27%)	55(13%)
여자	27(10%)	156(58%)	32(12%)	55(20%)

이 응답에 따르면 「4촌까지」에서 여대생의 비율이 높고, 「8촌까지」에서 남대생의 비율이 높아, 남대생이 보다 넓게 부조 내지 부양을 하려는 성향이 있음을 알 수 있다. 일반적으로 생각해 보아도 남대생이 다소나마 친족 간의 일이나 문중행사에 관심을 갖거나 참여하는 일이 많음을 생각하면 수긍할 수 있는 비율의 응답이라고 할 수 있다.

2) 거주지에 따른 비교

거주지가 어디냐에 따른 응답비율을 보면, 「2촌까지」에 농

〈표 23〉 거주지에 따른 비교

구분 \ 사항	2촌까지	4촌까지	8촌까지	전부
농어촌	1(2%)	23(53%)	12(27%)	8(18%)
중소도시	16(8%)	115(54%)	39(18%)	43(20%)
대도시	38(9%)	250(56%)	96(22%)	59(13%)

어촌 2%, 중소도시 8%, 대도시 9%, 「4촌까지」에 농어촌 53%, 중소도시 54%, 대도시 56%, 「8촌까지」에 농어촌 27%, 중소도시 18%, 대도시 22%와 같다(표 23 참조).

여기에 나타난 응답비율은 중소도시나 대도시의 경우에는 거의 비슷해 지적할 만한 것이 없지만, 「8촌까지 도와주어야 한다」에는 농어촌에 거주하는 대학생의 응답비율이 도회지에 거주하는 대학생보다 상당히 높아 대비적인 특색을 보이는 것이 아닌가 생각된다.

3) 종교에 따른 비교

종교에 따른 응답비율을 살펴보면, 「2촌까지」에 불교 3%, 기독교 12%, 기타 12%, 「4촌까지」에 불교 54%, 기독교 53%, 기타 62%, 「8촌까지」에 불교 27%, 기독교 22%, 기타 16%와 같다(표 24 참조).

최근에 들어서는 각 종교단체의 구휼사업이 많아서 그 혜택을 보는 사람도 많기 때문에 종교에 따른 차이가 어떠할지 생각하였으나, 특별한 차이는 없고 「2촌까지」에 기독교를 믿는 대학생의 응답비율이 높고, 「8촌까지」에 불교를 믿는 대학생의 응답비율이 다소 높은 특색을 보였다. 이에 따르면 불교를 믿는 대학생 쪽이 다소 확대적으로 부조해 주어야 하는 것으로 생각한다고 볼 수 있다.

〈표 24〉 종교에 따른 비교

구분＼사항	2촌까지	4촌까지	8촌까지	전부
불교	3(3%)	59(54%)	29(27%)	17(16%)
기독교	25(12%)	115(53%)	48(22%)	29(13%)
기타	6(12%)	31(62%)	8(16%)	5(10%)
무교	21(6%)	183(57%)	62(19%)	59(18%)

2. 모계혈족 간의 부양

(1) 의식성향 일반

혈족이라는 점에서는 부계혈족과 다를 바 없지만, 성과 본으로 표칭되지 않고, 또한 많은 경우 동일한 재산적 기초 위에서 생활하는 것이 아니라는 점에서 부양과 관련하여서도 부계혈족과는 다른 성향을 보여줄 수 있다. 최근의 사회 실정의 변화와 관련하여서는 도시집중에 따라 종래의 부계 집성촌이 없

〈그림 25〉 모계혈족 간의 부양에 판한 의식성향 일반

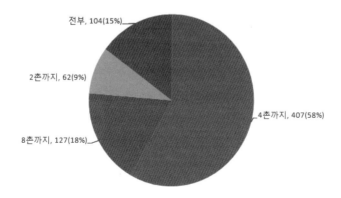

어진다든지 친족적 공동생활관계의 약화와 관련하여서는 그 특색이 나타날 수 있다.

바로 앞에 부계혈족에 대하여도 똑같은 설문이 있었기 때문에, 유사한 응답이 나올 수밖에 없으리라는 염려도 없지 않았지만, 실제로 거의 유사한 비율의 응답이다. 남계혈족 간의 부양에서 설명한 바와 같이, 현행 민법의 규정 즉 「직계혈족 및 그 배우자 사이」에 비추어 보면, 2촌 내지 4촌까지의 친족까지라는 응답은 상당한 의미를 지니는 것이고, 나머지는 친족 간의 상호부조 내지 구휼로서의 의미를 지니는 것이라고밖에 볼 수 없다. 현실적인 생활원리에 비추어 볼 때 후 양자의 경우에는 제한적일 수밖에 없을 것이다. 실제로 아버지나 어머니의 외가 친족에 대하여 부조를 하거나 도움을 주는 예는 그렇게 많지 않음은 이를 잘 뒷받침해 주는 것이다.

특히 지난번의 민법개정에 의하여 모계혈족도 8촌까지 친족으로 되고 난 다음이기 때문에 남계혈족에서의 의식성향과 비교될 만한 실질적인 의미도 있다. 이러한 여러 가지 점을 알아보기 위하여, 이 설문에서는 「모계혈족으로 생활이 어려운 사람이 있으면 몇 촌까지 도와주어야 한다고 생각하십니까?」라는 문항을 만들었다. 이에 대하여 「2촌까지」 8.9%, 「4촌까지」 58.1%, 「8촌까지」 18.1%, 「전부」 14.9%의 비율로 응답하였다 (그림 25 참조).

(2) 배경별 고찰
1) 성별에 따른 비교

성별에 따라서 살펴보면, 「2촌까지」에 남대생 8%, 여대생 10%, 「4촌까지」에 남대생 58%, 여대생 57%, 「8촌까지」에 남대생 22%, 여대생 13%의 비율로 응답하였다(표 26 참조).

〈표 26〉 남녀 성별에 따른 비교

구분＼사항	2촌까지	4촌까지	8촌까지	전부
남자	35(8%)	252(58%)	93(22%)	50(12%)
여자	27(10%)	155(57%)	34(13%)	54(20%)

이 응답의 비율은 「2촌까지」와 「4촌까지」에서는 거의 비슷하고, 「8촌까지」에서는 남대생의 응답비율이 여대생의 그것보다 훨씬 높아서 상당한 의미를 부여할 수 있는 것처럼 생각된다. 그러나 「전부」에 대한 응답비율에서는 도리어 여대생 쪽이 훨씬 높아 「8촌까지」에서 있었던 차이를 전혀 무의미하게 만든다. 다만 남대생의 경우 8촌까지로 한정하려는 성향이 있다는 점은 다소의 특징이라고 할 수 있다.

2) 거주지에 따른 비교

거주지에 따른 응답비율을 살펴보면, 「2촌까지」에 농어촌 7%, 중소도시 9%, 대도시 9%, 「4촌까지」에 농어촌 50%, 중소도시 55%, 대도시 60%, 「8촌까지」에 농어촌 25%, 중소도시 15%, 대도시 19%와 같다(표 27 참조).

이 응답의 결과를 중심으로 보면 「4촌까지」에 중소도시와 대도시에 거주하는 대학생의 비율이 높고, 「8촌까지」에 농어촌에 사는 대학생의 비율이 높아 의미 있는 대조를 이룬다. 즉 8촌이 지니는 친족의 한계성을 보여 주는 것이라 할 수 있다.

〈표 27〉 거주지에 따른 비교

구분＼사항	2촌까지	4촌까지	8촌까지	전부
농어촌	3(7%)	22(50%)	11(25%)	8(18%)
중소도시	19(9%)	117(55%)	33(15%)	44(21%)
대도시	40(9%)	268(60%)	83(19%)	52(12%)

3) 종교에 따른 비교

종교에 따른 응답비율을 살펴보면, 「2촌까지」에 불교 5%, 기독교 12%, 기타 14%, 「4촌까지」에 불교 56%, 기독교 54%, 기타 60%, 「8촌까지」에 불교 24%, 기독교 19%, 기타 18%와 같다(표 28 참조).

〈표 28〉 종교에 따른 비교

구분＼사항	2촌까지	4촌까지	8촌까지	전부
불교	5(5%)	61(56%)	26(24%)	16(15%)
기독교	26(12%)	118(54%)	41(19%)	32(15%)
기타	7(14%)	30(60%)	9(18%)	4(8%)
무교	24(7%)	198(61%)	51(16%)	52(16%)

이 응답비율에 따르면 「2촌까지」에서 기독교를 믿는 대학생 쪽이 높고, 「8촌까지」에서는 불교를 믿는 대학생 쪽이 높다. 후자의 경우 종래의 친족이 지니는 분한성(分限性)을 수긍하는 경향이 다소 짙다고 말할 수 있다.

VIII. 재산상속

1. 의식성향 일반

재산상속이라 하면 사망한 사람의 재산이 그의 의사에 따라서 또는 법률이 정하는 바에 기초하여 일정한 사람에게 옮겨지게 되는 것을 말한다. 그 연혁적 특성이나 사회적 보편성을 굳이 논하지 않는다 하더라도, 현실적으로도 매우 중요한 의미를 지닌다. 사회적 기증(寄贈)이 일반화되지 못하고, 세원(稅源)으로도 정확하게 포착되지 못하는 현실로서는 재산상속은 각 사람에 재산적 불평등을 가져다주는 확고부동한 장치라 할 수 있다. 최근에는 상속재산의 규모가 커지고, 자녀의 수가 한정적이다 보니 이러한 특성은 더욱 현저하다. 현행 민법의 규정을 보더라도 배우자 사이의 재산상속을 차치하고 나면, 순차적인 제한이 있기는 하지만 상속인의 범위가 매우 확대되어 있다. 그 기초가 되는 것은 혈족이고 이 경우 부계혈족뿐만 아니라 모계혈족도 똑같은 적용이 있게 된다. 상속인의 범위가 확대된다는 것은 혈족의식이 얼마 만큼 실효성을 지닐 수 있는 것인지를 가늠할 수 있는 중요한 척도가 되는 것이다. 예를 들어 일반적인 친족의 범위를 몇 촌까지로 하느냐 하는 것은 다소 형식적이고 제도적인 성격이 강하지만, 몇 촌까지 상속인이 되어야 하느냐는 이해관계가 직결되는 사항이 아닐 수 없다.

　이에 관한 내용을 알아보기 위하여 이 설문에서는 「재산상속을 할 때 자녀가 없는 경우, 어느 범위의 방계혈족까지 상속인으로 하여야 한다고 생각하십니까?」라는 문항을 만들었다. 이에 대하여 「2촌까지」 17.3%, 「3촌까지」 11.3%, 「4촌까지」 55%, 「8촌까지」 13.6%, 「16촌까지」 2.9%의 비율로 응답하였다 (그림 29 참조).

　이 가운데 4촌 이내로 응답한 것은 비록 순차적인 제한이 있기는 하지만 현행 민법의 규정과 일치하는 내용을 보여주는 것이라 할 수 있다. 「16촌까지」의 2.9%에 해당하는 응답은 어떻게든 친족인 사람에게 상속하도록 해야 한다는 의미이지만 너무 비율이 낮고, 「8촌까지」의 13.6%에 해당하는 응답은 일반적인 친족범위와 같게 생각한 의식의 반영이라는 점에서 상당한 의미가 있다고 본다. 그것은 곧 현행 민법이 규정하고 있는 상

〈그림 29〉 재산상속에 관한 의식성향 일반

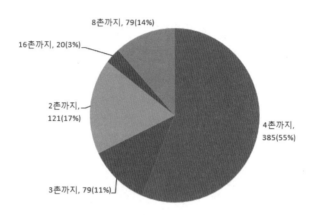

속인으로서의 방계혈족이 비록 후차적인 경우이기는 하지만 결코 지나친 것이 아님을 뒷받침해 주는 것이라 할 것이다.

2. 배경별 고찰

(1) 성별에 따른 비교

성별에 따라서 응답비율을 살펴보면, 「2촌까지」에 남대생 16%, 여대생 20%, 「3촌까지」에 남대생 10%, 여대생 13%, 「4촌까지」에 남대생 57%, 여대생 52%, 「8촌까지」에 남대생 15%, 여대생 11%와 같다(표 30 참조).

〈표 30〉 남녀 성별에 따른 비교

구분 \ 사항	2촌까지	3촌까지	4촌까지	8촌까지	16촌까지
남자	67(16%)	44(10%)	246(57%)	64(15%)	9(2%)
여자	54(20%)	35(13%)	139(52%)	31(11%)	11(4%)

현행 민법은 자녀의 상속분을 동일하게 규정하고 있기 때문에, 그리고 공동상속인이 되는 사람의 상속분도 동일하므로, 상속인의 확대가 상속인으로서의 응답자에게 영향은 그다지 없다. 그러므로 이 응답은 대체로 친족에 관한 일반의식에 재산이 결부되었을 때에 대한 의식성향이라고 할 수 있다.

전체적으로는 「4촌까지」로 보는 비율이 매우 높기 때문에 이를 기준으로 생각할 것이지만 여대생의 경우에는 「2촌까지」나 「3촌까지」의 응답비율이 남대생의 그것에 비하여 상대적으로 높고, 남대생의 경우에는 「4촌까지」와 「8촌까지」의 응답비율이 여대생의 그것에 비하여 상대적으로 높다. 이렇게 보면 상속과 관련하여서는 남자대학생이 다소 확대적인 친족의식을 가지고 있음을 알 수 있다.

(2) 거주지에 따른 비교

거주지가 어디냐에 따라서 살펴보면, 「2촌까지」에 농어촌 14%, 중소도시 17%, 대도시 18%, 「3촌까지」에 농어촌 14%, 중소도시 12%, 대도시 11%, 「4촌까지」에 농어촌 49%, 중소도시 53%, 대도시 56%, 「8촌까지」에 농어촌 14%, 중소도시 13%, 대도시 14%의 비율로 응답하였다(표 31 참조).

이 응답비율은 「2촌까지」와 「4촌까지」에서 중소도시와 대도시가 상대적으로 높고, 농어촌의 경우에는 「16촌까지」에 9%

〈표 31〉 거주지에 따른 비교

구분＼사항	2촌까지	3촌까지	4촌까지	8촌까지	16촌까지
농어촌	6(14%)	6(14%)	22(49%)	6(14%)	4(9%)
중소도시	36(17%)	25(12%)	114(53%)	27(13%)	11(5%)
대도시	79(18%)	48(11%)	249(56%)	62(14%)	5(1%)

가 포함되어 있어 특징이 나타나 있지 않다. 현행 민법에 규정되어 있는 형제자매나 4촌 이내의 방계혈족이 지니는 순차적인 뜻도 다소나마 살아날 수 있어야 할 것으로 본다.

(3) 종교에 따른 비교

종교에 따른 응답비율을 살펴보면, 「2촌까지」에 불교 11%, 기독교 19%, 기타 18%, 「3촌까지」에 불교 10%, 기독교 14%, 기타 4%, 「4촌까지」에 불교 60%, 기독교 53%, 기타 56%, 「8촌까지」에 불교 15%, 기독교 12%, 기타 16%와 같다(표 32 참조).

이 응답비율에 나타난 특색은 「2촌까지」에 기독교를 믿는 대학생이 상대적으로 높고, 「4촌까지」에서는 불교를 믿는 대학생이 상대적으로 높다. 상속인이 순차적으로 확대되어 감을 생각하면 그렇게 의미 있는 것이 아니지만, 불교를 믿는 대학생의 경우가 상속인의 범위에 관하여 다소 확대적으로 의식하는 것을 보여 주는 것이라고 할 수 있다.

〈표 32〉 종교에 따른 비교

구분＼사항	2촌까지	3촌까지	4촌까지	8촌까지	16촌까지
불교	12(11%)	11(10%)	65(60%)	16(15%)	4(4%)
기독교	41(19%)	31(14%)	114(53%)	27(12%)	4(2%)
기타	9(18%)	2(4%)	28(56%)	8(16%)	3(6%)
무교	59(18%)	35(11%)	178(54%)	44(14%)	9(3%)

IX. 맺 음 말

지금까지 설문조사결과를 응답 인원수별로 백분율로 처리

하여 혈연의식 일반, 성과 본, 친족범위, 혈족 간의 혼인, 친족에 의한 부양, 재산상속에 관한 대학생의 의식성향을 살펴보았다. 조사대상자의 수라든지, 조사지역이 한정적이기 때문에 여기에 나타난 의식성향도 제한적인 의미를 가질 수밖에 없다. 그러나 가족생활 내지 친족생활에 관한 신세대의 의식이 어떻고, 또한 어떠한 변화의 추이를 보여주는가를 알아볼 수 있는 자료가 되기에는 충분하다고 본다. 그 특징적인 것 몇 가지를 간추려 보면 다음과 같다.

첫째, 혈연에 관하여 사회생활 관계를 매개시키는 다른 요소 예컨대 지연이나 학연보다 중요하게 생각하는 점이다. 지연이나 학연 같은 것을 따지는 것 자체가 무의미하고 그로부터 파생되는 여러 가지 부정적 사회현실도 없는 것은 아니다. 그렇다고 출신지역이나 출신학교가 같다는 것이 달라지는 것은 아니다. 더욱이 혈연의 경우에는 자기의 출신연결을 밝혀주는 것에 그치지 않고, 이에 기초하여 친족관계가 짜여지고 친소가 따져진다. 혈연이 지니는 부정적인 측면에도 불구하고 이것을 중요하게 생각하는 것은 우리사회에는 그 기초적인 특성이 아직도 강하게 살아 있음을 보여주는 것이라 생각한다. 아버지의 성과 본을 따라 자기의 성과 본을 정하는 것을 대다수의 학생들이 긍정적으로 받아들이는 것도 같은 맥락에서 이해할 수 있을 것으로 생각한다.

둘째, 혈족의 일정한 분한에 기초하여 짜여지는 친족을 어느 범위로 할 것인지는 공동생활을 뒷받침해 주는 원리에 그치지 않고, 사회질서를 유지해 나가는 한 기틀이기도 하다. 종래 부계혈족 8촌 등의 분한도 이에 결부되는 것이다. 이러한 분한이 계속적으로 의미를 갖기 위해서는 생활과의 관련이 유지되어야 한다. 그러나 최근의 가족생활의 실제는 그러하지 못하다.

친족과의 연결은 의례적인 것이고 생활자체와 관련성은 약하다. 조사결과에서 나타난 비율도 이러한 점을 반영하듯 부계혈족 8촌, 모계혈족 4촌에 상당한 응답이 있으면서도 부계혈족은 축소적으로(6촌까지), 모계혈족은 확대적으로(6촌이나 8촌까지) 의식이 짜여지고 있음을 보여준다. 몇 촌까지여야 한다고 잘라 말할 수 있는 것은 아니지만, 종래의 친족범위와는 달라지는 일면이 있다. 그러나 지난번 민법개정(1990년 1월 13일, 법4599호)에 의한 부계와 모계와의 구분 없이 8촌으로 되어 있는 것이 친족범위로서 적절하다는 것은 아니다. 친족으로 인식하는 데 불편함이 없어야 하겠고, 그것이 생활과 얼마 만큼 연결될 수 있는지를 따져야 하겠다.

셋째, 혈연에 관한 개별적인 법률적용의 예라고 할 수 있는 「혈족 간의 혼인」이나 「부양」 또는 「재산상속」의 경우에는 그 범위가 더욱 한정되는 면을 볼 수 있다. 그 대표적인 예가 동성동본(同姓同本)이라 하더라도 8촌을 넘는 경우에는 혼인할 수 있다고 생각하는 것이고, 부양이나 재산상속의 경우에는 4촌이 분한적인 의미를 갖는 것으로 되어 있다. 그것이 재산과 관련하여 이해관계가 달라질 수 있음을 고려해 보건대 중요하다고 할 수 있으며, 더 나아가 친족의 범위와 관련하여서도 생각해 볼 만한 분한이라고 생각된다.

넷째, 위와 같은 논점의 도출과 관련하여, 성별, 거주지역별, 종교별 등의 배경을 중심으로 분석해 보았지만, 분석결과에서는 특별한 의미를 부여할 수 없는 미미한 차이를 보였을 뿐 대체로 유사하였다. 다만 성별에 따른 차이에서는 남녀평등원칙과 관련된 사항에서 남녀대학생의 의식이 다소 차이가 있었다.

제5장

경인지역 대학생의 재산상속에 관한 의식성향
- 상속법제의 현실적합성 검증을 위한 서론 -

I. 서   설

최근 우리사회의 변화해 가는 모습 중에 한몫을 차지하는 것은 소득이나 재산의 규모가 엄청나게 커지면서도 다른 한편 빈부의 격차가 심해지는 현상이라 할 수 있다. 각 사람이 풍요롭게 살 수 있게 해주는 재산은 대체로 본인의 노동력의 대가로 모으게 된 것이 거의 전부라 할 수 있다. 그 밖에 각종의 거래의 차익, 우연히 따라붙은 행운도 무시할 수 없기는 하지만, 이러한 것 중에 중요한 몫을 차지하는 것은 상속에 의하여 물려받게 되는 재산임은 누구도 부인할 수 없다.

이러한 의미에서 어느 개인과 관련하여 상속은 그 생활상의 물질적 기반을 달라지게 만드는 획기적 중대사이다. 그것은 자기가 도모한 바의 결과라든지 거래의 성과가 아니라는 점에서 불로소득이다. 그런가 하면 이로 인하여 단순히 생활정도가 달라지는 데 그치지 않고 계층이나 접촉부류가 달라지는 경우도 적지 않게 생겨난다. 그리하여 사람에 따라서는 개인의 평등성을 강조하여 상속을 극히 제한하거나 아예 폐지해야 한다고까지 주장한다. 그러나 이러한 주장은 평등성을 여기저기 꿰맞추다 보니, 사람이 각각 다른 부모에게서 태어나 갖가지 여건에 맞추어 어느 사회 안에서 살아가게 되어 있는 유기체임을 망각한 견해라 하지 않을 수 없다.

더구나 그 창출과 쇠멸이 끊임없이 교차하는 가운데 짜여 돌아가게 되어 있는 자본주의적 물질경제체제 아래에서는 모든 지식과 권력 더구나 신분적 연결도 물질적 가치로 탈바꿈하여 평가되는 색깔이 노골화되어 있으므로 그러한 사회에서 상속은 우연이라고만 할 수 없는 특수한 물질적 기초의 확보계기일 수밖에 없다. 그러므로 상속제도를 완전히 부인하는 것은 우리의 생활현실과 재산귀속의 보호책이라는 점에 비추어 타당하지 못하다. 그리하여 각국의 입법은 일정한 사회경제적 필요성에 맞추어 상속에 관한 일정한 법제를 갖추고 있다.

살아서 얼마든지 재산을 처분할 수 있고, 유언에 따른 증여 등이 인정되고 있는 제도적 특성에 비추어 상속의 근거가 무엇인지를 이론적으로나 실제의 사회현실에 의거하여 규명하기는 결코 쉬운 일이 아니다. 몇 가지 특수한 사례를 분석·정리하여 일정한 결론을 이끌어냈다 하더라도 그것은 그와 유사한 사례에 관하여는 들어맞을지는 몰라도 그것이 상당한 정도의 일반성을 띠기는 힘들다. 그러한 뜻에서 지금까지 제시된 상속의 근거에 관한 여러 학설은 나름대로의 타당성을 지니는 견해들이라 할 수 있다.

이러한 현실과 이론의 한계적 특수성을 인정하면서도, 이

장에서는 너무도 급격히 변해가는 사회의 구조적 양상이나 현
상에 맞춰 나타날 수 있는 의식성향을 알아보기 위하여, 상속에
관한 일정한 문항을 짜서 제시하고 그 응답을 구하여, 그 결과
를 상대적인 비율수치로 처리하고 검토하면서, 아울러 다소의
설명을 덧붙여 일정한 경향성을 알아보고자 하였다. 어디까지나
각 문항을 중심으로 한 조사결과를 "규범적일 수도 있지 않을
까?" 하는 초점에 맞춰서만 분석한 것임을 밝혀 둔다.

II. 의식조사와 분석

1. 설문사항

이번의 설문조사는 지난 수차에 걸쳐 십여 년 간격으로 실
시해 온 조사에 이어서 2009년-2010년 3학기에 나누어 실시한
것이므로 그 설문 사항도 이전의 것과 대체로 유사하다.[1] 혈연
의식 일반, 성(姓)과 본(本), 친족범위, 혼인, 상속에 걸쳐서 19
항목으로 짰다. 친자, 부양, 그리고 후견에 관한 설문사항을 줄
이고 각 부분의 문항조정으로 대체하였다. 그리고 이 논문에서

---

1) 졸고, "대학생의 친족적 혈연의식,"「법학논총」7집, 한양대학교 법학
   연구소, 1990; 졸고, "대학생의 혈연에 관한 의식성향 —혈족의 법률효
   과를 평가하기 위한 자료로서,"「법학논총」16집, 한양대학교 법학연구
   소, 1999; 졸고, "경인지역 대학생의 친족에 관한 의식성향,"「법학논총」
   21집, 한양대학교 법학연구소, 2004; 졸고, "경인지역 대학생의 혼인에
   관한 의식성향,"「법학논총」22집 2호, 한양대학교 법학연구소, 2005, 6;
   졸고, "현행 가족법의 혈연적 특색 〈1〉 —경인지역 대학생의 혈연의식을
   참고로 하여,"「법학논총」26집 4호, 한양대학교 법학연구소, 2009.12.

다루게 되는 상속에 관하여는 ① 상속의 근거, ② 상속인의 범위, ③ 상속재산의 선별, ④ 특별기여자의 상속분, ⑤ 유증의 영향을 각 항목으로 설정하여 상속인의 수, 상속재산의 규모, 피상속인의 보호 등과 관련된 의식성향을 알아보고자 하였다.

이러한 설문사항과 함께 각 응답자의 배경에 따라서 어떠한 차이가 있는지를 알아보기 위하여 성별, 출생년도, 생활지역, 종교, 두고 싶은 자녀의 수를 참고사항으로 조사하였다.

2. 조사대상과 지역

이 설문조사는 그것이 누구에게나 해당되는 상속에 관한 것이므로 그 대상자도 각 연령층, 학력이나 지역에 제한 없이 실시되는 것이 바람직하겠지만, 개인적인 연구라는 점에 맞추어 일부지역의 대학생만으로 국한시켜 조사하는 데 그쳤다.

그리하여 조사대상은 지난 조사에서와 마찬가지로 서울, 경기, 인천 소재의 대학에 다니는 대학생을 대상으로 삼았다. 그 전공분야는 특별히 제한하지 않았지만, 사회과학이나 법학을 전공하는 사람이 많았고, 경영학이나 공학계통을 전공하는 학생도 구별 없이 그 대상으로 삼았다. 조사대상으로 삼은 남녀 대학생의 수도 차이가 있었으므로 수거된 응답 건수는 같게 하지 않고 다소의 차이가 있는 그대로 자료로 활용하였다.

앞으로 보다 체계적이고 보편적인 조사연구가 이러한 분야에까지도 긍정적으로 전파되어 활성화되면 보다 주목받는 결과를 도출할 수 있지 않을까 생각한다.

3. 조사결과의 분석

상기 지역의 대학생들에게 배포되었던 설문지의 수는 900 매 이상이었으나, 실제로 수거된 수는 895매였고, 이 가운데 기재가 잘못된 것이나 불확실한 것은 제외하고 나머지 842매를 분석자료로 활용하였다.

각 문항에 대한 응답은 사항별로 집계하고, 그 매수를 다시 전체 매수와의 비율로 처리하여 각 사항별 응답비율을 비교·검토를 위한 분석자료로 삼았다. 그리고 이에 대한 부연설명은 기존의 법률규정이나 일반적인 학설을 참고로 하여 통례의 의식성향에 지나지 않는지, 아니면 규범의식으로까지 연결시킬 수 있는지를 중심으로 덧붙인 것이고 이 조사가 국한적인 점까지 고려하였다. 종래 판례나 관습으로 그냥 넘어갔던 사항이나 사회변화에 뒤떨어진 규정 등의 점검도 다소 염두에 두었음을 밝혀둔다.

각 배경에 따른 분석도 항목마다 참고사항별로 백분비(%) 처리를 하였으나, 그 특색이 뚜렷하지 않아서 성별과 생활지역의 결과만을 간략하게 언급하는 데 그쳤다. 각 배경별 차이가 뚜렷하지 않은 것은 요즈음의 생활환경이나 언론매체와 접할 수 있는 기회가 전국적으로 큰 차이가 나지 않고, 응답주제가 상속에 국한된 경우이기 때문일 것으로 생각한다.

Ⅲ. 현행 민법상의 재산상속법제 특성

근대 민법의 편제와 규정내용을 본떠서 제정된 1958년의 민법 제정은 실로 크나큰 역사적 과업을 법률분야에서 이루어 낸 것이다. 사실 근대적 시민생활이라 함은 개인을 중심으로 한 사회구성과 그 속에서의 생활이 재산소유를 기반으로 하고, 자기의 의사대로, 그리고 잘못을 저지르지 않으면서 살아가는 것이라고 하여도 결코 지나친 말이 아니다. 이 중에 포함된 친족생활과 상속문제를 규정하는 가족법도 기본적으로는 근대적 민법의 성문화 기류와 규정양식에 맞춘 것이지만, 우리의 전래 가족생활 내지 친족생활이 서구의 그것과 크게 달랐던 점에서 백대지친(百代之親)이나 동성동본불혼(同姓同本不婚), 그리고 적장자(嫡長子) 중심의 상속법제 등에 관하여는 적지 않은 논란이 있었다.[2]

가족법을 성문화함에 있어서의 크나큰 기틀은 ① 가족법에서의 구속적 요소의 제거, ② 남녀평등의 구현, ③ 자녀의 권리신장 등이었다고 할 수 있는데, 구체적인 성문화작업은 점진적 개혁론에 따라 이루어졌기 때문에 이들 세 가지에 걸맞은 세부규정이 마련되지는 못했다. 결국 민법 제정에 결부된 가족법 규정은 전래의 가족제도의 요소와 개인주의적 요소가 혼재하는 다원적 특색을 띠는 것이다. 이 점이 "민법 제정"이라는 초유의 국가대업의 성취에 뒤이어 바로 "가족법의 개정요구"라는 보기 드문 일이 벌어지게 하는 빌미를 제공한 셈이기도 하다.

이러한 우여곡절의 혼미 속에 꾸며진 상속법은 남계혈통의 승계를 반영한 호주상속과 중자녀의 참여를 골자로 하는 재산상속을 함께 존치하는 때늦은 입법체계를 갖추게 되었다. 그런

---

[2] 김용욱, 『한국가족법의 법과 역사』, 세종출판사, 1996, 400면; 곽동헌, "호주제도에 관한 존폐론,"『가족법개정의 제문제논집』, 한국여성유권자연맹, 1985, 18-22면; 김용한, "동성금혼제도의 실증적 비판,"『가족법개정의 제문제논집』, 한국여성유권자연맹, 1985, 50-66면.

가 하면 재산상속분의 경우에도 호주상속을 하게 되는 적장자에게 일정한 가급분(加給分)을 더 주는 것을 기초로, 가적을 같이 하는 여러 자녀, 그렇지 않은 자녀, 남녀의 차이를 뒤섞어 복잡하게 되어 있었다.3) 그리고 남편이 사망한 경우 처에게도 일정한 몫의 상속분을 받을 수 있게 하였다(제1003조). 재산상속분만으로 보아서는 지나치게 남계적장자손의 상속만을 의미 있게 살려나가려고 한 것 아니냐 하는 의문이 들기도 하지만, 당시 곤궁했던 사회에서 대부분 얼마 되지 않았던 재산을 양식마련의 기초로 삼아 살아가던 각 집안에서 가계의 유지·승계라는 지고의 명제와 끼워 맞춰 내려진 결말이었을 것임을 알아둘 필요가 있다.4)

이후 수차에 걸친 가족법의 개정과 함께 이루어진 상속분의 변화는 남녀차별만을 따져서라기보다는 급격한 사회구조의 변화, 즉 산업화나 도시화에 맞추어 생겨난 생활형태의 변모나 가족구성원이 재산을 형성·보유하게 되는 사회실정과 직결되는 특성이 있다. 어떻게든 모아 이룬 재산은 개인에게 있어서 자기의 지위확보나 남녀차별의 극복을 이끌어내는 디딤돌이 되기에 충분했다. 여기에 자기라는 개인 중심의 독자적인 생활기반의 구축이 미덕으로 되었던 것도 사실이다. 그러므로 부모로부터 물려받는 재산이 그렇게 의미 있는 것으로 여겨지지도 않았다. 그러나 그러한 현상은 일시적인 흐름에 지나지 않고 자녀의 수가 줄어들고 개인의 재산증가, 그에 따라 불어난 상속재산

---

3) 당시 민법의 상속분의 규정내용을 보면, 동일 가적 내에 있는 경우에는 남자나 여자나 차이가 없으나, 동일 가적 내에 없는 경우에는 여자는 남자의 4분의 1로 하고 있으며, 호주상속인에게는 자기 고유의 상속분에 2분의 1이 가산된다(제1009조).

4) 졸고, "한국가족법에 있어서의 외국법의 계수," 고려대학교 대학원(박사학위논문), 1978, 222-223면.

의 규모는 재산상속에 관한 세인의 관심을 불러일으키기에 충
분했다.[5] 그리하여 가계의 유지나 제사를 모시는 일은 뒤편으
로 잊혀진 채 그저 얼마만큼이나 물려받았느냐 하는 것이 상속
에 있어서의 골자로 자리하게 된 것이다. 오늘날 재산 없는 노
인의 생활의 곤궁은 이미 오래전에 예정되었던 사실이고 혈연
관념의 이완이나 친족적 유대감의 궤멸은 시속의 뒤바뀜을 실
감케 해 준다.

지난 2005년의 가족법 개정은 호주의 명맥을 이어가는 승
계제도마저 폐지함으로써 상속하면 곧 재산상속을 뜻하는 것으
로 바뀌었다. 그리하여 재산상속제는 피상속인 즉 사망한 사람
의 배우자와 함께 그 직계비속과 직계존속이, 그리고 필요에 따
라 그 확대에 의한 일정한 사람이 그의 재산을 승계하는 것으
로 되었다. 그렇기 때문에 아주 특수한 경우, 예를 들어 상속결
격(相續缺格)과 같은 사유가 발생하지 않는 한, 이에 해당하는
사람이 있기만 하면 재산의 승계가 생겨난다. 그리하여 이것은
어느 물건이 일정한 사람에게 귀속되어 그 효능을 발휘하게 하
는 반면, 다른 한편으로는 무주물이나 폐기물이 되어 묻혀버리
는 것을 방지해주기도 하는 민사법의 한 제도라 할 수 있다.

이렇게 보게 되면 현행 민법상의 상속인, 상속재산, 그 분할,
그리고 각 상속인에게 귀속하게 되는지를 어떻게 정해주어야 할지
가 보다 명백하게 드러난다. 즉 복잡하지 않으면서, 다툼의 여지
를 남기지 않을 만큼 확실해야 할 것이다. 현행 민법의 규정태도
도 이와 같다고 할 수 있다. 그리하여 어느 사람이 사망하고 나면
피상속인의 유언이 없는 한, 그의 재산은 일정한 절차를 거쳐 상
속분(相續分)대로 각 상속인에게 귀속하게 된다. 아주 간단하면서

---

5) 졸고, 전게 논문(주 4), 227면.

도 명확한 적극적 내지 소극적인 재산의 귀속질서이다.

　　이와 같이 확실한 원칙이 있음에도 불구하고 그래도 가름하기 어려운 점이 생겨나게 되어 있는 것이 또한 사회현실이다. 예를 들어 유언으로 증여(贈與)를 하였음에도 다른 사유에 의거하여 재산의 귀속주체가 달라져 각 사람의 상속분이 달라지는 경우라든지, 아니면 유언을 하지 않았다 하더라도 채무초과(債務超過)인 상속재산을 그대로 물려받게 되는 경우가 그러하다. 이러한 경우를 위해서는 다시 상속재산의 귀속에 따라붙게 되는 공정성을 검토하지 않을 수 없다. 그리하여 유증의 검토라든지 상속의 한정승인(限定承認) 내지 포기(抛棄)까지도 필요한 경우에는 빠뜨리면 안 되는 연결고리가 될 수 있음을 알 수 있다.

　　이렇게 보면 현행 민법에서의 재산상속법제는 일정한 상속인으로 하여금 피상속인의 적극적 및 소극적 재산을 물려받게 함으로써 재산귀속의 원칙을 정해줌과 함께 제3자와의 사이에 얽혀 있는 재산관계를 가능한 한 공정하게 처리하는 기능을 해낸다. 그것은 또한 사회의 유지·발전에 필요한 재산귀속질서의 확립, 거기에 깃들어 있는 분쟁발생의 소지를 바로잡아 주는 것이기도 하다.

IV. 사항별 고찰

1. 상속의 근거

(1) 일반적 성향

상속을 할 수 있게 해주는 근거는 그 제도적 특성으로 말미암아 사회적으로나 시대적으로 다를 수밖에 없음은 앞에서 살펴본 바와 같다. 더구나 어느 사회의 국가 또는 경제체제에 따라서도 그 근거를 달리하게 된다. 지금까지 의미 있는 학설로 되어 온 것도 이에 따라 그 내용이 다르게 짜여진 것이면서 의미 있는 견해라 할 수 있다.[6)]

우선 사망한 사람의 재산이 다른 사람에게 승계되어야 함에 있어서의 근거가 될 만한 사유로는 혈연, 부양 또는 재산의 청산 등이 제기될 수 있고, 그것보다 사망한 사람의 임의처분의 선상에서 보게 되면 그 근거로 의사가 부각될 것임은 너무나도 당연하다. 그리고 재산상속이 현실적으로 몰고 오는 부정적인 측면에 비추어서는, 아예 상속을 인정하지 말아야 한다는 부인설도 설득력을 얻게 된다.

우리 민법에서는 유언에 의하든, 아니면 법률이 정하는 바에 의하든 피상속인의 재산을 상속하게 하고 있는 바, 그 근거를 알아보기 위하여 다음과 같은, 즉 「상속을 하게 하는 근거는

〈그림 1〉 상속의 근거에 관한 의식 일반

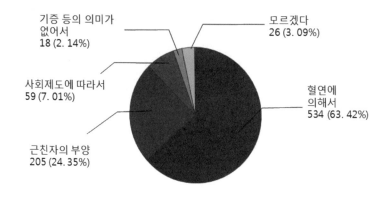

기증 등의 의미가
없어서
18 (2. 14%)

모르겠다
26 (3. 09%)

사회제도에 따라서
59 (7. 01%)

혈연에
의해서
534 (63. 42%)

근친자의 부양
205 (24. 35%)

---

6) 김용욱, 전게서, 793-805면.

무엇이라고 생각하십니까?」라고 문의해 보았다. 그 결과 ①
혈연에 의하여; 63.42%, ② 근친자의 부양으로; 24.35%, ③ 사
회제도에 따라서; 7.01%, ④ 기증이나 기부의 의미가 없기 때문
에; 2.14%, ⑤ 모르겠다; 3.09%의 응답을 얻었다(그림 1 참조).

「혈연에 의하여」라는 응답과 「근친자의 부양으로」라는 응
답의 비율이 현저히 높기 때문에 다른 응답과의 상대적인 비교
가 그다지 큰 의미를 가질 수 없다고 할 수 있다. 더구나 「근
친자의 부양으로」라는 응답의 상당수는 "혈연(血緣)"과 관련이
있는 것으로 보게 되면, 현재 우리사회에서 재산상속을 하게 되
는 근거는 혈연과 근친이라는 신분적 요인에 있는 것으로 볼
수 있다.

이러한 의식성향은 상속제도 일반의 연혁적 근원이라 할
수 있는 "혈연대가"의 잔존이라고도 할 수 있고, 우리사회에서
혈연이 차지하는 의식비중이 그 만큼 높음을 잘 보여주는 것이
라 할 수 있다. 아울러 어느 개인의 재산이 사회적 필요에 맞
춰 또는 자선적 의미로 이어지는 일반적 성향은 그렇게 뚜렷하
지 못함을 보여주는 것이라고도 할 수 있다.

(2) 배경별 특성

어느 설문조사에서나 성별에 따른 차이는 적지 않게 나타
나는 것이 보통인데, 이번 설문조사에서는 그러한 특징을 찾아
볼 수 없었다(표 2 참조). 다른 참고사항에 관하여도 마찬가지였
기 때문에 이에 대한 설명은 생략하기로 한다.

상속의 근거와 관련하여서는 구체적인 수치까지도 비슷하
게 나타나며, 상속의 근거라는 질문내용이 상속현실과 거리감이
있는 것이기 때문에 비슷한 또래의 남녀대학생으로서는 그 차
이를 보이지 않은 것으로 생각된다.

〈표 2〉 성별에 따른 비교 (단위: 명, %)

사항 \ 구분	남		여	
	인원수	백분비	인원수	백분비
혈연에 의해서	336	63.88	198	62.66
근친자의 부양	127	24.14	78	24.68
사회제도에 따라서	40	7.60	19	6.01
기증이나 기부의 의미가 없기 때문에	10	1.90	8	2.53
모르겠다	13	2.47	13	4.11

〈표 3〉 생활지역별 비교 (단위: 명, %)

사항 \ 구분	농촌		중소도시		대도시		합계	
	인원수	백분비	인원수	백분비	인원수	백분비	인원수	백분비
혈연에 의해서	14	63.64	125	59.24	395	64.86	534	62.58
근친자의 부양	4	18.18	56	26.54	145	23.81	205	22.84
사회제도에 따라서	2	9.09	17	8.06	40	6.57	59	7.91
기증이나 기부의 의미가 없기 때문에	0	0.00	4	1.90	14	2.30	18	1.40
모르겠다	2명	9.09	9명	4.27	15명	2.46	26명	5.27

　　생활지역에 따라서도 농촌이나 중소도시 그리고 대도시에 사는 학생들의 응답도 거의 마찬가지였다(표 3 참조). 이들 각 지역에 거주하는 학생이라 하더라도 비슷한 생활여건 아래에서 살다 보니 상속과 같은 문제에 관하여 접하거나 보고 듣는 사례도 유사하기 때문일 것으로 생각한다. 거기에 덧붙여 언론매체에서 전하는 상속문제나 그 풀이가 동일하다는 점도 조금은 영향을 미쳤을 것으로 생각된다.

2. 상속인의 범위

(1) 일반적인 성향

사망한 사람의 재산을 다른 어느 사람이 상속인이 되어 어떠한 순위로 하느냐 하는 것은 그 권익의 문제로 현실생활에서 바로 나타나고, 때로는 그 이해관계가 심히 엇갈리게 되기도 한다. 즉 여러 사람이 상속할 수 있게 되어 있더라도 다른 제도와의 교착에 따라 특정인으로 한정되어 버리면, 나머지 사람은 상속을 할 수 없게 되기도 한다. 그렇기 때문에 이 점은 상속인의 범위에 국한하는 것이 아니고 경우에 따라서는 상속을 할 수 있는 사람 전부로 하여금 과연 상속의 근거가 무엇인가 하는 점을 되묻게 되기도 한다.[7]

현행 민법은 혈족에 해당하는 일정한 사람을 "순위"에 따라 상속인이 되게 하고 있음과 더불어 혼인한 사람의 경우에는 배우자도 상속할 수 있게 함으로써 "배우자의 상속"을 상속의 기본 틀에 포함시키고 있는 바, 이에 관한 의식의 분포를 알아보기 위하여 다음과 같은, 즉 「재산상속을 할 때 자녀가 없는 경우 어느 범위의 방계혈족까지 상속인으로 하여야 한다고 생각하십니까?」라는 설문을 제시해 보았다. 그 결과, ① 2촌까지: 29.43%, ② 3촌까지: 10.40%, ③ 4촌까지: 52.36%, ④ 8촌까지: 6.38%, ⑤ 16촌까지: 0.95%의 응답을 얻었다(그림 4 참조). 이들 수치 가운데 "4촌까지"라고 응답한 결과가 다른 항목보다 월등히 높음을 주목할 필요가 있다.

최근 혈연관념이 급속히 약화되는 것은 사회의 구조적 변화에 따른 어쩔 수 없는 현상이라 할 수밖에 없지만, 아직도 우

---

7) 졸고, "대학생의 혈연에 관한 의식성향," 「법학논총」 제16집, 한양대학교 법학연구소, 1999, 52-53면.

〈그림 4〉 상속인의 범위에 관한 의식 일반

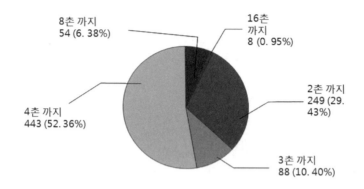

8촌 까지
54 (6. 38%)

16촌
까지
8 (0. 95%)

2촌 까지
249 (29.
43%)

3촌 까지
88 (10. 40%)

4촌 까지
443 (52. 36%)

리사회에서는 혈연을 중심으로 하여 이어지는 혈족관념, 그 원근을 따지는 촌수인 4촌까지가 합쳐진 혈연관념은 중요한 분한의 의미를 지니고 있음을 보여주는 것이라 할 수 있다. 그리고 4촌까지의 범위에 포함되는 것이지만 "2촌까지"에 상당한 비율의 응답이 있음은 단순한 상속인의 범위를 뜻하는 이외에 조사에 응답한 사람의 군집에서는 "4촌까지"보다 좀 더 좁게 "2촌까지"만을 상속인으로 삼아야 한다는 확실한 "한정"을 보여주는 것이고, 이것은 요즈음 생활현실의 모습을 그대로 드러낸 것이 아닌가 싶다. 갖가지의 요인이 겹쳐 친족공동체적 행사나 의식은 물론, 그 원근의 의미를 거의 모르다 보니 친족하면 의례 형제자매까지만 떠올리는 경향이 심해진 것은 부인할 수 없는 사실이다. 그러다 보니 상속과 같이 이해관계가 심히 엇갈리는 분야에서 그 범위도 "같은 부모한테서 태어난" 형제자매로 굳어져 가고 이 수치도 그러한 의식의 한 표현이라 생각된다.

(2) 배경별 특성

상속인의 범위문제는 최근의 자녀출산이나 친족관념과 관련하여 재산상속에서 가장 예민한 측면이라 할 수 있다. 종래 당내지간(堂內之間)이라는 친족분한은 그다지 의미가 없고, 4촌까지도 사람에 따라서 그 인지도가 각각 다른 게 사실이다. 이번의 조사에서도 전체적으로 4촌까지에, 그리고 2촌까지를 한계로 본다는 점은 앞에서도 지적한 바 있거니와 그 중에서도 4촌까지에는 남학생의 비율이 조금 높은가 하면 2촌까지에는 여학생의 비율이 다소 높은 특징을 보였다(표 5 참조). 혈족이나 친족과의 접촉이 그래도 남학생이 좀 더 많을 것이라는 점을 미루어 수긍할 만하다.

〈표 5〉 성별에 따른 비교　　　　　　　　　　　　　　(단위: 명, %)

사항 \ 구분	남		여	
	인원수	백분비	인원수	백분비
2촌까지	144	27.38	105	33.23
3촌까지	54	10.27	34	10.76
4촌까지	285	54.18	158	50.00
8촌까지	36	6.84	18	5.70
16촌까지	7	1.33	1	0.32

〈표 6〉 생활지역별 비교　　　　　　　　　　　　　　(단위: 명, %)

사항 \ 구분	농촌		중소도시		대도시		합계	
	인원수	백분비	인원수	백분비	인원수	백분비	인원수	백분비
2촌까지	8	36.36	65	30.81	176	28.90	249	32.02
3촌까지	0	0.00	15	7.11	73	11.99	88	6.37
4촌까지	10	45.45	117	55.45	316	51.89	443	50.93
8촌까지	2	9.09	14	6.64	38	6.24	54	7.32
16촌까지	2	9.09	0	0.00	6	0.99	8	3.36

생활지역과 관련해서는 중소도시에 거주하는 대학생이 4촌
까지에 다소 높은 응답을 보이고 있으나 그다지 두드러진 특색
이라고까지는 할 수 없다(표 6 참조). 특히 조사지역의 중소도시
는 대도시와 농촌지역과 인접해 있거나 그 왕래가 빈번한 지역
이기 때문이다.

3. 상속재산의 상대적 중요성

(1) 일반적인 의식성향

상속이 어느 시대, 어느 사회에서나 관례적 내지 법적인
제도로서 그것이 일반인에게도 아주 중요한 의미를 가지는 것
으로 되어 있음은 앞에서 살펴본 바와 같다. 그 특징 중에서도
타인의 사망에 근거하여 그의 재산을 다른 어느 사람이 자기의
권리에 근거하여 취득하게 됨은 일반적인 당사자의 법률관계로
서는 풀어내기 어려운 점이다. 그런가 하면 경우에 따라서는
어느 재산이 상속인 누구에게 돌아가게 되느냐 하는 것도 각
상속인의 문제로 뿐만 아니라 사회경제의 일반적인 중요성에
비추어 아주 특이한 문제점을 지니게 될 수 있다. 오늘날 기업
재산을 누가 상속하느냐에 따라 기업의 운영 내지 존속에까지
직결된다는 것은 주위에서 쉽게 보고 듣는 바이지만, 기업재산
의 구조적 특성상 그 재산의 상속 여부에 일정한 제한을 가하
기는 쉽지 않은 일이다. 이러한 점에서 어느 한 기업의 승계는
단순한 상속에 그치지 않고 사회경제적인 의미를 지니는 것임
에 주의할 필요가 있다.[8]

---

8) 농지의 경우에는 그 상속재산성이 부인되지는 않지만, 농지를 농업경
영에 이용하지 않거나 '이용하지 아니 한다'고 시장 등이 인정하는 경우
에는 … 1년 이내에 소유자는 그 농지를 처분하여야 하는 것으로 되어

이러한 점에서 각 상속인이 어느 재산을 선호하는지가 문제될 수 있다. 각 재산은 어느 것이나 그것이 지니는 가치는 금전으로 평가되어 비교해 보는 것이 보통이지만, 그 재산이 살아 움직이는 것과 관련하여서는 각 상속인의 선호도나 능력, 사회적 필요도에 따라 다를 수 있다. 전래의 생활습속이나 사회적 중요성에 비추어 보게 되면, 토지와 가옥이 당연히 으뜸이겠지만 요즈음의 생활양상과 관련해서는 얼마든지 다를 수 있다. 왜냐하면 토지나 가옥은 그 용도가 곡물의 생산이나 주거라는 점이 너무 뚜렷하기 때문이다.

그런가 하면 아주 특이한 경우에는 어느 재산의 물려 내림을 은비에 부치거나 아니면 탈세 등의 비리적 요구에 맞추어 가장을 서슴치 않는 예에서는 그 선호도가 전혀 다르게 표출되기도 한다.

이에 관한 자세한 연구는 여러 측면에서 심도 있게 이뤄져야 할 것으로 미루고, 그 대체적인 풍조나마 알아보기 위하여 다음과 같은, 즉 「상속재산으로 가장 중요하다고 생각하는 것은 무엇입니까?」라는 아주 평범한 문항을 제시하고 그 응답을 구해 보았다. 그 결과, ① 토지: 47.39%, ② 건물: 20.07%, ③ 채권: 9.86%, ④ 예술작품: 0.86%의 얻었다(그림 7 참조).

어느 누구나 사망하게 되면 "죽을 때 땅 한 평이라도 … " 하여 일정한 토지를 남겨 두게 되거나, 그렇지 못하면 집 한 칸이라도 남겨 두고 가는 것이 최소한의 마지막 흔적이라고 생각하는 경향이 있다. 따라서 이 설문조사결과에서 토지에 관한 수치가 높은 것은 전래의 의식이 그대로 살아 있는 한 표현이면서 새로운 경제구조 아래에서도 그 중요성이 그대로 남아 있

있다(농지법 제10조).

〈그림 7〉 상속재산의 상대적 중요성에 관한 의식 일반

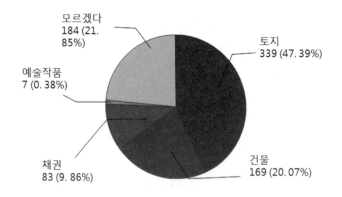

음을 보여주는 것이라 할 수 있다. 건물의 경우는 그 현실성을 감안하여 "가옥"이라고 할 것을 바꿔 제시해 보았던 것인데 그 수치가 토지보다 현저하게 낮은 것은 그 보편성이 토지보다 떨어지는 것을 보여주는 것이라 할 수 있다. 반면 설문조사 대상이 대학생이고 상속에 관한 숙지도도 어느 정도 있을 것으로 생각하여 끼워 넣었던 채권이나 예술작품에 관한 응답 비율이 아주 낮은 것을 보면, 그 재산적 가치로서의 인식도가 그만큼 낮음을 보여주는 것이라고 할 수밖에 없다. 그렇기 때문에 채권이나 예술작품을 상속재산으로 탈바꿈시켜 재산을 물려주는 세풍이 다소의 긍정적 평가를 받을 수 있는지 심히 의심스럽고, 그 탈세 내지 갖가지 비리의 수단이 되고 있음은 상속의 순수성을 의심하게 만드는 것이기도 하다.

(2) 배경별 특성
이 경우 상속재산으로서의 개별적 특징이 조금이라도 나타

날 수 있을 것으로 생각했었지만, 그 응답 비율이 너무도 똑같
다 보니(표 8 참조), 특별히 논급할 바가 없다. 어쩌면 상속재산
이라면 그 금액의 많고 적음이 문제일 따름이고 그 어떠한 것
인지는 문제 삼을 바 못 된다는 뜻의 표현이 아닌가 싶다.

생활지역이 어디냐에 따라서는 다소 의미를 부여할 만한
것이 있다. 즉 농촌에 거주하는 대학생의 경우 그 숫자가 많지
는 않지만 토지에 대한 선호도가 높고, 반면에 중소도시나 대도
시에 사는 대학생의 경우 건물에 대한 선호응답의 비율이 높았
다(표 9 참조). 도시화의 진척도와 더불어 변모하는 실제의 생활
현실에서 감지되는 의식의 한 표현이라고 생각된다.

〈표 8〉 성별에 따른 비교   (단위: 명, %)

사항 \ 구분	남		여	
	인원수	백분비	인원수	백분비
토지	247	46.96	152	48.10
건물	109	20.72	60	18.99
채권	44	8.37	39	12.34
예술작품	6	1.14	1	0.32
모르겠다	120	22.81	64	20.25

〈표 9〉 생활지역별 비교   (단위: 명, %)

사항 \ 구분	농촌		중소도시		대도시		합계	
	인원수	백분비	인원수	백분비	인원수	백분비	인원수	백분비
토지	12	54.55	98	46.45	289	47.45	399	49.48
건물	0	0.00	39	18.48	130	21.35	169	13.28
채권	4	18.18	28	13.27	51	8.37	83	13.28
예술작품	0	0.00	3	1.42	4	0.66	7	0.69
모르겠다	6	27.27	43	20.38	135	22.17	184	23.27

4. 특별기여자의 상속분

(1) 일반적인 의식성향

어느 상속인이 짧지 않은 기간에 걸쳐 동거·간호, 그 밖의 방법으로 피상속인을 특별히 부양하거나 피상속인의 재산의 형성·유지에 특별히 기여하거나 공헌하였다면, 그 사람의 상속분은 어떻게 정해야 할 것인가? 이러한 사정을 고려하여 미리 별도의 증여를 하였거나 특별한 혜택이 주어진 경우도 있겠으나 그렇지 못한 때에는 그 상속분의 다과에 불구하고 그 공정성이 문제된다.

여기에서 말하는 특별한 기여가 문제되는 경우 피상속인이 남겨 놓은 재산은 상속재산이라고는 하지만 그 내용이 일반적인 상속재산과 동일하다고 볼 수 없는 의미를 지니게 되는 일면이 있다. 일정한 재산은 대체적인 경우 특별한 사정이 없는 한, 그것을 일구어낸 노력의 결실이 대부분이기 때문이다. 실제의 간호나 보호는 단순한 마음가짐이나 일시적인 시중이라기보다는 어느 누구의 마지막에나 있어야 하는 불가피한 손길인 경우가 대부분이다. 이와 같은 사정을 고려하여 기여자로 하여금 일정한 재산을 더 물려받을 수 있게 함은 결코 이상한 일이 아닐 것이다.

그리하여 이 설문에서는 다음과 같은, 즉 「자녀 중 사망한 아버지나 어머니를 특별히 보살피거나 간호한 사람이 있으면 그 상속분을 어떻게 정해야 한다고 생각하십니까?」라는 물음으로 답을 구해 보았다. 그 결과, ① 다른 사람과 똑같이: 3.80%, ② 상당한 비율로 더 주어야 한다: 52.38%, ③ 유언이나 생존 배우자의 의사에 따라야 한다: 41.45%, ④ 모르겠다: 2.38%라는 비율의 응답을 얻었다(그림 10 참조).

〈그림 10〉 특별기여자의 상속분에 관한 의식 일반

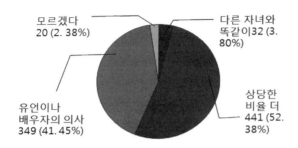

앞에서도 지적한 바와 마찬가지로 현행 민법에서도 "특별 기여자의 상속분"에 관한 규정을 두고 있고, 그 법정상속분제가 지니는 한계성을 구체적인 실제에 맞게 바로잡아 보자는 것으로 풀이하는 한, 여기에 나타난 각 비율의 응답은 그대로 적절한 것이라 할 수 있다. 즉 유언이나 생존배우자의 뜻에 따르거나 법정상속분보다 상당한 비율을 더 주어야 한다는 데 아주 높은 비율의 응답을 한 것이 그것이다. 아무리 실제의 사정을 고려한다 하더라도 "특별한 기여"에 대한 상응한 조치는 이 한계를 넘기 어렵다. 더욱이 이렇게 하려고 함에도 실질적으로는 그에 따른 의견조정이나 분급금(分給金)의 산정이 그다지 쉽지 않을 수 있고, 경우에 따라서는 아예 할 수 없게 되는 상황이 빚어질 것으로 생각된다.

(2) 배경별 특성

이 경우는 상속에 좀 더 구체적인 사정까지 곁들여 생각해야 하는 사항이어서 그런지 남녀 대학생의 성별에 따른 응답비율에 그다지 큰 차이가 없었다(표 11 참조). 우리의 전래 생활에서 어느 한 자녀가 특별히 간병이나 기타의 치료까지 맡아서

〈표 11〉 성별에 따른 비교 　　　　　　　　　　　　　　　　(단위: 명, %)

사항 \ 구분	남		여	
	인원수	백분비	인원수	백분비
다른 자녀와 똑같이	16	3.04	16	5.06
상당 비율 더	280	53.23	161	50.95
유언이나 생존배우자의 의사	217	41.25	132	41.77
모르겠다	13	2.47	7	2.22

　　해주었다 하더라도 그것은 자녀로서 당연한 도리로 취급하여 넘어가는 것이 대부분이었음을 상기해 보는 것이 좋을 듯싶다.
　　생활지역에 따라서는 중소도시나 대도시에 사는 대학생이 "상당 비율 더 주어야 한다"에 다소 높은 비율의 응답을 보였다 (표 12 참조). 요즈음 도시화의 속도가 너무 빠르고 노인의 부양 문제나 주거문제 심지어 간병까지 아주 어려운 일로 부각되다 보니 조금이나마 높게 응답한 것이 아닌가 싶다. 어느 지역에 서나 그 현실적 해결책이 절실한 문제임에는 틀림없다.

〈표 12〉 생활지역별 비교 　　　　　　　　　　　　　　　　(단위: 명, %)

사항 \ 구분	농촌		중소도시		대도시		합계	
	인원수	백분비	인원수	백분비	인원수	백분비	인원수	백분비
다른 자녀와 똑같이	0	0.00	9	4.27	23	3.78	32	2.68
상당 비율 더	9	40.91	116	54.98	316	51.89	441	49.26
유언이나 생존배우자의 의사	12	54.55	80	37.91	257	42.20	349	44.89
모르겠다	1	4.55	6	2.84	13	2.13	20	3.17

5. 유증의 영향

(1) 일반적인 의식성향

어느 누구나 살아생전에 사업에 투자를 하거나 증여를 함으로써 자기의 재산이 적어지는 것은 개인의 생활의 한 표현에 지나지 않는 것이라 할 수 있지만, 유증의 경우에는 사정이 좀 다르다. 사망 이후에야 유증을 받게 되는 사람이나 유증금액이 밝혀지고, 그에 따른 재산의 분여는 상속재산이나 상속의 몫을 산정함에 직접적인 영향을 미치게 된다. 그것은 곧 사망자의 의사를 존중하여 주는 가운데 상속인의 재산취득가능성의 의미를 다르게 만드는, 보기에 따라서는 매우 심각한 현상이 생겨나게 만드는 결정적 요인이 되기도 한다. 어떤 의미로는 상속이 지니는 제도적 한계성이라고도 할 수 있다.

반면 유증의 경우에는 이러한 측면만이 있는 것은 아니다. 질병이나 곤궁, 노령으로 현실적인 도움을 필요로 하는 사람을 직접 도와주는가 하면, 자선이나 구제 또는 연구지원을 하는 단체로 하여금 그 자금을 원활히 돌아가게 만들어 주기도 한다. 사회적 전통이나 상속의 관례 등에 의하여 그 정도의 차이가 있겠지만, 현실적으로 우리사회에서도 상당한 필요성이 있으며 개인의 소득격차가 점점 심해지는 것을 감안하면 앞으로 더욱 그 중요성이 높아질 것으로 생각된다.

이와 같은 현실성과 특수성을 감안하여 이 설문에서는 다음과 같은, 즉 「유언에 의하여 타인이나 자선단체에게 재산을 주기로 하면서 자기의 혈족에게는 주지 않았다면 어떻게 생각하십니까?」라는 설문을 제시하여 그 답을 받아 보았다.

그 결과, ① 그래서는 안 된다: 14.96%, ② 혈족에게도 똑같이 주어야 한다: 17.34%, ③ 그래도 괜찮다: 60.45%, ④ 모

르겠다: 7.24%의 응답을 얻었다(그림 13 참조). "그렇게 편향적
으로 해서는 안 된다"나 "혈족에게도 똑같이 주어야 한다"에 일
정한 비율의 응답이 나온 것은 그대로 수긍할 만하다. 이에 비
하여 "그래도 괜찮다"에 60.45%라는 아주 높은 비율의 응답이
있었음은 아주 이례적이고, 반면 우리사회가 달라지고 있는 한
측면을 보여주는 것이 아닌가 싶다. 즉 혈연에 의한 재산의 승
계라는 고착적인 관념은 어쩔 수 없지만 그 필요성의 절실함이
있는 다른 사정이 있는 경우에는 그것이 더 피부에 와 닿는 면
을 보여주는 것이 아닌가 싶다. 최근 우리사회의 변모에 걸맞
은 젊은 층의 의식변화의 한 표현이라고도 할 수 있을 것이다.
다만 이러한 변화가 있다고 하여 그것이 기존의 혈연이라든지
지연 같은 점에 따라붙는 편향성이나 연줄을 갈아치우는 것으
로 보아서는 안 된다. 왜냐하면 이러한 사회현실은 어디까지나
한시적이거나 다른 사정에 따라 함께 달라질 수 있는 것이기
때문에 그 응답도 제한적으로만 해석해 주는 것이 도리어 적절
하다 할 수 있다.

〈그림 13〉 유증의 영향에 관한 의식 일반

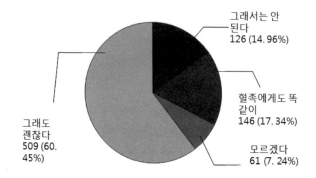

(2) 배경별 특성

유언이 특수한 의사표시이고 사회적으로도 그 인지도가 높은데다가 상속에 직접적인 영향을 미치게 되는 기증을 덧붙였기 때문에, 이 경우에는 상당히 이례적인 응답을 기대하였으나 앞에서 설명한 전체적인 성향을 보여줌에 그치고 배경별 차이는 그렇게 두드러지지 못했다.

남녀 성별에 따른 응답에서는 "그래도 괜찮다", 즉 자기의 혈족에게 주지 않고 자선단체나 타인에게 주어도 괜찮다에 여자 대학생이 좀 더 높은 비율의 응답을 보여주었다(표 14 참조). 여성의 사회활동이나 구제사업 등에 참여가 높은 사회변화와 관련이 있는 것이 아닌가 생각된다.

생활지역과 관련해서는 대도시에 사는 대학생이 "그래서는 안 된다"에 조금 높은 비율의 응답을 보여주고 중소도시에 사는 대학생이 "혈족에게도 똑같이 주어야 한다"에 상대적으로 높은 비율의 응답을 보여주었다(표 15 참조). 도시 쪽에 사는 대학생들이 실제의 현실생활에서 직접·간접으로 알았거나 생각하게 된 의식의 표현이 아닌가 싶다. 다만 이러한 경우는 그렇게 많지 않으므로 보편적인 의식성향이라고 보기는 어렵다.

〈표 14〉 성별에 따른 비교   (단위: 명, %)

사항 \ 구분	남		여	
	인원수	백분비	인원수	백분비
그래서는 안 된다	95	18.06	31	9.81
혈족에게도 똑같이	97	18.44	49	15.51
그래도 괜찮다	295	56.08	214	67.72
모르겠다	39	7.41	22	6.96

〈표 15〉 생활지역별 비교 (단위: 명, %)

사항 \ 구분	농촌		중소도시		대도시		합계	
	인원수	백분비	인원수	백분비	인원수	백분비	인원수	백분비
그래서는 안 된다	1	4.55	20	9.48	105	17.24	126	10.42
혈족에게도 똑같이	4	18.18	49	23.22	93	15.27	146	18.89
그래도 괜찮다	15	68.18	125	59.24	369	60.59	509	62.67
모르겠다	2	9.09	17	참고문헌8.06	42	참고문헌6.90	61	8.01

V. 결 어

지금까지 상속의 근거에 관하여 경인지역 대학생을 대상으로 실시한 조사결과를 백분비로 처리하여 각 문항에 관한 의식 성향을 살펴보았다. 대부분 법조문으로 되어 있는 사항이어서 설문조사 자체에 한계가 있을 것임을 알고 실시하였던 것이지만, 각 사항에 따라서 정도의 차이는 있었지만, 우리의 사회현실이 달라지는 점과 관련하여 도움이 되는 응답을 해준 것으로 생각한다. 그 분석 결과, 각 사항에 관한 특징적인 것을 요약하면 다음과 같다.

첫째, 상속의 근거에 관하여 "혈연적인 연결이나 유대관계"를 상속의 근거라고 응답한 비율이 아주 높은 것(63.42%)은 부모와 자녀를 중심으로 혈연적 유대 아래 살아가는 생활 현실과 일치하고, 특히 우리 전래의 생활양식이나 친족의식이 그대로 남아 있음을 보여주는 것으로 보아도 괜찮을 것 같다. 가족생활이나 친족적 유대에 영향을 미치는 각종의 특이한 현상이 적지 않지만 아직도 상속의 근거를 혈연대가라고 보는 견해는 아직 그 타당성을 잃지 않고 있음을 알 수 있다. 다만 그 의식의

강도가 어느 정도인지는 다른 요인과 관련하여 좀 더 검토되어
야 할 측면이다.

둘째, 상속인의 범위와 관련해서는 "4촌까지"라고 응답한
비율이 매우 높아(52.36%) 대체로 상속의 근거와 같은 맥락의
반영임을 알 수 있다. 이러한 분한(分限) 가운데서도 다시 "2촌
까지"로 답한 비율이 상당함을 생각해 보면 앞으로 상속의 법
률효과가 미치게 될 친족으로는 그 범위가 점차적으로 줄어들
어 피상속인의 형제자매까지로 한정될 가능성이 매우 높을 것
으로 보인다. 상속인의 범위에 관하여 시사하는 바가 큰 인식
의 변화라 할 수 있다.

셋째, 상속하고 싶은 재산의 선호도에 관하여는 토지와 건
물에 아주 높은 비율의 응답을 보여 주었다(각 47.39%, 20.07%).
아직도 전통적인 생활 속에서의 의식이 크게 달라지지 않고 그
대로 남아 있는 것이라 할 수 있다. 어쩌면 앞으로도 이러한
의식성향에는 크나큰 변화가 없을 것으로 생각된다. 한편 채권
이나 예술작품에 관한 비율이 낮은 것을 보면 그 특수한 재산
적 가치가 일반적인 인식으로까지는 파급되고 있지 못한 것이
아닌가 싶다. 역시 재산은 어느 경우에나 "생활" 자체와의 관련
성이 매우 중요하다.

넷째, 특별기여자의 상속분에 관하여는 "상당한 비율 더 주
어야 한다"에 높은 비율의 응답을 보여서(52.38%) 사망에 수반
하여 피상속인에게 생겨나는 현실적인 어려움이 적지 않음을
보여주는 것이 아닌가 싶다. 그런가 하면 유언에 의하여 상속
인 이외의 다른 사람에게 주는 것에 관하여 "그래도 괜찮다"에
아주 높은 비율의 응답을 보였는데(60.45%), 이것은 상속재산의
개별성, 그리고 그 처분 등을 함에 있어서의 임의성을 그대로
보여준 것으로 풀이된다. 상속에 관하여 이와 같은 응답을 보

여준 것은 그야말로 우리사회 변모의 한 단상을 보여주는 것이라 생각된다. 왜냐하면 이를 뒤집어 말하면, 자기 재산의 사전적 처분뿐만 아니라 사후적 제한도 그 합리성이 뒷받침되는 한에서는 그대로 수긍함을 뜻하는 것이기 때문이다. 어쩌면 이러한 의식성향에 따라서 상속재산의 귀속이 정리될 때 상속에 따라붙게 되는 복잡한 후유증도 적어질지 모른다.

이와 같은 여러 의식성향을 종합해 보면, 현행 민법의 상속에 관한 규정은 상속재산의 객체성, 상속인의 잠정적 권리주체성 그리고 상속이 사회적·법률적으로 지니는 의미를 적절히 반영하고 있어서, 그 해석·적용에 따라서는 앞으로의 상당한 사회변모에 맞추어서도 그 실효성을 잃지 않을 것으로 판단된다. 그리고 특별기여분에 관한 의식성향은 사회적인 필요성에 따른 절실함까지 막아줄 수 있음을 보여주는 것이라고 할 만하다. 다만 의식성향이 달라져 그 뒷받침이 약화되는 측면은 점차적인 추이에 맞추어 각 규정의 적절한 보완적 해석으로 메꾸어 갈 필요성이 있을 것으로 생각된다.

사망한 사람은 말이 없지만 그의 재산이 각 상속인에게 올바르게 귀속하게 되는 것은 소유주체가 달라지는 데 그치지 않고 그 사회의 건전한 존속·발전의 한 기틀이 되는 것일지도 모른다.

▌참고문헌▐

국내문헌

◎ 단행본

곽윤직, 『민법총칙(제7판)』, 박영사, 2006.

국사편찬위원회 편, 『수신사기록』, 국사편찬위원회, 1958.

김두헌, 『조선가족제도연구』, 을유문화사, 1949.

_____, 『한국가족제도연구』, 서울대학교 출판부, 1969.

김병화, 『근대한국재판사』, 한국사법행정학회, 1974.

_____, 『속근대한국재판사』, 한국사법행정학회, 1976.

김완섭, 『한국혼인고』, 고려대학교 출판부, 1975

김용욱, 『한국가족법의 법과 역사』, 세종출판사, 1996

김용한, 『개고친족상속법』, 박영사, 1970.

_____, 『친족상속법』, 박영사, 2004.

김주수, 『친족상속법』, 법문사, 1972.

김주수/문종성, 『주석민법통람』, 국민서관, 1974.

민사법연구회, 『민법안의견서』, 일조각, 1957.

민의원법제사법위원회 민법안심의소위원회 편, 『민법안심의자료집』, 1957.

박광서, 『법제사대요』, 일우사, 1962.

박동섭, 『친족상속법(제4판)』, 박영사, 2013.

박병호, 『한국법제사고』, 법문사, 1974.

백남운, 『조선사회경제사』, 개조사, 1932.

범여성가족법개정촉진회 편, 『민법 제4편 친족·제5편 상속 개정법안 및 이유서』, 범여성가족법개정촉진회, 1974.

법제사법위원회 민법안심의소위원회 편, 『민법안심의자료집』, 국회민의원 법제사법위원회, 1949.

430

법제처, 『대명률직해』 법제자료지 제13집, 법제처, 1964.

법제처 편, 『추관지(제1권)』 법제자료 제75집, 법제처, 1975.

송두용, 『한국법제사고』, 진명문화사, 1985.

신영호, 『가족법강의(제2판)』, 세창출판사, 2013.

이광규, 『한국가족의 사적 연구』, 일지사, 1947.

이광신, 『우리나라 민법상의 성씨제도연구』, 법문사, 1973

이기백, 『한국사신론』, 일조각, 1971.

이능화, 『조선여속고』, 김상억 역, 대양서적, 1973.

이선근, 『대한국사 6』, 신태양사, 1973.

이태영, 『한국이혼제도연구』, 여성문제연구원, 1957.

이화숙 외, 『가족법판례해설』, 세창출판사, 2009.

이희봉, 『한국가족법상의 제문제』, 일신사, 1976.

전봉덕, 『한국법제사연구』, 서울대학교 출판부, 1968.

정광현, 『신친족상속법요론』, 법문사, 1959.

_____, 『한국가족법연구』, 서울대학교 출판부, 1967.

정약용, 『목민심서』, 원창규 역, 신지사, 1956.

조선총독부 편, 『관습조사보고서』, 조선총독부 법전조사국, 1913.

조선총독부법무국 편, 『조선호적예규』, 조선총독부 법무국, 1922.

조선총독부중추원 편, 『민사관습회답휘집』, 조선총독부중추원, 1933.

최승희, 『조선후기 사회신분사 연구』, 지식산업사, 2003.

한국법제연구회 편, 『미군정법령총람(국문판)』, 한국법제연구회, 1971.

한국여성유권자연맹 편, 『가족법개정의 제문제논집』, 한국여성유권자연맹,
    1985.

한봉희, 『가족법』, 도서출판 푸른세상, 2005.

_____, 『개정가족법론』, 대왕사, 1990.

현승종, 『로오마법원론』, 일조각, 1969.

_____, 『비교법입문』, 박영사, 1972.

_____, 『서양법제사』, 박영사, 1968.

◎ 논 문

곽동헌, "상속분,"『민법학의 회고와 전망』, 한국사법행정학회, 1993.

_____, "호주제도에 관한 존폐론,"『가족법개정의 제문제논집』, 한국여성
유권자연맹, 1985.

_____, "호주제도존치론의 허구," 「가족법연구」 창간호, 한국가족법학회,
1984.

기세훈, "호주제도에 관한 고찰,"『가족법의 제문제』, 법무부, 1984.

김갑수, "군정과 일본법적용의 한계," 「법정」 통권 제13호, 법정사, 1947.

김세신, "민법중개병법률안 혼인에 관한 특례법해설," 「법제」 제18권, 법
제처, 1978.

김용숙, "한국여속사,"『한국문화사대계 Ⅳ(풍속예술사〈상〉)』, 고려대학교
민족문화연구소, 1976.

김용욱, "일제에 의한 가족법제의 왜곡과 청산,"『한국가족의 법과 역사』,
세종출판사, 1996.

김용한, "가사심판법해설(1)," 「법정」 제18권 9호, 법정사, 1963.

_____, "가족관계입법의 최근동향," 「법제월보」 제5권 제12호, 법제처,
1963.

_____, "가족법의 개정과 그 운동의 제상,"『현대가족법과 가족정책』, 삼
영사, 1988.

_____, "동성금혼제도의 실증적 비판,"『가족법개정의 제문제논집』, 한국
여성유권자연맹, 1985.

_____, "신분법의 가부장적 구조," 「법학」 제4권 1·2호, 서울대학교 법과
대학, 1962.

_____, "우리나라 상속제도의 개관," 「사법행정」 통권 제168호, 한국사법
행정학, 1974.

_____, "준법정분가," 「법조」 제13권 제2호, 법조협회, 1964.

_____, "성의 법리," 「법조」 제8권 제4호, 법조협회, 1959.

김주수, "가족법개정안의 개관," 「사법행정」 통권 제165호, 한국사법행정
학회, 1974.

_____, "호주제도의 폐지론," 「여성」 104호, 한국여성단체협의회, 1974.

432

김증한, "한국 민법의 법제사적 및 비교법적 고찰," 「법학」 제10권 2호, 서울대학교 법학연구소, 1966.

박병호, "일제하의 가족정책과 관습법 형성과정," 『가족법논집』, 진원, 1996.

박승서, "가족법개정운동의 기본문제," 「사법행정」 통권 제165호, 한국사법행정학회, 1974.

배경숙, "가족법 개정의 경과과정과 그 배경," 『가족법개정의 제문제논문집』, 한국여성유권자연맹, 1985.

_____, "가족법 개정의 필요성," 「민사법학」 제1호, 한국사법행정학회, 1978.

_____, "가족법개정의 경과과정과 그 배경," 『가족법개정의 제문제논집』, 한국여성유권자연맹, 1985.

신영호, "고령사회의 도래와 친족법상의 과제," 「안암법학」 제20집, 안암법학회, 2005.

_____, "조선조상속법상의 법정상속분," 『민사법학의 제문제』, 박영사, 1990.

심우준, "신라왕실의 혼인법칙," 『불교사학논집』(조명기박사화갑기념), 효성조명기박사화갑기념불교사학논총간행회, 1956.

이광신, "한국가족법의 법원사," 「사법행정」 제13권 제10호, 한국사법행정학회, 1972.

이근식, "가족법의 토착화," 「사회과학논집」 제5집, 연세대학교 사회과학연구소, 1972.

이병수, "우리나라의 근대화와 형법대전의 반시 ―가족법을 중심으로 하여―," 「법사학연구」 제2호, 한국법사학회, 1975.

이영섭, "법적으로 본 한국현대여성사십년사," 「한국여성문화논총」, 이화여자대학교출판부, 1958.

이화숙, "판례에 나타난 이혼사례연구," 「가족법연구」 제2호, 한국가족법학회, 1988.

이희배, "가족법의 개정경위와 개정전망에 관한 제언," 「가족법연구」 창간호, 한국가족법학회, 1984.

이희봉, "가족법 개정에 대한 논평," 「고시연구」 제5권 제8호, 고시연구사, 1978. 8.

_____, "한국법제사," 『한국문화사대계Ⅱ』(정치·경제사 〈하〉), 고려대학교 민족문화연구소, 1970.

_____, "법률학," 『한국현대문화사대계 Ⅱ』(학술·사상·종교사), 고려대학교 민족문화연구소, 1976.

_____, "한국법제사," 『한국문화사대계 Ⅱ』(정치·경제사 〈하〉), 고려대학교 민족문화연구소, 1970.

장경근, "친족상속법 입법방침 및 요건 사안," 「법정」 제3권 제9호, 법정사, 1948. 9.

_____, "친족상속법 입법방침 및 친족상속법 기초요강," 『민법안심의자료집』, 민의원법제사법위원회 민법안심의소위원회, 1949.

_____, "친족상속법입법방침 및 요강사안," 「법정」 통권 23호, 법정사, 1948.

전봉덕, "양성평등의 헌법이념과 신분법상의 실현에 관한 비교법론 고안," 「법학」 제4권 1·2호, 서울대학교 법과대학, 1962. 9.

_____, "신라의 율령고," 「서울대학교논문집」(인문사회과학 제4집), 서울대학교, 1956.

정기웅, "가의 승계와 호주제의 역할," 『가족법의 변동요인과 현상』, 세창출판사, 1998.

정범석, "우리나라 동성혼 및 근친혼에 관한 연구," 『김두헌박사화갑기념논문집』, 어문각, 1964.

_____, "친족상속법안에 대한 관견(상)," 「법정」 제12권 제10호, 법정사, 1957.

조미경, "독일법상의 배우자상속분," 「가족법연구」 제14호, 한국가족법학회, 2000.

조정호, "이혼제도의 사적 배경에 관한 연구," 「논문집」 제9집, 영남대학교, 1975.

조지훈, "한국민족운동사," 『한국문화사대계 Ⅰ』(민족·국가사), 고려대학교 민족문화연구소, 1964.

최달곤, "남녀평등에 대한 법의식의 실태조사연구(2)," 「아세아여성연구」 제11집, 숙명여자대학교 아세아여성문제연구소, 1972. 12.

_____, "한국의 재산상속법과 농지," 『농지와 근대화의 제조건』, 고려대학교 법률행정연구소, 1976.

최민근, "가산(家産)으로서의 농지의 상속," 「민사법학」 제1호, 한국사법행정학회, 1978.

최병욱, "한국친족상속법의 변천사," 「사회과학」 제10집, 성균관대학교 부설 사회과학연구소, 1971.

_____, "한국 친족상속법의 변천사," 「사회과학」 제10집, 성균관대학교 사회과학연구소, 1971.

최재석, "한국가족제도사," 『한국문화사대계 Ⅳ』(풍속·예술사 〈상〉), 고려대학교민족문화연구소, 1961.

한봉희, "이혼법개정의 제문제," 『가족법의 제문제』, 법무부, 1984.

_____, "파탄주의이혼원인," 「법정」 25권 8호(238호), 법정사, 1970. 8.

한상범, "대가족제도의 유산과 가족법개정논쟁," 「사법행정」 통권 제166호, 한국사법행정학회, 1974.

한우근, "한국사회계층의 근대화 과정," 「사상계」, 사상계사, 1960.

허흥식, "국보호적으로 본 고려말의 사회구조," 「한국사연구」 제16집, 한국사연구회, 1977.

현승종, "현행 민법 중 재산법 편에 미친 외국법의 영향에 관한 연구," 「외국법제의 계수에 관한 연구」, 고려대학교 법률행정연구소, 1972.

황성희, "처의 능력의 신판례에 관하여," 「법정」 통권 제12호, 법정사, 1947.

외국문헌

◎ 동양서적

久貴忠彦/泉 久雄, 『民法講義』 7 〈親族〉, 有斐閣, 1977.

旗田巍, 『朝鮮中世社会史の研究』, 法政大学出版局, 1972.

戴炎輝, 『中國法制史』, 三民, 2000.

市川四郎, 『家事審判法概說』, 有斐閣, 1957.

五十嵐清, 『比較民法學の諸問題』, 一粒社, 1976.

仁井田陞, 『中国法制史』, 岩波書店, 1975.

_____, 『中國法制史硏究』, 東洋文化硏究所, 1964.

張希坡/韓延龍 主編, 『中國 革命 法制史』, 中國社會科學出版社, 1987.

中川善之助, 『親族法』, 靑林書院, 1967.

◎ 서양서적

Anderson, J. N. D., Changing Law in Developing Countries, London, George Allen & Unwin Ltd., 1963.

Boehmer, Gustav, Einführung in das Bürgerliche Recht, Tübingen, J. C. B Mohr(Paul Siebeck), 1965.

Bromley, P. M., Family Law, London, Butterworth & Co., (Publishers) Ltd., 1976.

Cicourel, A. V., Kinship, Marriage, and Divorce in Comparative Family, Law & Society Review, Vol. 1. No. 2, 1967. 6.

Graveson, R. H. and F. R. Crane, A Century of Family Law(1857-1957), London, Sweet & Maxwell Ltd., 1957.

Gutteridge, H. G., Comparative Law, An Introduction to the Comparative Method of Legal Study and Research, 1949.

Hasse, R./R. Keller, Grundlagen und Grundformen des Rechts, 3. Aufl., Stuttgart, Verlag W. Kohlnhammer, 1975.

Hoebel, E. A., Man in the Primitive World, New York, McGraw-Hill Book Co., 1949.

Howard, C. G. and R. S. Summers, Law: its nature, functions, and limits, New Jersey, Prentice-Hall Inc., 1965.

Kiralfy, A. K. R., Potter's Historical Introduction to English Law, London, Sweet & Maxwell Ltd., 1958.

Larenz, K., Allgemeiner Teil des deutschen Bürgerlichen Rechts, 4 Aufl., München, Verlag C. H. Beck, 1977.

Leager, R. W., Roman Private Law, London, MacMillan & Co. Ltd., 1954.

Maine, H. S., Ancient Law, Oxford University Press, 1931.

Merryman, J. H., Comparative Law and Social Change, The American Journal of Comparative Law, Vol. 25. No. 3, Summer 1977.

Mitteis-Lieberich, Deutsches Privatrecht, 6. Aufl., München, Verlag C. H. Beck, 1972.

Morgan, Lewis Henry, Ancient Society, Chicago, Charles H. Kerr & Company, 1877.

Schwagler, Georg, Soziologie der Familie, 2. Aufl., Tübingen, J. C. B. Mohr(Paul Siebeck), 1975.

Stone, Olive M., Family Law, London, The MacMillan Press Ltd., 1977.

Wieacker, Privatrechtsgeschichte der Neuzeit, 2. Aufl., Göttingen, Vandenhoeck & Ruprecht, 1967.

Willoweit, Dietmar, Historische Grundlangen des Privatrechts, Juristische Schulung, 1977. 5.

▌찾아보기▐

ㄱ

가계계승	50
가급권	291
가봉자	300
가부장적 가족제도	7
가사심판법	76
가산	142
가산제도	286
가장권	5
가족	344
가족관념	152
가족법개정	296
가족법개정논쟁	335
가족제도	151
가취	13
가취제	84, 117
감호교육의무	172
갑신정변	5
갑오경장	6, 34
강매혼	30
개가	24
개가금지	29
거가동의	287
거소지정권	289
경국대전	11, 307
경제적 파탄요인	197
계모관	82
계모자관계	115, 119
계부관	82

ㄱ

고령화사회	173
관습조사	312
관습존중론	50, 129, 157
구관	60
귀속불명재산	139
균분상속	55
근친혼금지규정	26
금양임야	64
금혼률	9
금혼친	362
급진적 개혁론	157

ㄴ

나폴레옹	347
남계혈통우선주의	5
남계혈통주의	36, 50, 63
남존여비풍조	14

ㄷ

단면친	19
당내지간	415
대가족제도	54, 160
독일 민법 제1초안	51
동성동본금혼	383
동성동본불혼	62
동성동본불혼률	25
동성동본불혼제	170, 332
동성불혼	25, 50
동의권	281

438

동일가적 318

ㅁ

명률 22, 35
모계혈연 210
모계혈족 375
문공가례 11
문답회신 312
문중 370
민법전편찬요강 41
민법친족상속편편찬요강 41
민사법연구회 49

ㅂ

방계혈족 252, 350
법전편찬위원회 41
법정분가제 131, 160, 168, 292
법정재산상속분 141
법정추정호주상속인 316
법정친자관계 119
법학제요체계 57
본가상속 340
부가입적 82, 89, 103
부계혈연 210
부계혈족 232, 375
부계혈통 56
부부 별성 96
부부별체 348
부부별체주의 54
부부재산계약제 68
부성추종 118
부재선고 등에 관한 특별조치법 77
분급금 421

ㅅ

사실혼 23

사양자 16, 33, 308
사후양자 71, 310
상간자 28
상복제 20
상속분 169
상속재산 261, 417
상속제 251
상속회복청구권 341
생사불명 191
서모 20
서양자 71
서자 103
서자녀 308
성년의제제도 138
성족 370
소가족제도 50
소목지서 16, 33
속대전 11, 35
수증재산 141
신분계급제도 7

ㅇ

약혼제도 65
양육권 172
예법사상 54
예전 18
위가적 양자제도 16
위인적 양자제도 17
유류분제도 143, 170, 321
유모 20
유복 19
유산상속 55
UN여성차별철폐협약 338
유증 270
유책주의 178
유책행위 194

유처 142, 297
의용민법 51
의자녀 308
의절원인 32
의혼연령 11
이성불양 33
이혼사유 184
이혼원인 200
인척 350
일가창립 301
일부다처제 184
일부일처제 23, 184, 348
일처다부제 184
임의분가 130
입부혼 82, 117
입부혼인 300
입부혼제도 66, 90

ㅈ
자모 20
재산분할청구권 170
재산상속 251, 394
재혼금제 15
적서차별 10, 64
적자녀 308
적장자손 20
적출추정규정 171
점진적 개혁론 46, 125, 157
정절 183
정혼 20
제사상속 55
제사상속제도 53, 286
조선민사령 282, 311
조종성헌주의 307
조혼 10
족외혼제 5, 36

종법제 11, 54, 60
종처불혼 26
중혼 23
직계비속 300
직계존속 189, 300
직계혈족 350

ㅊ
촌수제 62
축첩제 24
친권공동행사 336
친속 19
친양자 343
친족 19
친족개념 239
친족범위 233
친족상속관습법 285
친족의 범위 169
친족회 299
칠출 31
칠출삼불거 69

ㅌ
특별기여자의 상속분 421
특별수익자 141, 321
특별한 기여 421

ㅍ
파탄 192
파탄주의 178
판덱텐 법학 57
판덱텐체계 57
프랑스 민법전 51

ㅎ
한정승인기간 341

440

핵가족	345	협의이혼제	69
핵가족화	345	형법대전	17, 34
향민의식	251	호주권	303
헌법정신존중론	50, 126	호주상속	55, 64, 318
헌법존중론	47	호주제	279
혈연	365	호주제도	124, 146, 171, 277, 333
혈연관념	414	혼외자	103
혈연의식	63, 152	혼인분가제	131
혈연주의	352	혼인에 관한 특례법	78
혈족관념	414	혼인율속	25
협의이혼	140, 180	홍범십사조	9

한국가족법의
개변 맥락

저자 약력   정동호(鄭東鎬)

고려대학교 법과대학 법학과 졸업, 동 대학원(법학석사, 법학박사)
법제처 법제조사위원회 전문위원 역임
강원대학교 법과대학 부교수 역임
한양대학교 법과대학 교수 역임
현재 한양대학교 법학전문대학원 교수

<역 서>
『고대사회』, 현암사, 1978.
『비교법과 사회이론』, 고려대출판부, 1983.
『법과 사회변동』, 나남, 1986.
『재산의 기원과 촌락공동체의 형성』, 세창출판사, 2007.
『원시사회』, 세창출판사, 2008.
『고대법』, 세창출판사, 2009.
『사법제도의 사회적 기능』, 세창출판사, 2011.
『인류혼인사』, 세창출판사, 2013.

<논 문>
"한국가족법에 있어서의 외국법의 계수," 고려대학교 대학원(박사학위논문), 1978.
"한국의 원초적 가족법규범과 중국법문화의 계수,"「연구논문집」제15집 제3호, 강
    원대학교, 1981.
"부조제도로서의 친족부양,"「가족법연구」제1권, 한국가족법학회, 1984.
"신분행위의 해석원리와 그 특수성 ― 혼인의사의 해석 및 판례를 중심으로,"「법학
    논총」제3권, 한양대학교 법학연구소, 1986.
"이혼원인의 다양화와 법적용의 문제점,"「법학논총」제9권, 한양대학교 법학연구소,
    1992.
"입양의 기본법리와 적용한계,"「법학논총」제12권, 한양대학교 법학연구소, 1995.
"가사분쟁의 법적 해결과 특성,"「법학논총」제14권, 한양대학교 법학연구소, 1997.
"친족의 법적 효과,"「법학논총」제23권 제3호, 한양대학교 법학연구소, 2006.
"상속재산으로서의 채무,"「법학논총」제24권 제2호, 한양대학교 법학연구소, 2007.
외 다수